Impressum

Herausgeber: Industriegewerkschaft Medien –
Druck und Papier, Publizistik und Kunst
Hauptvorstand, Friedrichstraße 15
D-70174 Stuttgart
Verantwortlich: Monika Papke
Schriftenreihe der Industriegewerkschaft Medien, Heft 4
Stuttgart 1998

5., erweiterte Auflage (15.000)

Stand: 1. April 1998
ISBN 3-00-002630-4

Layout, Umschlag und Illustrationen: Bernd Heußinger (AGD)
Schriften: Kepler MM, Myriad MM
DTP: auf Macintosh mit Illustrator, Photoshop und QuarkXPress
Papier: 80 g Kontakt Offset der DEUTSCHEpapier Vetriebs-GmbH
Herstellung: W. E. Weinmann Druckerei GmbH
Raiffeisenstraße 15, 70794 Filderstadt

Ratgeber Freie – Kunst und Medien

Goetz Buchholz

unter Mitarbeit von

Reimer Eilers (Literatur)
Gunter Haake (Journalismus)
Klaus-Peter Hellmich (Rundfunk/Fernsehen)
Holger Maack (Musik)
Wolfgang Müller (Darstellende Kunst)
Helga Pfetsch (Literarische Übersetzung)
Olaf Zimmermann (Bildende Kunst)

Goetz Buchholz

Rat-
geber
Freie

Kunst und Medi

Bildende Kunst
Darstellende Kunst
Journalismus
Literatur – Übersetzung
Musik
Rundfunk – Film – Audiovisuelle

... aus der Schriftenreihe de
Industriegewerkschaft Medie

Inhaltsverzeichnis

Anhang 297 11.

Zur Lage der Freien

Frei arbeiten

Frei arbeiten macht Spaß. Kunstwerke schaffen ganz nach den eigenen Vorstellungen, Platten aufnehmen frei von Vorgaben irgendwelcher Auftraggeber, Theater spielen frei von Marktzwängen, Politik kommentieren ohne Zensur. Es ist der Traum von schöpferischer Arbeit. Und es ist das wichtigste an der freien Arbeit.

Ohne Zensur? Frei von Marktzwängen? Frei arbeiten heißt auch: für den Lebensunterhalt arbeiten. Produzieren, um zu verkaufen. Oder zumindest verkaufen müssen, was man produziert hat. Das macht schon weniger Spaß. Vor allem, wenn der Verkauf klappt und die Honorare doch nicht für den Lebensunterhalt reichen.

Verkaufen ist ein Geschäft. Ein Geschäft, das um so besser funktioniert, je professioneller es betrieben wird. Mit allem, was an Bürokratie und Formularen dazugehört, mit Selbstdarstellung und manchmal auch ein bißchen Selbstverleugnung.

Freie Arbeit ist ein Geschäft. Das ist die erste und grundlegende Regel für alle, die als Freie bestehen wollen. Und die unbeliebteste, weil sie so gar nichts zu tun hat mit dem Traum von Freiheit und Kreativität. Aber sie ist die Voraussetzung dafür, daß sich dieser Traum erfüllt.

Darum handelt dieser Ratgeber vom Geschäft. Sein Inhalt sind Gesetze und Vertragsklauseln, Steuervorschriften und Versicherungsbestimmungen. Sein Thema aber ist die Freude an der kreativen Arbeit. Denn nur wer die Bürokratie in den Griff bekommt, wird sich den Spaß an der freien Arbeit bewahren können. Darum geht es.

Goetz Buchholz

Gebrauchsanleitung und Dank

Dieser Ratgeber konnte nur geschrieben werden, weil zahlreiche Kolleginnen und Kollegen aus der IG Medien Alltagserfahrungen und Besonderheiten aus den verschiedensten Bereichen zusammengetragen haben. Für die fünfte Auflage danke ich Heinrich Bleicher-Nagelsmann, Almut E. Broër, Armin Himmelrath, Martina Kempter, Rüdiger Lühr, Julia Mahn, Rudi Munz, Wolfgang Paul, Franziska Reuter, Daniela Schulz, Annette Showell-Moosbrugger, Nicole Weber, Wolfgang Wiedey und vor allem Bettina Courant und Wolfgang Schimmel für Material, Anregungen und Korrekturen.

Dieser Ratgeber versucht, entsprechend dem Prinzip der IG Medien die Grenzen zwischen den einzelnen Berufsgruppen zu überwinden und berufsübergreifende Probleme auch berufsübergreifend darzustellen. Wer also nur die Kapitel liest, über denen seine Berufsbezeichnung steht, versäumt das Wichtigste.

Zur Schreibweise:
(A) verweist auf die Adressenliste im Anhang,
(B) verweist auf die bibliographischen Angaben im Anhang,
* kennzeichnet Zahlen im Steuer- und Versicherungsrecht, die sich jährlich oder häufiger ändern.
/ kennzeichnet Werte, die für die alten und neuen Bundesländer noch verschieden sind. Sie werden immer in der Reihenfolge West / Ost genannt.

Der Satz „Die Geringfügigkeitsgrenze liegt bei 620 / 520 DM*"bedeutet also: Sie lag am Stichtag (siehe unten) im Westen bei 620, im Osten bei 520 DM, beide Werte werden jährlich neu festgelegt. Achtung: In der Kranken- und Pflegeversicherung gelten in Ostberlin mittlerweile die Westwerte!

Zur Aktualität: Alle Angaben in diesem Buch sind – soweit nicht anders vermerkt – auf dem Stand vom 1. April 1998. Veränderungen und aktuelle Zahlen sind ständig im Internet unter http://home.t-online.de/home/Goetz.B abrufbar. Sie werden außerdem zu Beginn jedes Jahres in den IG-Medien-Zeitschriften „M" und „Kunst & Kultur" veröffentlicht.

Kritik, Hinweise und Ergänzungsvorschläge für künftige Auflagen sind ausdrücklich erwünscht. Bitte an die IG Medien(A) oder per E-Mail (Goetz.B@t-online.de) direkt an den Autor.

Der Einstieg 1.

5
98
HEUSSINGER

Der Einstieg

1.

Es sollte sich niemand Illusionen machen. Auf das Briefpapier darf sich jeder „Bildhauer", „freie Journalistin" oder „freier Komponist" drucken lassen. Aber es wirklich zu werden, das braucht mehr als schicke Briefbögen. Vor allem braucht es Zeit.

Bis sich eine freie Journalistin „etabliert" hat, bis sie einen festen und brauchbaren Kundenstamm hat und funktionierende Beziehungen zu Informanten, bis sie auf dem Markt bekannt ist und ihr Einkommen sich halbwegs stabilisiert hat, das dauert Jahre. Zwei bis drei Jahre mindestens, in denen sie an diesen Beziehungen zu Kunden, Informanten und Kolleginnen intensiv arbeiten muß.

Darunter geht es nicht. In anderen freien Berufen dauert es noch länger. In der bildenden Kunst und der Literatur kommen die meisten leider nie an den Punkt, wo sie ihren Lebensunterhalt mit ihrem Lebensinhalt bestreiten können.

Persönliche Kontakte

1.1.

Diesen Prozeß, sich auf dem freien Markt zu etablieren, kann man beschleunigen. Vor allem durch Reden. Denn freie Künstler und Publizistinnen leben von dem, was ihre Kunden ihnen bezahlen. Also brauchen sie Kunden, vor allem zufriedene Kunden, die wiederkommen und die sie weiterempfehlen.

Da unterscheiden sie sich nicht von Handwerkern und Einzelhändlern. Sie haben es sogar noch ein wenig schwerer. Denn wer ein Bild kaufen will, wird wohl kaum auf die Idee kommen, in den gelben Seiten unter „Kunstmaler" nachzuschlagen. Freie leben von persönlichen Kontakten. Ohne persönliche Kontakte hilft auch die höchstwertige Arbeit wenig.

Jeder, der in den freien Kunst- und Medienbetrieb einsteigt, sollte sich bewußtmachen, daß die Verlage mit Manuskripten, die Galerien mit Ausstellungsangeboten, die kommunalen Kulturbüros mit Selbstdarstellungen freier Musik- und Theatergruppen überschwemmt werden. Und selbst wenn dort gutwillige Leute sitzen: Die Zeit, solche Angebote ernsthaft zu prüfen, die ungefragt eingesandten Manuskripte tatsächlich alle zu lesen, diese Zeit hat niemand. So landet der größte Teil solcher Zuschriften auf dem hohen Stapel zum „Durchsehen, wenn mal Zeit ist" – also nie. Und auch dort, wo große Verlage oder Plattenfirmen ausnahmsweise eine systematische „Talentsuche" betreiben, wird nicht so sehr nach Qualität gesucht, sondern nach Marktgängigkeit.

Man mag das bedauern, aber es ist so. Der Galerist, den einer „seiner" Künstler auf einen jungen Kollegen hinweist, wird sich dessen Bilder vielleicht genauer anschauen. Die Lektorin wird das Manuskript eher lesen, wenn es ihr von einer Bekannten empfohlen wird. Und wenn in der Redaktionssitzung eine Redakteurin sagt: „Ich kenne da einen, der uns das schreiben könnte", dann kriegt der in der Regel den Auftrag.

1.1.0.1. Kontakte nutzen

Das sollte die erste Überlegung sein, wenn jemand ganz frisch in die Kunst- und Medienszene einsteigt: Wen kenne ich? Wer könnte mir vielleicht helfen?

Nicht immer läßt sich das so direkt umsetzen, wie ein Kollege und ich das gemacht haben, als wir unser Journalistenbüro gründeten: Wir haben nicht alle möglichen *Redaktionen* angeschrieben, sondern sämtliche Journalisten und Journalistinnen, die wir *persönlich* kannten. Haben denen geschrieben: Wir sind jetzt das Pressebüro context, und wenn Ihr mal was habt, denkt an uns. Einer von den Angeschriebenen ging kurz darauf zum Stern, und ein paar Monate später kam von dort ein Anruf, der Stern brauche jemand, der regelmäßig aus Hannover berichten kann ...

Dieses Prinzip läßt sich auch in anderen Bereichen umsetzen. Etablierte Kolleginnen und Kollegen sind in der Regel gern bereit, dem Nachwuchs zu helfen – vielleicht mal das Buchmanuskript zu lesen, das Demo-Tape anzuhören, das Video anzuschauen. Und wenn es ihnen gefällt, kennen sie meist auch einen Lektor oder jemand bei einer Plattenfirma.

1.1.0.2. Kontakte knüpfen

Wer solche Kontakte nicht hat, kann sie systematisch knüpfen. Vor allem aus *diesem* Grund empfiehlt es sich dem Berufsanfänger, viele Veranstaltungen zu besuchen, auch wenn er sich von ihnen inhaltlich nur wenig verspricht: Vernissagen, Pressekonferenzen, Premieren, Festivals, Messen, Kongresse und Empfänge. Auch bei vielen Fortbildungsveranstaltungen ist *dieser* Aspekt noch wichtiger als der inhaltliche. Und selbst die Stammtische der IG Medien sind unter diesem Aspekt interessant: Ich selbst habe meine ersten Aufträge als freier Journalist beim Stammtisch der damaligen dju bekommen. Fragt mal im IG-Medien-Büro nach. In der einen Stadt gibt's eine Designer-Runde, in der anderen einen PR-Stammtisch, in der dritten treffen sich die Fotografinnen, und Medien-Stammtische gibt's regelmäßig in fast jeder größeren Stadt.

Also: Seid neugierig, sprecht Leute an, geht mit ihnen nach der Veranstaltung noch einen Wein trinken, fragt sie, was sie machen, gebt ihnen eine Vorstellung von dem, was Ihr tut und könnt (und möglichst eine Visitenkarte). Irgendwann wird sich irgend jemand an ein solches Gespräch erinnern.

Und fangt damit an, so früh es geht, möglichst schon während der Ausbildung. Schließlich kann man von anderen in der Regel auch eine Menge lernen.

1.1.0.3. Kontakte pflegen

Persönliche Kontakte sind das Kapital aller Freien. Nicht nur, was die Vermarktung angeht. Journalisten brauchen Informanten, die ihnen mal „was stecken", Musikerinnen brauchen billige Übungsräume, die Theatergruppe braucht aufgeschlossene und interessierte Rezensenten, und alle brauchen irgendwann Rat in fachlichen oder Steuer- und Vertragsfragen. Auch das läuft am häufigsten und am besten über persönliche Kontakte.

Solche Kontakte wollen gepflegt sein. Nicht geschäftsmäßig, nicht anbiedernd, das fällt schnell und unangenehm auf. Aber im Alltag geschieht ja meist das Gegenteil. Daß das menschliche, kollegiale Interesse im Arbeitsdruck untergeht, das darf Freien nicht passieren. Ruft also Leute, an denen ihr interessiert seid, einfach mal so an, wenn sich sonst kein Anlaß ergibt. Laßt sie teilhaben an dem, was ihr tut, wie ihr weiterkommt, wo ihr Probleme habt.

Und wenn ihr da mal an den Falschen geratet und plötzlich zum Objekt des Szenetratsches werdet – lacht einfach drüber: Selbst weniger schmeichelhafte Anekdoten, die irgend jemand auf einer Fete über euch erzählt, machen euren Namen bekannt.

Kollegialität 1.1.0.4.

Vor allem aber betrachtet Kontakte nicht als Einbahnstraße. Die verschiedenen Szenen im Kunst- und Medienbereich sind nicht sehr groß, da spricht sich schnell herum, wenn einer sich unkollegial verhält. Da zeigt das Gesetz „Persönliche Kontakte sind alles“ sehr schnell seine Kehrseite. Wer von anderen erst einmal geschnitten wird, hat's schwer.

Besonders Freie untereinander sollten die schwierigen Arbeitsbedingungen nicht noch verschärfen, indem sie gegeneinander arbeiten. Unter den freien Journalisten in einer Stadt zum Beispiel sind die Kunden in der Regel relativ fest verteilt. Da verkauft man nicht an die festen Abnehmer einer Kollegin, ohne mit ihr vorher zu reden. Wer es trotzdem tut, braucht sich nicht zu wundern, wenn er plötzlich aus dem kollegialen Informationsaustausch ausgeschlossen wird.

Auch wer neu in dieses Geschäft einsteigen will, sollte nicht blind drauflos akquirieren, sondern sich erstmal bei den anderen Freien erkundigen, welche Medien gerade „frei“ sind. Das hilft nicht nur, möglichen Fettnäpfchen aus dem Weg zu gehen, sondern bringt in der Regel auch ein paar Tips, welche Medien anzusprechen sich gerade lohnt. Vielleicht kriegt man sogar gleich den ersten Kontakt vermittelt.

Und redet über eure Honorare! Egal ob sie gut oder schlecht sind. Macht den Markt durchsichtig. Von der Unsitte, Honorare als Geheimsache zu behandeln, profitieren allein die Honorardrücker auf Auftraggeberseite. Euch interessiert es doch auch brennend, was die Kollegin bekommt. Sie will es nicht sagen? Dann brecht einfach das Eis und erzählt erstmal, was ihr selbst bekommt. Das hilft allen.

Die ersten Aufträge 1.2.

Regeln für den Einstieg in die freie Arbeit gibt es nicht. Da ist es vor allem wichtig, einen persönlichen Stil zu finden. Dennoch lassen sich aus der Erfahrung einige Hinweise geben, vor allem, um die immer gleichen Fehler zu vermeiden. Bessere und vor allem detailliertere Ratschläge für den Umgang mit den potentiellen Kunden vor Ort bekommt man von den erfahrenen Kolleginnen und Kollegen.

1.2.0.1. Journalismus

Wer nicht aus der Ausbildung oder einer früheren Festanstellung über andere Kontakte verfügt, beginnt die freie Arbeit meist bei Tageszeitungen, Anzeigenblättern oder Stadtmagazinen, wo man am leichtesten an Aufträge kommt. Dafür sind sie so schlecht bezahlt, daß man sich – sofern man nicht auf ein Volontariat bei der jeweiligen Zeitung spekuliert – schnell von diesen Medien unabhängig machen muß. Von Tageszeitungshonoraren kann auf die Dauer fast niemand leben.

Je nach Vorliebe führen die üblichen Karrieren dann über den regionalen Rundfunk in die Rundfunk-Fachredaktionen und eventuell ins Fernsehen, oder aber über überregionale Tages- und Wochenzeitungen zu den gut bezahlenden Hochglanzblättern und Fachzeitschriften.

Am besten versucht man es zunächst dort, wo man einen kennt. Der mühsame Weg, Redaktionen gezielt anzusprechen, bleibt aber kaum jemandem erspart. Beachten sollte man dabei:

- Der erste Beitrag, den man als Arbeitsprobe an eine Redaktion schickt, sollte kein journalistisches Gesamtkunstwerk sein, sondern ein sauberer Gebrauchsartikel, der in Themensetzung, Länge und Stil dem jeweiligen Medium entspricht. Bei Rundfunk-Angeboten nicht nur das Thema, sondern auch Realisierungsmöglichkeiten benennen.
- Wortlos verschickte Angebote bringen erfahrungsgemäß nichts. Zwei Tage nach Absendung des Beitrages also anrufen, sich zur zuständigen Redakteurin durchfragen, nach ihrer Kritik an dem Beitrag fragen, sich ein bißchen vorstellen und eventuell einen Termin für einen Besuch absprechen.
- Wer Enttäuschungen reduzieren will, kann auch vorher bei der Redaktion anrufen und fragen, ob an dem angebotenen Thema überhaupt Interesse besteht. Aber nie ohne konkretes Themenangebot: Bei Anfragen nach dem Muster „Ich würde gern mal was für euch schreiben, sagt mir doch mal ein Thema" ist die Erfolgsquote gleich null.
- Nach dem ersten Kontakt möglichst kontinuierlich Themen und fertige Beiträge „auf Verdacht" (d.h. zunächst ohne Honorar- oder Rücksendeanspruch) anbieten, um die Zusammenarbeit praktisch auszuprobieren. Es kann von keinem Redakteur erwartet werden, daß er einer Freien, die er kaum kennt, gleich honorarpflichtige Aufträge erteilt.
- Nicht gleich beim ersten Auftrag um das Honorar feilschen – aber auch gar nicht erst anfangen, zu Mini-Honoraren zu arbeiten. Es ist ein Trugschluß zu glauben, man könne sich damit bei einer Redaktion beliebt machen. Im Gegenteil: Wer sich freiwillig unter Wert verkauft, darf sich nicht wundern, wenn auch sein Ansehen unter seinen Wert sinkt.

Hat man auf diese Weise einen Fuß in der Tür, muß man sich weiterarbeiten: in andere Ressorts und Redaktionen, in fremde Funkhäuser (mit Empfehlungen der Leute, die einen nun kennen), in andere Verlage. Hilfreich ist es, die „Wunschzeitung" bzw. die Programme des betreffenden Senders gründlich zu studieren, um gezielte Angebote machen zu können.

Dieser Prozeß ist auch dann noch nicht zu Ende, wenn der Neuling genug Auftraggeber hat, um von der freien Arbeit leben zu können. Wenn freier Journalismus Spaß machen soll, muß dann nämlich die nächste Phase folgen, in der man sich von unangenehmen oder allzu schlecht bezahlenden Auftraggebern trennt. Das dauert zwei bis drei Jahre. Schneller ist ein wirklich „freier" Status nicht zu haben: Wer allein von einer oder zwei Redaktionen zu leben versucht, begibt sich in unnötige und unangenehme Abhängigkeit.

Und immer gilt: Wer auf Bestellungen *wartet,* hat schon verloren. Auch bei gut eingeführten Journalistinnen ist es die Ausnahme, daß eine Redaktion Themen an sie heranträgt. Freie sind gerade dann beliebt, wenn sie eigene Themen vorschlagen, die nicht ohnehin von der Redaktion oder von Agenturen abgedeckt werden.

Wer merkt, daß seine Gespräche mit Redaktionen trotz guter Angebote immer wieder unbefriedigend verlaufen, kann sich die Broschüre „Marketing für Freie"[(B)] besorgen. Die befaßt sich unter anderem ganz anschaulich – auch aus Redaktionssicht – mit der Psychologie des Verkaufens. Umfassender, dafür ein bißchen rezepthafter geht die Broschüre „Selbstvermarktung freier journalistischer Arbeit"[(B)] das Thema an. Aber laßt die Finger von Firmen, die anbieten, eure Artikel für euch zu vermarkten. Das hat bisher noch nie funktioniert: Freie Aufträge werden immer noch im persönlichen Kontakt vergeben. Anonyme Texte kommen von den Agenturen schon zuviel.

Erste Kontakte bekommt man in allen größeren Städten bei den regelmäßigen Stammtischen der Fachgruppe Journalismus; an einigen Orten gibt es auch regelmäßige Treffen von Freien.

Rundfunk, Film, Fernsehen 1.2.0.2.

Für die journalistische Mitarbeit bei Rundfunk und Fernsehen gilt zunächst das oben Gesagte. Erste Aufträge bekommen Berufsanfängerinnen recht leicht bei den zahlreichen Lokalradios. Die brauchen ständig neuen Nachwuchs, da ihre erfahrenen Kräfte wegen der schlechten Honorare meist bei der erstbesten Chance in andere Bereiche wechseln. Aber auch in den aktuellen Redaktionen der Öffentlich-Rechtlichen sind die Chancen zum Ein- und späteren Aufstieg in andere Bereiche ziemlich groß.

Dagegen ist die Eingangsschwelle beim Fernsehen besonders hoch. Das hat seinen Grund: Fernsehen ist teuer. Wer einen Fernsehbericht vergeigt, kann damit Tausende von Mark in den Sand setzen. Ohne „Bewährung" im Hörfunk, ohne Hospitation oder Volontariat sind freie Aufträge hier kaum zu bekommen. Und wer die Chance dennoch bekommt, sollte sie möglichst nur zusammen mit einer erfahrenen Kollegin nutzen.

Die Suche nach einer Hospitation oder einem Volontariat erfordert unendliche Geduld, denn das Angebot ist winzig und die Nachfrage groß. Also verliert auch nach der hundertsten Absage nicht die Zuversicht und bezieht in die Suche auch Privatsender und Auftragsproduktionsfirmen mit ein – die Bezahlung ist ohnehin nirgends traumhaft.

Ein bißchen anders verlaufen freie Karrieren im Produktionsbereich. Hier geht der übliche Weg „vom Tellerwäscher zum Millionär". Wer sich nicht aus einer Festanstellung heraus selbständig macht oder das Glück hatte, einen regulären Ausbildungsplatz bei einer öffentlich- rechtlichen Rundfunkanstalt zu bekommen (und damit in beiden Fällen bereits über einen Grundstock an Kontakten verfügt), fängt in der Regel mit einem Praktikum oder mit Hilfsarbeiten an, z.B. als Kabelträger, um sich von dort langsam hochzudienen.

Auch solche Aushilfstätigkeiten sollte man vor allem nutzen, um Kontakte zu knüpfen, Leute kennenzulernen und nach und nach weitere und anspruchsvollere Aufträge zu bekommen. Ein typischer Werdegang eines freien Mitarbeiters beim Privatfernsehen etwa sieht so aus: Er fängt an mit einem Praktikum als Mädchen für alles, probiert in arbeitsarmen Zeiten mal mit Kamera, Tonausrüstung und Schnittplatz herum, bildet sich mit Hilfe von Kollegen selbst an der Technik aus, springt dann in irgendeiner Notsituation als Kameramann, Regieassistent, Rechercheur oder was auch immer ein und bekommt schließlich, wenn er das gut macht, Aufträge in seinem Traum- (bzw. Zufalls-)Beruf.

Die öffentlich-rechtlichen Anstalten lassen allerdings grundsätzlich keine Autodidakten an die teure Technik. Ohne Fachausbildung geht hier fast nichts. Aber *mit* Fachausbildung geht es auch nicht automatisch. Höchstens schneller. Auch hochqualifizierte Leute mit abgeschlossener Ausbildung und Diplom müssen sich hier Schritt für Schritt hochdienen, bis sie als Freie in ihrem erlernten Beruf arbeiten dürfen.

Nicht viel anders sieht es beim Film aus. Auch hier sind Praktika fast unumgänglich – sei es um Beziehungen zu knüpfen, als Anfang von „Learning by doing" oder als Voraussetzung für die Annahme an Schulen oder Hochschulen.

Der Einstieg in die freie Arbeit bei Film und Fernsehen ist um so leichter, je mehr man gelernt und je mehr Berufserfahrung man bereits gesammelt hat. Die Ansprüche der Rundfunkanstalten und der größeren Filmproduktionsgesellschaften an den Ausbildungsstand sind stark gestiegen.

Erste Kontakte lassen sich herstellen über die Sender- und Filmverbände der IG Medien[A] und die Berufsverbände der einzelnen Filmsparten.

1.2.0.3. Literatur

Zu viele versuchen es so: Sie schreiben ein Buch und hoffen, daß irgend jemand es veröffentlicht. Aber das tut fast nie jemand. Schon einen Lektor zu finden, der das Manuskript des völlig unbekannten Autors liest, ist ein Kunststück.

Bei den Erfolgreichen ging es meist ganz anders. Sie haben sich ihren Namen als Rechtsanwälte, Fernsehmoderatoren, Politiker oder Journalisten gemacht – und wenn sie dann wirklich einen Roman oder ein Kinderbuch schreiben, dann sichert schon dieser Name den ersten Erfolg.

Wer sich allein mit literarischer Qualität durchsetzen will, sollte nicht zu hoch anfangen. Der erste Einstieg erfolgt oft mit kürzeren Texten über Literaturzeitschriften – davon gibt es mehr, als man vermutet. Fast alle schalten gegenseitig Inserate, so daß man problemlos von einer zur nächsten findet. Gezielte Einsendungen haben hier reelle Chancen, Honorare aber gibt's selten. Auch Kontakte baut die Autorin mit Hilfe der Literaturzeitschriften auf.

Sie ist jetzt Gast in Literaturbüros, Literaturhäusern, auf Poetry Slams, in Schreibwerkstätten, bei Lesungen in Kneipen und Galerien, sie beteiligt sich an Wettbewerben und Themen-Ausschreibungen. Irgendwann trifft sie dabei den Herausgeber einer Anthologie, der einen Text von ihr will, irgendwann macht der Herausgeber einer der Literaturzeitschriften seinen eigenen Verlag auf, irgendwann ist sie mitten drin im Literaturgeschäft, kennt Leute, wird von Leuten empfohlen. Und die Schwelle vor den Lektoraten ist gar nicht mehr so hoch.

Das ist ein langwieriger, entbehrungsreicher Weg, auf dem man sich durchaus die Frage stellen sollte, ob es denn wirklich und ausschließlich die reine Literatur sein muß. Es gibt vieles zu schreiben, wovon man zumindest besser leben kann als von schöner Literatur, und auch unter den erfolgreichen Literaten findet man heute kaum noch einen, der nicht einen ganz wesentlichen Teil seines Einkommens mit Zeitschriften- und Sachbuch-, Rundfunk- und Fernsehhonoraren bestreitet.

Dringend abzuraten ist von jedem Versuch, Manuskripte in sogenannten Zuschußverlagen zu veröffentlichen, also solchen, die für die Veröffentlichung kein Honorar zahlen, sondern Geld vom Autor verlangen. Wer das tut, bestätigt damit, daß sein Manuskript es nicht wert ist, in einem normalen Verlag veröffentlicht zu werden. Und wer solche Bücher als Referenzen anführt, soll sich nicht wundern, wenn sie als Argument gegen ihn gewertet werden.

Etwas anders sieht es im **Sachbuch**bereich aus, wo man über die Mitarbeit in Fachzeitschriften zum Buchautor „aufsteigen" kann. Zudem kann man hier hin und wieder auch Buchaufträge auf der Grundlage eines Exposés bekommen, das man dem Verlag angeboten hat. Die Chancen dafür steigen, wenn sich der Autor durch einschlägige Veröffentlichungen als Experte auf dem jeweiligen Gebiet ausweisen kann.

Literarische **Übersetzungen** werden in aller Regel als Aufträge vergeben (und nicht fertig angekauft). Wer ein Buch auf eigenes Risiko übersetzt, um es dann anzubieten, geht ein gewaltiges Risiko ein: Nicht nur, daß das Original und/oder die Übersetzung als uninteressant abgelehnt werden könnten – wer garantiert schließlich, daß nicht längst ein Verlag die Übersetzungsrechte erworben und eine Übersetzung anderswo in Auftrag gegeben hat?

Wer aus seltenen Sprachen übersetzt, kann eventuell mit eigenen Hinweisen auf übersetzenswerte Bücher Erfolg haben. Bei allen „großen" Sprachen funktioniert das selten, da zumindest die großen Verlage die Neuerscheinungen in den entsprechenden Sprachen selbst beobachten.

Im Regelfall bleibt nur der Weg, eine Bewerbung mit Arbeitsproben, eventuell mit Vorschlägen, vor allem aber mit viel Phantasie (damit sie überhaupt wahrgenommen wird in dem Berg von Bewerbungen, die bei jedem großen Verlag eingehen) zusammenzustellen und sie an einzelne Verlage zu schicken. Da erfahrungsgemäß das erste Buch über die weitere Karriere entscheidet, ist gerade zu Anfang die Auswahl der richtigen Verlage wichtig: Wer mit der Übersetzung eines Krimis anfängt, wird in der Regel nur noch Krimis übersetzen.

Und dann heißt es: Den persönlichen Kontakt suchen, Bekannte für Empfehlungen einspannen – und viel Geduld haben. Sobald man einige Übersetzungen vorzuweisen hat, macht die Eintragung in das **Verzeichnis „ÜBERSETZERINNEN“**(B) Sinn. Die Verlage arbeiten mit diesem Werk tatsächlich.

In etlichen größeren Städten der Bundesrepublik trifft sich die Bundessparte Übersetzer regelmäßig zu Stammtischen.

Detaillierte Hinweise zu allen Fragen des schriftstellerischen Alltags von der Recherchequelle bis zum Stipendium gibt der neue **„VS-Ratgeber“**(B).

1.2.0.4. Bildende Kunst

Wer den direkten Weg in den traditionellen Kunstmarkt sucht: Der ist anders als über Ausstellungen bei halbwegs renommierten Galerien schwer vorstellbar. Hier sind persönliche Kontakte noch wichtiger als anderswo. Manche Galeristen schauen sich die Arbeiten ihnen unbekannter Künstler gar nicht erst an, wenn sie ihnen nicht von Kunden, befreundeten Galeristen, vor allem aber von anderen Künstlern und Künstlerinnen der Galerie empfohlen wurden.

Hinweise auf Galerien, deren Programm zur eigenen Richtung paßt, findet man im „Belser Kunstquartal“(B), das nicht nur sämtliche Ausstellungen der deutschsprachigen Galerien abfragt, sondern in seinen Künstlerverzeichnissen auch angibt, wer bei welcher Galerie ausstellt. Wer hier Kolleginnen oder Kollegen findet, die den eigenen künstlerischen Ideen nahestehen, hat schon mal einen ersten Hinweis auf Galerien, bei denen sich ein Besuch lohnen könnte.

Freilich: Dieser Weg wird so direkt in den seltensten Fällen funktionieren. Wesentlich leichter ist es, Sparkassen, Kneipen oder Zahnarztpraxen zu finden, in denen man seine Objekte ausstellen kann. Das ist mit Sicherheit weder der Traum eines Künstlers noch der Schritt auf den Kunstmarkt. Aber es ist ein erster Schritt in die Öffentlichkeit und eine erste Möglichkeit, Kontakte herzustellen, die sich Schritt für Schritt in Richtung Kunstmarkt ausweiten lassen.

Und: Muß es wirklich gleich die reine Kunst sein? Sind Bilder, die als Illustrationen in Büchern veröffentlicht werden, denn per se weniger wert als die, die in der Galerie hängen? Besser jedenfalls, mit Illustrationen, Plakaten oder Karikaturen seinen Lebensunterhalt zu verdienen als mit Taxifahren. Und auch in den Kunstmarkt kann man auf diesem Umweg kommen – mit größerer Erfolgsaussicht jedenfalls, als wenn die Bilder im Atelier verstauben.

Wer seinen ersten öffentlichen Auftritt selbst organisiert, im Atelier oder gemeinsam mit Freunden in einer Produzentengalerie, muß sich selbst um das Publikum kümmern. Da bringt es wenig, sämtliche Ärzte und Architektinnen in der Stadt anzuschreiben. Besser ist es, man hat schon Jahre zuvor angefangen, systematisch Namen von Kunstinteressierten zu sammeln, wo immer man sie hört oder findet – in den Klatschspalten und Ausstellungsberichten der Lokalpresse, in Gesprächen mit Künstlerkollegen, im Vorlesungsverzeichnis der nächstgelegenen Kunsthochschule. Namen von größeren Sammlern kann man hin und wieder den Kunstzeitschriften oder geballt den Listen der Leihgeber entnehmen, die die Veranstalter großer Themenausstellungen in ihren Katalogen veröffentlichen.

Manchmal bieten auch Künstlerinnen oder Galeristen Adressenlisten zum Kauf an. Aber Vorsicht: Wirklich gute Adressenlisten verkauft man nicht. Entscheidend ist nicht die Zahl, sondern die Qualität der Adressen.

Besser noch ist: Man kennt möglichst viele dieser Leute nicht nur aus der Adressenliste. Auf dem Kunstmarkt läuft ohne persönliche Kontakte buchstäblich gar nichts. Der Künstler muß sich sehen lassen, im Gespräch bleiben. Er muß allen, die irgend etwas zu entscheiden haben, als Person vor Augen sein: Kunstjournalistinnen, Museumsdirektoren, Galeristen, Sammlern. Und vor allem Juroren, Stiftungsvorständen, die über Preise und Fördergelder entscheiden.

Wer Erfolg haben will, muß nicht nur gut *sein.* Er muß auch als gut anerkannt werden. Ohne Eigenwerbung geht das nicht.

Musik 1.2.0.5.

In der Musik stellt sich das Problem des Einstiegs weniger kraß, da Musikerinnen und Musiker in der Regel schon während der Ausbildung öffentlich auftreten und manchmal schon seit der Schulzeit in mehr oder weniger festen Gruppen mitspielen. Um dranzubleiben, um geldbringende Engagements als Studiomusikerin oder Sideman zu erhalten, kommt es im Rock-, Pop- und vor allem im Jazzbereich wieder auf persönliche Kontakte an, und zwar auf möglichst enge. Ohne Zugehörigkeit zu mindestens einer (aber möglichst nicht *irgend*einer) Clique läuft hier kaum etwas.

Auch im Bereich „Alte Musik" mit historischen Instrumenten zahlen sich Kontakte zu bestehenden Ensembles aus: Je kleiner die jeweilige Szene ist, um so schneller spricht sich das Können einer Musikerin herum – positiv wie negativ. Weitere Kontakte sollte man gezielt knüpfen, zum Beispiel auf Kursen, Workshops, Fortbildungsveranstaltungen oder den Seminaren der IG-Medien-Fachgruppe Musik.

Ohne solche Kontakte hilft es wenig, Demo-Bänder zu Hunderten an Kulturämter, Plattenverlage, Konzertdirektionen und Veranstalter zu verschicken. Zum einen ist das nicht ganz billig, zum anderen werden sie selten ernsthaft geprüft. Was oben für freie Journalistinnen beschrieben wurde, gilt auch hier: Es bringt mehr, einzelne Angebote und Bänder *gezielt* zu verschicken, nach ein paar Tagen persönlich nachzuhaken und möglichst etablierte Kolleginnen und Kollegen zur Fürsprache einzuschalten.

Festanstellungen gibt es für Musikerinnen praktisch nur in großen Orchestern. Das Engagement dort funktioniert nach den üblichen Regeln: bewerben, Glück haben (denn selten werden mehr als zehn Prozent der Bewerberinnen zur Vorstellung eingeladen), vorspielen, nochmal Glück haben. Für das zweite Glück mag jeder auf sein eigenes Können vertrauen – für das erste braucht er vor allem Referenzen. Und zwar beste Referenzen, von namhaften Lehrern, Veranstaltern und Kolleginnen, mit denen man schon gespielt hat.

Wer ohne Festanstellung von der Musik leben will, sollte sich darauf einstellen, unterschiedliche Jobs auszuüben. Der Durchbruch zum Plattenstar oder zur Solistin ist nur wenigen vergönnt. Aber es gibt zahlreiche Musiker, die neben der Arbeit in ihrer Band an der Musikschule unterrichten, mit berühmteren Kollegen als Sideman auf Tournee gehen, als Studiomusiker Platten einspielen – und davon insgesamt ganz anständig leben.

Allerdings sind die Diskrepanzen zwischen Mini- und Stargagen im Musikbereich besonders groß – sowohl in der Klassik als auch im Jazz, Rock und Pop. Wer von der Musik leben will, braucht einen langen Atem, viel Engagement und muß sich darauf einstellen, unterwegs so manche Kröte zu schlucken. Von Anfang an aber muß er professionelle Honorare anstreben: Wer erstmal anfängt, für ein Taschengeld zu spielen, kann dem Amateurbereich erfahrungsgemäß nur selten entrinnen.

1.2.0.6. Darstellende Kunst

Hier gilt ähnliches wie bei der Musik: Bei großen Theatern und Filmproduktionsgesellschaften werden Schauspieler und Schauspielerinnen in der Regel angestellt und müssen sich dazu ganz normal bewerben und vorspielen.

Von den hier behandelten Bereichen ist die Darstellende Kunst der einzige, in dem es auch eine reguläre Arbeitsvermittlung durch die Bundesanstalt für Arbeit gibt:

- Die Zentrale Bühnen-, Fernseh- und Filmvermittlung (ZBF[(A)]) der Bundesanstalt für Arbeit vermittelt Engagements unter sehr strengen Kriterien: Man muß dort vorspielen, man braucht entweder einen anerkannten Abschluß oder eine langjährige Berufspraxis – und läuft Gefahr, das Arbeitslosengeld zu verlieren und zur Umschulung gezwungen zu werden, falls man den Ansprüchen der ZBF nicht genügt.
- Die Künstlerdienste der Landesarbeitsämter vermitteln für Galas, Betriebsfeste u.ä. traditionelle Unterhaltungskunst, oft von „Auch-Künstlern" zu unverschämt niedrigen Gagen. Tanzkapellen und Alleinunterhalter haben hier eine Chance, nicht aber normale Musik- und Theatergruppen und -solisten.
- Außerdem gibt es die Komparsen- und Künstlervermittlung der örtlichen Arbeitsämter (Film, Fernsehen) und die Studentenvermittlung z.B. für Nikoläuse.

Zusätzlich kann man Bewerbungsmappen an die Besetzungsbüros der Film- und Fernsehgesellschaften sowie an Casting-Agenturen verschicken, die auch freie Jobs beim Film und Werbefernsehen vermitteln. Bei den entsprechenden Fotos und Videos sollte man sich nicht in allzu hohe Unkosten stürzen – sie kommen nicht zurück. Und Vorsicht bei Agenturen, die nicht Provision, sondern Vorkasse verlangen: Von den Träumen Zukurzgekommener, Model oder wenigstens Pornodarsteller zu werden, leben Betrüger reihenweise.

Möglich ist auch der Weg über eine Theateragentur, die Auftritte und Engagements vermittelt. Allerdings nehmen gute Agenturen nicht jeden. Sie bevorzugen etablierte Künstler (mit denen ein Geschäft zu machen ist) und haben überdies eine begrenzte Kapazität. Bei der Vermittlung von Einzelauftritten ist eine Agenturprovision von 15% üblich; für die Vermittlung von Arbeitsverhältnissen ist die Provision gesetzlich auf 12% des Jahresentgeltes begrenzt.

Nicht viel anders stellt sich das Einstiegsproblem bei freien Theatergruppen, deren erste Produktion bühnenreif ist und die nun auf Engagements warten. Sie müssen Prospekte und Angebote an potentielle Veranstalter verschicken, telefonisch nachhaken, möglichst persönlichen Kontakt aufnehmen.

Kostenlose Selbstdarstellungen können freie Theatergruppen zum Beispiel in der „Kulturbörse" des SPD-Parteivorstandes[(A)] veröffentlichen. Im „Journal Freie Theater" des Bundesverbandes Freier Theater (BUFT[(A)]) kostet das nach einer komplizierten Preisliste 30 bis 200 DM pro angebotenes Stück; auf der CD „Kulturinfo"[(B)] des Jungen Forums Recklinghausen sind Textbeiträge kostenfrei, zusätzliche Bild- und Toneinträge sind für je 150 DM möglich. Zumindest die Möglichkeiten zur kostenlosen Selbstdarstellung sollte man nutzen, da diese Kataloge z.B. von örtlichen Kulturämtern durchaus genutzt werden.

Zunehmend schlechter funktionieren in letzter Zeit die verschiedenen Messen und Kulturbörsen, auf denen sich Theatergruppen mit Infoständen und Kurzauftritten vorstellen können. Der Grund ist die Finanzmisere der Städte, die ihren Kulturbeauftragten keine Dienstreisen mehr bezahlen, so daß man auf solchen Veranstaltungen oft nur noch wenige Veranstalter, also potentielle Auftraggeber, trifft.

Wo man aktuell am besten spielen, fragen, werben oder Zuschüsse bekommen kann, läßt sich ebenfalls bei den regionalen Theaterkooperativen bzw. Landesverbänden des BUFT erfragen. Hier erfährt man auch, in welchen regionalen „Theaterkatalogen" ein Eintrag lohnt, z.B. in den „KünstlerInnenlisten", die die IG Medien in Baden-Württemberg und Nordrhein-Westfalen herausgibt (Eintrag umsonst, Meldung beim Landesbezirk[(A)]) oder im „Kursbuch Rheinland-Pfalz".

Professionalität 1.3.

Freie Arbeit ist nicht nur ein Geschäft. Sie muß auch wie ein Geschäft organisiert werden. In dieser Hinsicht unterscheiden sich freie Künstler und Publizistinnen nicht von anderen Kleinunternehmern, die die Produkte ihrer Arbeit verkaufen und Abnehmer zu angemessenen Preisen finden müssen. Wem Preiskalkulation, Werbung und Honorarverhandlungen ein Greuel sind, sollte lieber die Finger von der freien Arbeit lassen: Dies ist ein Teil des Berufes, den ihm niemand abnehmen kann und der ebenso erlernt sein will wie das künstlerische und publizistische Handwerk.

Sicher, das fällt gerade in der Anfangsphase vielen schwer, die mit Engagement und Euphorie an den neuen Beruf herangehen (und wer tut das nicht?): Man will alles anders machen als im etablierten Kunstbetrieb. Man verachtet unkritische Massenmedien. Man will sich mit Qualität durchsetzen, nicht mit Klinkenputzerei. Richtig. Tut das. Aber vergeßt dabei nicht, daß über eure Aufträge Menschen entscheiden. Und die wollen zumindest vernünftig behandelt werden.

Redaktionen etwa arbeiten gern mit Freien zusammen, die ihnen Arbeit ersparen. Die die getroffenen Absprachen einhalten und ihre Texte – wo gewünscht – elektronisch liefern können. Und bevor sich der Freie empört, daß die Redaktion ihm schon wieder in einem Artikel herumgepfuscht hat, sollte er sich nochmal das Manuskript vornehmen. Wer seine Beiträge durchformuliert, gut lesbar, in der vereinbarten Länge und dann auch noch pünktlich abliefert, hat solchen Ärger jedenfalls viel seltener.

Entsprechendes gilt in allen Bereichen. Wer klare Angebote (oder schriftliche Kostenkalkulationen, klare Bühnenanweisungen) macht, präzise Vereinbarungen trifft (und einhält), jederzeit erreichbar ist, seinem Geschäftsbetrieb ein professionelles Aussehen gibt (durch Briefpapier, Preislisten, Geschäftsbedingungen oder ähnliches) und dazu noch gute Arbeit abliefert, der wird von vielem Ärger verschont bleiben, über den Freie so gern beim Bier schimpfen. Und wer Ärger vermeidet, bekommt neue Aufträge.

1.3.0.1. Selbstbewußtsein und Prostitution

Zuerst fühlt es sich an wie Prostitution: Die Theatergruppe, die Engagements bekommen will, muß ihrem Gegenüber klar machen, daß sie die absolute Startruppe ist, die die aktuelle Botschaft besser rüberbringt, als jede andere Gruppe das könnte. Die Journalistin, die mit der freien Arbeit erst anfängt, muß die flotte Schreiberin mit den brandheißen Themen geben – und das mehrmals am Tag für nicht mal 100 Mark pro Auftrag. Man muß sich verkaufen.

Aber irgendwann merkt man, es hat auch etwas mit Selbstbewußtsein zu tun. Wer bei der Akquisition zu dick aufträgt, kriegt auf die Dauer Schwierigkeiten. Die meisten Freien aber haben Schwierigkeiten am anderen Ende: Sie leiden an Selbstunterschätzung.

Vor allem Frauen leiden darunter: Im freien Journalismus, wo es Lob aus den Redaktionen so gut wie nie gibt, interpretieren sie fehlende Rückmeldungen als Kritik. Sie trauen sich nicht nachzuhaken, wenn die Redakteurin den vereinbarten Rückruf vergißt. Und wenn das Honorar niedriger ausfällt als vereinbart, suchen sie die Schuld bei sich selbst: „Der Artikel war ja auch nicht so gut." Dabei hatte die Redakteurin sich einfach geirrt!

Fast alle Festangestellten stehen enorm unter Zeitdruck und möchten selbst viel mehr Kontakt mit den Freien. Also fragt nach, macht neue Angebote, schlagt neue Themen vor. *Alle* Erfahrung von Freien (wenn sie nicht gerade Möchtegern-Schreiber oder Querulantinnen sind) zeigt, daß sich die Redaktionen darüber freuen.

Und wer dann immer noch an der Qualität der eigenen Arbeit zweifelt, lese sich einmal andere Beiträge in dem betreffenden Medium unter dem Qualitätsaspekt durch: Na? Was zählt, ist der Qualitätsmaßstab der Redaktion. Daß die eigenen Ansprüche noch viel höher sind, davon weiß die Redaktion ja zum Glück nichts.

Das ist kein Votum für Oberflächlichkeit. Wohl aber für ein wenig mehr Nüchternheit und ein bißchen weniger Herzblut bei der Selbstdarstellung. Wer eine Vorstellungsmappe zusammenstellt, muß einfach akzeptieren, daß niemand sie vollständig durchlesen wird. Da entscheiden vor allem Namen. Der Journalist legt also nicht seine besten und längsten Artikel bei, sondern die, die in den renommiertesten Blättern erschienen sind. Die Künstlerin zählt nicht sämtliche Ausstellungen und Verkäufe auf, sondern ihre Einzel- und Gruppenausstellungen in guten Galerien und ihre Verkäufe an Museen. Der Theatergruppe nützt eine Rezension aus einer überregionalen Zeitung mehr als ein Dutzend Besprechungen aus der Lokalpresse. Die Übersetzerin zählt nur ihre bekanntesten und auflagenstärksten Übersetzungen auf, der Musiker die berühmten Kollegen, mit denen er schon gemeinsam aufgetreten ist.

Und irgendwann merkt man, daß die Phase des permanenten Sich-Verkaufen-Müssens vorbei ist. Daß die Aufträge auch so kommen. Gerade jetzt, wo man genügend Selbstbewußtsein aufgebaut hat, um ohne Herzklopfen und falsche Scham für sich selbst zu werben. Ist irgendwie auch wieder schade.

Kundenpflege 1.3.0.2.

Auftraggeber sind keine Wohltäter, denen Freie zu Dank verpflichtet wären. Auftraggeber sind keine Ausbeuter, denen grundsätzlich mit Mißtrauen zu begegnen wäre. Und sie sind keine Alleinherrscher, von denen man sich alles gefallen lassen müßte. Wer mir einen Konzertauftritt, ein Bild, einen Rundfunkbeitrag abkauft, ist mein Kunde.

Auch wenn das vielen Auftraggebern nicht bewußt ist und viele Geschäftsbeziehungen im Alltag ganz anders aussehen – schon dieses Bewußtsein hilft Freien weiter: Der andere will etwas von *mir*. Zu diesem Selbstbewußtsein gehört, daß Auftragskonditionen zwischen Verkäuferin und Kunden verhandelt und nicht einseitig bestimmt werden, daß man auch nein sagen kann, wenn die Konditionen nicht stimmen, und daß man sich von unerfreulichen Kunden ganz trennen kann. Diesen Spielraum nutzen zu wenige Freie aus.

Zu diesem Selbstbewußtsein gehört aber auch ein professionelles Auftreten gegenüber den Kunden: kalkulierte Selbstdarstellung, eigene Preisvorstellungen, klare Absprachen und Lieferbedingungen, korrekte Arbeit und Abrechnung. Und dazu gehört, daß Kunden umworben sein wollen. Zumindest die, an denen einem liegt. Im Gespräch, durch Verständnis für das Chaos im Lektorat und (demonstrativen) Verzicht auf Beschwerden und lange Briefwechsel über irgendwelche Satzfehler, durch einen Rundbrief an die Sammler der eigenen Werke, wenn es mal über einen längeren Zeitraum keine Aus-stellung gab. Oder durch kleine Gesten: Eine kurze Recherche, die man dem Kunden nicht berechnet, „weil das zum Service gehört", kann Wunder wirken.

1.3.0.3. Pressearbeit

Vor allem Theater- und Musikgruppen, die auf zahlreiches und zahlendes Publikum angewiesen sind, brauchen eine vernünftige Presse, die Interesse für ihre Produktionen weckt.

Entscheidend sind auch hier wieder persönliche Kontakte. Wer lediglich zur Premierenpressekonferenz eine Einladung an „die Kulturredaktion" verschickt, verschenkt gute Chancen. Wer den Medien gegenüber anonym bleibt, erleichtert Verrisse. Also versucht, die Leute kennenzulernen, die über euch berichten. Ladet sie persönlich ein, informiert sie auch zu anderen Terminen mal, wie es mit eurer neuen Produktion vorangeht oder wer zu eurer Gruppe neu hinzugekommen ist.

Und wenn ihr in der Redaktion nicht richtig weiterkommt, versucht es doch mal mit einer freien Journalistin. Freie sind in der Regel sehr an Themenvorschlägen interessiert, und wenn ihr sie für eure Gruppe eingenommen habt, werden sie die entsprechenden Artikel schon verkaufen – sie leben schließlich davon. Ladet sie ruhig mal zu einer Probe ein.

Und vermeidet um Himmels willen einen Fehler: Brecht nicht den persönlichen Kontakt ab, wenn die Besprechung mal nicht so ausgefallen ist, wie ihr euch das gewünscht habt. Die Medien haben das Recht – und die Pflicht – zur Kritik, auch freien Theatergruppen gegenüber. Journalisten reagieren zu Recht allergisch, wenn man ihnen das nicht zugesteht.

Wenn das schwerfällt, sollte man sich den Ausspruch ins Gedächtnis rufen, mit dem Politiker so gerne kokettieren: „Was die Zeitungen über mich schreiben, ist mir egal. Hauptsache, sie schreiben meinen Namen richtig." Da ist was dran. Was zählt und weiterbringt, ist die *Präsenz* in den Medien. Dafür muß man den Medien Stoff liefern. Also keine falsche Scham: Wenn ihr zu einem wichtigen Festival eingeladen worden seid, ist das doch eine Meldung in eurer Lokalzeitung wert! Ihr müßt sie nur informieren.

Auf dem Kunstmarkt sind solche Besprechungen in der *Lokalpresse* allerdings wenig wert. Was hier zählt, sind Rezensionen in überregionalen Tages- und Wochenzeitungen, in den angesehenen Fachzeitschriften und (am richtigen Sendeplatz) im Fernsehen. Bei mehr oder weniger unbekannten Künstlern kommen solche Rezensionen nicht von selbst oder auf schriftliche Einladung. Versucht also, Namen herauszufinden, die Leute kennenzulernen und persönlich anzusprechen.

Informationskanäle 1.3.0.4.

Für freie Journalistinnen und Journalisten kommt ein weiterer Bereich hinzu, der mit der persönlichen Kontaktpflege steht und fällt: die Informanten und Informantinnen.

Zwar verpflichten die Landespressegesetze alle öffentlichen Institutionen, kein Medium bei der Weitergabe von Informationen zu benachteiligen. Meist nehmen sie auch Freie problemlos in ihre Presseverteiler auf, und wer zu ihren Pressekonferenzen erscheint, *muß* zugelassen werden. Aber damit ist es nicht getan. Denn das eigentliche Informationsgeschäft spielt sich selten auf dieser Ebene ab.

Vor allem Neulinge machen häufig den Fehler, in einer Mischung aus Unsicherheit und demonstrativer Unabhängigkeit Distanz zu den offiziellen Sprechern von Regierungen, Behörden und Unternehmen zu halten, selten auf Pressekonferenzen zu erscheinen und Fragen auf das absolut Notwendige zu beschränken. Dabei brauchen gerade Freie, wenn sie in der aktuellen Berichterstattung nicht nur Verlautbarungsjournalismus betreiben wollen, den persönlichen Draht zu Politikern und Pressesprecherinnen und vor allem zu Menschen in den Institutionen, die auch schon mal von sich aus mit Informationen herausrücken. Den muß man bewußt pflegen: Indem man sich persönlich vorstellt und nach der Pressekonferenz noch Zeit für einen Klönschnack hat, indem man Interesse an den jeweiligen Themen und Menschen zeigt. Nicht selten stellt man dann erstaunt fest, daß auch der Pressesprecher ein gelernter Journalist ist, mit dem man ganz vernünftig reden kann.

Wichtiger noch können in einigen Arbeitsbereichen die Kontakte zu ganz normalen Menschen sein, die einen auf Alltagsthemen hinweisen oder vorab informieren, wo die spektakulären Aktionen beim Castor-Protest stattfinden. Solche Kontakte funktionieren nur über Vertrauen, persönliches und politisches Vertrauen.

Weiterbildung 1.3.0.5.

Gerade weil die Möglichkeiten zur Weiterbildung für Freie so rar sind, sollte man von Anfang an jede Chance dazu nutzen. Angebote findet man jeden Monat im Service-Teil der IG-Medien-Zeitschriften „Kunst & Kultur“ und „M – Menschen Machen Medien“.

Wer Fortbildungsangebote zu ganz bestimmten Themen sucht, findet die umfangreichste Übersicht in der **Datenbank KURS DIREKT**[(B)]. Hier speichert das Institut der Deutschen Wirtschaft im Auftrag der Bundesanstalt für Arbeit jeweils mehr als 300.000 aktuelle Angebote, darunter auch mehrere hundert aus den Bereichen Kunst und Medien.

Neben den einschlägigen Institutionen bieten auch die Fachgruppen der IG Medien regelmäßig Seminare und Weiterbildungsveranstaltungen für Freie an. Auf Bundesebene sind hier besonders zu nennen:

- Seminare aller Fachgruppen und der „Bundeskommission Freie" zu den Alltagsproblemen freier Arbeit, z.B. Berufseinstieg, Professionalisierung und Marketing, sowie zu aktuellen Problemen der Medien- und Kulturarbeit,
- der jährliche **JournalistInnentag** der IG Medien,
- die jährlichen **„Bergneustädter Gespräche"** für Übersetzerinnen und Übersetzer,
- das **Europäische Übersetzer-Kollegium** in Straelen[A] mit seinen Berufskundeseminaren, in dem professionelle Übersetzerinnen aber auch zu anderen Zeiten wohnen, arbeiten, sich mit Kollegen austauschen und von der hervorragenden Bibliothek profitieren können,
- „handwerkliche" Seminare, z.B. der Fachgruppe Darstellende Kunst für Freie Theater,
- gemeinsame Fachseminare der Fachgruppe Musik mit der Bundesakademie für musikalische Jugendbildung in Trossingen[A] zur Ausbildung im Bereich Kammermusik und zur Qualifizierung und Fortbildung von Musikpädagogen und Führungskräften von Musikvereinen,
- Seminare des VS zusammen mit dem „Kulturwerk" und der Bertelsmann-Stiftung zu den Bereichen Lyrik, Kinderbuch, Hörspiel, Drehbuch und Übersetzung.

Ähnliche Seminare veranstalten mehr oder weniger regelmäßig die meisten Fachgruppen auch auf Landesebene. Wer bei der IG Medien mit der aktuellen Adresse und seinem aktuellen Beruf gemeldet ist, wird dazu in der Regel auch eingeladen.

Für die Veranstaltungen auf Bundesebene unterhält die IG Medien zwei eigene Seminar- und Veranstaltungszentren, nämlich das **Bildungswerk Springen**[A] und das **Institut für Medien und Kunst**[A] in Lage-Hörste, in dem auch das Institut für Arbeitnehmerbildung und das Institut für Technik und Gesellschaft untergebracht sind.

Für IG-Medien-Mitglieder sind diese Veranstaltungen in der Regel kostenlos. Freie, die keinen Zuschuß oder Verdienstausfall von anderer Seite bekommen, können bei einigen Seminaren auf Antrag sogar ein geringes „Stipendium" und einen Fahrtkostenzuschuß erhalten. Bei den Seminaren des VS mit dem „Kulturwerk" und der Bertelsmann-Stiftung wird auf Antrag sogar ein geringer Verdienstausfall bezahlt.

Die vollständigen **Bildungsprogramme** der IG Medien und ihrer Bildungsstätten werden jeweils gegen Ende der Sommerferien für das kommende Jahr veröffentlicht und sind dann bei den Landesbezirken und Bezirken der IG Medien erhältlich. Eine frühzeitige Anmeldung ist ratsam, da gerade die Seminare für Freie oft hoffnungslos überbucht sind.

Die Chance zur kostenlosen Weiterbildung besteht unter Umständen auch bei öffentlich-rechtlichen Rundfunkanstalten, von denen einige auch Freie zu den Kursen der „Zentralen Fortbildung der Programmitarbeiter" von ARD und ZDF schicken. Der Bayerische Rundfunk zahlt Freien dabei nicht nur die Kurs-

und Reisekosten, sondern auch noch eine Pauschale von 110 DM pro Weiterbildungstag. Einige Privatsender legen zumindest Wert darauf, daß Freie an hausinternen Schulungs- und Fortbildungsmaßnahmen teilnehmen.

Ansonsten müssen Freie ihre Fort- und Weiterbildung in der Regel teuer bezahlen. Aber das zahlt sich aus. Was im Musikbereich die Erfahrung sagt, haben im Bereich von Journalismus und Literatur Umfragen der IG Medien handfest nachgewiesen: Unter den Freien sind auch wirtschaftlich diejenigen die erfolgreicheren, die eine solide Ausbildung hinter sich haben.

Anbieten und Abrechnen 1.4.

Und dann ist irgendwann das erste Produkt fertig, und die junge Theatergruppe muß ihre erste Preisliste machen, die Werbetexterin ihre erste Rechnung schreiben. Eines sollten sie dabei wissen: Nicht nur Berufsanfänger haben mit ihren Preisen Probleme. Professionelle Honorare zu verlangen ist verdammt schwer. Aber auch verdammt nötig, wenn man nicht gleich als Hobbykünstler abgestempelt werden will.

Bei Zeitungen hat man diese Probleme kaum. Zeitungen versuchen einfach, die Honorare und Honorarbedingungen einseitig zu diktieren, und überweisen ohne Rechnung irgendwann irgendwelche Beträge, die sie für angemessen halten.

Aber das ist kein Ausweg. Freie müssen lernen, selbst zu entscheiden, was ihre Arbeit wert ist (siehe Seite 136 ff.). Sie müssen von Anfang an lernen, zu kalkulieren, Angebote zu machen, Forderungen zu stellen, Rechnungen zu schreiben.

Die wichtigste Regel dabei heißt: Über das Honorar muß man offen und deutlich reden. Und zwar vorher. Die zweite Regel heißt: Auftraggeber lieben überschaubare Summen. Und hassen Überraschungen bei der Rechnungsstellung. Also sollte man dem Auftraggeber eine klare Vorstellung davon geben, was ihn der Auftrag letztlich kosten wird. Und sollte nicht die Forderung mit Hilfe versteckter Nebenkosten und anderer Tricks kleiner erscheinen lassen, als sie wirklich ist. Eine Rechnung, die den Auftraggeber erschreckt („Mit so vielen Nebenkosten hatte ich nicht gerechnet!"), ist eine schlechte Voraussetzung für weitere Aufträge.

Die Kalkulation 1.4.0.1.

Nie sind Freie so allein, wie wenn sie einen Preis kalkulieren müssen für einen Auftrag, dessen Arbeitsaufwand sie noch nicht recht einschätzen können. Daß Auftraggeber ein Angebot haben wollen, ist bei größeren Aufträgen im Journalismus- und PR-Bereich, im Design, in der Bildenden Kunst und auch bei Theater- und Musikgastspielen aber durchaus üblich.

Zunächst mal: Nehmt euch dazu Zeit. Nennt nicht spontan am Telefon „ungefähre" Preise – die stellen sich hinterher fast immer als zu niedrig heraus. Sondern bittet euch ein wenig Zeit aus, um das in Ruhe zu kalkulieren.

Wer keine Erfahrungswerte und keine festen Sätze hat, braucht diese Zeit auch. Am besten, man versucht dann, sich dem Preis auf mehreren Wegen zu nähern und viele Fragen zu stellen wie:

- In welcher Spanne bewegen sich – nach den weiter hinten in diesem Buch genannten Preisbeispielen – die marktüblichen Honorare für einen solchen Auftrag?
- Wie hoch schätze ich meinen Zeitaufwand? Welchen Stundensatz will ich erzielen? Welche Sachkosten entstehen? Welchen Preis ergäbe das unter dem Strich?
- Soll es ein günstiges „Einführungsangebot" sein oder eine Klarstellung, daß gute Arbeit gutes Geld kostet?
- Sind Folgeaufträge zu erwarten, auf die ich einen Teil meines Aufwandes, z.B. für Recherche, übertragen kann?
- Kenne ich Preise von Kollegen für ähnliche Aufträge?

Wenn es ein ganz schwieriger Fall ist, fragt man nochmal eine erfahrenere Kollegin um Rat, geht mit seinen Wünschen ein paar Tage schwanger und wartet darauf, daß sich all diese Zahlen zu einem Preis zurechtrütteln. (Und hat dann hoffentlich den Mut, doch noch ein bißchen mehr zu verlangen.)

Genauer geht es kaum. Künstlerische Arbeit läßt sich nicht präzise in Zeit- und Lohneinheiten messen. Wichtig ist nur, daß man während des Auftrages verfolgt, ob die eigenen Vorgaben realistisch waren. Damit man bei der nächsten Kalkulation schon genauere Erfahrungswerte hat.

Wie der Preis dann letztlich formuliert wird, ist eine Frage des Geschmacks (auch des Auftraggebers) und der Verhandlungsposition:

- Manche Auftraggeber wünschen einen **Festpreis** ohne alle Nebenkosten, möglichst sogar inklusive Mehrwertsteuer. Damit wissen alle eindeutig, woran sie sind – das Risiko unerwarteten Mehraufwandes trägt allein die Auftragnehmerin.
- Eine **Abrechnung nach Zeitaufwand** ist am „gerechtesten", für den Auftraggeber aber am schwersten zu überschauen. Um dessen Risiko einzugrenzen, kann man bei Aufträgen mit unbestimmtem Zeitaufwand einen **Höchstpreis** festlegen. Oder man vereinbart z.B. für eine umfangreiche Recherche zunächst ein Kontingent von zehn Tagen. Sind die „verbraucht", so entscheiden beide Seiten gemeinsam auf Grundlage der bisherigen Ergebnisse, ob – und in welchem Umfang – die Recherche weitergeführt werden soll.
- Manche Freie versuchen, ihre Angebote scheinbar niedrig zu halten, indem sie mit einer Vielzahl von **Zuschlägen** operieren und nicht nur Reisekosten, sondern auch Büro-, Telefon-, Material- und ähnliche Kosten gesondert berechnen. Das macht viel Arbeit und schafft wenig Klarheit. Auch hier läßt sich ein Mittelweg finden. Indem man vereinbart, daß z.B. bis zu drei Reisen zum Auftraggeber im Honorar enthalten sind. Weitere Reisen, die *der Auftraggeber* für nötig hält, werden dann (z.B. nach den vom Finanzamt akzeptierten Sätzen) gesondert abgerechnet. Alle weiteren Kosten sollte man ins Honorar hineinrechnen.

- Ähnliches gilt für **gesondert zu berechnende Zusatzleistungen.** Die sollte man tunlichst auf das beschränken, was auch in vergleichbaren Aufträgen üblicherweise nicht enthalten ist. Rechnet die Journalistin die Druckabwicklung ihrer Broschüre gesondert ab, so ist das in Ordnung. Will sie aber für die abschließende Autorenkorrektur noch ein gesondertes Stundenhonorar, dann ist das Trickserei.
- Bei Projekten, deren Nutzungsumfang noch nicht klar ist, muß zusätzlich ein **Nutzungsentgelt** vereinbart werden für Nutzungen (weitere Theateraufführungen, eine Nutzung der Broschüre im Internet, eine Plattenaufnahme des Konzertes), die im Ersthonorar nicht enthalten sind.

In diesem letzten Punkt kann man den Auftraggeber vor Überraschungen nicht schützen – schließlich hängt die endgültige Nutzung vor allem von ihm selbst ab. In allen anderen Punkten aber sollte man ihm im beiderseitigen Interesse größtmögliche Klarheit über das geben, was er am Ende dann zu bezahlen hat.

Das Angebot 1.4.0.2.

Nach dieser Vorklärung muß nun ein Angebot formuliert werden, das die Vertragsgrundlage für die gesamte Auftragsabwicklung sein wird und deshalb alle Leistungen und Preise so genau wie möglich beschreiben muß. Man schreibt also: *„Das am soundsovielten besprochene Projekt biete ich Ihnen an wie folgt“*, und erläutert dann je nach Art des Projektes folgende Punkte:

- **Inhaltliche Beschreibung** des Projektes (das Konzept der Broschüre, der Illustrationsreihe, der Theaterproduktion; Ziele des Projektes, Zielgruppe, Rahmenbedingungen usw.), evtl. unter Verweis auf ein gesondertes Papier.
- **Technische Beschreibung** des Projektes (Format, Seitenzahl und Auflage der Broschüre; Anzahl, Größe und Technik der Illustrationen; Länge des Theaterstücks, Mitwirkende, Bühnenanforderungen).
- **Leistungen der Auftragnehmerin:** eine möglichst genaue Beschreibung, welche Leistungen für das Honorar erbracht werden, und zwar in Abgrenzung zu den
- **Vorleistungen des Auftraggebers:** Welche Informationen muß der Auftraggeber liefern? Welches Material zur Verfügung stellen? Welche technischen Vorleistungen treffen? Welche personelle Hilfe gewährleisten?
- **Honorar zzgl. Mehrwertsteuer.**
- **Fälligkeit des Honorars** (z.B. nach Manuskriptablieferung, nach der Uraufführung, bei größeren Projekten eventuell Abschlagszahlungen, z.B. jeweils ein Drittel bei Auftragserteilung, bei Lieferung der Illustrationen, bei Erscheinen des Buches).
- **Im Honorar enthalten sind ...** (z.B. alle Spesen und Materialkosten); **gesondert berechnet werden ...**
- **Mit dem Honorar erwirbt der Auftraggeber** folgende Rechte (z.B. ausschließliches Nutzungsrecht für eine Auflage von soundsoviel Exempla-

ren). Und damit nichts schiefgeht: *„Das Recht auf Nutzung des Textes auf CD-ROM oder im Internet ist im Honorar nicht enthalten und muß gegebenenfalls gesondert vereinbart werden.“*

- **Welche Zusatzleistungen** müssen gegebenenfalls gesondert bezahlt werden? Z.B.: *„Im Honorar sind drei auswärtige Besprechungstermine enthalten. Sollte der Auftraggeber weitere Termine für nötig halten, werden diese mit soundsoviel DM pro Stunde plus Fahrtkosten zusätzlich berechnet.“*
- **Welche weiteren Kosten** kommen auf den Auftraggeber zu? (z.B. GEMA-Gebühren)
- **Terminplan,** und zwar nicht nur mit den eigenen Abgabeterminen, sondern auch mit allen Terminen, zu denen der Auftraggeber seine Leistungen zu erbringen hat.
- **Lieferform** (z.B. Manuskript auf Diskette, oder: für Lieferung auf Diskette soundsoviel Prozent Aufschlag).

All das formuliert man präzise, aber möglichst knapp (nicht alle Punkte sind in jedem Angebot nötig) und unbürokratisch und schreibt zum Schluß was Nettes wie: *„Ich würde dieses Projekt sehr gerne für Sie verwirklichen und würde mich freuen, wenn wir uns auf dieser Basis einigen könnten.“*

1.4.0.3. Der Auftrag

Liegt ein so differenziertes Angebot vor, so genügt eine schriftliche Bestätigung des Auftraggebers, daß er mit dem Angebot einverstanden ist, und die Arbeit kann losgehen.

Wo **schriftliche Verträge** branchenüblich sind, enthalten sie in der Regel dieselben Punkte (und noch etliche mehr – siehe die Vertragsmuster unter „Verträge und Honorare“).

Aber auch wo normalerweise nur **mündliche Aufträge** erteilt werden, muß man sich selbst vor dem Auftragsgespräch Klarheit schaffen: Mit welcher Honorarforderung gehe ich in die Verhandlung? Welches Honorar will ich durchsetzen? Wo ist die Untergrenze, bei der ich nein sage? Wer mit nichts weiter in das Gespräch hineingeht als: „Mal sehen, was sie anbieten“, kommt immer mit zu wenig heraus.

Und dann muß auch über alle weiteren Bedingungen Klarheit geschaffen werden. Also mindestens darüber,

- ob wirklich ein *Auftrag* erteilt worden ist,
- in welchem Umfang, zu welchem Termin,
- welches Honorar vereinbart wurde (und zwar präzise: zuzüglich oder inklusive Mehrwertsteuer? Zuzüglich oder inklusive Spesen? Für welche Nutzungsrechte? Zahlbar wann?).

Ist das alles deutlich und für beide Seiten verständlich besprochen (was bei eingespielten Auftragsbeziehungen in wenigen Sekunden geht), wird es in aller Regel auch keine Schwierigkeiten mit der Bezahlung geben. Damit Mißverständnisse gar nicht erst aufkommen, empfiehlt es sich bei größeren Honorarsummen, die Vereinbarungen kurz in einer **Auftragsbestätigung** niederzuschreiben und dem Auftraggeber zuzuschicken. Widerspricht er nicht, ist das so gut wie ein schriftlicher Vertrag (Beispiele siehe Seiten 141 und 174).

Komplizierter muß man es in diesem Bereich nicht machen. Nicht *daß* Freie Verträge mündlich abschließen, macht der Rechtsabteilung der IG Medien soviel Arbeit, sondern *wie* sie das tun: Ein mündlicher Vertrag erspart nicht die Vertragsverhandlung. Die meisten Honorarstreitigkeiten entstehen dadurch, daß über die Auftragskonditionen nicht genug *geredet* wurde. Sind sie klar, dann werden sie in fast allen Fällen auch eingehalten.

Die Rechnung 1.4.0.4.

Besteht über die Auftragsmodalitäten wirklich Klarheit, so ist das Rechnung-Schreiben gar nicht mehr schwer: Man berechnet einfach das, was vereinbart wurde.

Also: *„Für das Manuskript zur Broschüre ‚Angebot, Rechnung und Mahnung bei freien Journalisten' berechne ich Ihnen wie vereinbart ...“* Folgt das vereinbarte Honorar, gegebenenfalls plus Zusatzleistungen und Spesen.

Wer umsatzsteuerpflichtig ist (siehe Seite 256), führt alle Fremdleistungen (z.B. Material, das er anderswo gekauft hat; wenn er ehrlich ist, auch die Fahrtkosten) mit dem Nettopreis auf, rechnet also vorher die Mehrwertsteuer heraus. Dann wird alles zusammengezählt, und auf den Endbetrag werden 7 bzw. 16% Mehrwertsteuer aufgeschlagen (siehe Seite 261).

Eine **Zahlungsfrist** braucht man nicht zu nennen. Nach BGB ist die Zahlung sofort fällig – ob man es draufschreibt oder nicht. Und da klingt *„Für einen gelegentlichen Ausgleich der Rechnung bedanke ich mich schon jetzt“* doch irgendwie freundlicher als ein barsches *„Zahlbar sofort“*.

Auf Rechnungen **Skonto** bei sofortiger Bezahlung einzuräumen ist im Bereich freier Arbeit in Kunst und Medien unüblich. Wer ganz dringend Geld braucht, sollte lieber mal nett mit dem Auftraggeber über eine Abschlagszahlung reden. Das ist billiger und bringt im Zweifelsfall mehr.

Rechnungen sind meist unpersönlich. Legt also ruhig ein persönliches Anschreiben bei. Das freut den anderen.

Die „Buchhaltung“ 1.4.0.5.

Freie brauchen keine förmliche Buchhaltung zu machen. Um aber selbst den Überblick zu behalten, empfiehlt es sich, eine Art **Warenausgangsbuch** zu führen. Dazu bastelt man sich – wenn man kein Computerprogramm dafür hat – am besten ein Formular mit den Spalten

- Lieferdatum,
- Auftraggeber,
- Was wurde geliefert?
- eventuell Veröffentlichungsdatum,

- Honorar,
- Rechnung vom,
- Mahnung vom,
- bezahlt am.

Davon kopiert man sich einen kleinen Vorrat und zeichnet darauf jede Lieferung, jede Rechnung, jede Zahlung auf. So geht nichts verloren – und man hat ständig einen Überblick über ausstehende Zahlungen und vor allem darüber, was man selbst geleistet hat. Sofern die Zahlen mit dem Geldeingang auf dem Geschäftskonto übereinstimmen, ist jeder Betriebsprüfer vom Finanzamt mit einer solchen „Buchhaltung" hochzufrieden.

1.4.0.6. Das Mahnverfahren

Leider gibt's das auch: Kunden, die nicht zahlen. Solange es da nicht um große Summen und offensichtliche Betrügereien geht, empfehle ich, die Finger von kostenpflichtigen Mahnungen, Mahnverfahren oder gar gerichtlichen Auseinandersetzungen zu lassen. Ruft erstmal an und erkundigt euch, was los ist. Oder schreibt eine freundliche **Zahlungserinnerung** mit dem Tenor *„vermutlich haben Sie übersehen ..."*, ohne das böse Wort „Mahnung", ohne Fristsetzung. Meist ist die Sache damit schon geklärt – ohne die Verstimmung, die eine richtige Mahnung mit sich bringt.

Die folgt erst, wenn der Kunde sich weiter nicht rührt. So etwa sechs Wochen nach Rechnungsdatum bekommt er eine förmliche **Mahnung** mit einer Fristsetzung von 14 Tagen: *„Bitte überweisen Sie den Betrag nunmehr bis zum ..."*. Ohne Mahngebühr, aber mit dem Hinweis, daß ab Zugang der Mahnung Verzugszinsen von 4% (sofern in den Geschäftsbedingungen kein höherer Zinssatz vereinbart ist) berechnet werden *können.*

Wenn der Kunde dann immer noch nicht zahlt, sollte man nicht nur überlegen, wie groß die Chance ist, an das Geld heranzukommen. Sondern auch, wie lange man sich mit diesem Verfahren herumärgern wird. Wenn man seinen Kopf für Stunden und Tage nicht für vernünftigere Sachen benutzen kann – wiegt die strittige Summe das wirklich auf?

Ist die Antwort ja, dann sollten IG-Medien-Mitglieder die Rechtsberatung ihrer Gewerkschaft aufsuchen und dort überlegen, ob es sinnvoller ist, ein Mahnverfahren einzuleiten oder gleich Klage zu erheben. Die Klage überläßt man – mit **Rechtsschutz der IG Medien** – einem Rechtsanwalt; das Mahnverfahren kann man ohne Anwalt selbst betreiben.

Dazu holt man sich in einem Schreibwarenladen einen „Vordruck für den Mahn- und den Vollstreckungsbescheid", füllt ihn aus, reicht ihn beim Amtsgericht ein, das für den eigenen Arbeitsort zuständig ist, und zahlt einen geringen Vorschuß – bei 500 DM Streitwert werden rund 25 DM Gebühren fällig. Die Geschäftsstelle des Gerichts hilft auch beim Ausfüllen, erläßt bei formal korrektem Antrag einen **Mahnbescheid** und stellt ihn dem Schuldner zu.

Der kann nun binnen 14 Tagen Widerspruch einlegen – dann muß die Sache gerichtlich geklärt werden. Oder er rührt sich nicht – dann beantragt man beim Gericht einen **Vollstreckungsbescheid,** der „von Amts wegen" zugestellt wird. Und nun kann man einen Gerichtsvollzieher zum Pfänden losschicken. Klappt das nicht, übergibt man die Sache einem Anwalt und kann sich endlich wieder seinem eigentlichen Beruf widmen.

Ein solcher gerichtlicher Titel bleibt 30 Jahre gültig. *Ohne* Klage und Mahnverfahren verjähren Honorarforderungen dagegen schon am Ende des zweiten Jahres nach Rechnungsdatum.

Ganz oder gar nicht 1.5.

Freie Arbeit ist ein Geschäft. Wer sie mit der Intensität eines Hobbys betreibt, muß damit rechnen, daß auch das Einkommen über Hobbydimensionen kaum hinauskommt.

Freie Arbeit professionell zu betreiben heißt vor allem, sich mit Haut und Haaren auf dieses Geschäft einzulassen. Das gilt auch für die im Journalismus besonders verbreitete Spezies von Freien, die die freie Arbeit lediglich als Warteschleife bis zu einer Festanstellung verstehen. Sie sollten sich nicht allzu große Hoffnungen machen. Nach einer Umfrage der IG Medien befanden sich diejenigen Freien, die die freie Arbeit lediglich als Notlösung ansehen, im Schnitt bereits seit dreieinhalb Jahren in dieser Warteschleife. Der Rekordhalter wartete seit 16 Jahren auf seine Festanstellung. Meist kommt das feste Job-Angebot genau dann, wenn die freie Arbeit endlich Geld einbringt und richtig Spaß macht.

Eine weitere Erfahrung soll hier nicht verschwiegen werden: Unter den freien Journalistinnen und Journalisten, die besonders schlecht verdienen, finden sich in allen Umfragen der IG Medien besonders viele, die *nicht* über die KSK versichert sind, *keinen* Wahrnehmungsvertrag mit der VG Wort haben, *keine* Mehrwertsteuer erheben und gar nicht wissen, ob sie Anspruch auf Bezahlung nach dem Tarifvertrag für arbeitnehmerähnliche Freie haben. Ob da ein Zusammenhang besteht?

Auf die Frage, ob ihr letzter Buchvertrag dem Normvertrag entspricht, antworteten in einer Umfrage des VS 52% der befragten Autoren und Autorinnen: „Weiß ich nicht." Manchmal sollten Freie auch über sich selbst schimpfen.

Literatur:

Meyer hat ein Buch geschrieben

von Liz Wieskerstrauch

Sie sind Lehrer, Taxifahrerinnen, Krankenpfleger, Redakteurinnen. Sie sind Schriftstellerinnen und Schriftsteller in Deutschland. Sie träumen davon, Zeit zum Schreiben zu haben. Endlich den Brot-Job trotz seiner materiellen Sicherheit aufzugeben. Zeit zu haben, auch die eigene literarische Qualität zu erhöhen, um irgendwann zu den wenigen zu gehören, die von ihren Büchern wirklich leben können.

Aber reicht das eigene Vermögen aus? Ein solcher Schritt ins Ungewisse muß lang und kritisch abgewogen werden. Denn er bedeutet auch, vom Schreiben leben zu *müssen.* Und das kann die schöpferische Arbeit enorm belasten. Er verlangt die Fähigkeit, Aufträge zu akquirieren, Lektoren anzusprechen, Medienkontakte zu pflegen, sich selbst anzupreisen und zu verkaufen, also in hohem Maße geschäftstüchtig zu sein.

Gerade dies fällt sehr vielen Kollegen äußerst schwer. Die meisten Schriftstellerinnen und Schriftsteller aus den neuen Bundesländern haben bittere Erfahrungen mit den Gesetzmäßigkeiten des marktwirtschaftlichen Literatursystems gemacht. Viele haben die Gelegenheit zu einem anderen „Brotberuf" ergriffen und schreiben nun auch, wie die meisten Westkollegen, nur noch „nebenbei". Tatsächlich sind sie damit oft freier als mancher Nur-Schriftsteller, der – um zu leben – seine Arbeit den gesellschaftlichen Trends anpassen muß.

Es geht um Verkaufbarkeit, und das ist längst nicht gleichbedeutend mit Qualität. Verkaufen lassen sich Sachbücher, zumal Reise- und Kochbücher oder Ratgeber, sowie manche Kinderbücher und Krimis. Aber dicke Romane? Experimentelle Prosa? Oder gar Lyrikbände? Wir wollen doch beide dasselbe, sagt der Verleger: unsere Bücher möglichst gut verkaufen.

Wie weit die Interessen von Autor und Verleger in Wirklichkeit auseinanderliegen, hat Meyer erfahren. Meyer hat ein Buch geschrieben. Er hat sogar einen interessierten Verlag gefunden. Bei den Vertragsverhandlungen fordert er zehn Prozent Autorenhonorar. Man hält ihm mitleidig lächelnd Verträge von Kollegen vor, die mit acht Prozent abgeschlossen haben. Sie können sich ja einen anderen Verlag suchen, sagt der Lektor, und Meyer ist stolz, am Ende trotzdem noch neun Prozent durchgesetzt zu haben. Bei den Nebenrechten schaut er nicht mehr so genau hin. Halbe halbe, das klingt gut, und wenn es das ganz und gar nicht ist, tröstet der Gedanke, daß sowieso kein Fernsehsender einen Spielfilm aus seinem Roman machen wird. Wenn doch, hat er im Glück eben Pech gehabt.

Meyer ist glücklich, nach drei Jahren einsamer Schreibtischtätigkeit sein Manuskript bei einem namhaften Verlag untergebracht zu haben. Da er schlau war, kassiert er sogar einen Vorschuß. Doch, nanu, Meyer wartet, und sein Roman erscheint nicht. Der Verleger hat die Rechte des Buches zwar gekauft und sich damit verpflichtet, es zu veröffentlichen, doch wann er es tut, mit welcher Auflage und in welcher Ausstattung, das bleibt allein seinem Ermessen überlassen.

Das wirtschaftliche Risiko liege schließlich bei ihm, betont der Verleger. In der Vertreterkonferenz braucht nur einer die Nase zu rümpfen, das Buch sei schwierig und schwer verkäuflich, und schon wird es auf Eis gelegt.

Dann doch gleich für die Schublade schreiben, sagt sich Meyer und fordert seine Rechte zurück. Doch Gemach! Der Verleger will Schadenersatzforderungen eines wildgewordenen Autors keineswegs akzeptieren, schließlich hat auch er schon ein paar Märker investiert. Da druckt er lieber ein paar Exemplare, das Buch erscheint in einer verschwindend geringen Auflage und wartet im Keller auf das Verramschen. Verkaufs- und Werbeaktionen sind nicht mehr nötig. Der Pflicht ist Genüge getan. Und das, empört sich Meyer, das ist alles Rechtens? Da frage noch einer nach acht, neun oder zehn Prozent. Wovon denn bitte?

Meyers Dilemma ist das Dilemma aller Buchautorinnen und -autoren – und es ist so leicht nicht aufzulösen. Wir sind freiberuflich Tätige, die sich mit der Kunst des Wortes der Willkür der Marktgesetze ausliefern müssen. Das verlangt von uns, daß wir die einmal erkämpften Rechte auch durchsetzen, daß wir solidarisch beschlossene Regeln auch einhalten, daß wir dem Normvertrag zur Geltung verhelfen und uns nicht gegenseitig die literarischen Überlebensmöglichkeiten zunichte machen. Der schreibenden Lehrerin mögen 200 Mark für eine Lesung reichen. Aber damit drückt sie das Honorarniveau auch für die freiberufliche Autorin, für die ein Mindesthonorar von 500 Mark plus Mehrwertsteuer überlebensnotwendig ist.

Auch Meyer lernt dazu. Er besorgt sich die „Honorarempfehlungen Buch" des VS über die gängigen Honorare. Dem nächsten Verleger wird er die Vergleichswerte vorlegen und beweisen, daß zehn Prozent Autorenhonorar absolut üblich sind. Und sobald die VS-Agentur eingerichtet ist, wird Meyer einer ihrer ersten Kunden sein. Dann braucht er sich mit Verlegern nur noch über den Inhalt seiner Manuskripte zu einigen, den Rest verhandeln Fachleute für ihn. Dafür ist er gern bereit, ein paar Prozente seines Honorars abzutreten.

Starthilfen und Geldquellen 2.

HEUSSINGER

Starthilfen und Geldquellen

2.

Das Kapitel zur „Existenzgründung" steht nicht aus Versehen erst an zweiter Stelle in diesem Buch. Um dieses Thema haben in den letzten Jahren Politiker, Banken, Beratungsbüros und Spezialisten aller Couleur einen solchen Rummel entfacht, daß leicht in Vergessenheit gerät, worum es eigentlich geht: Eine Existenzgründung ist erfolgreich, wenn der Gründer oder die Gründerin gute Arbeit leistet und dafür Abnehmer findet.

Beratungs- und Förderprogramme können dabei helfen. Da sie aber meist auf viel investitionsträchtigere Existenzgründungen zielen, legen sie in der Regel ein so großes Gewicht auf finanzielle, juristische und technische Fragen, daß Freie wie Du und ich davon eher abgeschreckt werden.

Das Schöne an freier Arbeit im Kunst- und Medienbetrieb ist doch gerade, daß man gar keine Existenz zu gründen braucht. Die meisten können einfach anfangen zu arbeiten. Sogar zu Hause im Wohngemeinschaftszimmer. Das finanzielle Risiko ist bei den meisten gering; wer scheitert, ist nicht ruiniert. Also braucht man sich erstmal durch nichts ablenken zu lassen von der wichtigsten Aufgabe: gute Arbeit zu leisten und dafür Abnehmer zu finden. Alles andere kann warten.

Startbedingungen

2.1.

Was man *unbedingt* zum Start in die freiberufliche Tätigkeit braucht, ist schnell aufgezählt:

- Nichts.

Ebenso, was man *unbedingt* tun muß, bevor man mit der freien Arbeit anfangen kann:

- Nichts.

Natürlich sollte man zum Start einiges haben, einiges tun und einiges bedenken. Aber nichts ist wichtiger, als mit der Arbeit anzufangen, die man so gern tun will. Laßt euch durch die dicken Existenzgründerbroschüren mit ihren vielen Fragebogen und Checklisten nicht kirre machen.

Ich habe in diesen Broschüren nur einen Tip gefunden, der mir weitergebenswert schien. Nämlich während der ganzen Zeit, in der man mit der Idee der freien Arbeit schwanger geht, ein Notizbuch mit sich herumzutragen und jede Idee sofort zu notieren. Es gibt in der Startphase freier Arbeit genug Leerlauf, in der es dann hilft, dieses Notizbuch vorzukramen und Ideen wiederaufzunehmen, die man schon vergessen hatte.

Bürokratie

2.1.0.1.

Freie Arbeit im Kunst- und Medienbetrieb ist kein Gewerbe im rechtlichen Sinn. Es ist weder ein **Gewerbeschein** erforderlich noch irgendeine Anmeldung irgendwo. Auch nicht beim Handelsregister.

Eine **Steuernummer** teilt einem das Finanzamt zu, wenn es von der freien Tätigkeit erfährt bzw. wenn man im Jahr nach dem Start seine erste Einkommensteuererklärung vorlegt. Vorher braucht man sich dort nicht anzumelden. Einige Auftraggeber fragen aber nach der Steuernummer. In diesem Fall teilt man dem Finanzamt in einem formlosen Brief mit, man sei seit dem soundsovielten frei in demunddem Beruf tätig, dann kriegt man erst einen Fragebogen und anschließend die Nummer.

Die Anmeldung bei der **Künstlersozialkasse** (siehe Seite 200) sollte man so schnell wie möglich vornehmen. Fotografinnen und Grafikdesigner müssen außerdem Mitglied in der **Berufsgenossenschaft Druck und Papierverarbeitung** (siehe Seite 218) werden.

Ein Wahrnehmungsvertrag mit der zuständigen **Verwertungsgesellschaft** (siehe Seite 113) ist sinnvoll, bevor das erste eigene Werk das Licht der Öffentlichkeit erblickt. Und schließlich sollte, wer das noch nicht ist, Mitglied der **IG Medien** (siehe Seite 273) werden. Wer schon drin ist, teilt dem Landesbezirk die neuen Umstände mit, paßt den Beitrag entsprechend an und erkundigt sich nach den Terminen der Freienberatung und der Stammtische der Fachgruppe.

Mehr braucht es erstmal nicht.

2.1.0.2. Investitionen

Die wenigsten Gedanken sollte man sich beim Einstieg in die freie Arbeit über Investitionen, Computer, Visitenkarten, Presseausweise und ähnliches machen. Viel wichtiger ist es, Kontakte zu knüpfen und auszubauen.

Natürlich braucht eine Fotografin eine Kamera, der freie Journalist einen Computer und die Musikerin ein Instrument. Aber das haben sie im Regelfall schon längst. Und zum Start reicht es. Da freie Berufskarrieren oft ganz andere Entwicklungen nehmen, als man geplant hatte, sollte niemand auf Verdacht investieren, sondern nur nach dem tatsächlichen Bedarf. Und der muß sich im Alltag erstmal herausstellen.

Visitenkarten legt man sich dann zu, wenn man sie im Alltag ganz praktisch vermißt. Ein Reportertonbandgerät kriegt man beim Sender geliehen. Die Anschaffung eines eigenen Gerätes oder gar eines Cutmaster kann warten, bis das Geld und die entsprechenden Aufträge da sind. Manchmal kommen sie nie.

Wichtig ist zunächst nur, daß die Arbeit zuverlässig abgewickelt werden kann und daß ihr jederzeit erreichbar seid. Zum unverzichtbaren Arbeitsgerät gehört deshalb auf jeden Fall ein Telefon mit Anrufbeantworter. Für die meisten auch ein Fax. Ein Handy? Manche brauchen sowas einfach.

2.1.0.3. Presse- und Künstlerausweise

Auch der **Presseausweis** verliert viel von seiner Faszination, wenn man ihn erst einmal hat – und schon im zweiten Jahr die fällige Verlängerung vergißt. Weil man ihn fast nie braucht. Persönliche Kontakte vermögen sehr viel mehr Türen zu öffnen als dieses Papier.

Nötig ist der Presseausweis allerdings für alle, die keine Probleme damit haben, die von verschiedenen Firmen auf ihre Produkte angebotenen **Presserabatte** in Anspruch zu nehmen. Ob und in welcher Höhe es sowas gibt, erfährt man bei der Pressestelle der jeweiligen Firma. Gegen eine Kopie des Ausweises bekommt man z.B. bei den drei großen Online-Diensten AOL, CompuServe und T-online befristet einen günstigen oder gar kostenlosen Internetzugang, einige Telefongesellschaften geben Rabatte auf Handytarife.

Ausgestellt wird der Presseausweis von der IG Medien. Mitglieder bekommen ihn kostenlos beim Landesbezirk; das Autoschild kostet 10 DM. Nicht-Mitglieder können den Ausweis für 150 DM bei der Bundesgeschäftsstelle der Fachgruppe Journalismus[A] erhalten – die jährliche Verlängerung ist in der Gebühr enthalten. Ausgegeben wird der Presseausweis nur an *hauptberufliche* Journalisten und Journalistinnen – auch Neulinge müssen also nachweisen (durch Verträge, Verdienstbescheinigungen oder eine Bescheinigung über die Mitgliedschaft in der KSK), daß sie mehr als 50 % ihrer Einkünfte aus journalistischer Tätigkeit beziehen.

Den bundeseinheitlichen Presseausweis dürfen neben der IG Medien nur die DAG, der DJV und die Verlegerverbände ausstellen. Wenn andere – wie jüngst ein „Deutscher Presse Verband“ – auf scheinbar amtlichen Antragsformularen Presseausweise für viel Geld anbieten, kann es sich nur um wertlose Papiere und damit wohl nur um Geldschneiderei handeln.

Die Bundesgeschäftsstelle stellt auch den **Internationalen Presseausweis** aus, der bei Recherchen in Krisengebieten dringend angeraten ist und in einigen europäischen Ländern Vergünstigungen einbringt. Er kostet 50 DM, ist zwei Jahre gültig und wird von der IG Medien *nur an Mitglieder* ausgestellt. Bitte mindestens 3–4 Wochen vor Abreise beantragen – die Ausstellung braucht Zeit!

Für die Mitglieder der Fachgruppe Bildende Kunst stellen die Landesbezirke der IG Medien einen **Künstlerausweis** aus, mit dem man in einigen Museen kostenlosen Eintritt (im Ausland erstaunlicherweise häufiger als im Inland) und in einzelnen Kunstbedarfsläden Rabatte bekommt. Der Ausweis ist kostenlos, muß jährlich verlängert werden und sollte offensiv angewandt werden, um den Zugang zu Museen und Ausstellungen immer weiter zu erleichtern.

Den **Internationalen Künstlerausweis der UNESCO** stellt die IGBK[A] aus. Er hat im Prinzip dieselbe Funktion wie der Ausweis der IG Medien, wird aber häufiger anerkannt. In Paris zum Beispiel kann man damit kostenlos durch sämtliche Museen wandern – und in Berlin kommt man in kein einziges rein! Mitglieder der IGBK-Mitgliedsverbände BBK, Gedok und Deutscher Künstlerbund bezahlen für den Ausweis 15 DM für zwei Jahre; alle anderen müssen leider 60 DM bezahlen und nachweisen, daß sie professionell künstlerisch tätig sind – mit Einladungen, Zeitungsartikeln, Katalogen oder dem IG-Medien-Künstlerausweis. Studierende bekommen den Ausweis nicht.

2.2. Fließender Übergang in die Freie Arbeit

Leider verdienen nur wenige Freie vom ersten Tag genug zum Leben. Wer noch andere Einkünfte – wie Arbeitslosengeld – im Rücken hat, sollte diese Zeit nützen, um auszuprobieren, ob die freie Arbeit Aussicht auf Erfolg hat, und sich schon mal einen ersten Kundenstamm aufbauen. Auch wenn die Honorare zum Teil auf die Sozialbezüge angerechnet werden:

2.2.0.1. Freie Arbeit und Bezüge aus Sozialkassen

Wer **Arbeitslosengeld** bezieht, darf seit dem 1.1.1998 bis zu 15 Stunden in der Woche nebenher arbeiten. Ohne Kürzung ist dabei jedoch nur ein Zuverdienst von 310/260 DM* im Monat bzw. – falls das mehr ist – einem Fünftel des Arbeitslosengeldes erlaubt. Was darüber hinausgeht, wird *vollständig* vom Arbeitslosengeld abgezogen.

Entscheidend ist dabei das **Nettoeinkommen,** bei Freien also die Honorare minus Betriebsausgaben, Sozialversicherung und Steuern. Für die Anrechnung ist maßgebend, wann die Arbeit geleistet wurde – und nicht, wann das Geld eingegangen ist. Honorare aus früheren Zeiten, die erst nach Arbeitslosmeldung eingehen, dürfen das Arbeitslosengeld also *nicht* schmälern.

Eine interessante **Ausnahmeregelung** gilt für Leute, die schon als Angestellte nebenher selbständig gearbeitet haben: Journalisten etwa, die im letzten Jahr vor der Arbeitslosmeldung nebenher mindestens zehn Monate lang regelmäßig und nachweisbar (z.B. durch Abdrucke oder Steuererklärung) frei gearbeitet haben, dürfen das als Arbeitslose weiter tun. Das Honorar aus einer solchen **Fortführung einer selbständigen Tätigkeit** gilt – solange es das früher nebenher erzielte Honorar nicht übersteigt – nicht als Nebeneinkommen und wird *überhaupt nicht* auf das Arbeitslosengeld angerechnet – auch wenn es die Geringfügigkeitsgrenze weit überschreitet! Auch wenn viele Sachbearbeiter in Arbeitsämtern nicht glauben wollen, daß es eine solche Regelung gibt: Sie steht im Sozialgesetzbuch III, §§ 118, Absatz 3 und 141, Absatz 3.

Alle anderen dürfte die korrekte Abrechnung freier Nebentätigkeiten an den Rand der Verzweiflung treiben: Zum ersten verlangt das Arbeitsamt Bescheinigungen vom Auftraggeber über Honorar und aufgewandte Arbeitszeit, zum zweiten möchte es jede „Betriebsausgabe" wie Fahrt- und Telefonkosten, die das anrechenbare Honorar ja mindern, nachgewiesen haben, und zum dritten rechnet es das Einkommen aus freier Tätigkeit in der Regel *vor Abzug der Steuern* auf das Arbeitslosengeld an.

Empfehlenswerter als langer Streit ist da eine **vorübergehende Abmeldung beim Arbeitsamt:** Wer einen größeren Auftrag hat, meldet sich für die erforderliche Zeit (mindestens eine Woche) ab und stellt danach einen Wiederbewilligungsantrag. Obwohl man dazu wieder persönlich im Arbeitsamt erscheinen muß, scheint das die nervenschonendste Lösung: Man kann das Honorar legal und ungekürzt kassieren, verlängert seinen Anspruch auf

Arbeitslosengeld und vermeidet Bürokratie und unliebsame Überraschungen. Jedenfalls, wenn man das Problem vorher offen mit seinem Sachbearbeiter besprochen hat.

Wer **Erziehungsgeld** bezieht (siehe Seite 215), darf nebenher bis zu 19 Stunden in der Woche selbständig arbeiten; die Höhe des Einkommens spielt keine Rolle.

Wer **Mutterschaftsgeld** bezieht (siehe Seite 215), darf in dieser Zeit kein beitragspflichtiges Arbeitsentgelt (d.h. nicht mehr als 620 / 520 DM* im Monat) erhalten. Sonst ruht der Anspruch auf Mutterschaftsgeld.

Wer eine volle **Alters- oder Berufsunfähigkeitsrente** bezieht, darf bis zur Vollendung des 65. Lebensjahres im Monat (netto) 620 / 520 DM* hinzuverdienen. Bei höherem Hinzuverdienst gibt es nur eine Teilrente – die günstigste Kombination sollte man sich im Bedarfsfall genau ausrechnen lassen. Ab 65 ist der Hinzuverdienst unbegrenzt.

Starthilfen vom Arbeitsamt 2.2.0.2.

Wer während des Bezugs von Arbeitslosengeld die freie Arbeit ausprobiert hat und endgültig beschließt, sich selbständig zu machen, kann weitere Hilfen bekommen. Als **Hilfe bei der „Aufnahme einer selbständigen Tätigkeit“** zahlt das Arbeitsamt in der Regel 26 Wochen lang

- ein Überbrückungsgeld in Höhe des zuletzt bezogenen Arbeitslosengeldes (oder der Arbeitslosenhilfe) und
- einen pauschalen Zuschuß zur Renten- und Krankenversicherung.

Das Überbrückungsgeld ist allerdings nur noch eine Kann-Bestimmung; auch die Zahlungsdauer wird – je nach Finanzlage des Arbeitsamtes – zunehmend verkürzt. Voraussetzung ist auf jeden Fall, daß der Antragsteller

- arbeitslos gemeldet ist,
- mindestens vier Wochen lang Arbeitslosengeld, Arbeitslosenhilfe oder Kurzarbeitergeld bezogen hat oder in einer Arbeitsbeschaffungsmaßnahme beschäftigt war und
- eine Bescheinigung einer „fachkundigen Stelle“ über die „dauerhafte Tragfähigkeit der Existenzgründung“ vorlegen kann. Als fachkundig gelten Industrie- und Handelskammern, Steuerberater und Berufsverbände, für Künstlerinnen und Publizisten also auch die IG Medien. Ein Formular hierfür und genauere Informationen gibt's beim Arbeitsamt.

Das Überbrückungsgeld wird nicht auf den Anspruch auf Arbeitslosengeld angerechnet. Wer also beim Beginn des Überbrückungsgeldes noch drei Monate Anspruch auf Arbeitslosengeld hatte und am Ende feststellt, daß das mit der freien Arbeit doch nicht klappt, kann sich wieder arbeitslos melden und kriegt immer noch drei Monate Arbeitslosengeld.

Für Existenzgründerinnen gibt es zudem hin und wieder Sonderprogramme; manchmal zahlen Arbeitsämter sogar **Zuschüsse zu notwendigen Investitionen.** Einfach mal nachfragen, was gerade im Angebot ist.

Nicht geringachten sollte man schließlich die Chance zur **Weiterbildung.** Da Arbeitsämter mit ihren Fortbildungsideen meist nicht allzu phantasievoll sind, sollte man eigene Vorschläge machen – auch wenn die Bewilligungen nach den jüngsten Bonner Kürzungen immer restriktiver gehandhabt werden.

Bedingung für eine Bewilligung ist, daß die Maßnahme die Vermittlungschancen erhöht. Das Arbeitsamt fördert jedoch grundsätzlich kein Studium oder Aufbaustudium; der jeweilige Kurs muß außerdem beim Arbeitsamt eingereicht sein.

Teilnehmern an Bildungsmaßnahmen *kann* das Arbeitsamt die Kursgebühren und Fahrtkosten, die Kosten einer auswärtigen Unterbringung sowie ein **Unterhaltsgeld** bezahlen. Letzteres entspricht in seiner Höhe dem Arbeitslosengeld, ohne aber den Anspruch auf Arbeitslosengeld zu mindern. Das heißt: Auch wenn die Fortbildung zu keinem Job führt, verlängert sie auf jeden Fall die Zahlungen des Arbeitsamtes.

2.2.0.3. Starthilfen vom Sozialamt

Ein ähnliches Verfahren wie für Arbeitslose sieht das Bundessozialhilfegesetz in seinem § 30 auch für Sozialhilfeempfänger vor: Das Sozialamt *kann* Hilfe gewähren, um „ihnen den Aufbau oder die Sicherung einer Lebensgrundlage durch eigene Tätigkeit zu ermöglichen".

Daß diese Möglichkeit von den Sozialämtern kaum genutzt wird, wird von Sozialexpertinnen heftig kritisiert – verwirkliche sich doch gerade in dieser Bestimmung der eigentliche Zweck der Sozialhilfe, nämlich Hilfe zur Selbsthilfe zu leisten. Bisher haben erst einzelne Städte (ein Kommentar aus dem Jahre 1994 nennt Kiel und Offenbach) diesen Paragraphen offensiv ausgelegt und zum Bestandteil einer kommunalen Beschäftigungspolitik gemacht.

Die Hilfe kann als Sachleistung, als Beihilfe oder als rückzahlbares Darlehen gewährt werden, nachdem – wie beim Arbeitsamt – die „dauerhafte Tragfähigkeit" der Existenzgründung bestätigt worden ist. Positive Beispiele, die über die Gitarre für einen Straßenmusikanten hinausgehen, sind noch selten; die Ausstattung eines Ateliers für einen Bildhauer wurde in einem Musterverfahren (wegen ungünstiger Prognose) abgelehnt.

Aber man kann ja mal fragen. Im niedersächsischen Sozialministerium ermuntert man ausdrücklich dazu, solche Anträge zu stellen.

2.3. Wirtschaftsförderung

Freie brauchen in der Regel nur wenig zu investieren. Deshalb brauchen sie auch keine staatlichen Förderprogramme. Denn richtiges Geld gibt es bei diesen Programmen fast nie. Nur Darlehen, die irgendwann zurückgezahlt werden müssen und zudem noch zweckgebunden sind.

Im folgenden sollen deshalb im wesentlichen nur einige weiterführende Hinweise auf Programme und Kontaktstellen gegeben werden.

Beratung und Beratungsförderung 2.3.0.1.

Mit dem Boom des Begriffs „Existenzgründung“ hat auch die Zahl der Beratungsangebote sprunghaft zugenommen. Wie alle Fördermaßnahmen sind sie jedoch meist auf andere Berufe und höhere Investitionen zugeschnitten und gehen auch inhaltlich am Bedarf von Freien weitgehend vorbei.

Dennoch: Ein bißchen mehr Sicherheit kann sich dort holen, wer sich noch allzu unsicher fühlt. An folgende Stellen sollte Freie dabei denken:

- **Broschüren** zum Thema Existenzgründung gibt es in Massen. Brauchbar sind meist spezielle Broschüren für Existenzgründer*innen* – die sind oft weniger technokratisch und auf kleinere Projekte ausgerichtet. Beim niedersächsischen Frauenministerium zum Beispiel gibt es eine gute Broschüre „Frauen gründen Unternehmen“.
- In München ist das **Büro für Existenzgründungen,** eine Initiative des Arbeitsamtes und des Vereins START, auf große Resonanz gestoßen. Es bietet regelmäßige Informationsveranstaltungen und eine persönliche Beratung zum eigenen Unternehmenskonzept an. Ob es ähnliche Initiativen inzwischen auch in eurer Stadt gibt, weiß das Arbeitsamt.
- Mit Förderung des Bundesamtes für Wirtschaft führen die Industrie- und Handelskammern (und andere) mehrtägige **Seminare** zum Thema Existenzgründung durch.
- Wer bei solchen Seminaren bange wird vor den vielen Fragen, um die er sich da plötzlich kümmern soll, kriegt bei den Einsteiger- und Professionalisierungsseminaren der **IG Medien** wieder Bezug zur Realität *unserer* Berufe.

Nicht nur zur Existenzgründung dienen die **Expertinnen-Beratungsnetze,** die es bisher in Hamburg, Berlin, Dresden, Köln und München gibt. Hier können sich Frauen in allen beruflichen und fachlichen Fragen von Fachfrauen aus ihrem Gebiet beraten lassen. Die Expertinnen, die es schon geschafft haben, machen diese Beratung ehrenamtlich (Adressen über das Expertinnen-Beratungsnetz Hamburg[A]).

Die IG Medien macht zur **Freienberatung** inzwischen verschiedene Angebote auf persönlichem, telefonischem und Online-Weg – bis hin zur Telearbeitsberatung **Online Forum Telearbeit.** Eine Übersicht steht auf Seite 329.

Einen Zuschuß von 50% (maximal 2.500 DM) kann man vom **Bundesamt für Wirtschaft**[A] zu einer Existenzgründerberatung bekommen, die von einem Unternehmensberater oder einem Beratungsunternehmen durchgeführt wird. Kaum was für Freie also – es handelt sich eher um eine Fördermaßnahme für Unternehmensberater. Und Vorsicht: Der Antrag kann erst gestellt werden, wenn die Rechnung bezahlt ist. Also vorher genau erkundigen.

Förderung von Existenzgründungen 2.3.0.2.

Auf 800 ist die Zahl der Förderprogramme von EU, Bund, Ländern und Gemeinden für Existenzgründungen inzwischen angewachsen – und für die Bedingungen freier Arbeit in Kunst und Medien ist kaum eines dabei.

Nachdem solche Darlehen lange Zeit erst ab Größenordnungen gewährt wurden, wie freie Künstlerinnen und Publizisten sie kaum mal brauchen, gibt es heute in fast allen Bundesländern immerhin auch Programme für vergleichsweise kleine Beträge. Gefördert werden in aller Regel nur Investitionen, nicht aber laufende Betriebskosten.

Wer einmal plastische Beispiele sehen will, wie eine solche Förderung im Bereich Kunst und Kultur nach den Vorstellungen der Politik aussehen würde, kann sich beim Wirtschaftsministerium die Broschüre „Wirtschaftspolitik für Kunst und Kultur. Tips zur Existenzgründung für Künstler und Publizisten“[B] bestellen. Dort werden Beispielfälle durchgespielt: Der Kauf einer Geige für 180.000 DM, die Einrichtung eines Foto-Design-Studios für 100.000 DM, eines Tonstudios für 120.000 DM und eines Filmstudios für 240.000 DM.

Wer in solchen Größenordnungen denkt, darf nicht lange warten: Solche Darlehen gibt es in aller Regel nur *vor* der Existenzgründung und *vor* den zu fördernden Investitionen. Was gerade „im Angebot“ ist, erfährt man beim Wirtschaftsministerium oder der Wirtschaftsfördergesellschaft des jeweiligen Bundeslandes oder bei der örtlichen Industrie- und Handelskammer. Mit entsprechenden Broschüren wird man bei jeder Bank totgeschmissen, die staatliche Deutschen Ausgleichsbank[A] hat eine Beratung im Internet eingerichtet, und auf den Internetseiten des Bundesministeriums für Wirtschaft[A] findet sich eine **Förderdatenbank** mit Informationen über sämtliche aktuellen Wirtschaftsförderprogramme von EU, Bund und Ländern.

2.3.0.3. Arbeitsförderung

Musik- und Theatergruppen sowie freie Produktionsfirmen haben darüber hinaus die Möglichkeit, bei der Einstellung von Arbeitslosen unter den üblichen Bedingungen **Lohnkostenzuschüsse** vom Arbeitsamt oder eine Mitfinanzierung von ABM-Kräften zu erhalten. Voraussetzung ist allerdings, daß diese Leute korrekt als Arbeitnehmer eingestellt werden. Mit welchen Nachteilen für die Gruppe das verbunden sein kann, ist auf Seite 109 genauer ausgeführt.

2.4. Kulturförderung

2.123 Kulturpreise, Stipendien und Förderfonds zählte das halboffizielle „Handbuch der Kulturpreise“[B] in seiner letzten Auflage 1994. Alle fördern: Bund, Länder und Gemeinden, die Europäische Union, Firmen und Institutionen, Stiftungen und Toto-Lotto-Gesellschaften, Verwertungsgesellschaften und Gewerkschaften. Den Kunstschaffenden geht es Gold, oder?

Tatsache ist: Die gesamte Kulturförderung ist falsch herum konstruiert. Sie gleicht das gewaltige Einkommensgefälle zwischen den wenigen Arrivierten und dem zahlreichen Nachwuchs nicht aus, sondern verstärkt es. Sie fördert im wesentlichen nicht das *Entstehen* künstlerischer Karrieren, sondern belohnt ihren erfolgreichen *Abschluß.*

Im Vergleich zu den Subventionen für die großen Theater ist die Förderung der Freien Theater absolut lächerlich; die gut dotierten Kulturpreise gehen in aller Regel an Leute, die es (auch finanziell) „geschafft" haben; Nachwuchswettbewerbe mit anständigen Preisgeldern gibt es nur ausnahmsweise. Wer seinen Aufstieg erst noch vor sich hat, ist in der nur auf den ersten Blick beeindruckenden Vielfalt der Kulturförderung ganz schnell wieder auf die wenigen öffentlichen Stiftungen angewiesen, um die sich allzu viele drängen, die eine Förderung nötig – und verdient – hätten.

Dennoch sollte man die Chancen auf diesem Feld nicht unterschätzen. Wer nicht einfach nur Geld fordert, sondern die vorhandenen Angebote mit ein bißchen Phantasie und Selbstdarstellung nutzt, kann durchaus die eine oder andere Mark für seine Arbeit hinzubekommen.

Das gesamte Feld der öffentlichen und privaten Kulturförderung ist jedoch zu unübersichtlich geworden, als daß es hier vollständig dargestellt werden könnte. Die umfassendste Übersicht gibt das Buch „Kursbuch Kulturförderung. Finanzierungsleitfaden zur Jugend- und Kulturarbeit"(B). Das folgende Kapitel soll lediglich eine Übersicht über die vorhandenen Möglichkeiten geben, auf deren Grundlage jeder eigene Ideen und eigene Aktivitäten entwickeln kann.

Kulturpreise, Wettbewerbe und Stipendien 2.4.1.

Nachdem die Werbewirkung von Kulturpreisen und -wettbewerben einmal erkannt war, hat deren Zahl in den letzten Jahren rapide zugenommen. Und niemand braucht darauf zu warten, für solche Preise vorgeschlagen zu werden: Von ganz wenigen Ausnahmen abgesehen, kann man sich dafür selbst bewerben.

- Eine aktuelle Übersicht gerade laufender bzw. ausgeschriebener Preise, Wettbewerbe und Stipendien findet sich jeden Monat in den IG-Medien-Zeitschriften „Kunst & Kultur" und „M – Menschen Machen Medien". Weitere Hinweise auf – auch regionale – Literaturpreise und Stipendien enthalten die Publikationen der VS-Landesverbände; für den Bereich Übersetzungen gibt es eine Übersicht im Anhang des Verzeichnisses „ÜBERSETZERINNEN"(B) und aktuelle Hinweise in den Rundbriefen der Bundessparte Übersetzer.
- Eine Übersicht über die Kulturpreise und Projektförderungen sämtlicher Gattungen enthält das **„Handbuch der Kulturpreise 1986–94"**(B).

Solche Preise bringen nicht nur ein paar Monate sorgenfreies Leben. Wichtiger noch kann das Renommee sein, das sie vermitteln. Die Preisträgerin kommt ins Gespräch und in die Zeitung, manchmal ist mit dem Preis eine Lesung, eine Ausstellung oder gar eine Plattenaufnahme mit einem renommierten Orchester verbunden. Sich mal mit Juroren bekanntzumachen, wenn sie einem gerade über den Weg laufen, kann da nie schaden.

Allerdings gehen die renommierten Preise meist an dieselben, bei seriösen Wettbewerben ist die Konkurrenz brutal. Die Preise aber, die leicht zu bekommen sind, dienen oft nur der Imagepflege des Auslobers. Da gibt es Literaturpreise, deren Preisgeld kaum die Fahrtkosten zur Preisverleihung deckt; da gibt es Kunstpreise, deren Auslober von jedem Bewerber eine Bearbeitungsgebühr fordern; da gibt es „Stadtschreiber-Stipendien", deren Annahme für den Auserwählten eine reale Einkommenseinbuße bedeuten würde. Und neben den seriösen Medienpreisen gibt es allen Ernstes Journalistenpreise zu so brisanten Themen wie „Freilufttourismus in Europa", „Kleidung im Beruf" oder „Zahnprophylaxe bei Jugendlichen". Das gibt preiswerte PR für den ausschreibenden Lobbyverband – auch wenn die Preisgelder hier manchmal sehr beachtlich sind.

2.4.2. Projektförderung

Von den Kunstpreisen zu unterscheiden ist – trotz zahlreicher Überschneidungen – die zweckgebundene Vergabe von Geldern für konkrete Kulturprojekte, die also das *Schaffen* von Kunst fördert, anstatt das *Ergebnis* zu belohnen, und damit einer sinnvollen Kulturförderung schon sehr viel näher kommt.

2.4.2.1. Förderung der Selbstverwaltungseinrichtungen

Am besten dotiert sind in diesem Bereich die Förderprogramme der fünf vom Bund maßgeblich mitfinanzierten Selbstverwaltungseinrichtungen der Kunst:

- **Deutscher Literaturfonds**(A), vergibt unter anderem Werkstipendien für konkrete Arbeitsprojekte, in Einzelfällen auch Druckkostenzuschüsse, fördert Übersetzungen, Literaturzeitschriften sowie Modellvorhaben zur Erschließung neuer Arbeitsfelder von Autoren,
- **Deutscher Musikrat**(A), fördert zeitgenössische Komponisten, junge Solistinnen und Dirigenten durch Konzerte, Editionen, Wettbewerbe und eigene Orchester wie das Bundesjazz- und das Bundesjugendorchester, vergibt keine Stipendien,
- **Fonds Darstellende Künste**(A), fördert unter anderem innovative und experimentelle Theaterprojekte, Projekte zum Austausch mit anderen Kunstgattungen, Vorhaben zur Erweiterung künstlerischer Arbeitsfelder und zur Verbreiterung der kulturellen Teilhabe,
- **Fonds Soziokultur**(A), fördert zeitlich befristete Modellprojekte für neue Angebots- und Aktionsformen im Bereich der „Alltagskultur"; in besonderen Fällen ist eine Förderung auch für mehrjährige Projekte und auch in der Phase der Konzeptentwicklung möglich,
- **Kunstfonds**(A), vergibt unter anderem Arbeits- und Werkstipendien für Bildende Künstler, fördert internationale Kooperationen, Initiativen zur Kunst im öffentlichen Raum, Ausstellungen und (mit Mitteln der VG Bild-Kunst) Publikationen zum Werk zeitgenössischer Künstler.

Alle fünf Institutionen vergeben jährlich Fördermittel zwischen mehreren hunderttausend und mehreren Millionen Mark. Gefördert werden in der Regel nur *geplante,* nicht bereits laufende Projekte. Eine Selbstbewerbung ist bei den meisten Programmen möglich. Soweit eine Eigenbeteiligung an der Finanzierung zur Bedingung für die Förderung gemacht wird, kann diese durch Eigenleistungen erfolgen, etwa durch die unentgeltliche Nutzung des Probenraumes bei einem Theaterprojekt oder bestimmte Arbeiten am jeweiligen Projekt, die nicht aus den Fonds-Geldern bezahlt werden.

Ein sechster Fonds, der **Deutsche Übersetzerfonds**(A), wurde im September 1997 gegründet. Dotierung und Vergabekriterien standen bei Redaktionsschluß noch nicht fest; eine erste Ausschreibung – vorrangig für Arbeits- und Reisestipendien – soll aber noch 1998 erfolgen.

Speziell um die neuen Bundesländer – einschließlich West-Berlin, aber ohne Sachsen, das zum 1.1.1998 aus der Stiftung ausgestiegen ist – kümmert sich die **Stiftung Kulturfonds**(A). Die Nachfolgeeinrichtung des Kulturfonds der DDR vergab 1996 insgesamt 4,6 Millionen Mark für Aufenthalte im Ausland und in ihren beiden Künstlerhäusern, für Arbeitsstipendien sowie für Projektzuwendungen in allen Kunstgattungen.

Detailliertere Angaben zu allen Fonds enthält die Broschüre „Individuelle Künstlerförderung des Bundes“(B).

Kulturförderung der Länder und Gemeinden 2.4.2.2.

Die Möglichkeiten der Kulturförderung auf Landes- und Gemeindeebene differieren von Region zu Region und müssen jeweils konkret erfragt werden. Auskunft geben die Kulturministerien und die Kulturämter der Städte und Kreise, für die Filmförderung hin und wieder auch die Wirtschaftsministerien. Gelder werden hier auf verschiedenen Wegen vergeben, nämlich

- als direkte Zuschüsse aus Landes- oder Gemeindehaushalten, teilweise projektgebunden, bei Theatern häufig auch als allgemeine Zuschüsse,
- als direkte Zuschüsse aus dem Haushalt, über deren Vergabe aber unabhängige Kommissionen entscheiden, wie das bei der Filmförderung zunehmend der Fall ist,
- indirekt über Kulturstiftungen des jeweiligen Landes oder durch landeseigene Toto-Lotto-Gesellschaften,
- in „Naturalien“ durch Vergabe oder Vermittlung von Ateliers, Auftritts- und Ausstellungsmöglichkeiten. Gerade die städtischen Kulturämter werden in dieser Hinsicht oft unterschätzt – nachfragen kann sich lohnen.

Auch bei der Kulturförderung gilt: Je weiter man in der Hierarchie der Institutionen nach unten kommt, um so wichtiger werden persönliche Kontakte. Sinnvoll ist es also, sich die Zusammensetzung des jeweiligen Vergabegremiums anzuschauen – vielleicht kennt man da ja einen. Oder man setzt sich mal mit einer kenntnisreichen Mitarbeiterin des Ministeriums oder des Kulturamtes auf einen Wein zusammen – nicht um zu kungeln, sondern um sich beraten zu lassen, wo die Förderschwerpunkte liegen, was für Anträge bei der derzeitigen Haushaltslage noch Aussicht auf Erfolg haben, wie man sie am besten formuliert und einbringt usw.

Einen detaillierten Überblick über die verschiedenen Fördermöglichkeiten für Kinder- und Jugendkulturarbeit in den 16 Bundesländern gibt die Schrift „Durchblick im Föderalismus. Kinder- und Jugendkulturarbeit im Spiegel der Förderpolitik der Länder“(B).

2.4.2.3. Europäische Union

Auch bei der Europäischen Union gibt es etliche Förderprogramme. 1998 waren das vor allem das Programm **Kaleidoskop,** das innovative und modellhafte Kulturprojekte fördert, an denen Künstler und Künstlerinnen aus mindestens drei Mitgliedsstaaten beteiligt sind, sowie das Programm **Ariane** mit dem Schwerpunkt Buch und Lesen, das unter anderem Übersetzungen von anspruchsvollen literarischen Werken, Theaterstücken und Nachschlagewerken fördert.

Weiter gibt es zahlreiche Programme und Pilotprojekte im Bereich **Film und audiovisuelle Medien,** den **Europäischen Literaturpreis** und den **Europäischen Übersetzerpreis** und eigentlich immer irgendwelche **Austauschprogramme,** auch speziell für junge Künstlerinnen und Künstler.

Schließlich ist es auch möglich, Fördermittel aus anderen Töpfen zu erhalten, zum Beispiel Mittel zur **Frauenförderung** für ein Frauenkunstprojekt. Das interessante daran ist, daß es zumindest bei einigen der EU-Fördertöpfe mangels Bekanntheit nur relativ wenige Anträge und entsprechend gute Erfolgsaussichten für vernünftige Projektanträge gibt. Fragt doch einfach mal eure regionalen Europaabgeordneten: Manche von denen sind gern behilflich, wenn es darum geht, Fördermöglichkeiten für die Region aufzuspüren.

Als zentrale Anlaufstelle für die Programme „Kaleidoskop“ und „Ariane“ wurde beim Deutschen Kulturrat der **Cultural Contact Point Germany**(A) eingerichtet, der über Fördermöglichkeiten informieren und vor allem bei der Antragsformulierung helfen soll. Bisher nämlich wurden zwei von fünf Anträgen aus dem Kulturbereich wegen Formfehlern abgelehnt.

Wegen der häufigen Veränderungen bei den europäischen Kulturprogrammen lag bei Redaktionsschluß dieses Ratgebers lediglich die Broschüre „Auf die Plätze, fertig, los!“(B) zu den Förderprogrammen im Jugendbereich (mit viel Kultur) vor. Für Informationen stehen neben dem Cultural Contact Point bei Bedarf die Vertretungen der Europäischen Kommission(A) und Eurodesk(A) zur Verfügung, dessen Datenbank (Schwerpunkt: Jugendprogramme) auch im Internet abrufbar ist.

2.4.2.4. Firmen, Institutionen, private Stiftungen

Bei Firmen, Institutionen und privaten Stiftungen, die Mittel zur Kulturförderung vergeben, gilt ebenso wie bei der öffentlichen Hand: Je kleiner die

Institution ist, je weniger Geld sie zu vergeben hat, um so wichtiger sind persönliche Kontakte und überzeugende Projektanträge.

Die Erfahrung zeigt, daß gerade solche kleinen Institutionen oft händeringend auf der Suche nach Projektanträgen sind, für die sie sich begeistern können, mit denen sie ihre Institution ein bißchen schmücken können und bei denen sie nicht das Gefühl haben, als bloße Geldabrufstelle behandelt zu werden. Wem es gelingt, ein Mitglied des jeweiligen Vergabegremiums in einem unverbindlichen Gespräch am Rande einer Vernissage für einen solchen Antrag einzunehmen, der hat die wichtigste Hürde schon genommen.

In bestimmten Fällen gibt es Gelder auch von den **Verwertungsgesellschaften** oder deren Kulturfonds (siehe Seite 122).

Keine Fördermittel, aber anständige Honorare für Lesungen vergeben die **VS-Fördervereine.** Diese Vereine, die zum Teil über beachtliche Beträge aus öffentlichen Mitteln verfügen, gibt es in jedem Bundesland (Auskunft beim VS-Landesverband). Sie organisieren auch Literaturveranstaltungen, Fortbildungen und Schreibwerkstätten – Nachfragen lohnt auf jeden Fall. Aus demselben Grund kann eine Kontaktaufnahme mit dem **Friedrich-Bödeker-Kreis** sinnvoll sein, der bundesweit Schullesungen organisiert. Die Adresse des zuständigen Landesverbandes erfährt man bei der Zentrale in Mainz[A].

Weitere Fördermöglichkeiten 2.4.3.

Kunst, die nach ihrem Selbstverständnis in alle gesellschaftlichen Bereiche hineingreift, braucht sich auch bei der Finanzierung nicht auf die traditionelle Kulturförderung zu beschränken. Kinder- und Jugendtheater zum Beispiel, die sich gezielt auf ihre ohnehin gegebene Funktion in der Jugendarbeit einstellen, können unter bestimmten Voraussetzungen (als Verein, siehe Seite 84) vom städtischen oder Landesjugendamt als **Jugendhilfeträger** anerkannt und als solche aus den Jugendetats mitfinanziert werden.

Frauenförderung 2.4.3.1.

Fast alle Landesregierungen haben – mal im Frauen-, mal im Kulturministerium – ein spezielles Referat „Kunst und Kultur von Frauen" und in der Regel auch einen speziellen Topf zur Förderung von Frauenkulturprojekten. Auch hier hilft bei der Bewerbung eine persönliche Anfrage und ein freundliches Gespräch meist mehr als ein formaler Antrag.

Dort gibt es auch Informationen über weitere Möglichkeiten der Kulturförderung für Frauen, etwa durch die Europäische Union, oder spezielle Wirtschaftsfördermaßnahmen für Frauen. Manche Länder haben da eigene Programme; in Niedersachsen gibt es zum Beispiel ein spezielles Existenzgründer*innen*programm, dessen Darlehen noch geringer verzinst werden als die an männliche Existenzgründer.

Wo es was im einzelnen gibt und wer zuständig ist, ist am besten im jeweiligen Frauenministerium zu erfragen.

2.5. Mäzene, Sponsoren, Spender und Werbung

Wohl dem, der einen Mäzen hat. Hinweise, wie man an einen solchen kommt, habe ich trotz meiner Bitte in der letzten Auflage dieses Ratgebers leider nicht bekommen.

Dennoch gibt es hier – im kleineren Maßstab – einige Chancen, die nicht unterschätzt werden sollten. Durchaus realistisch ist es, **Sachspenden** für öffentliche Aktivitäten zu bekommen. Daß ein örtliches Einrichtungshaus Mobiliar als Requisite oder ein Technikhaus Teile der Bühnentechnik für eine freie Theatergruppe kostenlos zur Verfügung stellt (und dafür im Programmheft erwähnt wird), ist nicht ungewöhnlich. Denkt mal nach, was da in Frage kommen könnte. Ein hannoverscher Fotograf bekam für einen Bildband mit Luftaufnahmen wochenlang den hauseigenen Heißluftballon der Norddeutschen Landesbank zur Verfügung gestellt. Eine Künstlerin bekam das Material für ihr Projekt „Bürolandschaften" kostenlos von der Firma Leitz. Kunstfreundliche Einzelhändler schalten vielleicht eine Anzeige im Programmheft. Auch Werbung im Theater gibt es längst: in der Pause per Dia auf eine Leinwand geworfen. Und selbst Geldspenden von Privatleuten und Firmen lassen sich mit etwas Aufwand akquirieren.

Wer solches „Fundraising" in größerem Umfang betreiben will, sollte sich allerdings ein wenig mit den steuerlichen Grundlagen befassen, die in den folgenden Abschnitten kurz dargestellt sind. Weitergehende Informationen und Anregungen findet man in der Zeitschrift „Fundraising Magazin"[(B)].

2.5.1. Spenden, Sponsoring und Steuern – kleiner Grundkurs

Natürlich fallen Spenden dort am großzügigsten aus, wo der Spender sie von der Steuer absetzen kann. Und natürlich wäre es den Beschenkten am liebsten, wenn sie solche Zuwendungen nicht als Einnahme zu versteuern brauchten.

Beides ist möglich. Aber leider nicht beides auf einmal. Jedenfalls sieht das Gesetz das so vor. Wer einen solchen Weg sucht, der eigentlich *nicht* vorgesehen ist, sollte sich auf jeden Fall mit einer versierten Steuerberaterin zusammentun. Und sich auf Nerv mit dem Finanzamt einstellen.

2.5.1.1. Normale Geschäfte und Werbeeinnahmen

Es braucht ja nicht gleich eine Spende zu sein. Wer einer Künstlerin wohl will, gibt ihr einen Auftrag oder kauft ihr ein Werk ab. Für das Finanzamt ist das dann ein ganz normales Geschäft: Die Künstlerin versteuert den Kaufpreis als Betriebseinnahme, und der Käufer kann ihn *dann* von der Steuer absetzen, wenn es sich um eine Betriebsausgabe handelt. Wenn also die Videoinstallation für das Foyer der Firmenhauptverwaltung gedacht ist.

Bei einem solchen Geschäft kann die Gegenleistung der Künstlerin auch in aktiven **Werbemaßnahmen** für den Geldgeber bestehen. Aber Vorsicht:

Werbung ist eine *gewerbliche* Tätigkeit. Werbeeinnahmen sind umsatzsteuerpflichtig mit 16%; übersteigt der Gewinn aus Werbeeinnahmen bei Einzelpersonen 48.000 DM im Jahr, so wird zusätzlich Gewerbesteuer fällig!

Spenden 2.5.1.2.

Eine Spende ist erstmal ein Geschenk. Geht es an eine natürliche Person, so ist das die Privatsache des Spenders und mindert seine Steuerpflicht nicht. Die Empfängerin braucht es *dann* nicht zu versteuern, wenn sie es z.B. „zum Zweck des angemessenen Unterhalts" erhalten hat.

Interessanter wird es, wenn die Spende nicht an eine Privatperson, sondern an einen besonders förderungswürdigen gemeinnützigen Verein geht. Dann kann der Spender die Zuwendung als Sonderausgabe von der Steuer absetzen, und der Verein braucht die Spendeneinnahme nicht zu versteuern.

Allerdings ist das Geld damit erst auf dem Konto des Vereins und noch nicht auf dem der Künstlerin. Dorthin gelangt es, indem der Verein – je nach Satzungszweck – eine Ausstellung veranstaltet und den ausstellenden Künstlerinnen ein Ausstellungshonorar bezahlt. Oder ein Stipendium für Nachwuchsmusiker vergibt. Oder bei einer freien Theatergruppe eine Produktion in Auftrag gibt.

Für die Empfängerinnen sind das also wieder steuerpflichtige Einnahmen. Und doch kann sich das lohnen, weil im Zweifel ihr Steuersatz viel niedriger ist als der der Spender.

Sponsoring 2.5.1.3.

Irgendwo zwischen den beiden Polen „normales Geschäft" und „Spende" ist das Sponsoring angesiedelt. Um falsche Hoffnungen gleich zu zerstören: Auch der Empfang von Sponsorengeldern ist *nur für gemeinnützige Vereine* steuerfrei. Das, was an Sponsorengeldern – sei es direkt oder auf dem Umweg über einen Förderverein – auf dem Konto eines Künstlers, einer Sportlerin oder einer Theatergruppe landet, muß immer versteuert werden. Ohne einen versierten Steuerberater lassen sich aus dieser Form kaum steuerliche Vorteile herauskitzeln. Wohl aber teure Fehler machen.

Sponsorengelder im steuerlichen Sinn dürfen weder ein *reines* Geschenk noch eine *reine* Werbefinanzierung sein. Das Finanzministerium definiert Sponsoring als eine freiwillige Zuwendung, für die der Geldgeber als Gegenleistung – vereinfacht gesagt – **nur ein bißchen Werbung** bekommt.

Konkret: Steht auf dem Plakat der freien Theatergruppe, im Programmheft und in Veranstaltungshinweisen lediglich „unterstützt durch ...", vielleicht mit dem Firmenemblem, aber ohne besondere Hervorhebung, so ist dies nach einer Klarstellung des Bundesfinanzministeriums vom Februar 1998 der Grenzfall, der als Sponsoring gerade noch akzeptiert wird.

- Macht die Empfängerin **aktive Werbung,** preist also die Musikgruppe in den Zwischenansagen ihres Konzertes oder auf Pressekonferenzen die

Produkte des Sponsors an, so ist das eine normale Werbefinanzierung – zu versteuern wie oben.

- Macht die Empfängerin **gar keine Werbung** und erbringt auch sonst keine nennenswerte Gegenleistung, so begreift das Finanzministerium die Zuwendung wieder als Spende.

Für den Geldgeber macht diese Differenzierung keinen spürbaren Unterschied. Ob Betriebsausgabe, Sponsoring oder Spende – er kann die Zuwendung in jedem Fall von der Steuer absetzen. Auch die Geförderten müssen das Geld letztlich versteuern.

Ein gravierender Unterschied ist es nur für den gemeinnützigen Verein. Der darf Spenden und Sponsorengelder steuerfrei annehmen; Entgelte für Werbemaßnahmen müßte er dagegen als Einnahmen aus wirtschaftlichem Geschäftsbetrieb versteuern. Fallen davon mehr als 60.000 DM im Jahr ein, so wird der Verein auch noch körperschafts- und gewerbesteuerpflichtig.

Da liegt die Gefahr des Sponsoring: Das Risiko, daß das Finanzamt die Grenze zur aktiven Werbung als überschritten ansieht, ist groß. Und dann kann es teuer werden. Wer Sponsorengelder in größerem Umfang einwerben will, sollte die Verträge von Profis ausarbeiten (und prüfen) lassen.

2.5.2. Fördervereine

Egal aber, ob man auf Spenden oder Sponsorengeldern im steuerlichen Sinn aus ist – gebraucht wird in jedem Fall ein gemeinnütziger Verein, der die Zuwendungen steuerfrei annehmen und dann (steuerpflichtig!) weiterverteilen kann. Einen solchen Verein können schon sieben Leute gründen, um dann Spenden für Projekte im eigenen Freundeskreis anzuwerben.

Viele freie Theater-, Musik- und Künstlergruppen schwören auf solche Vereine, weil sie Spendenquittungen ausstellen dürfen, mit denen der Spender seine Zuwendung dann von der Steuer absetzen kann. Ob das wirklich zu höheren Spenden führt, muß man im Einzelfall prüfen – der Aufwand für Vereinsgründung und Vereinsleben ist nicht ganz gering.

Voraussetzung dafür, daß der Verein die begehrten Spendenquittungen ausstellen kann, ist allerdings, daß er

- „die Allgemeinheit selbstlos fördert", zum Beispiel durch Förderung von Kunst und Kultur. Außerdem darf er
- *nur* seinen steuerbegünstigten Zweck verfolgen,
- nicht nur einen fest abgeschlossenen Kreis (z.B. eine einzige namentlich benannte Theatergruppe) fördern,
- nicht in erster Linie eigenwirtschaftliche Zwecke verfolgen, d.h. er darf keine Spendengelder horten, keine unverhältnismäßig hohen Aufwandsentschädigungen zahlen, und bei Auflösung muß das Vereinsvermögen wieder einem steuerbegünstigten Zweck zufallen. Und schließlich muß der Verein
- das Vereinsziel *selbst* verwirklichen.

Der letzte Punkt ist auch erfüllt, wenn ein Kunstförderverein die Spendengelder zu einem festgelegten Zweck an Künstlerinnen und Künstler weitergibt.

Spenden und Mitgliedsbeiträge an einen solchen Verein sind als Sonderausgaben absetzbar

- bis zur Höhe von 5% der Jahreseinkünfte des Spenders, bei „besonders förderungswürdigen kulturellen Zwecken“ sogar bis zu 10%,
- bei Unternehmen alternativ bis zur Höhe von 2 Promille des Jahresumsatzes zuzüglich der Lohn- und Gehaltssumme.

Die Spendenquittungen werden in der Regel vom Kulturamt der Gemeinde ausgestellt, was zugleich eine gewisse öffentliche Kontrolle bedeutet. Bei bestimmten Vereinszwecken (z.B. Förderung von Kinder- und Jugendtheatervorstellungen, Aus- und Fortbildung von Pädagogen und Künstlern auf theaterpädagogischem Gebiet) dürfen die Vereine sie selbst ausstellen.

Für den Verein sind alle Spendeneinnahmen und Mitgliedsbeiträge steuerfrei; andere Einnahmen, z.B. aus Verkäufen oder Werbung, braucht er erst zu versteuern, wenn sie 60.000 DM im Jahr überschreiten. Weitere Angaben zur Vereinsgründung finden sich auf Seite 84.

Film, Funk, Fernsehen:

Von Könnern und Dilettanten

von Ullrich Schauen

Wieder einmal wird am Düsseldorfer Hafen gefilmt, ein Actionfilm für Pro 7. Ein Schrottauto nach dem anderen kracht von der Hebebrücke. Die Crew feiert den Stuntman, der nach einer geglückten Landung mit seinem Wagen einen Freudentanz vollführt. Alle sind glücklich dabeizusein. Neue Arbeitsplätze für Kreative. Ein Hauch von Hollywood am Rhein.

Hinter der Glamourfassade sieht es anders aus. Am Düsseldorfer Hafen filmt eine Ersatzcrew. Die ursprüngliche Crew ist fluchend vom Filmset geflüchtet und hat fristlos gekündigt. Die Zustände waren unhaltbar, erzählt man mir. Dem dilettantischen Produktionsleiter habe man einen kampfsporterfahrenen Kumpel ins Büro schicken müssen, um endlich die Gage zu bekommen. Derselbe Produktionsleiter hat ein Feldbett im Büro aufgeschlagen, denn zuhause schlafen lohnt sich nicht. Arbeitszeiten von zwölf und 14 Stunden täglich sind die Regel. Die Ursache, nach Angaben aus der geflüchteten Crew: Dilettantische Fehlplanungen im Drehablauf. Die Stunts seien gefährlich für die Beschäftigten geworden.

Der Boom bei den elektronischen Medien ist die große Stunde der Quereinsteiger – für Könner und Dilettanten gleichermaßen. Selfmade und mit großem Selbstbewußtsein – mit geschmissenem Studium und Ausbildung „on the job". Mancher macht sein Glück.

Möglichst profitabel wollen die Fernsehsender produzieren, also halten sie die angestellte Stammbelegschaft klein und kaufen freiberufliche Arbeit möglichst billig ein, entweder direkt oder über Auftragsproduzenten. Ein Netzwerk an Kleinunternehmen ist entstanden, das Freie mal an sich bindet, dann wieder von sich abstößt, ganz nach Bedarf. Wehe dem, der sich in Sicherheit wiegen läßt und nur auf einen einzigen Auftraggeber setzt.

So galt der Talk- und Gefühlsmarathon der Margarethe Schreinemakers für ein paar Jahre als Zugpferd bei SAT 1 und RTL. Und freie Mitarbeiter wie Angestellte bei Schreinemakers zählten zu den bestverdienenden in der Branche. Bis im Dezember 1997 RTL abrupt das Ende der Sendung beschloß. Margarethe Schreinemakers damals zum „Kölner Stadtanzeiger": Was nun mit den Mitarbeitern ihrer Firma geschehe, damit habe sie nichts zu tun. Die Geschäfte führe sie nicht.

Die öffentlich-rechtlichen Sender machen es den kommerziellen Sendern nach. Erst gliedert der WDR das „Privatfernsehen" des Friedrich Küppersbusch in eine eigene Firma aus, dann macht die ARD mangels Quote die Sendung dicht. Logisch, daß auch dabei vor allem Freie betroffen sind. Nach ihrem Intermezzo beim „Privatfernsehen" fallen sie nun aus jedwedem Bestandsschutz-Tarifvertrag heraus, den die Gewerkschaften mit dem WDR aushandeln.

Es ist schwer, auf einen Nenner zu bringen, wie es Freien auf dem schillernden Markt der audiovisuellen Medien ergeht. Freien Journalisten bei Lokalradios hält man die Wurst einer festen Stelle vor Augen. Dann ignorieren sie, wie klein jedes Stück Käse ist, das man ihnen für ihre „freie" Arbeit gewährt. Das Ausbeutungsmuster hat sich bei den Zeitungen bewährt, wo oft erst nach vielen Jahren freier Mitarbeit eine Volontärsstelle winkt.

Auch bei den Öffentlich-Rechtlichen sind die Bedingungen in den vergangenen Jahren erheblich härter geworden. Mit demselben Etat wird mehr Programm gemacht. Dazu haben die Kolleginnen und Kollegen Redakteure die Vergütungen für die Freien häufig eingefroren oder gesenkt. Oder aber es wird ein Berg von Leistungen für ein nur scheinbar fürstliches Honorar verlangt, das den Sender im Endeffekt noch billig kommt.

Für die gloriosen 1.197 Mark Tagesgage des WDR-Studios Wuppertal spielt ein „Tagesreporter" den unbegrenzt verfügbaren multifunktionalen Leibeigenen. Mit einer Amateurvideokamera darf er zum Beispiel fünf verschiedene tagesaktuelle Ereignisse auf die Kassette bannen, schneiden und betexten, nach Wunsch der Redaktion in unterschiedlichen Versionen für drei verschiedene Sendungen. Tarifvertraglich bezahlt würden die so produzierten Nachrichtenfilme erheblich mehr kosten als der Tagesreporter, ganz zu schweigen von dem eingesparten Fernsehteam, das unter 1.500 Mark für eine Achtstundenschicht nicht antreten würde.

Die Qualität der Bilder und der journalistischen Berichterstattung bleiben dabei auf der Strecke. Solidarischer Protest gegen diese Praxis erscheint illusorisch. Denn, wie ein Freier sagt, dann „wirft die Redaktion ihr Netz in der Fußgängerzone aus und fängt Leute ein, die unsere Arbeit machen wollen."

Der freie Aufnahmeleiter des Pro 7-Drehs am Düsseldorfer Hafen hält gewerkschaftliche Arbeit übrigens für „absolut tödlich".

Definitionen 3.

selbständi
verantwort
freischaffe
TUNING
unabhängig
unplugged
free
künstlerisch
publizistisch
unternehmerisch
steuerpflicht
1998
1999
2000
2001
2002
2003
2004
2005
HEUSSINGER

Definitionen

3.

Ein Kameramann ist künstlerisch tätig, wenn er eigenschöpferisch wirkt, ein Fotodesigner muß dazu eine gewisse Gestaltungshöhe nachweisen. Schlager sind Kunst, weil sie keinem Gebrauchswert dienen und gekauft werden. Eine Eiskunstläuferin ist niemals Künstlerin, eine Schauspielerin dagegen immer, ein Kunsthandwerker nur, wenn bei seinen Produkten der Kunstwert den Gebrauchswert erheblich übersteigt. Die Beweislast trägt der Künstler. Ist doch klar, oder?

Wer sich auch nur oberflächlich mit der Rechtsprechung zum vertrags-, steuer- und sozialversicherungsrechtlichen Status von Kunst- und Medienschaffenden befaßt, kann an der Welt verzweifeln. Denn die Skurrilitäten und Absurditäten der einschlägigen Urteile sind oft Ausfluß durchaus wohlmeinender Versuche, den besonderen Bedingungen künstlerischer Arbeit Rechnung zu tragen.

Die Juristen sind nicht zu beneiden. Sie müssen objektivieren, was von Subjektivität lebt. Daß sie dabei Kategorien der Kunstkritik einführen wie Qualitätsstandard, Gestaltungshöhe oder Kunstwert, macht die Sache nicht besser. Denn das entsprechende Werturteil muß im Zweifel ein Finanzbeamter treffen.

So ist die Welt nun mal. Darüber kann man sich lustig machen, abendelang schimpfen, sich Magengeschwüre holen – oder man kann einfach damit umgehen. Das ist die einzig sinnvolle Methode. Nur so wird man die Vorteile (und Schlupflöcher) nutzen können, die die bestehenden Regeln *auch* bieten. Im übrigen gilt es zu bedenken, daß auf der anderen Seite nicht nur „Feinde" sitzen. Wer seinen Finanzbeamten um Rat bittet, bei der Honorar- und Lizenzabteilung mal vorbeigeht oder bei Problemen mit dem KSK-Aufnahmeantrag den Sachbearbeiter mal persönlich anruft, erreicht oft mehr als mit noch so fundierten oder geharnischten Protestschreiben.

Heiteres Beruferaten: Was bin ich?

3.1.

Eigentlich sollte alles klar sein: Wir sind „frei". Freischaffende Künstler, freie Theaterleute, freie Journalistinnen, freie Produzenten. Wer aber im Gesetz nachschlägt, wird den Begriff „frei" vergeblich suchen. Dafür findet er dort eine Unzahl von Begriffen, die über seinen Status im Versicherungs-, Steuer- und Arbeitsrecht entscheiden:

„Freie" können Arbeitnehmer oder Selbständige sein, ständig oder unständig Beschäftigte, Künstler oder Gewerbetreibende, haupt- oder nebenberuflich tätig. Sie können als Freiberufler arbeitnehmerähnliche Kleinunternehmer sein (Frauen kommen in diesen Gesetzen nicht vor), sie können auf Produktionsdauer, geringfügig oder teilzeitbeschäftigt sein. Und wer genau liest, findet im Gesetz sogar *eine* Kategorie, die auf Anhieb einleuchtet: den Geringverdiener.

Die wichtigsten dieser Definitionen sind hier so genau wie nötig beschrieben. Über eines sollte sich dabei jeder klar sein: Die Handhabung dieser Definitionen von Kunst und künstlerischer Tätigkeit muß man sich aneignen wie die Bedienungsanleitung für einen elektronischen Radiowecker - auswendiglernen oder immer wieder nachlesen. Wer sie mit Logik oder gar mit gesundem Menschenverstand zu *verstehen* versucht, kann nur scheitern. Ich hätte die folgenden Abschnitte auch gern einleuchtender formuliert.

3.1.1. Selbständige Tätigkeit

Die fast alles entscheidende Frage lautet: Bin ich selbständig oder Arbeitnehmer? Wer im Sinne des Gesetzes selbständig tätig ist,

- arbeitet „auf Rechnung" und bekommt seine Honorare in voller Höhe ausbezahlt,
- ist einkommen- und in der Regel umsatzsteuerpflichtig,
- muß sich selbst um die Sozialversicherung kümmern,
- wird nicht in die Arbeitslosenversicherung aufgenommen,
- muß sich selbst gegen Arbeitsunfälle versichern,
- muß seine Honorare und Vertragsbedingungen frei aushandeln, da Tarifverträge für Selbständige nur ausnahmsweise erlaubt sind,
- hat in der Regel keinen Anspruch auf Kündigungsschutz, bezahlten Urlaub und Fortzahlung der Vergütung im Krankheitsfall.

Die Frage, wann und ob eine selbständige Tätigkeit vorliegt, ist dermaßen schwierig zu beantworten, daß sie ab Seite 64 in einem eigenen Kapitel behandelt wird.

3.1.1.1. Künstlerische und publizistische Tätigkeit

Für Selbständige lautet die zweite entscheidende Frage: Ist meine Tätigkeit eine künstlerische/publizistische (und damit eine freiberufliche) oder eine gewerbliche? Wer vom **Finanzamt** als selbständiger Künstler oder Publizist anerkannt wird,

- übt kein Gewerbe aus und ist nicht gewerbesteuerpflichtig,
- darf seinen Gewinn für das Finanzamt mit einer vereinfachten Gegenüberstellung von Einnahmen und Ausgaben ermitteln.

Wer im Sinn der **Sozialversicherung** selbständige Künstlerin oder Publizistin ist,

- ist über die Künstlersozialkasse versicherungspflichtig in der gesetzlichen Renten-, Kranken- und Pflegeversicherung und bekommt den „Arbeitgeberanteil" zu seinen Beiträgen von der KSK.

Diese Frage kann also erhebliche finanzielle Folgen haben - und ist dennoch kaum leichter zu beantworten als die Frage nach der Selbständigkeit, zumal Finanzämter und Sozialversicherung hier mit unterschiedlichen Kriterien arbeiten. Anhand der zahlreichen Urteile, die dazu inzwischen ergangen sind, lassen sich jedoch folgende Abgrenzungen treffen:

Eine *künstlerische* Tätigkeit liegt nach Auffassung der Behörden immer vor bei freier Kunst, die keinem Gebrauchszweck dient – zumal wenn sie Abnehmer in größerer Zahl findet. Unter diese Definition fallen

- **bildende Künstler,**
- **Schauspieler, Regisseure, Pantomimen** und **Ballettänzerinnen,**
- **Komponistinnen und Arrangeure** (unabhängig von der „Gestaltungshöhe" ihrer Musik),
- **ausübende Musiker, Dirigentinnen** und **Konzertmeister** (sofern sie *„einen bestimmten Qualitätsstandard nicht unterschreiten"*, was im Zweifelsfall das Finanzamt nachzuweisen hat).

Eine *publizistische* (schriftstellerische) Tätigkeit liegt immer vor, wenn *„eigene Gedanken mit den Mitteln der Sprache schriftlich für die Öffentlichkeit niedergelegt werden"*. Unter diese Definition fallen unabhängig von Niveau und Qualität ihrer Arbeit

- **Schriftsteller, Autorinnen, literarische Übersetzer** und
- **Journalisten.**

Als *nicht* künstlerisch oder publizistisch tätig sind in Abgrenzung dazu definiert

- **Verfasser von Gutachten,**
- **Übersetzerinnen von Werbefilmbüchern, Verträgen und Gebrauchsanleitungen,**
- **Sprecherinnen von Werbetexten, Turniertänzer, Eiskunstläuferinnen, Models,**
- **Künstleragenten.**

Zwischen diesen Polen gibt es zahlreiche Berufe, deren Tätigkeit *nur ausnahmsweise* als künstlerisch anerkannt wird. Nämlich dann, wenn sie eine „eigenschöpferische Leistung" beinhaltet und nicht nur eine bloß handwerkliche Umsetzung der Anweisungen eines Auftraggebers ist. Dies kommt in Betracht zum Beispiel für

- **Fotografen und Kameraleute,** deren Arbeit *„über die bloße Wiedergabe der Wirklichkeit hinausgeht"*,
- **Tonmeister,** die ein neues, bestimmtes Gesamtklangbild herstellen,
- **Filmproduzenten,** die bei der Produktion selbst mitwirken und den entscheidenden Einfluß auf die Gestaltung des Films ausüben,
- **Kunsthandwerker** und **Kunstgewerblerinnen,** bei deren Produkten *„der Kunstwert den Gebrauchswert erheblich übersteigt"*.

Zusätzlich verlangen die *Finanzämter* in diesen Fällen, daß – in Abgrenzung zur handwerklichen Tätigkeit – eine „gewisse Gestaltungshöhe" erreicht wird, die der Steuerpflichtige im Falle eines Rechtsstreits mit Hilfe von Sachverständigengutachten nachweisen muß. Die *Künstlersozialkasse* ist hier großzügiger: Sie begnügt sich mit dem Nachweis einer eigenschöpferischen Tätigkeit und verzichtet auf die Prüfung der Gestaltungshöhe.

Unterschiedliche Einstufungen nehmen KSK und Finanzämter vor bei folgenden Berufsgruppen:

- **Werbetexter** sind für die KSK künstlerisch tätig, für das Finanzamt nicht, was sie – zumindest wenn sie Firmenzeitschriften oder Informationsbroschüren gestalten – sich nicht gefallen lassen sollten.
- **Grafikerinnen** und **Designer** sind für die KSK künstlerisch tätig, für das Finanzamt nur, wenn bei ihren Produkten *„der Kunstwert den Gebrauchswert erheblich übersteigt"*.
- **Artistinnen** und **Unterhaltungsmusiker** sind für die KSK künstlerisch tätig, für das Finanzamt in der Regel nur, wenn *„bei ihren Auftritten eine künstlerische oder eigenschöpferische Darbietung im Vordergrund steht"*.

Um die Verwirrung zu vollenden, werden diese Definitionen auch noch von Bundesland zu Bundesland unterschiedlich angewandt. Wurde früher vor allem **Fotografen** gern die Künstlereigenschaft bestritten, so finden die Künstlerausschüsse vieler Finanzämter heute zunehmend Gefallen daran, **Grafikdesigner** und **Restauratorinnen** als Handwerker einzustufen.

Relativ einig sind sich Finanzämter und KSK dagegen, daß **Werbung** nichts mit Kunst zu tun hat: Wer als Fotograf, Schauspielerin oder Radiosprecherin „mit einer gewissen Nachhaltigkeit" Einkommen aus Werbetätigkeit erzielt, kann aus der KSK fliegen und gewerbesteuerpflichtig werden.

3.1.1.2. Wem das alles zu kompliziert ist ...

... der sollte alles tun, um nicht selbst zum Objekt eines Streits um das hier im letzten Kapitel ausgebreitete Definitionswirrwarr zu werden.

Das geht, indem man den Behörden das sagt, was sie hören wollen. Ein freier Schreiber, der Broschüren für Kommunen und Firmen gestaltet, wird unter der Berufsbezeichnung „Journalist" nie Schwierigkeiten mit der KSK bekommen. Schreibt derselbe Mensch aber auf seinen Briefkopf und in seinen Aufnahmeantrag stolz „PR-Berater", so wird die KSK ihn erstmal gar nicht aufnehmen. Wenn auch letztlich zu Unrecht.

Freie „Bildhauer", „Übersetzerinnen" oder „Komponisten" gehören in die KSK, das weiß jeder, der damit zu tun hat. KSK-Anträge aber, auf denen so phantasievolle Berufsbezeichnungen wie „Computeranimation" oder „Screen-Design" stehen, lösen zumindest erstmal ein Nachdenken aus, was dieser Mensch denn eigentlich tut. Und ob das eine künstlerische Tätigkeit ist. Woraus dann eine Nachfrage nach weiteren Erläuterungen folgt. Und wohlmöglich eine Ablehnung aus Unkenntnis.

Das muß alles nicht sein. Richtet eure Kreativität lieber auf eure Berufs*ausübung* und verwendet als Berufs*bezeichnung* gegenüber KSK und Behörden die guten, alten Begriffe, die jeder kennt. Schwierigkeiten kriegt meist nur, wer in die bekannten Behördenschubladen nicht reinpaßt.

Gewerbliche Tätigkeit

3.1.1.3.

Künstler und Publizistinnen sind rechtlich eine besondere Spezies von Freiberuflern. Dieser Status ist wichtig, denn Selbständige, die nicht Freiberufler sind, sind Gewerbetreibende und müssen sich unter Umständen mit zusätzlichen Unannehmlichkeiten auseinandersetzen wie

- Gewerbesteuerpflicht (eventuell kommt aber – z.B. für Artisten – eine „beschränkte Steuerpflicht" in Betracht),
- Pflicht zur kaufmännischen Buchführung,
- Versicherungspflicht in der Berufsgenossenschaft.

Vor allem aber werden sie nicht in die KSK aufgenommen und haben auch keinen anderen Zugang zur gesetzlichen Sozialversicherung.

Berufsanfänger, Erwerbstätigkeit und Hobby

3.1.1.4.

Wer eine selbständige künstlerische oder publizistische Tätigkeit nicht erwerbsmäßig, sondern lediglich als Liebhaberei ausübt,

- wird nicht in der KSK versichert,
- kann seine Verluste aus dieser Tätigkeit nicht in der Einkommensteuererklärung geltend machen.

Entscheidend für die Abgrenzung der Liebhaberei von der Erwerbstätigkeit ist nicht, ob Einkünfte tatsächlich erzielt werden, sondern ob eine „Einkünfteerzielungs*absicht*" vorliegt. Hat eine Berufsanfängerin in den ersten Jahren also nur ganz geringe oder sogar negative Einkünfte, so spricht das nicht gegen eine Erwerbstätigkeit. Irgendwann allerdings ist Schluß:

Die **Künstlersozialkasse** befristet die Berufsanfängereigenschaft auf fünf Jahre. Wer danach aus der selbständigen Tätigkeit immer noch weniger als 7.440 / 6.240 DM* Einkünfte pro Jahr anmeldet, fliegt aus der KSK raus.

Der **Bundesfinanzhof** hat akzeptiert, daß bei einer künstlerischen Tätigkeit positive Einkünfte manchmal erst nach acht oder zehn Jahren erzielt werden. Kommt das Finanzamt allerdings zu der Auffassung, daß der Steuerpflichtige so hohe Ausgaben tätigt, daß ein „Totalüberschuß" auch über einen längeren Zeitraum nicht zu erwarten ist, kann es seine Tätigkeit schon vorher als Liebhaberei einstufen. Bemüht sich die Künstlerin dagegen, nicht notwendige Ausgaben zu vermeiden, so werten die Finanzämter das als Indiz für eine „Einkünfteerzielungsabsicht" und damit für eine Erwerbstätigkeit.

Kleinunternehmer

3.1.1.5.

Als Kleinunternehmer stuft das Umsatzsteuergesetz diejenigen ein, deren Einnahmen (Umsatz) aus selbständiger Arbeit im vergangenen Jahr unter 32.500 DM lagen und im laufenden Jahr 100.000 DM voraussichtlich nicht überschreiten werden. Dieser Personenkreis

- ist von der Umsatzsteuerpflicht befreit (kann aber auf die Befreiung verzichten – siehe Seite 261).

3.1.1.6. Pauschalisten, „feste Freie“ und andere Ehrentitel

Bei Bezeichnungen wie **fester Freier**, die Rundfunkanstalten und Zeitungsverlage ihren Freien gern wie Orden verleihen, ist Vorsicht angebracht: Sie besagen rechtlich überhaupt nichts. Über den Charakter eines Ehrentitels kommen sie nur hinaus, wenn sie mit handfesten vertraglichen Absprachen verbunden sind, etwa über eine Mindestpauschale, Spesenersatz, Honorarfortzahlung im Krankheitsfall, Kündigungsschutz, Anspruch auf bezahlten Urlaub und vor allem auf ein Honorar, das deutlich über den Sätzen des Tarifvertrages für Arbeitnehmerähnliche (siehe Seite 62) liegt.

Auch wer zur **Pauschalistin** erhoben wird, muß – da das Gesetz einen solchen Begriff nicht kennt – jeden einzelnen der genannten Punkte vertraglich regeln (siehe Seite 145). Und sollte anschließend prüfen, ob sie nicht tatsächlich längst einen Arbeitnehmerinnenstatus hat, den sie beim Arbeitsgericht einklagen kann. Bei der KSK kriegen solche Leute in letzter Zeit häufig mal Probleme (siehe Seite 204).

3.1.2. Arbeitnehmer

Wer nicht selbständig im Sinne des Gesetzes ist, gilt als Arbeitnehmer (zur Abgrenzung siehe Seiten 66 ff.). Dieser Personenkreis

- arbeitet in der Regel „auf Lohnsteuerkarte“, d.h. der Arbeitgeber behält die Lohnsteuer ein,
- ist lohn- oder einkommensteuerpflichtig,
- wird über den Arbeitgeber sozialversichert und bekommt von ihm die Hälfte der Beiträge zur Renten-, Kranken-, Pflege- und Arbeitslosenversicherung (Ausnahmen siehe unten),
- muß vom Arbeitgeber gegen Arbeitsunfälle versichert werden,
- muß, sofern es einen für ihn und den Arbeitgeber gültigen Tarifvertrag gibt, nach diesem Vertrag beschäftigt und bezahlt werden,
- hat mindestens Anspruch auf Kündigungsschutz, bezahlten Urlaub und auf Fortzahlung der Vergütung an Feiertagen und bei Krankheit.

3.1.2.1. Befristete Arbeitsverträge

Befristete Arbeitsverträge – früher eine streng reglementierte Ausnahme – dürfen inzwischen bis zu viermal in Folge und bis zu einer Gesamtdauer von zwei Jahren abgeschlossen werden. Beim künstlerischen Personal von Theatern, Orchestern, Rundfunkanstalten, Filmproduktionsfirmen u.ä. gibt es nicht einmal diese Grenzen. Hier liegen nach der Rechtsprechung des Bundesarbeitsgerichts (BAG) oft sachliche Gründe vor, die befristete Verträge fast beliebig erlauben – auch über die Gesamtdauer von zwei Jahren hinaus und auch als beliebig oft verlängerte „Kettenverträge“.

Üblich sind solche Verträge etwa als Spielzeitverträge am Theater oder als Verträge auf Produktionsdauer bei Rundfunk-, Film- und Fernsehproduktionen.

Unständig Beschäftigte 3.1.2.2.

Ist ein Arbeitsvertrag auf weniger als sieben Tage befristet, so liegt nach Sozialgesetzbuch III (früher Arbeitsförderungsgesetz), § 27 eine „unständige" Beschäftigung vor.

Wer unständig beschäftigt ist, hat alle Rechte eines Arbeitnehmers – mit einer Ausnahme: Er

- wird nicht in die Arbeitslosenversicherung aufgenommen.

Teilzeitbeschäftigte 3.1.2.3.

Das Beschäftigungsförderungsgesetz verbietet es Arbeitgebern ausdrücklich, Teilzeitbeschäftigte anders zu behandeln als Vollzeitbeschäftigte. Solange nicht *„sachliche Gründe eine unterschiedliche Behandlung rechtfertigen"*, müssen sie also die gleichen Arbeitsbedingungen erhalten und – anteilig – die gleiche Bezahlung (einschließlich Urlaubsgeld, Weihnachtsgeld usw.) wie ihre vollzeitbeschäftigten Kollegen.

Unter Hinweis auf diesen Grundsatz hat die IG Medien zum Beispiel durchsetzen können, daß Musikschulen, die ihre Vollzeitlehrkräfte nach dem Bundes-Angestelltentarifvertrag (BAT) beschäftigen, auch den Teilzeitkräften alle Rechte aus dem BAT einräumen müssen.

(Kurzzeitig Beschäftigte) 3.1.2.4.

Das Kriterium „kurzzeitige Beschäftigung" (keine Arbeitslosenversicherung bei weniger als 18 Stunden Arbeitszeit pro Woche) wurde 1997 aufgehoben. Versicherungspflichtig in der Arbeitslosenversicherung ist nun, wer abhängig und mehr als geringfügig (siehe Seite 63) beschäftigt ist.

Geringverdiener 3.1.2.5.

Wer in einem Arbeitsverhältnis weniger als 620 / 520 DM* im Monat verdient, gilt als „Geringverdiener". Für ihn

- muß der Arbeitgeber die *vollen* Beiträge zur gesetzlichen Sozialversicherung – also 100% – tragen.

Da aber seit einigen Jahren die Geringverdienergrenze identisch mit der Geringfügigkeitsgrenze (siehe Seite 63) ist, unterhalb derer eine gesetzliche Sozialversicherung gar nicht möglich ist, ist diese Bestimmung hinfällig geworden – dachte sich der Gesetzgeber. Stimmt aber nicht.

Denn das Kriterium „Geringverdiener" gilt für *jedes einzelne* Beschäftigungsverhältnis. Ob man aber sozialversicherungspflichtig ist, hängt von den Einkünften aus *allen Beschäftigungsverhältnissen zusammen* ab.

Die Musikschullehrerin also, die an drei Musikschulen für jeweils 500 DM im Monat als Arbeitnehmerin beschäftigt ist, ist *nicht* geringfügig beschäftigt, da sie 1.500 DM im Monat verdient. Sie ist aber Geringverdienerin, da jedes einzelne Beschäftigungsverhältnis unter der Geringverdienergrenze liegt. Ihre Beiträge zur gesetzlichen Sozialversicherung müssen die Musikschulen also - anteilig - ganz alleine bezahlen.

3.1.3. Arbeitnehmerähnliche Personen

Eine Zwitterstellung zwischen Selbständigen und Arbeitnehmern nehmen „arbeitnehmerähnliche" Personen ein. Dabei handelt es sich um Leute, die zwar die Bedingungen für eine selbständige Tätigkeit erfüllen, zugleich aber von einem Arbeitgeber so abhängig sind, daß sie „vergleichbar einem Arbeitnehmer sozial schutzbedürftig" sind.

Diese Bedingung ist erfüllt, wenn der Betreffende

- mindestens die Hälfte (bei künstlerischer oder publizistischer Tätigkeit ein Drittel) seines Gesamtverdienstes von *einem* Auftraggeber erhält, wobei mehrere Zeitungen eines Konzerns oder alle ARD- Rundfunkanstalten zusammen jeweils als *ein* Auftraggeber gelten, und
- seine Leistung *„persönlich und im wesentlichen ohne Mitarbeiter erbringt".*

Arbeitnehmerähnliche werden rechtlich wie Selbständige behandelt - mit folgenden Ausnahmen:

- Sie haben Anspruch auf bezahlten Urlaub nach dem Bundesurlaubsgesetz (24 Werktage pro Jahr - siehe Seite 144).
- Sie sind in der Regel vom (Haupt-)Auftraggeber gegen Arbeitsunfälle in der Berufsgenossenschaft zu versichern.
- Vor allem aber dürfen für arbeitnehmerähnliche Personen Tarifverträge abgeschlossen werden, in denen auch Kündigungsfristen, Entgeltfortzahlung im Krankheitsfall und ähnliche Rechte vereinbart werden können.

Abgeschlossen wurden solche Tarifverträge - in sehr unterschiedlicher Qualität - bisher für die Bereiche Tageszeitungen (Seite 142), Design-Studios (Seite 171) und öffentlich-rechtliche Rundfunkanstalten (Seite 154).

Beim Saarländischen Rundfunk hat die IG Medien dank einer Besonderheit des Landespersonalvertretungsgesetzes sogar durchsetzen können, daß einige Arbeitnehmerähnliche, nämlich

- auf Produktionsdauer Beschäftigte,
- Fernseh-Realisatoren, deren Projekte in der Regel länger als eine Woche dauern,
- Pauschalisten und Arbeitnehmerähnliche mit Einzelvertrag, die regelmäßig Serien oder Reihen betreuen,

als **ständig beschäftigt** (also nicht „unständig" - siehe Seite 61) gelten und damit in die Arbeitslosenversicherung aufgenommen werden. Nähere Einzelheiten weiß der Personalrat.

Geringfügig Beschäftigte 3.1.4.

Als geringfügig beschäftigt gilt, wer als Selbständiger oder Arbeitnehmer nicht mehr als 15 Stunden pro Woche arbeitet und dabei maximal 620 / 520 DM* im Monat bzw. 7.440 / 6.240 DM* im Jahr verdient oder wer nicht mehr als 50 Tage bzw. zwei Monate im Jahr beschäftigt ist. Diese Gruppe

- wird nicht in die gesetzliche Renten-, Arbeitslosen-, Kranken- und Pflegeversicherung aufgenommen, also auch nicht in die KSK.

Versicherungspflichtig wird dagegen, wer mehrere geringfügige *Arbeits*verhältnisse hat, die sich zu einem Monatseinkommen über dieser Grenze addieren. In diesem Fall muß jeder Arbeitgeber den auf sein Entgelt entfallenden Beitrag zur Sozialversicherung sogar in *voller* Höhe bezahlen (siehe Seite 61).

Versicherungspflichtig wird ebenfalls, wer eine vorübergehende Beschäftigung (nicht mehr als 50 Tage bzw. zwei Monate im Jahr) berufsmäßig ausübt *und* dabei die Geringfügigkeitsgrenze überschreitet.

Selbständigen Künstlern und Publizistinnen, deren **Einkommen „im Grenzbereich“** der Geringfügigkeit liegt, hat das Landessozialgericht Bayern in einem Urteil vom 9.12.1993 (Aktenzeichen L 4 KR 96/89) ausdrücklich erlaubt, selbst zu entscheiden, ob sie versichert werden wollen oder nicht – indem sie bei der Einkommensschätzung für die KSK (siehe Seite 202) ein entsprechend höheres oder niedrigeres Einkommen angeben.

Selbständige in Arbeitgeberfunktion 3.1.5.

Die gesetzlichen Definitionen für das Vorliegen einer Arbeitnehmertätigkeit können selbständigen Künstlern und Publizistinnen unter Umständen auch aus ganz anderen Gründen Schwierigkeiten machen. Nämlich dann, wenn sie sich plötzlich selbst in der Arbeitgeberfunktion wiederfinden.

Das kann schon der Fall sein, wenn eine Theatergruppe sich für ihre neue Produktion eine Schauspielerin von außen dazuholt. Wird diese nicht als gleichberechtigtes Mitglied in die Gruppe integriert, sondern z.B. mit einem festen Honorar bezahlt, so dürfte sie Arbeitnehmerin sein – mit der Folge, daß die Gruppe für sie die Lohnsteuer einziehen und abführen, Sozialversicherungsbeiträge bezahlen, eine Unfallversicherung bei der Berufsgenossenschaft und eine Zusatzversicherung bei der Versorgungsanstalt der deutschen Bühnen abschließen muß.

Konsequenzen kann das auch für den rechtlichen Status haben. Wer selbst Arbeitnehmer beschäftigt,

- kann in der Regel nicht selbst arbeitnehmerähnlich sein und sich auf die entsprechenden Tarifverträge berufen,
- wird nicht über die Künstlersozialkasse versichert (*ein* Arbeitnehmer ist erlaubt, wobei Auszubildende und geringfügig Beschäftigte – siehe diese Seite oben – nicht mitgezählt werden).

3.1.6. Haupt- und nebenberufliche Tätigkeit

Künstler und Publizistinnen üben häufig mehrere Tätigkeiten aus, von denen die einen als selbständig und andere als abhängig gelten. Beide Einkommenszweige werden dann im Prinzip getrennt behandelt. Wenn sie in beiden Bereichen die Voraussetzungen erfüllen, können sie also versicherungspflichtig über die KSK *und* über den Arbeitgeber, für den nichtselbständigen Teil ihrer Tätigkeit arbeitslosenversichert und für den selbständigen Teil mehrwertsteuerpflichtig sein.

Als hauptberuflich gilt dabei immer die Tätigkeit, aus der die meisten Einkünfte fließen. Wer also mit selbständiger Tätigkeit mehr Geld verdient als mit abhängiger Arbeit, ist hauptberuflich selbständig und nebenberuflich als Arbeitnehmer tätig – und umgekehrt. Sich darüber rechtzeitig den Kopf zu zerbrechen zeugt nicht von Spitzfindigkeit, sondern kann bei der Einkommensteuer, den Tarifverträgen für arbeitnehmerähnliche Freie und beim Autorenversorgungswerk der VG Wort gravierende finanzielle Auswirkungen haben.

3.2. Jetzt mal konkret: Wer ist selbständig?

Die zentrale Frage für die steuer-, versicherungs- und arbeitsrechtliche Behandlung von Kunst- und Medienschaffenden ist der Grad ihrer Abhängigkeit von Auftrag- und Arbeitgebern.

Im Gesetz steht es noch relativ einfach: Arbeitnehmer ist, wer seine Arbeits*kraft* verkauft. Wer Arbeits*ergebnisse* (eigene oder fremde) verkauft, ist selbständig.

Oder etwas genauer: Arbeitnehmerin ist, wer sich in einem *Dienstvertrag* zu einer bestimmten *Arbeitsleistung* verpflichtet, dabei den Weisungen des Arbeitgebers unterworfen ist und unabhängig vom wirtschaftlichen Erfolg seiner Leistung bezahlt wird. Wer sich dagegen in einem *Werkvertrag* verpflichtet, ein bestimmtes *Werk* abzuliefern, in dessen Herstellung er frei ist, und dabei selbst das Unternehmerrisiko trägt, ist selbständig.

Weil aber die Wirklichkeit leider komplizierter ist als diese Definition – das „Werk" einer Selbständigen kann auch in einer Dienstleistung bestehen -, hat das Bundesfinanzministerium am 5.10.1990 unter dem Aktenzeichen IV B 6 – S 2332 – 73/90 eigens für diesen Bereich einen Abgrenzungskatalog aufgestellt, den weitgehend inhaltsgleich die Träger der gesetzlichen Sozialversicherung und damit auch die Künstlersozialkasse übernommen haben. Das Chaos ist damit freilich nicht geringer geworden.

3.2.1. Die amtliche Regelung

Nach diesem Katalog gelten generell alle Tätigkeiten als Arbeitnehmertätigkeiten, die vertraglich „von vornherein auf Dauer angelegt" sind. Wer einen Arbeitsvertrag hat, kann also niemals selbständig sein. Aber auch

Selbständige können nach diesem Kriterium plötzlich zu Arbeitnehmern werden.

Das Finanzministerium nennt als Beispiel eine freie Journalistin, die normalerweise als selbständig gilt. Verpflichtet diese sich z.B. vor einer Auslandsreise vertraglich zur Lieferung mehrerer Beiträge von dieser Reise an eine Rundfunkanstalt, so ist das eine „von vornherein auf Dauer angelegte" und damit eine Arbeitnehmerinnentätigkeit – auch wenn die Beiträge einzeln abgerechnet werden.

Typische Fälle von Selbständigkeit 3.2.1.1.

Ist die Tätigkeit *nicht* von vornherein auf Dauer angelegt, dann betrachtet das Finanzministerium als selbständig alle

- **Schriftsteller, Drehbuch- und Theaterautorinnen, Librettistinnen, Textdichter, Übersetzer, Lektorinnen** und **Dolmetscher,**
- **Journalisten** (Wort und Bild), **Berichterstatter, Kommentatorinnen, Korrespondentinnen, Showmaster,**
- **Bildhauer, Kunstmalerinnen, Fotografinnen, Grafiker** und andere **bildende Künstlerinnen,**
- **Komponistinnen** und **Arrangeure,**
- **Privatlehrkräfte** und **nebenberufliche Lehrkräfte** an Volkshochschulen und Hochschulen (nicht aber an allgemeinbildenden und Musikschulen),
- **Aushilfen in Chor und Orchester,** die nur für kurze Zeit einspringen,
- **Moderatoren** und **Realisatorinnen** bei Funk und Fernsehen nur, soweit der eigenschöpferische Teil der Leistung überwiegt,
- **Regisseure bei Theaterunternehmen, Dirigenten, Chorleiter, Choreographinnen, Bühnen- und Kostümbildnerinnen** nur, sofern sie nur für ein bestimmtes Stück, Programm oder Konzert *gastspielverpflichtet* engagiert sind,
- **Schauspielerinnen, Tänzer, Vokal- und Instrumentalsolistinnen** sowie ähnliche Künstler nur, wenn sie
  - *selbständig* auftreten (als Solistinnen oder als Mitglieder einer Gruppe, die als GbR – siehe Seite 81 – organisiert ist),
  - im Rahmen eines *Gastspiels* innerhalb eines Ensembles *ohne Probenverpflichtung* („Stargastspiel") agieren oder
  - als Gäste in Funk- und Fernsehsendungen eine Sololeistung erbringen.

Bei den **Regisseuren bei Film und Fernsehen** konnten sich KSK und Finanzbehörden nicht einigen, so daß das Kuddelmuddel fast künstlerische Züge annimmt: Regisseure *bei Hörfunk und Fernsehen* betrachtet das Finanzamt als Selbständige, sofern sie nur für einzelne Produktionen tätig sind; die KSK sieht sie dagegen *grundsätzlich* als Arbeitnehmer an. Umgekehrt ist es bei Regisseuren bei *Film- und Fernsehproduktionsfirmen:* Die werden vom Finanzamt *immer* als Arbeitnehmer betrachtet, von der KSK dagegen nur, wenn sie für mehrere Produktionen en bloc engagiert werden. Und natürlich werden außerdem immer noch die besonderen Umstände des Einzelfalles geprüft!

3.2.1.2. Typische Fälle von Arbeitnehmertätigkeit

Die Liste des Finanzministeriums gilt als „Negativkatalog". Das heißt, wer in ihr nicht vorkommt, bei dem gehen Finanzamt und Künstlersozialkasse zunächst einmal von einer nichtselbständigen Tätigkeit aus. Als Arbeitnehmer gelten somit unabhängig von der Vertragsdauer und unabhängig davon, ob sie auf Lohnsteuerkarte oder rechtswidrig „frei" beschäftigt werden,

- für eine Spielzeit oder mehr als eine Produktion verpflichtete **Mitwirkende bei Theatern, Kultur- und Kurorchestern sowie bei Film- und Fernsehproduzenten,**
- gastspielverpflichtete **Schauspieler, Tänzer, Sängerinnen** und **Musikerinnen,** sofern sie nicht unter die oben genannten Solo-Ausnahmen fallen,
- **Nachrichten-, Synchron-** und **andere Sprecher, Technikerinnen, Kameraleute, Cutterinnen** bei Film, Funk und Fernsehen,
- **Artisten** und **Unterhaltungskünstlerinnen,** sofern nicht „eigenes, selbständiges Schaffen" im Vordergrund steht,
- **Lehrkräfte (auch nebenberufliche)** an allgemeinbildenden Schulen und (in der Regel) an Musikschulen.

Ausnahmen sind möglich. Diese beziehen sich jedoch fast ausschließlich auf die Stars der jeweiligen Berufsgruppe, vor allem auf **Kameraleute, Tonmeister** oder **Cutterinnen,** die wegen ihres besonderen Stils engagiert werden, um einen eigenen („eigenschöpferischen") Beitrag zur Gestaltung eines Films oder einer Musikproduktion zu leisten.

3.2.1.3. Ermessensfragen

Wo immer der Abgrenzungskatalog keine eindeutige Zuordnung zuläßt, helfen drei Fragen weiter:

- Ist der Betroffene **Weisungen** unterworfen? Der „einfache" Musiker, der im Ensemble nach den Weisungen der Dirigentin spielt, ist Arbeitnehmer. Die Solo-Harfenistin, die ihr Gastspiel durch ihre „hervorragende künstlerische Stellung" maßgeblich selbst prägt, ist selbständig.
- Ist die Betroffene frei in der **Einteilung der Arbeitszeit?** Die Komparsen, die da zu sein haben, wenn der Filmproduktionsplan es vorschreibt, sind Arbeitnehmer. Die Bildhauerin, der es selbst überlassen bleibt, wie sie die Auftragsproduktion zum vereinbarten Ablieferungstermin fertig bekommt, ist selbständig.
- Ist der Betroffene **in den Betrieb eingebunden?** Die Journalistin, die einer Redaktion einzelne Beiträge liefert, ist selbständig. Wird sie aber im Dienstplan eingeteilt und hat vielleicht sogar einen eigenen Arbeitsplatz in der Redaktion, so sind das Indizien für eine abhängige Beschäftigung.

Weniger wichtig für die Feststellung der Arbeitnehmereigenschaft ist die Dauer (auch Film-Komparsen mit Tagesverträgen sind Arbeitnehmer) und der Wortlaut des Vertrages: Arbeitnehmertätigkeit kann auch vorliegen, wenn sie im Vertrag ausdrücklich ausgeschlossen wurde.

Was geschieht bei Mischtätigkeiten? 3.2.1.4.

Nach diesen Definitionen kommt es häufig vor, daß ein und dieselbe Person mal den Status einer Selbständigen, mal den einer Arbeitnehmerin hat. Sofern sich die entsprechenden Tätigkeiten auf *verschiedene* Arbeit- bzw. Auftraggeber beziehen, müssen sie gegenüber dem Finanzamt und der Sozialversicherung auch getrennt abgerechnet werden.

Eine solche Mischabrechnung kann eventuell Steuervorteile bringen (siehe Seite 254), kann aber auch zu einem grandiosen Chaos (und erheblichen Nachteilen) bei der Sozialversicherung führen:

- Für die nichtselbständige Tätigkeit führt der Arbeitgeber die Beiträge *direkt* an die Krankenkasse ab, deren Versicherungsschutz jedoch bei Beschäftigungslücken von mehr als 20 Tagen erlischt.
- Die selbständige Tätigkeit wird über die KSK krankenversichert, aus der jedoch herausfliegt, wer aus der künstlerisch/publizistischen Tätigkeit *weniger* oder aus der anderen Tätigkeit mehr als 620 / 520 DM* im Monat bezieht (siehe Seite 200). Wer da nicht aufpaßt, steht plötzlich ohne Krankenversicherungsschutz da.
- Von der Rentenversicherung über die KSK ist ausgeschlossen, wer aus nichtselbständiger Tätigkeit mehr als 50.400 / 42.000 DM* im Jahr bezieht. In diesem Fall gehen also die Zuschüsse zur Rentenversicherung für die selbständigen Einkünfte verloren.

Problemfall Rundfunk und Fernsehen 3.2.1.5.

Werden selbständige und nichtselbständige Leistungen jedoch für *ein und denselben* Auftraggeber erbracht, so muß der Auftraggeber nach Auffassung der Sozialverwaltung die gesamte Tätigkeit einheitlich behandeln – entweder als selbständig oder als nichtselbständig, je nachdem, welche Tätigkeitsart überwiegt. Dieser Fall tritt vor allem bei Funk- und Fernsehmitarbeitern auf, die Hörfunkbeiträge verfassen (selbständig) und selbst sprechen (nichtselbständig) oder bei journalistischen Fernsehberichten mal als Autor (selbständig), mal als Regisseur oder „Realisator“ (nichtselbständig) geführt werden. Beim WDR unterscheidet man das an den berühmten blauen (für selbständige Arbeiten) und rosa Verträgen (für nichtselbständige Beschäftigung).

Die meisten öffentlich-rechtlichen Anstalten haben hier die Neigung, die gesamte Tätigkeit als *nichtselbständig* einzustufen, was für Freie Probleme mit sich bringen kann:

- Meldet die Anstalt der Krankenkasse nicht alle 20 Tage mindestens einen Beschäftigungstag, so geht der Krankenversicherungsschutz verloren (siehe Seite 198).

- Wer im Einkommensteuerbescheid überwiegend Einkünfte aus nichtselbständiger Tätigkeit stehen hat, verliert den Anspruch auf Zuschüsse vom Autorenversorgungswerk (siehe Seite 121) und damit eventuell mehrere tausend Mark im Jahr.
- Zwar zahlen auch die Rundfunkanstalten ihren Freien auf Wunsch einen solchen Zuschuß (siehe Seite 222); dieser ist bei Nichtselbständigen jedoch auf 4% der Honorarsumme begrenzt.
- Andererseits bedeutet selbständige Tätigkeit in der Regel Umsatzsteuerpflicht, die bei öffentlich-rechtlichen Rundfunkanstalten wegen deren merkwürdigen Geschäftsgebarens meist zu Einbußen führt (siehe Seite 257).

Welche Einstufung finanziell günstiger ist, muß jeder für sich selbst ausrechnen. Die Rundfunkanstalten haben dabei viel mehr Ermessensspielraum, als sie selbst zugeben wollen. Also nervt die Honorar- und Lizenzabteilung mit Nachfragen und Anrufen.

Und wenn sie einen Freien partout nicht als selbständig einstufen will, obwohl das günstiger wäre, kann eventuell das Finanzamt weiterhelfen. Das stellt – bei Vorlage entsprechender Verträge – eine Bescheinigung über die freie Tätigkeit aus, an die die Rundfunkanstalt dann zumindest steuerrechtlich gebunden ist. Dabei sind die Finanzämter erfahrungsgemäß großzügiger als die HoLi.

3.2.2. Definitionsprobleme in der Praxis

Daß sich viele Künstler und Publizistinnen, die nach dem Abgrenzungskatalog alle Voraussetzungen für die Arbeitnehmereigenschaft erfüllen, dennoch als „frei" verstehen, ist angesichts der verworrenen Rechtslage verständlich. Keine Entschuldigung aber gibt es für Arbeitgeber, wenn sie Mitarbeiter als Selbständige behandeln, die *eindeutig* Arbeitnehmer sind – wie es bei Theaterleuten, Artisten und Musikern besonders häufig versucht wird.

Meist liegt hier nämlich kein Irrtum, sondern Kalkül vor: Gar nicht ungewöhnlich ist der Fall einer Zeitung, die ihre komplette Redaktion kündigte, ihr aber anbot, die Zeitung gegen eine Pauschale weiterzuproduzieren, die erheblich unter den bisherigen Gehältern lag. Mit so einem Etikettenschwindel spart der Arbeitgeber sehr viel Geld – die Bezahlung nach Tarif, die Sozialversicherungsbeiträge, die Entgeltfortzahlung bei Krankheit und im Urlaub. Im vorliegenden Fall sogar die Miete: Um ihr Honorar verdienen zu können, sollten die „Freien" die alten Redaktionsräume vom Verleger anmieten!

3.2.2.1. Problemfall Privattheater und freie Filmproduzenten

Viele Privattheater und freie Fernsehproduzenten stellen Arbeitsuchende mit dem Hinweis auf ihre miserable Finanzlage, vor allem aber mit dem Recht des Stärkeren vor die Alternative, entweder „auf Rechnung" zu arbeiten oder gar nicht.

Ein solches Ansinnen ist eine Sauerei und kann sogar strafbar sein, wenn der Arbeitgeber diesen „freien" Angestellten nicht – wie gesetzlich vorgeschrieben – in der Berufsgenossenschaft gegen Arbeitsunfälle versichert. Dennoch kommen solche Fälle in der Praxis nicht selten vor, und nicht jeder hat die Kraft (und die alternativen Arbeitsangebote), nein zu sagen.

Was zu tun ist, wenn die KSK in solchen Fällen die Aufnahme verweigert, steht auf Seite 205. Stellt sich heraus, daß tatsächlich ein Arbeitsverhältnis vorliegt, so wird es für den Arbeitgeber teuer. Krankenkasse und Finanzamt betrachten in diesem Fall das Honorar nämlich als Nettolohn, d.h. sie fordern vom Arbeitgeber die Lohnsteuer und *alle* Sozialabgaben (auch den Arbeit*nehmer*anteil!) nach; der Beschäftigte bekommt eventuell gezahlte KSK-Beiträge und die zuviel gezahlte Einkommensteuer zurück. Klingt also nicht schlecht – hat am Theater nur leider oft den Verlust des Jobs zur Folge.

Keine angenehme Situation also für beide Seiten. Wie man damit umgeht, muß jeder selbst entscheiden – je nachdem, wie sehr ihm an dem Job und/ oder einem guten Verhältnis zum Arbeitgeber gelegen ist. In der Regel dürfte auch hier Offenheit das beste Rezept sein. Wo die Beziehung völlig verkorkst ist, kann auch ein anonymer Tip beim Finanzamt oder bei der AOK eine solche Überprüfung auslösen. Nach welchen Kriterien die Kassen dann prüfen, ist auf Seite 173 genauer erläutert.

Problemfall Artisten und Unterhaltungskünstlerinnen 3.2.2.2.

Ähnlich liegt der Fall bei Artisten und Unterhaltungskünstlerinnen, die für Betriebsfeste, Kongresse und ähnliche Anlässe in der Regel gegen ein festes Honorar – und nicht als Arbeitnehmer, die sie per Definition eigentlich sind – engagiert werden.

Hier scheint die Schwierigkeit in der Regel allerdings mehr theoretisch zu sein: Die KSK nimmt nach eigenen Aussagen die meisten Artisten (sofern sie nicht innerhalb eines Ensembles auftreten) ohne große Schwierigkeiten auf, und die Finanzämter sind meist bereit, einen selbständigen Status zu akzeptieren – Hauptsache, die Steuern werden bezahlt.

Wer allerdings vor die Aufgabe gestellt wird, dem Finanzamt oder der KSK zur Erlangung des selbständigen Status nachweisen zu müssen, daß bei der eigenen Arbeit „eigenes, selbständiges Schaffen" im Vordergrund steht, muß aufpassen. Denn wer nicht gleichzeitig nachweisen kann, daß er *künstlerisch* tätig ist (und die Finanzämter gehen bei Artisten *immer* von einer nichtkünstlerischen Tätigkeit aus), wird zum gewerbesteuerpflichtigen Gewerbetreibenden (siehe Seite 59)!

Problemfall Musik 3.2.2.3.

Musiker existieren im Negativkatalog (Seite 66) nur in Gestalt von Orchestermusikerinnen. Da ist der Fall klar: Sie sind in der Regel Arbeitnehmer und nur ausnahmsweise selbständig.

Für den weitaus größeren Teil der Musiker in Kammerorchestern, Rockgruppen, Jazzbands, für Studio- und Begleitmusikerinnen trifft der Katalog keine Aussage. Hier kommt es also auf den Einzelfall an, sagt die Bürokratie, und das meint: Es kann sehr mühselig werden.

Wo die materiellen Bedingungen (Arbeitsvertrag, feste Arbeitszeiten, Weisungsgebundenheit) keine klare Aussage zulassen, entscheidet der Grad der künstlerischen Freiheit: Wer wegen seiner Individualität, seiner Ideen, seiner Improvisationsfähigkeit engagiert wird, erfüllt die Bedingungen einer selbständigen künstlerischen Tätigkeit. Wer dagegen nur eingekauft wird, um in einem ohne ihn festgelegten Arrangement Abend für Abend denselben Part herunterzuspielen (und das auch noch im Vertrag stehen hat), den dürfte die KSK bei einer längeren Vertragsdauer als Arbeitnehmer einstufen. Sind selbständige *und* nichtselbständige Elemente vorhanden, entscheidet ausnahmsweise mal der Wille der Vertragspartner.

Hier läßt sich mit der KSK durchaus reden. Bei den Recherchen im Paragraphendschungel der Bürokratie, die zu diesem Ratgeber nötig waren, gehörte es zu den positiven Erfahrungen, als mir die KSK erklärte, bei Jazzmusikern gehe sie zunächst immer von einer selbständigen Tätigkeit aus. Das ergebe sich aus deren Musikverständnis: Jazzer könnten sich schon von ihrer Musik her gar nicht unterordnen. Jazz und Weisungsgebundenheit, das schließe sich doch gegenseitig aus.

Also: Wenn es denn Schwierigkeiten gibt, dann beschränkt den Kontakt mit der KSK nicht auf böse Briefe. Da gibt's welche, mit denen kann man wirklich reden.

3.2.2.4. Sonderfall freie Musik- und Theatergruppen

Ein wenig komplizierter noch wird die Statusfrage bei freien (Musik- oder Theater-)Gruppen, weil es hier zusätzlich auf die Verhältnisse innerhalb der Gruppe ankommt (siehe dazu auch Seite 172):

- Selbständig sind die Gruppenmitglieder, solange sie gleichmäßig an der künstlerischen Gestaltung und am wirtschaftlichen Erfolg beteiligt sind. Das trifft in der Regel nur zu, wenn die Gruppe als *GbR* (siehe Seite 81) organisiert ist.
- Ist die Gruppe dagegen als Gesellschaft oder Verein eine eigene Rechtspersönlichkeit (siehe Seite 80), so dürften die Gruppenmitglieder in der Regel Arbeitnehmer der Gesellschaft oder des Vereins sein.
- Das gleiche gilt, wenn die Gruppe einen oder mehrere „Chefs" hat, die die künstlerische und/oder wirtschaftliche Verantwortung tragen. In diesem Fall gelten die oben genannten Kriterien: Die Nur-Schauspielerin wäre im Zweifelsfall Angestellte des „Chefs".

Ähnliches gilt für **freie Film- oder Fernsehproduzenten,** die das Fernsehen so gern beschäftigt, weil es sich da den ganzen „Sozialklimbim" spart. Vorsicht: Diesen Klimbim muß in der Regel der selbständige Produzent übernehmen. Der Tontechniker etwa, den er für seine Aufnahmen braucht, bleibt auch bei einem freien Produzenten Arbeitnehmer – und muß von diesem gegenüber dem Finanzamt und der gesetzlichen Sozialversicherung entsprechend geführt werden.

Den Arbeitnehmerstatus kann man einklagen

3.2.3.

Wer „frei" beschäftigt wird, tatsächlich aber alle Voraussetzungen der Arbeitnehmereigenschaft erfüllt, kann diesen Status beim Arbeitsgericht einklagen.

In der Praxis gibt es solche „verhinderten Arbeitnehmer" nicht nur an Privattheatern. Auch bei Anzeigenblättern und in den Außenredaktionen von Lokalzeitungen arbeiten Hunderte von Freien, die im Laufe der Zeit in die Redaktionsarbeit so hineingewachsen sind, daß sie sich von Festangestellten nur noch durch ihre miserable Bezahlung und den fehlenden Kündigungsschutz unterscheiden. Von ihnen verlangen die Arbeitsgerichte im Falle einer Klage den Nachweis, daß sie überwiegend für diesen einen Arbeitgeber tätig und dort fest in den Betriebsablauf eingebunden sind.

Als wichtigstes Anzeichen für eine solche Einbindung werten die Gerichte die Einteilung in den Dienstplan der Redaktion. Als weitere Indizien kommen in Frage Weisungsgebundenheit, ständige Abrufbarkeit, ein eigener Schreibtisch oder ein eigenes Telefon in der Redaktion, eigenverantwortliche Erstellung bestimmter Teile einer Zeitung, Pflicht zur Teilnahme an Redaktionskonferenzen und ähnliches.

Wird eine solche Klage gewonnen, so kann das dreierlei Konsequenzen haben, nämlich

- die Festanstellung mit tariflicher (d.h. in der Regel höherer) Bezahlung und Kündigungsschutz,
- eventuell die Verpflichtung des Arbeitgebers, Steuern und Sozialabgaben nachzuzahlen (siehe Seite 69), und demzufolge
- eine gewaltige Verärgerung des Arbeitgebers.

Ein Kündigungsgrund ist diese Verärgerung allerdings nicht. Klagen gegen eine Kündigung mit solchem Hintergrund gewinnt man fast immer. Am Theater freilich, wo Spielzeitverträge üblich sind, hilft das wenig. Da vermag eine solche Klage kaum mehr, als eventuell vorhandene Rachegelüste zu befriedigen.

Aber man braucht die Klage ja nicht gleich einzureichen: Schon der Hinweis auf diese Rechtslage und auf die Möglichkeit einer solchen Klage kann in Verhandlungen um höhere Honorare oder um die Verlängerung der freien Mitarbeit Wunder wirken (selbst dann, wenn man gar nicht ernsthaft fest angestellt werden möchte). Und wenn der Arbeitgeber die Zusammenarbeit schon aufgekündigt hat, läßt sich mit der nachträglichen Feststellung der Arbeitnehmereigenschaft immer noch eine Abfindung herausschlagen.

Vor Einleitung rechtlicher Schritte sollte man allerdings unbedingt die Rechtsberatung der IG Medien nutzen.

Frauen in der Bildenden Kunst:

Sich durchkämpfen. Aber wie?

von Almut E. Broër

Deine ersten Arbeiten sind fertig, nach langem Ringen blätterst Du zum wiederholten Mal in der Zeitung, Rubrik „Kultur", und Dich verläßt der Mut, weil Du von staatlichen Museen über große namhafte Galerien bis hin zu kleinen Insidergalerien Namen von Künstlerinnen kaum findest. Und Du weißt: Nur durch den Kontakt zur Außenwelt werden Deine Arbeiten zur Kunst. Du brauchst die Auseinandersetzung mit dem Publikum, schließlich auch den Verkauf ...

Was tun?

Zunächst einmal ist festzustellen, daß mindestens 80 Prozent der Künstlerinnen und Künstler von ihrer Kunst nicht leben können. Schlechte Aussichten, oder? Und von jeder öffentlichen Mark gehen 85 Pfennige an Künstler – und nur 15 an Künstlerinnen.

Alle Künstlerinnen sollten darum kämpfen, gleichberechtigt an die Finanztöpfe zu kommen, sollten also 50 Pfennige der öffentlichen Mark einfordern. Aufklärung tut not. Unsere offensichtliche Benachteiligung muß bekanntgemacht werden, das wäre der erste Schritt in Richtung Veränderung, in Richtung Gleichberechtigung.

Nur, das hilft Dir im Moment nicht weiter. Das beantwortet nicht die Frage: Wie setze ich mich trotz allem durch, allein oder gemeinsam mit anderen?

Viele Künstlerinnen wählen den individuellen Weg. Sie lehnen es grundsätzlich ab, an irgendeiner Künstlerinnenausstellung teilzunehmen, aus Ressentiments oder auch aus ihrem Verständnis heraus, daß nur die Bewährung in der Männerwelt uns Frauen weiterhilft, weil nur sie uns präsent macht, bis „Mann" uns nicht mehr übergehen kann, weil Qualität sich eben durchsetzt, und das kann sie eben in der heute gesellschaftlich gegebenen Konkurrenz nur nach dem Motto: Es wird nicht lange gefackelt, wir sind da. Punkt!

Nach dieser Ansicht zählt allein die künstlerische Kompetenz, gemischt mit dem entsprechenden Selbstvertrauen. Für diesen Weg brauchst Du sicheres Auftreten, Durchsetzungskraft, Selbstbewußtsein: Merkmale, die eher Männern zugeschrieben werden, üblicherweise und ungerechterweise, denn frau hat sie auch, sie muß sie nur wiederfinden. Ein Mittel dazu sind die Professionalisierungsseminare der Fachgruppe Bildende Kunst, an denen übrigens auch die Männer teilnehmen. Ein anderes heißt ausprobieren, aus Erfahrung lernt frau.

Vielleicht mit anderen Künstlerinnen zusammen nach dem Motto „Gemeinsam sind wir stark". Das ist der andere Weg. Als Gruppe lassen sich Erfahrungen besser verarbeiten und Frustrationen leichter ertragen. Sie ermöglichen es auch eher, Förderanträge an die inzwischen in fast jedem Bundesland eingerichteten Stellen zur Förderung von Frauenkultur zu stellen. Beispielhaft im positiven Sinn dafür ist ganz gewiß das institutionell geförderte Frauenkulturbüro in Nordrhein-Westfalen. Es besteht seit Ende 1991 und macht durch Aktivitäten wie Hearings und Symposien von sich reden. Es steht für den ersten Künstlerinnenpreis, den das Land Nordrhein-Westfalen 1996 in der Sparte Neue Medien/Multimedia ausschrieb, den zweiten Künstlerinnenpreis 1997 in der Sparte Theaterliteratur und für die Ausschreibung von fünf Stipendien für bildende Künstlerinnen mit Kindern.

Künstlerinnen, die in Gruppen arbeiten oder sich in Netzwerke einbinden, sind gegen weitere Benachteiligungen aktiv geworden. Vielleicht schließt Du Dich ihnen an, weil Du feststellst, daß die bei Wettbewerben häufigen Altersbeschränkungen frauenfeindlich sind, weil sie unsere Biographien nicht berücksichtigen. Und weil Du nicht willst, daß an Kunsthochschulen erst in hundert Jahren Gleichberechtigung herrscht, prangerst Du die Praxis der Vergabe von Professorenstellen an. Die sind – sieht man von wenigen Alibifrauen ab – fast immer noch ausschließlich von Männer besetzt.

Du wirst auch nicht haltmachen vor Überlegungen, wie frau die Gremien unterwandern kann. Auch die sind – von den Ankaufskommissionen bis zu den Jurys der Kunstpreise – scheinbar auf Ewigkeit in Männerhand, denn eine Pensionierung gibt es dort in der Regel ebensowenig wie eine Altersbeschränkung. Und schließlich: Welche Kontrollsysteme sind einzurichten, damit es in all diesen Fragen nicht bei Lippenbekenntnissen und Versprechungen bleibt? Damit wirklich Taten folgen?

Aber aller Ungleichheit zum Trotz wirst Du weiter alles daransetzen, Deine Arbeiten zu präsentieren, wirst Dich durchkämpfen, allein, mit anderen Künstlerinnen oder auch zusammen mit männlichen Kollegen. Denn die Arbeitsbedingungen müssen für alle verbessert werden. Für die Bildenden Künstlerinnen und die Künstler.

Kooperation 4.

HEUSSINGER
783907 100011

Kooperation 4.

Daß Musik- und Theaterleute sich mit anderen zusammentun, bringt schon ihre Tätigkeit mit sich: „Kollektivkünste" erfordern nun mal die Zusammenarbeit mehrerer Leute. Aber auch Autorinnen und Journalisten gründen Literatur- und Journalistenbüros, bildende Künstler tun sich zu Ateliergemeinschaften zusammen.

Dafür gibt es gute Gründe, denn gerade kreative Berufe sind auf Kommunikation, auf Anregungen und Kritik von anderen angewiesen. Obendrein kann es die Arbeit erleichtern, Geld sparen und vor allem die Vereinzelung der Freien mildern, die neben den schlechten Honoraren einen der wenigen echten Nachteile freier Tätigkeit gegenüber dem Angestelltendasein darstellt.

Rahmen und Probleme der Zusammenarbeit 4.1.

Ohne ein Mindestmaß an Bürokratie aber sind die Vorteile einer solchen Zusammenarbeit nicht zu haben. Denn wo immer zwei Leute etwas zusammen unternehmen, da haben sie schon eine Gesellschaft gegründet, ob sie es wollen oder nicht. Das Gesetz bestimmt das so.

Das ist auch gar nicht so verkehrt. Denn wo mehrere Leute gemeinsam Geld verdienen oder Geld sparen wollen, da kann es Streit geben, und darum sollte man die Regeln der Zusammenarbeit möglichst schon vor dem ersten Streit festlegen. Wie weit solche Absprachen gehen müssen, hängt vom gemeinsamen Vorhaben ab.

Kostenteilungsgemeinschaft 4.1.0.1.

Die einfachste Form der Zusammenarbeit ist eine reine Kostenteilungsgemeinschaft: Fünf Künstlerinnen und Künstler mieten gemeinsam eine alte Fabriketage, um dort Ateliers einzurichten. Das ist billiger als fünf Einzelateliers, da sind sie zuverlässiger zu erreichen, können sich leichter teure Gerätschaften anschaffen und vor allem miteinander reden, sich anregen und kritisieren und gemeinsam Ideen entwickeln.

Aber schon für eine so einfache Form müssen ein paar Fragen geklärt (und schriftlich fixiert) werden. Zum ersten die **Kostenverteilung,** für die es drei Möglichkeiten gibt:

- das Verursacherprinzip (wer mehr telefoniert, soll auch mehr zahlen – aber wie stellt man das fest?),
- das Gleichheitsprinzip (jeder zahlt den gleichen Anteil) oder
- ein „soziales" Prinzip (wer mehr verdient, bezahlt mehr, d.h., die Kostenanteile werden prozentual von den Einnahmen der einzelnen festgelegt).

Zum zweiten ist die **Abrechnung** zu klären: Wer ist dafür verantwortlich? Gibt es ein gemeinsames Konto? Wenn ja: Wer ist zeichnungsberechtigt?

Werden die Kosten nachträglich umgelegt, oder zahlt jeder regelmäßig einen festen Betrag vorab?

Schließlich muß geklärt werden, was bei einer **Auflösung** der Gemeinschaft passiert (wer bekommt die gemeinsam angeschafften Geräte?) oder wenn eine aussteigen will: Wie lang ist die Kündigungsfrist? Darf/muß sie für Ersatz sorgen? Hat sie einen Anspruch auf Abfindung für die gemeinsamen Anschaffungen? Muß sie ihr Atelier renovieren? Oder einen Abstand für künftige Renovierungskosten zahlen?

4.1.0.2. Arbeitsgemeinschaft

Journalistenbüros werden mit solchen Minimalregelungen meist nicht auskommen. Denn bei Redaktionen sind solche Büros vor allem deshalb so beliebt, weil sie immer erreichbar sind und in der Regel alles liefern können. Wo eine Bildredakteurin früher eine ganze Liste von Einzelfotografen durchtelefonieren mußte, um ein Foto von einem bestimmten Ereignis aufzutreiben, da genügt heute meist ein Anruf bei einer solchen Fotografengemeinschaft. Die hat, wenn sie gut ist, alles Wichtige im Archiv.

Das bedeutet aber, daß sich eine reine Kostenteilungsgemeinschaft bei strikter Trennung der Aufträge und der Kunden kaum durchhalten läßt –

jedenfalls nicht, wenn das Büro gut läuft. Geklärt werden muß also, was mit den hereinkommenden **Aufträgen** geschieht: Hat jeder „seine“ Kunden und damit Anspruch auf deren Aufträge? Wer bekommt Aufträge, die „dem Büro“ erteilt werden? Sollen gegenseitige Hilfeleistungen (z.B. Recherchen) irgendwie abgerechnet werden? Zumindest in der Anfangsphase, solange die Auftragslage noch schlecht ist, sollte man da klare Absprachen treffen.

Wo es gemeinsame Aufträge gibt, stellt sich dann natürlich die Frage nach der Aufteilung der entsprechenden **Einnahmen.** Auch da gibt es die verschiedensten Modelle:

- Jeder arbeitet auf eigene Rechnung, bekommt also das Honorar für die Aufträge, die er bearbeitet hat.
- Alle Einnahmen kommen in eine gemeinsame Kasse und werden nach geleisteter Arbeitszeit verteilt. (Aber wie stellt man die fest?)
- Alle werden nach ihrer Arbeitszeit bezahlt, bekommen aber einen Sockelbetrag bei Krankheit und im Urlaub.
- Alle bekommen den gleichen Erlösanteil; der Überschuß wird am Jahresende verteilt.

Man sollte sich hier am Anfang nicht zuviel vornehmen. Leider scheitern „Einheitslohnprojekte“ oft an den unterschiedlichen Arbeits- und Lebensauffassungen (und machen dabei die persönlichen Beziehungen kaputt). Besser, man beginnt bescheiden und entwickelt aus der gemeinsamen Arbeit sozialere Formen, die den Verhältnissen in diesem speziellen Büro entsprechen.

Wo sich eine strikte Trennung der Aufträge und Kunden nicht durchhalten läßt, werden auch die Streitmöglichkeiten beim **Ausstieg** eines Büromitgliedes größer:

- Wem „gehören" die Kunden? Darf der Aussteiger bestimmte Kunden oder gar Pauschalverträge „mitnehmen"?
- Hat die Aussteigerin Anspruch auf eine Abstandszahlung für den gemeinsam eingeführten Büronamen und die gemeinsam aufgebauten Verbindungen zu Kunden? Wie wird die berechnet? Bekommt sie eine Kopie der Kundenkartei?
- Hat der Aussteiger Anspruch auf eine Abstandszahlung für die gemeinsam angeschafften technischen Geräte? Wie hoch?

Produktionsgemeinschaft 4.1.0.3.

Noch umfangreicher werden die Streitmöglichkeiten, wenn sich Theater- oder Musikgruppen gemeinsame Produktionen vornehmen. Da geht es nicht mehr nur um die Verteilung von Kosten und Einnahmen, sondern auch um gemeinsame und individuelle Rechte.

Zu klären ist zum einen die Frage der **Urheberrechte:** Wer gilt als Urheber der gemeinsamen Komposition oder des gemeinsamen Stückes? Wenn es die Gruppe insgesamt ist, wie werden dann die entsprechenden Einnahmen aufgeteilt? *„Das kommt in die Gruppenkasse"* reicht auf keinen Fall aus, da z.B. GEMA-Tantiemen noch jahrelang fließen können, wenn sich die Gruppe längst aufgelöst hat.

Zum zweiten sind die **Mitspracherechte** der einzelnen zu klären: Was geschieht, wenn sich die Gruppe in einer künstlerischen Frage nicht einigen kann? Wird ein Gruppenmitglied bestimmt, das die endgültige Entscheidung trifft? Oder einigt man sich auf eine externe Ratgeberin, der man in einem solchen Fall die Entscheidung überträgt?

Was geschieht überhaupt, wenn persönlicher **Streit** die Arbeit blockiert? Darf die Gruppe einzelne Mitglieder ausschließen? Unter welchen Bedingungen und mit welchen Konsequenzen?

Schließlich sind die **Vertretungsrechte** zu klären: Wer darf im Namen der Gruppe unter welchen Bedingungen Aufträge annehmen und (z.B. Gastspiel-)Verträge unterschreiben? Wer ist für die Finanzen verantwortlich?

Minimalvertrag und Abrechnung 4.1.0.4.

Bei aller Liebe zueinander, in der Gründungsphase sollte niemand vergessen, daß am Geld schon die dicksten Freundschaften zerbrochen sind. Aus den vielen Prozessen, die Mitglieder von Musikgruppen, Freien Theatern und Journalistenbüros schon gegeneinander geführt haben, sollte man zumindest die Konsequenz ziehen, daß man all diese Fragen sehr ernsthaft durchdiskutiert und alle Punkte, auf die man sich geeinigt hat, formlos auf einem Blatt Papier festhält, das dann von allen Mitgliedern unterschrieben wird. Danach kann man das Papier abheften und vergessen – aber wenn es gebraucht wird, ist es wenigstens da.

Zum zweiten sollte die Gruppe sicherstellen, daß es eine regelmäßige und nachvollziehbare Abrechnung und Buchführung gibt. Das ist nicht nur nötig, um Mißtrauen und Streit zu vermeiden, sondern auch, weil das Finanzamt es so verlangt. Jeder einzelne muß in seiner Steuererklärung seine Einnahmen und Ausgaben belegen können, und wo es gemeinsame Einnahmen und/oder Ausgaben gibt, will das Finanzamt auch wissen, wie die Aufteilung erfolgt ist. Dafür schreibt es freien Künstlerinnen und Publizisten keine bestimmte Form vor; die Abrechnung muß jedoch *nachvollziehbar* sein.

4.1.0.5. Freie Zusammenarbeit

Auch ohne gemeinsames Büro lassen sich Formen der Zusammenarbeit zwischen Freien über die kollegiale Hilfe hinaus entwickeln, die für Freie eh' selbstverständlich sein sollte. So kann etwa der Wortjournalist, der einen groben Überblick über Tätigkeitsfeld und Archiv seiner Fotokollegin hat, seine Geschichten „komplett" – mit Fotos – anbieten.

Wer das nicht nur auf freundschaftlicher Ebene praktizieren will, kann vereinbaren, daß der Schreiber einen bestimmten Prozentsatz vom Fotohonorar abkriegt. Damit sind in der Regel alle zufrieden: Der Wortjournalist kommt zu einem Zusatzverdienst und braucht der Fotografin nicht mehr durch eigene Knipserei die Arbeit wegzunehmen; die Fotografin bekommt ein (reduziertes) Honorar für schon vorhandene Bilder, die sie sonst gar nicht verkauft hätte; und die Redaktion freut sich über komplette Beiträge, bei der Text und Bild von gleich hoher Qualität sind – was selten der Fall ist, wenn Wortjournalisten die Fotos zu ihren Geschichten selbst machen.

4.2. Gesellschaftsformen

Sich selbst klarzuwerden, was man gemeinsam tun und lassen will, das ist die eine Frage. Eine ganz andere Frage ist es, welche Gesellschaftsform man dafür wählt. Je nach Zielsetzung, Arbeitsbereich und wirtschaftlichem Risiko kommen hierfür die Gesellschaft Bürgerlichen Rechts, die GmbH, die Partnerschaft oder der eingetragene Verein in Frage. Die Vor- und Nachteile dieser Formen werden im folgenden behandelt.

Andere Gesellschaftsformen wie etwa die Genossenschaft mögen zwar einzelne Vorteile zeigen, eignen sich wegen ihrer komplizierten Formalitäten aber nur für sehr langfristig angelegte Projekte.

4.2.0.1. Natürliche und juristische Personen

Die Komplikationen des „Gesellschaftsrechts", von denen ganze Anwaltskanzleien leben, sollen hier nicht ausgebreitet werden. Für Freie, die sich zu einer Gesellschaft zusammentun, ist vor allem eine Frage entscheidend: Behalten die Mitglieder der Gesellschaft ihren Status als selbständige Künstler und Publizistinnen, oder wird die Gesellschaft zu einer eigenen „Rechtspersönlichkeit"?

Wird die Gesellschaft so konstruiert, daß sie selbst (und nicht nur das einzelne Mitglied) Verträge abschließen, Honorare einnehmen, Schulden machen oder Arbeitnehmer beschäftigen kann, so spricht man von einer „juristischen Person“ (im Gegensatz zur „natürlichen Person“, womit die Juristen einen Menschen meinen).

„Juristische Personen“ aber können nicht künstlerisch tätig sein – und damit auch nicht von der Gewerbesteuer befreit werden. Sie können keine Bezahlung nach Tarifverträgen für Arbeitnehmerähnliche verlangen und werden auch nicht über die KSK versichert. Im Gegenteil: Sie sind in der Regel sogar abgabepflichtig an die KSK bzw. müssen Arbeitgeberbeiträge zur Sozialversicherung ihrer Mitglieder zahlen.

Das wird in der Regel verdammt teuer. Freie, die eine gemeinsame Gesellschaft gründen wollen, sollten also vermeiden, daß da eine eigene „Rechtspersönlichkeit“ entsteht. Mehr noch: Sie sollten alles unterlassen, was nach außen auch nur den Eindruck einer *abgabepflichtigen* Gesellschaft erweckt. Damit lockt man sich nur unnötig die Kontrolleure von Finanzämtern, AOK und Berufsgenossenschaften ins Haus.

Gesellschaft Bürgerlichen Rechts (GbR) 4.2.0.2.

Es ist ganz einfach: Die Gruppe, die nicht weiß, was sie ist, ist eine Gesellschaft Bürgerlichen Rechts (GbR). Freie, die irgendeine Art von Zusammenarbeit, von Honorar- oder Kostenteilung vereinbaren, haben damit auch ohne schriftlichen Vertrag eine GbR gegründet. Das bedeutet nichts weiter, als daß zwischen ihnen in allen nicht vertraglich geregelten Fragen die Bestimmungen des Bürgerlichen Gesetzbuches gelten (weshalb diese Gesellschaftsform auch manchmal BGB-Gesellschaft heißt) und daß sie für alles, was sie gemeinsam unternehmen, auch gemeinsam haften.

In einer reinen Kostenteilungsgemeinschaft, deren Mitglieder gemeinsam ein Büro mieten, ansonsten aber jeder auf eigene Rechnung arbeiten, haftet also jedes Mitglied mit seinem Privatvermögen für die Miete – nicht aber für den schlecht recherchierten Artikel, mit dem sich ein anderes Büromitglied eine Schadenersatzklage eingefangen hat.

Die GbR ist keine eigene Rechtspersönlichkeit. Sie kann zwar Verträge abschließen; diese müssen aber von jedem einzelnen Mitglied unterschrieben werden, um für alle bindend zu sein. Es sei denn, die GbR hat ein Gruppenmitglied ausdrücklich bevollmächtigt, die Gruppe zu vertreten und in ihrem Namen Verträge abzuschließen.

Solange die Mitglieder einer GbR gleichberechtigt und auf eigenes Risiko arbeiten und keine eigenen Arbeitnehmer beschäftigten, behalten sie ihren Status als selbständige Künstler und Publizistinnen. Das heißt, sie

- sind weder gewerbe- noch körperschaftssteuerpflichtig,
- werden in die KSK aufgenommen,
- behalten ihren Anspruch auf Zuschüsse vom Autorenversorgungswerk der VG Wort,
- haben gegebenenfalls Anspruch auf Bezahlung nach den Tarifverträgen für Arbeitnehmerähnliche.

Sie haben allerdings so gut wie keine Chance, in die Arbeitslosenversicherung aufgenommen zu werden.

GbRs *dürfen* nach außen nicht den Eindruck erwecken, etwas anderes zu sein, als sie sind. Deshalb dürfen sie keinen Firmennamen führen: „Pressebüro context" geht nicht; erlaubt ist nur „Goetz Buchholz und Bettina Courant, Pressebüro context". Auch wenn sich kaum jemand daran hält, sollte man doch wissen, daß ein Büro durch einen solchen unerlaubten Namen zum „Scheinkaufmann" werden und dann mit allen zivil- und handelsrechtlichen Folgen (z.B. gemeinsame Haftung!) wie ein kaufmännisches Unternehmen behandelt werden kann.

Sie *sollten* aber auch keinen anderen Eindruck erwecken und schon gar nicht so tun, als gehörten sie einer ganz anderen Branche. Eine GbR, die sich „Theater im Westend", „Presseagentur", „Kunstverlag" oder ähnlich nennt, legt damit nur einen Köder für unerwünschte Kontrolleure aus: Hinter solchen Bezeichnungen vermuten Finanzämter und Versicherungsträger sofort eine abgabepflichtige Gesellschaft. Und schon hat man Leute im Haus, die man da gar nicht haben möchte.

Für Freie im Kunst- und Medienbetrieb dürfte die GbR in den meisten Fällen die beste Gesellschaftsform sein. Zu ihrer Gründung reicht eine mündliche Absprache. Ein formloser, aber schriftlicher Vertrag, der die oben aufgeworfenen Fragen regelt, ist jedoch auf jeden Fall zu empfehlen. Mindestens sind darin folgende Fragen zu klären:

- Wer erbringt welche Leistungen, wer hat welchen Anteil an den gemeinsam erworbenen Urheberrechten, wer bekommt welchen Anteil am Gewinn?
- Wer darf die Gruppe in Vertragsverhandlungen vertreten? Wie weit reicht die Vollmacht, z.B. bis zu welcher Ausgaben- und welcher Honorarhöhe? (Wenn nichts anderes vereinbart ist, muß jeder Vertrag von jedem einzelnen Mitglied unterschrieben werden!)
- Wer ist für die regelmäßige Rechnungslegung verantwortlich? Zu welchen Terminen?
- Was geschieht, wenn eine Gesellschafterin stirbt oder aus dem Vertrag aussteigen will, also kündigt? (Wenn nichts anderes vereinbart ist, ist die GBR dann aufgelöst!)

4.2.0.3. Gesellschaft mit beschränkter Haftung (GmbH)

Gesellschaften mit beschränkter Haftung sind „eigene Rechtspersönlichkeiten". Sie dürfen Phantasienamen führen und als GmbH Verträge abschließen. Für diese Verträge haften nicht die einzelnen Mitglieder, sondern nur die GmbH mit ihrem Gesellschaftsvermögen.

Diese offensichtlichen Vorteile sind mit einer Reihe strenger Auflagen verbunden: GmbHs sind zu einer kaufmännischen Buchführung verpflichtet; ihr Gesellschaftskapital (das bei Gründung mindestens zur Hälfte eingezahlt sein muß) beträgt mindestens 50.000 DM; zu ihrer Gründung ist ein notariell beglaubigter Gesellschaftsvertrag erforderlich; auch für alle späteren „Änderungen an der Gesellschaft" – wie Vertragsänderungen oder das Ausscheiden eines Mitglieds – müssen sich alle Mitglieder beim Notar versammeln und Gebühren abdrücken; die GmbH muß im Handelsregister eingetragen werden.

Zudem ist eine GmbH im Vergleich zur GbR oder zum Verein nicht gerade eine demokratische Form: Sie braucht eine Geschäftsführung, die allein entscheidet und nur der Gesellschafterversammlung verantwortlich ist.

Am gravierendsten für Freie ist, daß sie mit Gründung einer GmbH in der Regel ihren Status als selbständige Künstler und Publizistinnen verlieren. Sie können dann zwar bei der GmbH angestellt und so auch gegen Arbeitslosigkeit versichert werden,

- werden aber in der Regel nicht in die KSK aufgenommen (eine Ausnahme, die unbedingt *vorher* mit der KSK abgeklärt werden muß, gilt für GmbHs, die höchstens einen Arbeitnehmer haben und bei denen *jeder einzelne* Gesellschafter alleinvertretungsberechtigter Geschäftsführer ist); den Arbeitgeberanteil zur gesetzlichen Sozialversicherung muß dann die GmbH aufbringen,
- haben keinen Anspruch auf Leistungen aus den Tarifverträgen für Arbeitnehmerähnliche,
- verlieren ihren Anspruch auf Zuschüsse des Autorenversorgungswerkes der VG Wort.

Andererseits gelten GmbHs trotz beschränkter Haftung erstaunlicherweise als vertrauenswürdiger, was Mietverträge, Kredite und öffentliche Zuschüsse angeht. Bei den öffentlich-rechtlichen Rundfunkanstalten fallen sie nicht unter die Höchstbeschäftigungsgrenzen für Freie und können auch höhere Honorare verlangen – allerdings meist nicht hoch genug, um die eben genannten Nachteile aufzuwiegen, zumal die Rundfunkanstalten von Firmen die Anlieferung fertiger Bänder, also eine eigene Technik verlangen.

GmbHs müssen Gewerbesteuer und – mit Ausnahme der als gemeinnützig anerkannten „gGmbH" – Körperschaftssteuer zahlen.

Die Gründung einer GmbH kommt allenfalls für Gruppen in Frage, die ohnehin Arbeitnehmer anstellen wollen. Als reiner Zusammenschluß von Selbständigen bringt sie angesichts der Besonderheiten künstlerischer Arbeit (KSK usw.) vor allem erhebliche finanzielle Nachteile. Hinweise zur Formulierung eines GmbH-Vertrages erspare ich mir hier, da man dazu ohnehin einen Notar aufsuchen muß.

Partnerschaftsgesellschaft 4.2.0.4.

Mit dem „Gesetz über Partnerschaftsgesellschaften Angehöriger Freier Berufe" ist seit Juli 1995 eine neue Gesellschaftsform speziell für freie Berufe möglich. Die „Partnerschaftsgesellschaft" ist ein Zwitter: Sie ist einerseits (nicht in allen, aber fast allen Fragen) eine eigene Rechtspersönlichkeit, die ins Handelsregister eingetragen werden muß – andererseits aber wie die GbR eine Personengesellschaft, die nicht gewerblich tätig ist.

Die „Partner" einer solchen Gesellschaft behalten also ihren Status als selbständige Künstler und Publizistinnen, die (sofern sie nicht mehr als einen Arbeitnehmer beschäftigen) weiterhin in der KSK bleiben können und weder gewerbe- noch körperschaftssteuerpflichtig sind.

In der Haftungsfrage geht die Partnerschaftsgesellschaft einen Mittelweg: Im Prinzip haften ihre Mitglieder gemeinsam mit ihrem vollen Privatvermögen. Die Haftung des einzelnen kann jedoch – im Unterschied zur GbR – *vertraglich* auf das beschränkt werden, was er selbst verbockt hat. Die Architektin in einer solchen Partnerschaft braucht also auch bei einem gemeinsamen Projekt nicht mit ihrem Privatvermögen für den Rechenfehler ihres Statiker-Partners zu haften. Auf derartige Berufe, bei denen ein hohes Haftungsrisiko besteht, ist die neue Gesellschaftsform auch zugeschnitten – obwohl im Gesetz ausdrücklich „Journalisten, Übersetzer, Künstler, Schriftsteller" usw. als Zielgruppe genannt sind.

Zur Gründung einer Partnerschaftsgesellschaft ist kein Gesellschaftsvermögen, wohl aber ein schriftlicher Vertrag erforderlich, bei dem es der Mithilfe eines Anwaltes bedarf, wenn man die möglichen Vorteile tatsächlich ausschöpfen will. Die Handelsregisteranmeldung kostet beim Mindestgeschäftswert von 50.000 DM rund 250 Mark. Im Namen der Partnerschaft müssen der Name mindestens einer Partnerin, der Zusatz *„und Partner"* oder *„Partnerschaft"* sowie alle in der Partnerschaft vertretenen Berufe angegeben werden. Also zum Beispiel „Groucho Marx und Partner, Komiker und Filmemacher" oder „Musikantenpartnerschaft Harrison, Lennon, McCartney und Starr".

Ob die Partnerschaft Freien weitere Vorteile bringt, wie höhere Kreditfähigkeit und höheres Ansehen bei der Vergabe von Fördermitteln, darüber gibt es noch keine Erfahrungswerte. Mir ist bisher überhaupt kein Beispiel einer Partnerschaftsgesellschaft im Bereich Kunst und Medien bekanntgeworden.

4.2.0.5. Verein

Eine ganz andere Geschichte ist eine Vereinsgründung. Auch ein Freies Theater kann sich als Verein konstituieren. Dazu braucht man sieben Leute, die eine Satzung beschließen, einen Vorstand wählen und den Verein beim Vereinsregister eintragen lassen. Eines bestimmten Gründungskapitals bedarf es nicht.

Ein Verein bietet ähnliche Vor- und Nachteile wie die GmbH: Er ist eine eigene Rechtspersönlichkeit; die Haftung ist (außer bei grober Fahrlässigkeit) begrenzt auf das Vereinsvermögen; das Ansehen bei Kredit- und Zuschußgebern ist höher. Dafür muß aber, wer über den Verein Geld verdienen will, sich dort in aller Regel anstellen lassen, der selbständige Status mit Versicherungsmöglichkeit über die KSK entfällt also, die Versicherung in der Versorgungsanstalt der deutschen Bühnen (siehe Seite 223) wird Pflicht, die Möglichkeit der Arbeitslosenversicherung kommt hinzu. D.h., es wird wieder teuer.

Sinn kann eine Vereinsgründung vor allem da machen, wo es um die Erschließung zusätzlicher Geldquellen geht:

- Vereine können als Jugendhilfeträger vom Stadt- oder Landesjugendamt anerkannt werden und damit öffentliche Gelder aus dem Bereich der Jugendhilfe bekommen.
- Vereine können als gemeinnützig anerkannt werden. Sie dürfen Gewinn dann nur im Rahmen der recht strengen Gemeinnützigkeitsverordnung machen, können dafür aber Quittungen für steuerbegünstigte Spenden ausstellen (bzw. vom städtischen Kulturamt ausstellen lassen – siehe Seite 48) und sind von der Körperschaftssteuer befreit.
- Vereine haben unter bestimmten Bedingungen die Möglichkeit, Mitarbeiter als ABM-Kräfte über das Arbeitsamt finanzieren zu lassen.

Bevor man aber zu einem solchen Zweck einen Verein gründet, sollte man genau recherchieren, ob in der betreffenden Stadt auch *faktisch* die Möglichkeit besteht, an solche Gelder zu kommen. Denn mit einem Verein ist einiges an Formalitäten verbunden: eine kompliziertere Buchhaltung, gegebenenfalls eine Kontrolle durch die Kommune und nicht zuletzt die Unwägbarkeit, welche Beschlüsse die Mitgliederversammlung faßt und wer zum (allein entscheidungsbefugten) Vorstand gewählt wird.

Wo es nur um die steuerliche Absetzbarkeit von Spenden geht, kann man eventuell Freunde einen gemeinnützigen Förderverein gründen lassen (siehe Seite 48), der sich die Förderung des Theaters allgemein (also nicht nur einer speziellen Theatergruppe!) zur Aufgabe setzt und Spenden sammelt. Dann kann die Theatergruppe als GbR bestehen bleiben und dem Verein für bestimmte vereinbarte Leistungen (z.B. Erstellung einer neuen Theaterproduktion) Rechnungen schreiben.

Eine Mustersatzung und weitere Angaben zu Vereinen im Zusammenhang mit der Theaterarbeit finden sich im „Survivalkit. Freie Theater“[(B)]. Mustersatzungen für Musik(er)vereine sind bei der Union Deutscher Jazzmusiker[(A)] erhältlich. Mit allen Fragen der Vereinsführung und Finanzierung, auch etwa im Bereich von Kunstvereinen und Produzentengalerien, befaßt sich die zweimonatlich erscheinende Zeitschrift „Verein & Management“[(B)].

Grenzen der freien Tätigkeit 4.3.

Zum Glück bleibt auch das nicht aus: Freie sind so gut im Geschäft, daß sie ihre Aufträge nicht mehr allein bewältigen können. Sie stehen also vor der Alternative, entweder laut und deutlich nein zu sagen oder aber ihrerseits Aufträge zu vergeben oder gar Arbeitnehmer einzustellen.

Da dies eine Gewerkschaftspublikation für Freie ist, sollen Arbeitgeberprobleme hier nicht behandelt werden. Kurz benannt werden sollen jedoch die Grenzen zur Arbeitgeber- und Vermarktertätigkeit und die Konsequenzen, die ein Überschreiten dieser Grenzen hat.

4.3.0.1. Freie als Arbeitgeber

Die erste Konsequenz tritt bereits ein, wenn Freie Hilfskräfte – Putzleute oder Schreibkräfte fürs Büro – wider besseres Wissen im Rahmen von geringfügigen Beschäftigungsverhältnissen (siehe Seite 63) anstellen. Da diese per Definition Arbeitnehmer sind, *müssen* sie vom Arbeitgeber – dem Freien also – in der **Berufsgenossenschaft** unfallversichert werden. Außerdem verlangt das **Finanzamt,** daß der Arbeitgeber diesen Leuten die Lohnsteuer vom Lohn abzieht und an die Finanzkasse abführt. Alles andere ist Förderung von Schwarzarbeit.

Übersteigt der Lohn 620/520 DM* im Monat, so muß der zum Arbeitgeber gewordene Freie den Arbeitnehmeranteil zur **Sozialversicherung** vom Lohn einbehalten, den Arbeitgeberanteil (noch einmal rund 20% vom Bruttolohn) dazulegen und beides an die Kranken-, Renten- und Arbeitslosenversicherung abführen. Ist der „freie Arbeitgeber" eine Theatergruppe, so muß sie die Beschäftigten außerdem in der **Versorgungsanstalt der Deutschen Bühnen** anmelden und 4,5% des Entgeltes zusätzlich als Arbeitgeberanteil dorthin abführen.

Soweit, so einfach. Nimmt das Ganze noch größere Ausmaße an, beginnt sich der Status des Freien mit gravierenden finanziellen Folgen zu verändern:

Wer nicht nur Hilfskräfte wie Putzleute, Schreib- oder Archivkräfte beschäftigt, sondern als Journalist einen weiteren Journalisten oder als Kameramann eine Tontechnikerin, erbringt seine Leistung nicht mehr „im wesentlichen selbständig" und hat damit keinen Anspruch mehr auf Bezahlung nach den **Tarifverträgen für Arbeitnehmerähnliche Freie.**

Wer zwei oder mehr Arbeitnehmer beschäftigt, fliegt aus der **Künstlersozialkasse** und muß seine Kranken- und Rentenversicherung vollständig selbst bezahlen. (Einen Arbeitnehmer sowie weitere Auszubildende und geringfügig Beschäftigte erlaubt die KSK.) Damit verliert er auch den Anspruch auf Zuschüsse des Autorenversorgungswerkes der VG Wort.

4.3.0.2. Freie als Vermarkter

Wer diese Probleme umgehen will, indem er seine Leute nicht als Arbeitnehmer, sondern ihrerseits als Freie beschäftigt, ist trotzdem nicht aus dem Schneider. Zum einen läßt das Gesetz keine Wahlmöglichkeit zwischen selbständiger und abhängiger Beschäftigung. Erfährt die AOK, daß eine Schreibkraft schon seit Jahren als „Freie" beschäftigt wird, dann wird sie die Sozialversicherungsbeiträge (und zwar den Arbeitgeber- und den Arbeitnehmeranteil) für den gesamten Zeitraum nachfordern. Und wenn für das Honorar der Schreibkraft weder sie selbst noch der Arbeitgeber Steuern abgeführt haben, kann das sogar in einem Strafverfahren enden.

Aber selbst wenn alles ganz legal geregelt ist, kostet es zusätzlich Geld – wenn auch weniger als bei einem Arbeitgeber-Arbeitnehmer-Verhältnis. In dem Augenblick nämlich, in dem eine freie Künstlerin Honorar an einen freien künstlerischen Mitarbeiter zahlt, wird sie selbst zur „Vermarkterin" fremder künstlerischer Leistungen – und muß auf die Honorarsumme die gesetzliche **Künstlersozialabgabe** (siehe Seite 206) zahlen. Das gleiche gilt für die Musikgruppe, die sich von einer Außenstehenden ein Arrangement schreiben läßt, für die Theatergruppe, die sich von einem Künstler gegen Honorar ein Bühnenbild entwerfen läßt, und auch für das Journalistenbüro, das Artikel von außenstehenden Freien vermarktet.

Behauptet das Journalistenbüro, es würde die fremden Beiträge gar nicht an- und verkaufen, sondern lediglich gegen Provision vermitteln, wird es auch nicht viel besser. Sobald eine solche Vermittlung gegen Entgelt nämlich nicht nur ausnahmsweise, sondern regelmäßig erfolgt, handelt es sich um eine gewerbliche Tätigkeit mit allen Konsequenzen.

Freie als Gleichberechtigte 4.3.0.3.

Diese Aufzählung soll niemandem Angst machen. Sie soll nur ein bißchen zum Nachdenken anregen: Haben wir wirklich den Status von Freien gewählt, um uns nun unsererseits zu Auftrag- und Arbeitgebern für andere aufzuschwingen? Niemand soll behaupten, er werde es ganz anders machen als „normale Chefs": Die Erfahrung zeigt, daß es gerade unter solchen Kleinunternehmern viele „kleine Arschlöcher" gibt.

Als Ausweg aus diesem Dilemma sehe ich nur einen Weg, nämlich die anderen als gleichberechtigte Partner und Partnerinnen in den bestehenden Arbeitszusammenhang aufzunehmen. Das vermeidet nicht nur sämtliche hier angesprochenen Probleme, sondern fördert zugleich die freie künstlerische und publizistische Tätigkeit in ihrem positiven Sinn. Leute, die von der Arbeit anderer leben, haben wir in diesem Bereich schon mehr als genug.

Freie im Osten:
Nase hoch und Klappe auf!
von Gundula Lasch

„Neufünfland" ist längst nicht mehr nagelneu. Der graue Alltag bestimmt das Leben. Längst macht es der Ostdeutsche seinem Bruder aus dem Westen nach: Er sieht zu, wie er mit dem Rücken an die Wand kommt. Und wenn man – im Osten wie im Westen – Arbeit hat, dann meist zuviel davon. So wächst zusammen, was zusammengehört.

Auch wir Freien in den neuen Bundesländern haben heute kaum noch andere Probleme als unsere Kolleginnen und Kollegen im Westen Gesamtdeutschlands. Wir haben nur noch nicht so gut gelernt, damit umzugehen. Und wir kennen – woher auch? – unsere „Feinde" ebensowenig gut wie unsere Verbündeten, also Berufskolleginnen, Gewerkschafter, faire Auftraggeber oder andere Freie. Im Westen sind die Strukturen über Jahrzehnte gewachsen; alteingesessene Freie kennen sich aus im Geschäft. Und wenn ein Neuling Glück hat, stößt er auf einen alten Hasen, der ihm etwas von seiner Erfahrung weitergibt.

Daß ehrliche Arbeit nicht unbedingt reich macht, wissen wir alle. Deshalb muß eine freie Journalistin auf der Klaviatur der Eigenwerbung ebenso perfekt sein wie ein freier Maler, eine Bildhauerin oder ein freiberuflicher Schlagersänger. Ohne Marketing geht nichts. Der vielgedroschene Satz „Klappern gehört zum Handwerk" geht uns zwar unbeschreiblich auf den Geist, ist deshalb aber nicht weniger wahr. Und genau da haben wir im Osten noch zu lernen. Es ist nicht das mangelnde Selbstbewußtsein, sondern die mangelnde Präsentation desselben. Und weil wir Ostler das wissen, sind Marketing-Seminare nach wie vor im Trend.

Wie (unverfrorene) Eigenwerbung funktionieren kann, erlebte ich mitten in den Nachwende-Wirren: Da gab's in unserem zusammengewürfelten Redaktionsteam einen West-Kollegen. Ein unmöglicher Typ! Aber er ist inzwischen zur Legende geworden. Weil er zwar nur ein durchschnittlicher Schreiber war, aber mit seinem unerschütterlichen Selbstbewußtsein, gepaart mit großer Klappe und Arroganz alle beeindruckte. Erst die Chefs und dann uns. Unvergeßlich der Tag, als dieser – ich nenn' ihn mal Moser – durch die Gänge einer Berliner Tageszeitung stapfte und dabei schrie: „Ich bin ein guter Mann, ich bin ein teurer Mann! Und ich lasse mir sowas nicht bieten!"

Was war passiert? Unsere Redaktion in Leipzig war dichtgemacht worden, und wir waren als geschlossener Haufen in Berlin angetanzt, um uns von einem Verlag möglichst schnell einkaufen zu lassen – für ein neues Zeitungsprojekt in Leipzig. In Berlin angekommen, ließ man uns stundenlang in einem leeren Raum auf der Redaktionsetage warten. Wir Ossis (und auch einige unserer West-Kollegen) saßen also still herum und warteten auf den großen Moment, da man uns heranwinken würde. Nicht so Moser: Der machte einen solchen Heidenlärm, daß er unverzüglich zum Einzelgespräch ins Chefzimmer gerufen wurde.

Da dachten wir noch: „Das hätte auch schiefgehen können." Ein paar Monate später mußten wir unsere Meinung korrigieren, denn diese Masche schien immer zu ziehen. Moser hatte nämlich – trotz seiner eher bescheidenen journalistischen Leistungen – immer Aufträge. Und ein Jahr später agierte er schon für eine von den ganz großen, ganz bunten Wochenzeitschriften. Seitdem hören wir nur noch ab und an von Moser – in Form von kurzen Erfolgsmeldungen, die seinen Karriereweg begleiten. Ohne Zweifel: In spätestens zehn Jahren wird Moser einer von den ganz Wichtigen in Deutschlands Medienwelt sein. Er hätte auch das Zeug zum Politiker ...

Acht Jahre nach der bundesdeutschen Übernahme stellen wir immer wieder fest, daß wir anders sind. Irgendwie stiller, weniger lobheischend und ohne den vielzitierten goldenen Schaumschläger. Wir sind halt mehr solide Arbeiter, die weniger Gerede um ihr Tun machen. Die aber werden zuallererst vergessen, abgewickelt, übers Ohr gehauen. Deshalb – Brüder und Schwestern in Neufünfland: Nase hoch und Klappe auf!

Denn eigentlich gibt es zwischen Westlern und Ostlern nur einen kleinen Unterschied: Die einen sind mit der Marktwirtschaft großgeworden, die anderen müssen nachsitzen. Wir Ostler sind dafür mit dem Suchen nach der Wahrheit – irgendwo zwischen den Extremen – großgeworden. Zwischen Elternhaus und Pionierstunde, zwischen Aktueller Kamera und Tagesschau, zwischen Schwarz und Weiß. Und hier muß der Westem nachsitzen. Doch das haben viele mit hochgereckter Nase und großer Klappe leider noch nicht kapiert.

Keine Frage, in ein paar Jahren ist auch dies überholt. Dann sind Deutsche nur noch unterscheidbar als Cottbuser, Bielefelder, Leipziger oder Essener.

Urheberrecht 5.

0101
10
System
HEUSSINGER

Urheberrecht

5.

Wer ein Sprachwerk, ein Computerprogramm, ein Werk der Musik, der Tanzkunst, der bildenden Kunst, ein Lichtbild- oder Filmwerk geschaffen hat, besitzt daran alle Rechte. Ohne seine Genehmigung darf es grundsätzlich niemand abdrucken, aufführen, ausstellen, senden, verändern oder was auch immer.

Von dieser Rechtslage leben Künstler und Publizistinnen. Sie verdienen ihren Lebensunterhalt damit, daß sie anderen solche Genehmigungen erteilen und dafür ein Honorar verlangen. Damit sie dabei möglichst selten übers Ohr gehauen werden, hat der Gesetzgeber zahlreiche und oft komplizierte Bestimmungen erlassen, von denen hier nur die dargestellt werden sollen, die im Alltag von Künstlerinnen und Publizisten regelmäßig eine Rolle spielen.

Urheber- und Leistungsschutzrecht

5.1.

Das „Gesetz über Urheberrecht und verwandte Schutzrechte" (UrhG) schützt nicht nur die Urheber der oben genannten Werke, sondern auch diejenigen, die solche Werke spielen, aufführen oder vortragen. Deren Rechte stehen unter dem Oberbegriff „Leistungsschutzrecht" und sind ähnlich gestaltet wie das Urheberrecht.

Damit ist auch das Schaffen von Schauspielern und ausübenden Musikerinnen geschützt. Ihre Darbietungen dürfen nicht ohne ihre Erlaubnis aufgenommen, vervielfältigt und verkauft werden. Anders als in den USA ist damit das „Bootlegging", der kommerzielle Vertrieb unerlaubter Konzertmitschnitte, in der Bundesrepublik verboten.

Die Urheberrechte erlöschen nach deutschem Recht erst 70 Jahre nach dem Tod des Urhebers, die Leistungsschutzrechte 50 Jahre „nach Erscheinen, Darbietung oder Herstellung". Danach sind die Werke „gemeinfrei" und dürfen von jedem in jeder Weise ohne besondere Genehmigung genutzt, also z.B. vervielfältigt, bearbeitet oder aufgeführt werden.

Urheber und Urheberin

5.1.1.

Wer ein geschütztes Werk geschaffen hat, ist dessen Urheberin und genießt damit den vollen Schutz des Urheberrechts. Anders als in den angloamerikanischen Ländern, wo die Urheberschaft durch Eintragung in ein Copyright-Register dokumentiert werden muß, ist eine besondere Registrierung dazu in Deutschland nicht erforderlich. Es braucht auch niemand als Urhebernachweis Manuskripte an irgendwelchen Stellen zu hinterlegen, die sich dazu immer wieder ungefragt – und meist gegen erkleckliche Gebühren – anbieten. In Deutschland gilt: Urheber ist bis zum *Beweis des Gegenteils,* wessen Name auf dem Buch, auf dem Bild, auf der Partitur, auf der Plattenhülle steht.

5.1.1.1. Mehrere Urheber

Urheber können nur natürliche Personen sein. Wo eine freie Theatergruppe ihre Stücke gemeinsam entwickelt oder eine Band gemeinsam komponiert, gelten alle an der „Schöpfung" beteiligten Gruppenmitglieder gemeinsam als Urheber. Und da kann es schon mal Probleme geben, wenn sich die Frage stellt, wer welchen Anteil an den Honoraren der Nutzer und den Tantiemen der Verwertungsgesellschaften bekommen soll – besonders, wenn solche Gelder noch nach Auflösung der Gruppe fließen.

Damit dabei kein Streit entsteht, ist es wichtig, formlos oder im **Gesellschaftsvertrag** (siehe Seite 79) festzuhalten, wer welchen Anteil am Schaffensprozeß hat – und zwar mit genauen Prozentzahlen, weil sich danach dann die Verteilung der Honorare und Tantiemen richtet.

Problematisch kann eine gemeinsame Urheberschaft vor allem dann werden, wenn eine Gruppe sich zerstritten hat und nicht mehr miteinander redet. Kommt in dieser Situation ein anderes Theater und will die **Aufführungsrechte** für das gemeinsam entwickelte Stück erwerben, dann reicht es, wenn ein Gruppenmitglied sich stur stellt und nein sagt: Das Aufführungsrecht (und das entsprechende Honorar) ist erstmal blockiert.

Im Musikbereich kann das nicht passieren, wenn das Aufführungsrecht – wie üblich – der GEMA übertragen worden ist. Analog dazu können **Freie Theater** das Aufführungsrecht einem Verlag übertragen. Dann entscheidet dieser über die Erlaubnis zu weiteren Aufführungen, und das Stück kann nicht durch einen einzigen Quertreiber blockiert werden. Freilich: Umsonst tut der Verlag das nicht.

Anders liegen die Verhältnisse, wenn mit Hilfe eines urheberrechtlich geschützten Werkes ein neues geschaffen wird. Das ist z.B. der Fall bei **Übersetzungen** literarischer Werke oder bei der **Bearbeitung** von Musikwerken. Hierzu ist zunächst die Erlaubnis der Ursprungsautorin erforderlich. Ist sie erteilt, dann gelten für die deutsche Version eines englischen Romans sowohl die Autorin als auch der Übersetzer als Urheberinnen – und sind dementsprechend beide am Honorar und an den Tantiemen der VG Wort beteiligt. Bei bearbeiteten Musikwerken verweigert die GEMA eine Tantiemenbeteiligung des Bearbeiters allerdings (zu Recht) dann, wenn er keine Genehmigung der Komponistin des Originalwerkes vorweisen kann.

Mehrere Urheber gibt es auch bei **Fotografien von Kunstwerken.** Hier braucht die Fotografin zwar nicht in allen Fällen (z.B. nicht bei Kunstwerken im öffentlichen Raum) eine Erlaubnis des Künstlers; der Verlag aber, der das Foto in seinem Kunstkalender abdrucken will, muß auf jeden Fall doppelt zahlen: Die Fotografin bekommt ein Honorar für das Nutzungsrecht am Foto, die VG Bild-Kunst verlangt ein Honorar für die Reproduktion des *Kunstwerkes* (sofern der Künstler das Reproduktionsrecht an die VG Bild-Kunst übertragen hat).

Sonderfall Filmurheber 5.1.1.2.

Während bei einer gemeinsamen Urheberschaft im Prinzip alle Urheberinnen gleichberechtigt sind und nur gemeinsam über die Nutzung und Vermarktung ihres Werkes entscheiden können, gilt bei Filmen eine Sonderregelung. Hier hat der Produzent nach § 89 UrhG das alleinige und ausschließliche Recht, den fertigen Film auf alle bekannten Arten zu nutzen.

Nach § 90 braucht er auch nicht die Zustimmung der Filmurheber einzuholen, wenn er Nutzungsrechte am fertigen Film vergeben oder anderen übertragen will. Auch weitere Rechte der Beteiligten wie das Rückrufsrecht (siehe Seite 106 ff.) und der Bestsellerparagraph (siehe Seite 105) sind für die Urheber von Filmwerken außer Kraft gesetzt. Die Möglichkeit, daß ein einzelner Urheber die Vermarktung eines ganzes Filmes blockiert, ist damit gesetzlich ausgeschlossen.

Diese Beschränkung des Urheberrechts gilt jedoch *nicht* für die *Zweit*verwertungsrechte, die die Verwertungsgesellschaften im Namen der Urheber wahrnehmen – auch wenn die Produzentenverbände der Ansicht sind, diese Rechte (und die daraus fließenden Tantiemen) stünden den Produzenten zu. Genaueres dazu steht auf Seite 185.

Leistungsschutzberechtigte 5.1.2.

Wer ein geschütztes Werk zwar nicht *geschaffen* hat, aber das Violinsolo *vorträgt*, das Drama *aufführt* oder dabei mitwirkt, erbringt eine ähnlich geschützte Leistung: Niemand darf diese Darbietung ohne Einverständnis der ausübenden Künstlerin aufzeichnen, vervielfältigen, im Fernsehen, im Rundfunk oder auch nur per Lautsprecher übertragen. Jedes einzelne dieser Nutzungsrechte muß – hoffentlich gegen Honorar – erworben werden.

Im Alltag spielt das Leistungsschutzrecht vor allem dann eine Rolle, wenn ein Konzert mitgeschnitten oder eine Theateraufführung gefilmt werden soll. Solange es hier nicht um kurze Aufnahmeschnipsel für die aktuelle Berichterstattung geht, muß mit dem Ensemble nicht nur ein Honorar vereinbart, sondern auch präzise geklärt werden, zu welchen Zwecken die Aufnahme verwendet werden darf.

Damit nicht einzelne Ensemblemitglieder solche Aufnahmen verhindern können, genügt bei Chören, Orchestern, Ballett- und Theaterensembles die Einwilligung des gewählten Vorstandes der jeweiligen Truppe. Dirigenten, Solistinnen und Regisseure müssen in jedem Fall persönlich zustimmen.

Aufnahmen, die einmal „erschienen", also auf Platte oder Video im Handel sind, dürfen dann zwar ohne Zustimmung der Leistungsschutzberechtigten öffentlich gespielt oder im Rundfunk gesendet werden. Aber es wird dafür ein Honorar fällig, das in Deutschland die GVL (siehe Seite 116) eintreibt.

Das Leistungsschutzrecht gilt auch für Fotos, die keine „Lichtbild*werke*" sind. Selbst Urlaubsfotos sind also 50 Jahre geschützt. Hat sie ein Fotograf *gestaltet*, so gilt das Urheberrecht, das erst 70 Jahre nach seinem Tod erlischt.

5.1.3. Nutzungsrechte

Grundsätzlich darf nur der Urheber selbst sein Werk vervielfältigen, verbreiten, ausstellen oder öffentlich wiedergeben. Dieses Recht kann er jedoch anderen überlassen. Genau das ist gemeint, wenn die Autorin stolz berichtet, sie habe ein Manuskript „verkauft". Der Jurist würde sagen: Sie hat dem Verlag „Nutzungsrechte eingeräumt", und tatsächlich unterscheidet sich der Manuskript"verkauf" grundlegend vom Verkauf etwa eines Autos. Denn während der Autoverkäufer mit dem Erhalt der Kaufsumme sämtliche Rechte an seinem alten Wagen verliert, behält bei einem Urheberrechtsvertrag die Autorin *alle* Rechte, die sie dem Verlag oder Sender nicht ausdrücklich eingeräumt hat. Wer das Original eines Kunstwerkes kauft, hat damit noch (so gut wie) keine Nutzungsrechte erworben.

5.1.3.1. Einräumung von Nutzungsrechten

Da urheberrechtlich geschützte Werke auf verschiedene Arten genutzt werden können – ein Bild kann ausgestellt, vervielfältigt, gedruckt oder weiterverkauft werden, ein Hörspiel kann gedruckt, übersetzt, aufgeführt oder gesendet werden -, muß im Urheberrechtsvertrag also konkret geklärt werden, welches Nutzungsrecht eingeräumt wird.

Insbesondere bei Büchern und Schallplatten kommen da sehr viele Rechte in Frage, bei Büchern z.B. das Recht auf Vorabdruck, auf Verfilmung, auf Übersetzung, auf Herstellung einer Taschenbuchausgabe, auf Herstellung einer Hörspielversion, auf Aufnahme in eine elektronische Datenbank usw. usf. Geklärt werden muß zudem, ob der Verlag diese Rechte auch anderen einräumen darf und in welchem Verhältnis die Autorin jeweils am Erlös zu beteiligen ist.

Streitigkeiten über den Umfang der eingeräumten Rechte entstehen bei Buch- und Plattenverträgen allerdings selten, da diese in der Regel auf mehreren Druckseiten sämtliche Details regeln. Schwieriger wird es, wenn in sehr kurzen oder sogar nur mündlich abgeschlossenen Verträgen die eingeräumten Rechte nicht präzise benannt wurden. Dann gilt, daß nur jeweils die Nutzungsrechte eingeräumt wurden, die zur Erreichung des Vertragszwecks erforderlich sind.

Wer also zum Beispiel mit einer Galerie eine **Ausstellung** vereinbart, räumt ihr damit im Zweifel das Recht ein, eines der ausgestellten Werke auf einer Einladungskarte zu vervielfältigen. Das Recht aber, Postkarten von den Werken herzustellen und zu verkaufen, muß ausdrücklich vereinbart werden.

Wer einer **Zeitung** ohne weitere Abmachungen einen Artikel „verkauft", räumt ihr damit das Recht ein, ihn einmal abzudrucken und eventuell (siehe Seite 109) in ihrer Online-Ausgabe zu verbreiten – nicht aber das Recht, ihn an eine andere Zeitung oder einen Rundfunksender weiterzuverkaufen.

Wer ein **Gastspiel** vereinbart, erlaubt dem Veranstalter damit noch längst nicht, die Aufführung oder das Konzert auf Tonband oder Video mitzuschneiden, und schon gar nicht, solche Bänder zu vervielfältigen und zu verkaufen.

Übertragung von Nutzungsrechten 5.1.3.2.

Zu klären ist weiter, ob der Vertragspartner die eingeräumten Nutzungsrechte auch ohne Zustimmung des Autors an Dritte übertragen darf. Was bei Verlagsverträgen im Theater- und Musikbereich sinnvoll und üblich ist. Buchverträge sehen dagegen in der Regel nur die Übertragbarkeit von *Neben*rechten vor – sonst könnte die Erstausgabe des Buches in einem beliebigen anderen Verlag erscheinen!

Der Vertragspartner fungiert in diesem Fall als eine Art Makler: Er darf anderen Nutzungsrechte am Werk einräumen und bekommt dafür einen Teil der Erlöse. Ein deutscher Buchverlag wird kaum das Übersetzungsrecht an einem deutschen Roman für sich selbst haben wollen – er läßt sich aber gern das Recht einräumen, dieses Recht Dritten einräumen zu dürfen.

Ähnliches geschieht, wenn ein Komponist sein neues Stück bei der GEMA anmeldet: Er überträgt ihr damit das Recht, anderen das Aufführungsrecht an dieser Komposition einzuräumen – ohne daß er dabei noch mitzureden hätte.

Für die Urheberin bedeutet ein solcher Vertrag in der Regel, daß ihr Werk erheblich breiter vermarktet werden kann, als sie selbst das organisieren könnte – und daß sie selbst mit dem ganzen Vertragskram nichts mehr zu tun hat. Sie muß lediglich darauf achten, daß sie an den Erlösen vernünftig beteiligt wird (siehe Seite 162). Allerdings bedeutet es auch, daß sie keinerlei Kontrolle mehr hat: Daß Buchverlage Nebenrechte verwerten, ohne die Autorin zu informieren und vertragsgemäß zu honorieren, geschieht leider nicht selten.

Einfache und ausschließliche Nutzungsrechte 5.1.3.3.

Schließlich muß im Vertrag vereinbart werden, ob der Erwerber die jeweiligen Nutzungsrechte „exklusiv“ haben will oder ob er einverstanden ist, daß dieselben Nutzungsrechte zeitgleich auch anderen eingeräumt werden. Das Urheberrecht spricht von einem ausschließlichen bzw. einem einfachen Nutzungsrecht.

Weil ausschließliche Nutzungsrechte teuer sind, werden sie in der Praxis häufig modifiziert, das heißt sie werden auf einen bestimmten Zeitraum und einen bestimmten räumlichen Bereich beschränkt. In Buch- und Plattenverträgen wird der Umfang der Rechte meist seitenlang und detailliert festgehalten; für mündliche Verträge hat das Urheberrechtsgesetz einige Regeln festgelegt, die immer dann gelten, wenn vertraglich nichts oder nichts anderes vereinbart wurde (siehe übernächsten Abschnitt).

Mehrfachnutzungen 5.1.4.

Angesichts der schlechten Honorarsituation können Freie im Kunst- und Medienbereich häufig nur überleben, wenn sie ihre Werke mehrfach „verkaufen“. Ob und in welchem Umfang das möglich ist, hängt von der Art und der Ausschließlichkeit der eingeräumten Nutzungsrechte ab.

Wo es darüber keinen detaillierten Vertrag gibt, wird der Umfang der Rechte bei Zeitungen und Rundfunkanstalten häufig durch „Allgemeine Honorarbedingungen“ festgelegt (siehe Seite 135) und manchmal durch einen Tarifvertrag. Ist auch das nicht der Fall, so gelten die folgenden Bestimmungen des Urheberrechts- bzw. des Verlagsgesetzes.

5.1.4.1. Gesetzliche Bestimmungen

Wo konkrete Vereinbarungen fehlen, werden die eingeräumten Nutzungsrechte vom Gesetz sehr konkret bestimmt:

- Wer einer **Zeitung** einen Beitrag anbietet, räumt ihr damit – soweit nicht ausdrücklich anders vereinbart – ein einfaches Nutzungsrecht ein (§ 38,3 UrhG). Wird ein ausschließliches Nutzungsrecht vereinbart, so gilt dies bei Zeitungen ohne besondere Abmachung nur bis zum Tage der Veröffentlichung. Der Beitrag ist also auch dann *sofort nach Erscheinen* frei zur Veröffentlichung in wortgleicher Fassung in jedem anderen Medium. Ein modifiziertes ausschließliches Nutzungsrecht sieht der Tarifvertrag für arbeitnehmerähnliche Freie an Tageszeitungen (siehe Seite 142) vor.
- Wer einer **Zeitschrift** einen Beitrag anbietet, räumt ihr damit im Zweifel ein ausschließliches Nutzungsrecht ein, das – im Gegensatz zur Zeitungsregelung – erst ein Jahr nach Veröffentlichung erlischt (§ 38,1 UrhG). Vorher darf der Beitrag somit keinem anderen Printmedium angeboten werden. Wer einen Zeitschriftenbeitrag vorher noch anderweitig anbieten will, darf also ausdrücklich nur ein einfaches Nutzungsrecht vereinbaren. (Wo die Grenze zwischen Zeitung und Zeitschrift zu ziehen ist, richtet sich nach Selbsteinschätzung, Inhalt und Aufmachung: Wer sich selbst „Wochenzeitung“ nennt wie die ZEIT oder der Rheinische Merkur, ist auch als Zeitung zu behandeln.)
- Sind bei **Büchern** die Nutzungsrechte nicht präzise in einem Verlagsvertrag fixiert, so gilt ein ausschließliches Nutzungsrecht, *beschränkt auf eine Auflage,* als vereinbart (§§ 1 und 2 Verlagsgesetz).
- Wer ein Werk der **bildenden Kunst** verkauft, räumt dem Käufer damit im Zweifel lediglich das Ausstellungsrecht ein (§ 44 UrhG). Alle weiteren Rechte wie das Vervielfältigungs- und Verbreitungsrecht bleiben bei der Künstlerin; sie kann sie sogar ohne Genehmigung des Besitzers des Originals an Dritte veräußern.
- Wer ein Werk der **bildenden Kunst** versteigert oder für eine öffentliche (Wechsel-)Ausstellung ausleiht, hat damit das Recht, es in einem Katalog abzubilden (§ 58 UrhG). Diese Nutzung wird jedoch honorarpflichtig, sobald der Katalog über den Buchhandel vertrieben wird.

In allen anderen Bereichen gibt es so konkrete gesetzliche Regelungen nicht. Ist bei **Rundfunk- und Fernsehunternehmen** nichts anderes vereinbart, so gelten die jeweiligen Allgemeinen Honorarbedingungen. Die fordern in der Regel alle Rechte für immer und überall, also ein *„ausschließliches, räumlich, inhaltlich und zeitlich unbegrenztes Nutzungsrecht“*, das sie im Sinne eines „Total Buy-out“ am liebsten mit nur einem einzigen Pauschalhonorar (also ohne Anspruch auf Wiederholungshonorar) abgelten möchten. Dem Beispiel von NDR, SDR, SWF und WDR, die die Nutzungsrechte zumindest in ein paar Fällen tarifvertraglich auf drei bzw. fünf Jahre begrenzt haben, sind leider keine weiteren Anstalten gefolgt.

Sind auch Allgemeine Honorarbedingungen nicht vorhanden, so sind konkrete und präzise Vereinbarungen über die eingeräumten Nutzungsrechte unumgänglich. Zwar bestimmt § 31, Abs. 5 UrhG für den Notfall: *„Der Umfang des Nutzungsrechts bestimmt sich nach dem mit seiner Einräumung verfolgten Zweck“*, aber was damit konkret gemeint ist, darüber kann man im Nachhinein lange streiten.

Mehrfachverwertung und Konkurrenzausschluß 5.1.4.2.

Für freie Journalistinnen und Journalisten ist es eine Überlebensnotwendigkeit, einmal recherchierte Beiträge mehrfach zu verwursten. Ob, wie und wie oft man das darf, ergibt sich entweder aus dem Vertrag oder – wo eine vertragliche Regelung fehlt – ausnahmsweise mal präzise aus dem Gesetz:

Hat die Journalistin einem Verlag nur ein einfaches Nutzungsrecht eingeräumt, so darf sie denselben Artikel wortgleich und am gleichen Tag (oder noch früher) beliebig vielen anderen Medien zur Veröffentlichung anbieten, theoretisch sogar dem direkten Konkurrenzblatt am Ort. Will der Verlag verhindern, daß der Beitrag innerhalb einer zu vereinbarenden Frist auch von anderen Printmedien publiziert wird, so muß er ein ausschließliches Nutzungsrecht erwerben (und ein entsprechend höheres Honorar bezahlen).

Die verbreitete Praxis freier Journalisten, Artikel „ein bißchen umzuschreiben“, bevor sie sie einem anderen Medium anbieten, geht also völlig an der Rechtslage vorbei: Wer ein einfaches Nutzungsrecht eingeräumt hat, *braucht* den Artikel nicht umzuschreiben. Wer ein ausschließliches Nutzungsrecht eingeräumt hat, *darf* den Artikel innerhalb der jeweiligen Frist auch in „umgeschriebener“ Version nicht anderweitig anbieten. Hier gilt analog, was auf Seite 102 zum „Abkupfern“ gesagt wird: Erlaubt ist lediglich, aus den recherchierten Fakten einen völlig neuen Artikel zu schreiben.

Ausgeschlossen ist auch das, wenn mit einem Verlag oder Sender **Exklusivität** vereinbart wurde. Darunter wird gemeinhin verstanden, daß nicht nur die „persönliche geistige Schöpfung“, sondern auch deren Faktengehalt, das Rechercheergebnis, allein diesem Medium zur Nutzung überlassen wird – gegen einen entsprechenden Honoraraufschlag, versteht sich.

Eine weitere Form der Beschränkung ist der **Konkurrenzausschluß,** der oft in Verträgen mit „festen“ freien Mitarbeitern vereinbart wird und diesen die Arbeit für Konkurrenzorgane verbietet. Auch darauf sollte man nur gegen ein erhöhtes Honorar eingehen. Was unter Konkurrenzorganen zu verstehen ist, muß im Vertrag jeweils präzise formuliert werden.

Eine andere Form von Konkurrenzausschluß drücken einige Buchverlage ihren Autoren auf: Wer bei ihnen ein **Sachbuch** veröffentlicht, darf zum gleichen Thema bei keinem anderen Verlag mehr publizieren, solange dieses Buch auf dem Markt ist. Für eine Autorin, die auf wenige Themen spezialisiert ist, kann eine solche Klausel fast die Wirkung eines Berufsverbots bekommen.

Die Möglichkeit der Mehrfachverwertung in anderen Berufen richtet sich nach entsprechenden Regeln, etwa dem Grad der vereinbarten Exklusivität in **Plattenverträgen** (siehe Seite 180) oder dem Umfang des Gebietsschutzes in einem **Galerievertrag** (siehe Seite 166).

Theatergruppen werden mit der Frage der Mehrfachverwertung von der anderen Seite konfrontiert: Um zu verhindern, daß zwei Theater am selben Ort dasselbe Stück spielen, werden Aufführungsrechte in der Regel ausschließlich vergeben – aber nur für den Standort des Theaters. Will die Theatergruppe auf Tournee gehen, muß sie sich jeden Auftritt außerhalb ihres Stammsitzes vom Theaterverlag einzeln genehmigen lassen.

5.1.4.3. Fingerspitzengefühl geht vor Rechtslage

Ob sich aus der Mehrfachverwertung Probleme ergeben, hängt in der Praxis jedoch mehr vom Fingerspitzengefühl als von der Rechtslage ab: Kaum eine ARD-Redaktion dürfte Schwierigkeiten machen (es sei denn, sie braucht einen Vorwand), wenn eine Freie ihren Rundfunkbeitrag auch einem anderen Sender anbietet, dessen Sendegebiet sich mit ersterem nicht überschneidet – obwohl sie das eigentlich nicht darf. Umgekehrt würde die Redaktion der Stuttgarter Zeitung sicher sauer reagieren, wenn sie einen Beitrag eines Freien ins Blatt nimmt, den am gleichen Tag auch die Stuttgarter Nachrichten veröffentlichen – obwohl er diesen Beitrag beiden zur einfachen Nutzung anbieten darf.

Da nützt es dem Freien wenig, wenn er – wie hier – im Recht ist: Er wird in der Regel nicht mit einer Zivilklage, sondern mit Auftragsentzug bestraft. Vermeiden kann solche Probleme auf Dauer nur, wer mit offenen Karten spielt: Weiß die Redaktion, daß der angebotene Beitrag schon anderswo erschienen ist, so kann sie selbst entscheiden und hat keinen Grund, nachträglich sauer zu werden. Und kaum eine Redakteurin wird etwas dagegen haben, daß man den in ihrem Blatt erschienenen Artikel später noch anderweitig anbietet – wenn man sie danach fragt.

5.1.4.4. Nachdruckrechte

Zu den schönen Momenten im Leben von freien Journalisten gehört es, wenn kurz nach dem Frühstück das Telefon klingelt und eine Redaktion dran ist, die gern einen bereits anderswo veröffentlichten Beitrag übernehmen möchte. Ob man ihr das einfach erlauben darf, hängt wiederum vom Nutzungsrecht ab:

- Ist der Originalbeitrag aufgrund eines einfachen Nutzungsrechts erschienen, so sagt der erfreute Freie einfach ja und nennt seine Honorarvorstellungen. Untergrenze: siehe Tarifvertrag unter Zweitdruckrecht (Seite 143).
- Ist der Originalbeitrag dagegen aufgrund eines ausschließlichen Nutzungsrechts erschienen, das noch nicht erloschen ist, so muß die Autorin den Nachdruckwilligen leider an den Verlag verweisen. Dieser darf das Nachdruckrecht jedoch nur mit ihrer Zustimmung einräumen, und diese Zustimmung kann sie von einem adäquaten Honorar abhängig machen.
- Noch komplizierter wird es bei einem **Rundfunkbeitrag:** Über ihre Allgemeinen Honorarbedingungen oder Tarifverträge erwirbt die Rundfunkanstalt nämlich in der Regel das Recht, die Nutzungsrechte „ganz oder teilweise auf Dritte zu übertragen“. In diesem Fall hat der Freie gar nichts mehr zu sagen. Ob er ein Honorar bekommt, hängt wieder von den Honorarbedingungen ab: Einzelne Privatsender schließen für diesen Fall einen Honoraranspruch ausdrücklich aus; bei öffentlich-rechtlichen Anstalten besteht ein Anspruch auf **Übernahmevergütung** (bei Übernahme durch einen anderen Sender) bzw. **Erlösbeteiligung** (bei nicht rundfunkmäßiger Nutzung) fast nur noch bei größeren Beiträgen.
- Handelt es sich schließlich um einen **Buchbeitrag,** so führt kein Weg daran vorbei, nochmal im Verlagsvertrag nachzuschauen, welche Rechte man dem Verlag genau eingeräumt hat, und analog dem bisher Gesagten zu entscheiden.

Erlaubt ist leider auch, daß einige Verlage sich Nachdruckgenehmigungen pauschal in ihren „Allgemeinen Honorarbedingungen“ geben lassen. Wenn dort steht, daß jeder einmal honorierte Beitrag honorarfrei auch in sämtlichen anderen Zeitungen des Konzerns nachgedruckt und auf seine Internetseiten gestellt werden darf, brauchen sie gar nicht mehr zu fragen. Durch eigene Geschäftsbedingungen (siehe Seite 141) lassen sich solche Bestimmungen außer Kraft setzen.

Grenzen und Verletzungen des Urheberrechts 5.1.5.

Leider werden Freie im Alltag häufiger mit dem weniger angenehmen Fall konfrontiert, daß sie in einem fremden Hit plötzlich eine ihrer Kompositionen wiedererkennen, ihren Artikel in einer ihnen fremden Zeitung oder ihre Zeichnungen im Postkartenständer eines Kunstladens wiederfinden.

Wird ein Werk ohne die Genehmigung des Urhebers genutzt, so handelt es sich in der Regel – aber nicht immer – um unerlaubte Nutzungen, die zusätzlich zum Honorar einen Anspruch auf Schadenersatz auslösen können.

5.1.5.1. Was ist geschützt?

Das Urheberrechtsgesetz beschränkt seinen Schutz auf Werke, die „persönliche geistige Schöpfungen“ sind.

Diese Einschränkung ist wichtig. „Schöpferische“ Tätigkeit nämlich setzt nach dem Verständnis von Juristen erst in dem Augenblick ein, in dem die Fotografin die Kamera zückt, der Maler zum Pinsel oder die Autorin in die Tasten greift und Sachverhalte oder Selbsterfundenes in *eigene* Worte oder Bilder faßt.

- Nicht geschützt ist die **Idee** für ein Bild, für ein Buch, für einen Film. Sowas kommt vor: Ein Fotograf unterbreitet einem Verlag eine Idee für einen Bildband, wird abgewimmelt und findet das entsprechende Buch Monate später in der Buchhandlung – verlegt von eben diesem Verlag, aber realisiert mit einem anderen Fotografen. Da ist er reingelegt worden. Aber leider völlig legal – zumindest was das Urheberrecht betrifft. Einen Musterprozeß wegen Verstoßes gegen das *Wettbewerbs*recht würde die IG Medien in einem solchen Fall gern einmal führen – Anregungen sind erwünscht!
- Nicht geschützt ist der **Tatsachengehalt** eines Werkes – mit wieviel Einfallsreichtum auch immer er zutage gefördert wurde. Auch das kommt vor: Eine freie Autorin teilt einer Illustrierten zur Veranschaulichung eines Themenangebotes das Ergebnis einer eigenen Recherche mit, holt sich eine Absage und findet den aufwendig recherchierten Sachverhalt wenig später unter anderem Namen im selben Blatt wieder. Auch dagegen ist – Vertrauensbruch hin, Raubrittertum her – *urheberrechtlich* leider nichts einzuwenden.
- Nicht geschützt ist die **Darstellungsweise** – jedenfalls nicht für sich allein. Der Maler, der einen erfolgreichen neuen Stil kreiert, muß damit leben, daß Dutzende von Epigonen ihn nachahmen.

„Kupfert“ dagegen ein Autor den Artikel eines Kollegen ab – übernimmt er also mit den Fakten auch den gedanklichen Aufbau, prägnante Formulierungen, einprägsame Vergleiche, einleitende Assoziationen, oder schreibt er gleich ganze Passagen wörtlich ab, so muß er sich auf eine Schadenersatzklage einstellen, die ihn das gesamte Honorar kosten kann – plus saftige Prozeßkosten.

Geschützt ist also das *Produkt* schöpferischer Tätigkeit. Aber nicht alles, was Künstler und Publizistinnen tun, gilt als schöpferische Tätigkeit. Die Redakteurin, die bei einem Stadtmagazin den Terminkalender zusammenstellt, hat damit kein geschütztes Werk geschaffen. Verzichtet sie darin auf jegliche Kommentierung und eigene Formulierungen, so handelt es sich lediglich um eine Zusammenstellung von Fakten, die das Konkurrenzblatt ungestraft abschreiben darf.

Unerlaubte Nutzungen und Plagiate

5.1.5.2.

Handelt es sich um ein geschütztes Werk, so erlaubt das Gesetz die Nutzung und Veränderung ohne Zustimmung des Urhebers nur in wenigen Ausnahmefällen, etwa beim Abdruck in Schulbüchern oder Pressespiegeln, der gleichwohl honorarpflichtig bleibt. Als Grundsatz aber gilt: Wer das Werk eines anderen unbefugt nutzt, riskiert Schadenersatzforderungen, Geldstrafen und im Extremfall sogar bis zu drei Jahre Gefängnis.

Daß selbst renommierte Verlage das trotzdem tun, davon können vor allem Karikaturisten ein Lied singen. Da wird geklaut, als hätte man das Wort Urheberrecht noch nie gehört. In solchen Fällen ist der Urheber rechtlich in einer sehr starken Stellung: Er hat das Recht auf Vernichtung oder Herausgabe des rechtswidrig vervielfältigten Werkes. In der Praxis reicht es jedoch meist, das übliche Honorar mit entsprechenden Aufschlägen (siehe Seite 138) zu verlangen und, nachdem der gewerkschaftliche Rechtsschutz geklärt ist, notfalls einzuklagen.

Das gleiche gilt für „gekupferte" Artikel und **Plagiate:** Die geistig beklaute Autorin hat Anspruch auf Schadenersatz in Höhe des „entgangenen Gewinns", also des – eventuell anteiligen – Honorars, sowie etwaiger „Verwaltungskosten" (sofern sie nachweisbar sind). Der Klauer muß zudem mit einem Strafverfahren rechnen.

Verletzungen des Urheberrechts beginnen aber schon weit vor dem Klau ganzer Werke. Weil auch unter Künstlern und Publizistinnen oft merkwürdige Vorstellungen herrschen, seien folgende Punkte noch einmal ausdrücklich hervorgehoben:

- Das **Zitieren** aus anderen Werken ist in aller Regel nur erlaubnisfrei, wenn es sich um ein kurzes Zitat handelt, das für den eigenen Argumentationsgang erforderlich ist. Wer seinem Essay ein „dekoratives Zitat" voranstellen oder in seine Reportage ein Gedicht einbauen will, braucht dazu die Einwilligung der Autorin.
- Auch sogenannte **Dokumentationen** unterliegen diesen Regeln: Dem Gerücht zum Trotz, das sich unter Amateurverlegern hartnäckig hält, ersetzt die Überschrift „Dokumentation" über einem fremden Artikel oder die Quellenangabe darunter weder die Zustimmung des Autors (bzw. der Inhaberin der Nutzungsrechte) noch dessen Honorar.
- Die **Bearbeitung** eines fremden Werkes ist ebenfalls nur mit Zustimmung des Autors bzw. – da es hier oft um Musik geht – der Komponistin erlaubt. Eine Ausnahme gilt nur für die „freie Benutzung", bei der das ursprüngliche Werk lediglich als Inspiration für eine neue Schöpfung dient.
- Verboten ist auch das **Kopieren von Noten und kompletten Büchern,** sofern sie nicht seit mindestens zwei Jahren vergriffen sind. Das gilt auch für Kopien, die nur zum privaten Gebrauch oder für Unterrichtszwecke dienen!
- Verboten ist schließlich die **Veränderung** eines Werkes ohne Zustimmung der Autorin, also auch das „Umschreiben" von Artikeln freier

Journalisten, sofern es über die redaktionsübliche Bearbeitung hinausgeht: In vielen Redaktionen wird das Urheberrecht längst gewohnheitsmäßig gebrochen! Gerichte sehen das keineswegs als Kavaliersdelikt an: Der Kölner Stadtanzeiger wurde 1998 zu 10.000 DM Schmerzensgeld verurteilt, weil er einen Text von zwei freien Autoren durch massive Eingriffe in seiner Aussage verändert hatte (bei Redaktionsschluß noch nicht rechtskräftig). Ein Künstler, dessen Werk in einem Katalog bewußt in falschen Farben gedruckt wurde, bekam 4.500 DM zugesprochen.

All diese Regeln gelten nicht für Werke, deren Urheberrecht abgelaufen ist (siehe Seite 93).

Eine unerlaubte Nutzung kann schließlich schon vorliegen, wenn ein Werk ohne **Namensnennung** der Urheberin genutzt wird. Ist der Verzicht auf die Namensnennung nicht ausdrücklich vereinbart (und zusätzlich honoriert), so kann die anonyme Veröffentlichung eine Schadenersatzforderung z.B. „wegen entgangener Werbewirkung" nach sich ziehen (siehe Seite 139).

5.1.5.3. Was du nicht willst, das man dir tu ...

Eine Anmerkung sei noch erlaubt. Künstler und Publizistinnen, deren Lebensunterhalt von der Einhaltung der Urheberrechtsbestimmungen abhängt, sollten eigentlich peinlich genau darauf achten, daß sie nicht selbst die Rechte anderer verletzen.

Leider tun sie das nicht immer. Wer auf seinem Computer mit einem bei einer Kollegin kopierten Textverarbeitungsprogramm schreibt, wer sein Alternativblatt mit Karikaturen schmückt, die er irgendwo anders ausgeschnitten hat, wer die GEMA- Anmeldung für die eigene Veranstaltung unterläßt und komplette Bücher durch den Fotokopierer jagt, weil das billiger ist als der Kauf im Buchladen, der sollte sich klarmachen, daß er damit irgendeinem Kollegen oder einer Kollegin Geld klaut. Und darf eigentlich nicht erwarten, daß andere es ihm gegenüber mit dem Urheberrecht immer so genau nehmen.

Nehmt lieber eure Auftraggeber aus, dagegen ist nichts einzuwenden. Aber nicht die eigenen Kolleginnen und Kollegen.

5.1.6. Besondere Schutzrechte

Um zu verhindern, daß Künstlerinnen und Künstler von ihren in der Regel wirtschaftlich stärkeren Vertragspartnern über den Tisch gezogen werden, sieht das Urheberrecht eine Reihe von besonderen Schutzrechten vor.

Grundsätzlich ist das Recht des Urhebers nicht übertragbar. Eine Vertragsbestimmung, mit der er „alle Rechte" einem anderen vermacht, ist unwirksam. Übertragen kann man nur *einzelne* Rechte zur Nutzung eines

Werkes. Und das muß laut Gesetz *ausdrücklich* geschehen. Eine **stillschweigende Übertragung von Urheberrechten** gibt es nicht. Ebensowenig eine stillschweigende Einräumung von Nutzungsrechten. Es sei denn, sie dienen unmittelbar dem Zweck des abgeschlossenen Vertrages (siehe Seite 96).

Des weiteren muß jeder, der ein geschütztes Werk nutzen will, sich *selbst* vergewissern, daß er über die entsprechenden Rechte verfügt. Ein Verlag, der in einem Sammelwerk unerlaubt einen Essay abdruckt, kann sich also nicht damit herausreden, er sei davon ausgegangen, daß der Herausgeber sich um die Rechte gekümmert habe. Auch die bei Zeitungsverlagen so beliebte Ausrede „Wir haben das Foto von demunddem bekommen und dachten, der Abdruck sei honorarfrei" zieht nicht: Fotos sind in aller Regel geschützte Werke, ihr Abdruck ist in aller Regel honorarpflichtig. Wer ein Foto honorarfrei abdrucken will, darf nicht nur denken, sondern muß sich *vergewissern,* daß er das tatsächlich darf.

Dennoch sind solche Streitfälle ebenso häufig wie ärgerlich. Fotografen sollten sie selbst vermeiden, indem sie kein Foto ohne Copyright-Stempel (siehe Seite 141) aus dem Haus geben bzw. sich PR-Fotos, die als Pressematerial verwendet werden sollen, von vornherein höher vergüten lassen.

Folgerecht (bildende Kunst) 5.1.6.1.

Um zu verhindern, daß an der Wertsteigerung von Werken der bildenden Kunst allein professionelle Händler und Spekulanten verdienen, bestimmt § 26 UrhG, daß die Künstlerin an jedem Weiterverkauf ihrer Werke über den Kunsthandel mit 5 % des Kaufpreises zu beteiligen ist. Die Erlöse aus diesem „Folgerecht" werden von der VG Bild-Kunst eingezogen und an die Künstlerin weitergegeben.

Das Folgerecht gilt also für jeden Weiterverkauf, an dem eine Galerie, ein Kunsthändler oder ein Auktionshaus beteiligt ist. Es gilt nicht für den *ersten* Verkauf (da fließt der Erlös der Künstlerin direkt zu), nicht für Weiterverkäufe von Privat an Privat und nicht, wenn der Kaufpreis weniger als 100 Mark beträgt. Durch EU-Recht wird es hier demnächst etwas niedrigere Sätze geben, die dann aber EU-weit gültig sind.

Auf das Folgerecht kann die Künstlerin nicht von vornherein verzichten (siehe Seite 108).

Bestsellerparagraph 5.1.6.2.

Eine weitere Schutzbestimmung soll verhindern, daß Urheber bei einem *unerwartet* hohen Verkaufserfolg vom Gewinn ausgeschlossen bleiben. Ergibt sich im Verlauf der Vermarktung, daß das vereinbarte Honorar *„in einem groben Mißverhältnis zu den Erträgnissen aus der Nutzung des Werkes"* steht, so bestimmt § 36 UrhG, daß der Vermarkter auf Verlangen des Urhebers den Vertrag so ändern *muß,* daß der Urheber eine „den Umständen angemessene Beteiligung" bekommt.

In der Praxis findet diese Bestimmung vor allem bei Büchern Anwendung und heißt deshalb „Bestsellerparagraph". Hat also ein Verlag mit einer Übersetzerin ein auflagenunabhängiges Pauschalhonorar vereinbart, wie das immer noch bei vielen Übersetzungsverträge der Fall ist, und wird das Buch *unerwartet* gut verkauft, so kann die Übersetzerin eine neue Honorarvereinbarung verlangen.

Ein „grobes Mißverhältnis" ist dann gegeben, wenn – als Faustregel – das vereinbarte Honorar weniger als $^7/_{12}$ eines „angemessenen" Honorars beträgt. Als angemessen gelten zum Beispiel die von der Mittelstandsgemeinschaft Literarische Übersetzerinnen und Übersetzer empfohlenen Honorare (siehe Seite 162). Diese Empfehlungen können auch als Maßstab für eine eventuelle Neufestsetzung des Honorars herangezogen werden.

Bei normalen *Autoren*verträgen dürfte dieser Paragraph kaum Anwendung finden, da das Honorar hier üblicherweise als prozentualer Anteil an der verkauften Auflage vereinbart wird und damit eine „angemessene Beteiligung" am Verkaufserfolg in der Regel sichergestellt ist.

Denkbar ist die Anwendung aber auch in anderen Kunstgattungen, nämlich überall dort, wo Nutzungsrechte gegen ein geringes (meist pauschales) Honorar eingeräumt wurden. Einzige Ausnahme ist der Film, für den § 90 UrhG die Anwendung des Bestsellerparagraphen ausdrücklich ausschließt.

Auch auf diesen Anspruch kann die Urheberin nicht von vornherein verzichten (siehe Seite 108).

5.1.6.3. Rückrufs- und Rücktrittsrecht

Zwei weitere Bestimmungen sollen verhindern, daß die Verwertung von Urheberrechten von unfähigen oder übelwollenden Vermarktern blokkiert wird. Auch sie gelten für sämtliche Kunstgattungen mit Ausnahme des Films, finden in der Praxis aber vor allem im Bereich der **Literatur** Anwendung.

Zwei Fälle sind zu unterscheiden: Hat ein Verlag Nutzungsrechte an einem Manuskript erworben, verlegt es aber nicht, unterläßt jegliche Werbung für das Buch oder stellt den Vertrieb ein, so kann der Autor nach § 41 UrhG die Rechte an seinem Werk „zurückrufen" und sie einem anderen Verlag übertragen. Möglich ist das frühestens zwei Jahre nach Vertragsabschluß bzw. nach Manuskriptablieferung; vorher muß dem Verlag eine „angemessene Nachfrist" (bei Büchern 3 – 6 Monate) gesetzt werden.

Dieses **Rückrufsrecht** kommt in der Praxis vor allem für **Nebenrechte** in Frage, da sich Verlage oft „vorsichtshalber" alle möglichen Nebenrechte einräumen lassen, an deren Verwertung sie gar nicht ernsthaft denken.

Ein **Rück*tritts*recht** sieht § 17 Verlagsgesetz für den Fall vor, daß die letzte Auflage eines Buches vergriffen ist und der Verlag keine Anstalten zu einer neuen Auflage macht. In diesem Fall kann die Autorin vom Verlag die „Veranstaltung einer Neuauflage" innerhalb einer angemessenen Frist verlangen. Lehnt der Verlag das ab oder „veranstaltet" er die Neuauflage nicht innerhalb der Frist, so kann sie Autorin vom gesamten Vertrag zurücktreten und die Rechte an ihrem Werk einem anderen Verlag übertragen.

Dieses Rücktrittsrecht ist besonders bei **Übersetzungen** interessant, für die ein auflagenunabhängiges Pauschalhonorar vereinbart wurde. Wenn es nämlich nach dem Rücktritt vom Vertrag doch noch zu einer Neuauflage (im gleichen oder einem anderen Verlag) kommt, so wird ein neues Honorar fällig – und es besteht zudem die Möglichkeit, die Übersetzung für die Neuauflage zu aktualisieren und zu überarbeiten.

Auch Nutzungsrechte für **journalistische Beiträge** können zurückgerufen werden, wenn der Verlag oder Sender den Beitrag nicht veröffentlicht. Nach § 41 UrhG ist dies möglich, wenn seit Manuskriptablieferung bei

- Zeitungen drei Monate,
- Wochen- und Monatszeitschriften sechs Monate,
- seltener erscheinenden Zeitschriften zwölf Monate

vergangen sind. Auch hier muß vorher eine „angemessene Nachfrist" gesetzt werden.

Bei einem Rückruf der Nutzungsrechte muß der Urheber den Nicht-Nutzer entschädigen, d.h. theoretisch einen Teil des Honorars zurückzahlen, „wenn und soweit es der Billigkeit entspricht". In der Praxis sind solche Fälle aber nicht nur unbekannt, sondern auch kaum vorstellbar, da der Verlag genug Zeit hatte, die ihm eingeräumten Rechte auszunutzen. „Der Billigkeit" entspricht es ja auch nicht, in der Kneipe Geld für ein nicht ausgetrunkenes Bier zurückzuverlangen.

Wegen der einzuhaltenden Fristen und Formalitäten empfiehlt sich im konkreten Fall eine Rechtsberatung bei der IG Medien, die für alle Mitglieder kostenlos ist.

Rückrufsrecht wegen gewandelter Überzeugung 5.1.6.4.

Ein Rückruf übertragener Nutzungsrechte ist auch möglich, wenn eine Autorin ihre „Überzeugung gewandelt" hat, so daß ihr der Verkauf ihres Buches nicht mehr zugemutet werden kann.

Das allerdings kann teuer werden. In diesem Fall nämlich *muß* die Autorin dem Verlag alle Aufwendungen ersetzen, die er bereits getätigt hat und aus denen er nun keinen Gewinn mehr ziehen kann. Also *nicht* die Kosten für bereits verkaufte Auflagen, wohl aber die Herstellungskosten einer aktuellen Auflage, die wegen des Rückrufs nicht mehr verkauft werden kann.

Für Filmwerke schließt § 90 UrhG den Rückruf wegen gewandelter Überzeugung aus.

Options- und Knebelverträge 5.1.6.5.

Eine weitere Schutzbestimmung bezieht sich auf die sogenannten Knebelverträge, von denen man aus den USA häufiger mal hört: Da müssen sich

Musikstars für Millionenbeträge aus Verträgen „herauskaufen", weil sie in jungen Jahren mal einen Exklusivvertrag mit einer Plattenfirma abgeschlossen haben, der für Anfänger ganz gute Konditionen bot, an den sie aber auch gebunden bleiben, wenn sie als Stars längst andere Konditionen aushandeln könnten.

Solche Verträge sind in Deutschland nicht möglich. Zwar kann auch hier ein Schriftsteller oder eine Rocksängerin einem Verlag die Rechte an all ihren künftigen Werken einräumen – ein solcher Vertrag kann aber nach § 40 UrhG nach fünf Jahren (mit einer Frist von sechs Monaten) gekündigt werden. Auf dieses Kündigungsrecht kann nicht im voraus verzichtet werden (siehe weiter unten).

Darüber hinaus hat der Bundesgerichtshof einen Vertrag für nichtig erklärt, in dem sich ein Schriftsteller verpflichtet hatte, alle seine künftigen Werke zunächst einem bestimmten Verlag anzubieten, ohne daß der Verlag verpflichtet war, sie zu übernehmen oder eine spezielle Optionsvergütung zu zahlen.

5.1.6.6. Umgehungsschutz

Um zu verhindern, daß die vorgenannten Schutzrechte (Folgerecht, Recht auf angemessene Beteiligung am wirtschaftlichen Erfolg, Rückrufsrecht und Kündigungsrecht) durch individuelle Verträge ausgehebelt werden, ist im UrhG eine weitere Sicherung eingebaut. Sie besagt, daß der Urheber auf diese Rechte *nicht von vornherein verzichten* kann. Sie gelten also unabhängig davon, was im Vertrag vereinbart wurde.

Sollte zum Beispiel ein blauäugiger junger Maler mal einen Vertrag unterzeichnet haben, in den ein übelwollender Partner hineingeschrieben hat, daß mit dem Kaufpreis für ein Bild auch das Folgerecht abgegolten ist – macht nichts! Eine solche Vertragsbestimmung ist nichtig; die 5 % Beteiligung am Weiterverkauf müssen trotzdem gezahlt werden.

Das gleiche gilt für Verträge, die die Kündigung eines auf mehr als fünf Jahre geschlossenen Vertrages über „künftige Werke", ein Rückrufsrecht oder das Recht auf Nachverhandlung bei unangemessener Beteiligung am Verkaufserfolg ausschließen. Auch solche Vertragsbestimmungen sind nichtig. Sollte jemand solche Sauklauseln unterschrieben haben, dann gelten trotzdem die oben aufgeführten Bestimmungen des Urheberrechtsgesetzes.

Vorsicht bei Verträgen mit ausländischen Verträgen: Auch in der Schweiz gelten einige dieser Bestimmungen *nicht.*

5.1.6.7. Keine Rechte auf „unbekannte Nutzungsarten"

Es ist zwar verboten, aber in Verträgen und Allgemeinen Honorarbedingungen taucht dieser Passus immer wieder auf: Eingeräumt werden die Nutzungsrechte „für alle, auch unbekannte Nutzungsarten". Medienkonzerne wollen nicht noch einmal erleben, was ihnen mit Internet und CD-ROM passiert ist – daß da ein neues Medium entsteht und sie alle Nutzungsrechte dafür erstmal neu erwerben müssen.

Allein: Dieser Passus hilft ihnen nicht. § 31, 4 UrhG stellt unmißverständlich fest: *„die Einräumung von Nutzungsrechten für noch nicht bekannte Nutzungsarten sowie Verpflichtungen hierzu sind unwirksam.“* Punkt.

Internet, CD-ROM und Urheberrecht 5.1.7.

Alle bisher genannten Regeln des Urheberrechts gelten natürlich auch für die Nutzung geschützter Werke auf CD-ROM, im Internet oder in elektronischen Datenbanken. Allerdings sind hier zwei Einschränkungen zu machen:

Zum einen streiten Juristen immer noch, um welche Art von Nutzung es sich bei den neuen Medien eigentlich handelt: Werden Texte per Internet vervielfältigt? Gesendet? Verbreitet? Oder werden sie nur *individuell* abgerufen und berühren das Thema Nutzungsrecht damit gar nicht, wie einige ganz schlaue Verlagsjuristen meinen?

Diese Frage kann man getrost hintanstellen. Die Verleger jedenfalls lassen sich massenhaft Blankoerklärungen dazu unterschreiben. Und das kann ja nur heißen, daß sie davon ausgehen, diese Nutzungsrechte erwerben zu müssen.

Die zweite Einschränkung ist gravierender: Nirgends werden Urheberrechte so kaltschnäuzig mißachtet wie in den digitalen Medien. Und zwar nicht nur von ein paar Freaks. Daß Nutzungsrechte korrekt erworben werden, ist im Internet nicht die Regel, sondern die Ausnahme. Alle Zeitungsverlage füttern ihre Internetseiten mit Artikeln aus der Print-Ausgabe, und fast keiner macht sich Gedanken um die Nutzungsrechte. Selbst öffentlich-rechtliche Rundfunkanstalten stellen Beiträge nach der Sendung ins Netz, ohne den Autorinnen auch nur Bescheid zu sagen.

Der Spiegel weigert sich, Fotografen für die Nutzung ihrer Fotos auf seiner kommerziellen Jahrgangs-CD ein Honorar zu zahlen – und bekommt dafür auch noch Recht: Das Landgericht Hamburg sah in der Klage der Betroffenen auf ein Honorar eine „echte Fortschrittsbremse“ (nicht rechtskräftig).

Die Rechtslage 5.1.7.1.

Dabei ist es rechtlich gar nicht so schwierig: In all diesen Fällen nutzt der Verlag mein Werk. Und dazu muß er von mir ein Nutzungsrecht erwerben. Am besten ausdrücklich, durch eine gesonderte Absprache oder Erklärung – dann wissen alle, woran sie sind.

Wo über Nutzungsrechte nicht geredet wurde, da gelten laut Urheberrecht *nur die* Rechte als eingeräumt, die zur Erfüllung des Vertragszwecks erforderlich sind. Da kommt es also auf die konkreten Umstände an:

- Mit einem Artikel für die Printausgabe einer Zeitung wird ein Nutzungsrecht für die **Internetausgabe** derselben Zeitung ohne besondere Vereinbarung *dann* eingeräumt, wenn bekannt ist, daß eine solche regelmäßig erscheint.

- Ein Nutzungsrecht für die **Jahrgangs-CD-ROM** einer Zeitschrift ist *dann* „zur Erfüllung des Vertragszwecks erforderlich", wenn der Verlag eine solche bekanntermaßen regelmäßig herausbringt.

In diesen Fällen muß man also nur noch einen vernünftigen Honoraraufschlag vereinbaren – oder der digitalen Nutzung z.B. per Manuskriptaufdruck oder mit eigenen Geschäftsbedingungen ausdrücklich widersprechen.

In allen anderen Fällen geht die IG Medien davon aus, daß die digitale Nutzung von Printbeiträgen ohne ausdrückliche Zustimmung der Autorin eine unerlaubte Nutzung ist. Das gilt auch, wenn

- ein Zeitschriftenverlag CD-ROMs von *längst zurückliegenden* Jahrgängen herstellt,
- ein Zeitungsverlag eine Internetausgabe *neu* installiert,
- eine Rundfunkanstalt einzelne Beiträge ins Internet stellt oder ihr ganzes Programm dort verbreitet.

In all diesen Fällen gehörte das digitale Nutzungsrecht zum *Vertragszeitpunkt* nicht zum Vertragszweck. Sollte der Verlag auf einen Vertragpassus verweisen, wonach ihm die Autorin die Rechte „für alle, auch unbekannte Nutzungsarten" eingeräumt hat – ein solcher Passus ist nichtig (siehe Seite 108).

Die IG Medien fordert alle Betroffenen eindringlich auf, gegen jede derartige Urheberrechtsverletzung vorzugehen – natürlich mit gewerkschaftlichem Rechtsschutz. Da geht es nämlich nicht nur um ein einmaliges Honorar: Die Klage der Spiegel-Fotografen wurde unter anderem mit der Begründung zurückgewiesen, die Betroffenen hätten ja auch kein Honorar verlangt, als der Spiegel seine kompletten Ausgaben auf Mikrofilm vervielfältigte. Will sagen: Wer sich Urheberrechtsverletzungen gefallen läßt, schafft Gewohnheitsrecht!

5.1.7.2. Was tun im Alltag?

Daß inzwischen einige Auftraggeber sich die digitalen Nutzungsrechte schriftlich einräumen lassen, macht die Sache noch nicht viel besser. Denn meist verlangen sie die Zustimmung zu einem „Total Buy-out".

Bei tagesaktuellen Beiträgen mag das – gegen ein erhöhtes Honorar – in Ordnung sein. Bei langlebigen Werken aber kann die ausschließliche und unbefristete Einräumung „aller Rechte", wie sie gerade bei solch langlebigen Werken gern in seitenlangen Vertragsformularen versteckt wird, beim derzeitigen Entwicklungstempo der digitalen Medien katastrophale Folgen haben. Selbst wenn dafür einzelne Nutzungshonorare vereinbart werden: Wer kann absehen, welche Honorare in diesen Medien in fünf Jahren realistisch sein werden?

Wer immer das durchsetzen kann, sollte daher bei Werken, die voraussichtlich länger nutzbar sind,

- digitale Nutzungsrechte niemals pauschal, sondern immer nur für bestimmte Nutzungsarten (z.B. Nutzung auf CD-ROM, im Internet, in Datenbanken) und nur dann einräumen, wenn die Verwertung dieser Rechte tatsächlich geplant ist;
- digitale Nutzungsrechte niemals unbefristet einräumen, sondern eine Kündigungsmöglichkeit bzw. Neuverhandlung nach zwei, spätestens nach fünf Jahren vereinbaren;
- keine *ausschließlichen* Nutzungsrechte einräumen – sonst darf man den Beitrag nicht mal mehr auf die eigene Homepage stellen und auch bei besseren Angeboten nicht mehr anderweitig vermarkten;
- bei Fotos ein Bearbeitungsrecht ausschließen;
- ausdrücklich die Namensnennung des Urhebers vereinbaren;
- zumindest nicht generell die Übertragung der Nutzungsrechte auf einen Zweitverwerter erlauben und vor allem
- vereinbaren, daß der Urheber über jede Nutzung seines Werkes informiert und dafür honoriert wird.

Das erfordert sicher in dem einen oder anderen Fall eine Auseinandersetzung mit dem Auftraggeber und ein bißchen Bürokratie. Aber anders geht es nicht: Wer Vereinbarungen zu einem „Total Buy-out" unterschreibt, dem ist im wahrsten Sinne des Wortes nicht mehr zu helfen.

Das Honorarproblem 5.1.7.3.

Für die Honorierung digitaler Nutzungen fehlen nicht nur Erfahrungswerte – es fehlt auch ein akzeptabler Maßstab. Mir wurde kürzlich ein Buchvertrag vorgelegt, in dem ich die digitalen Nutzungsrechte als Nebenrecht einräumen sollte. Honorar sollte dafür gleich doppelt fließen: Zum einen sollte ich 50% der Nebenrechtseinnahmen erhalten. Aber wenn der Verlag den Text, wie heute üblich, auf seine eigenen Internetseiten stellt, hat er keine Nebenrechtseinnahmen. Und ich kein Honorar. Zum zweiten sollte jeder „kostenpflichtige Abruf aus elektronischen Datenbanken" honoriert werden. Aber es war gar nicht geplant, das Buch in eine solche Datenbank zu stellen. Und normale Internet-Abrufe sind nun mal kosten*los.*

Digitale Medien werden heute noch überwiegend zur Werbung und Eigenwerbung eingesetzt; Gewinn werfen erst wenige ab. Also muß das Honorar unabhängig von den Einnahmen festgelegt werden. Bei Erstnutzungen erscheint (ähnlich wie bei Zeitungen) ein Festbetrag für jede bestimmte Nutzung sinnvoll; bei Zweitnutzungen von Fotos und Texten bietet sich ein bestimmter Prozentsatz des Ersthonorars an. Erste Empfehlungen und Erfahrungswerte dazu stehen auf den Seiten 148 und 150.

Wo sich ein „Total Buy-out" nicht umgehen läßt, müßte der Honoraraufschlag zwischen 20% bei tagesaktuellen (siehe Neue Zürcher Zeitung, Seite 150) und 200 – 300% bei langlebigen Werken liegen.

5.1.8. Titel- und Namensschutz

Auch die Titel von Büchern, Zeitschriften und Musikstücken sowie die Namen von Theatergruppen, Rockbands oder Journalistenbüros sind geschützt. Allerdings nicht durch das Urheberrecht, sondern durch den § 5 des Markenrechtsreformgesetzes.

Hier gilt die einfache Regel: Das Recht an einem Titel oder Namen hat, wer ihn zuerst öffentlich benutzt. Übernimmt jemand anders denselben oder einen verwechselbar ähnlichen Namen, so kann man ihm das verbieten lassen – sofern denn eine wirkliche Verwechslungsgefahr besteht.

Würde sich also ein Freies Theater in Hildesheim „Theaterwerkstatt" nennen, so könnte die Theaterwerkstatt im benachbarten Hannover ihr das im Zweifelsfall untersagen, da sie ihre Produktionen auch im Umkreis von Hannover aufführt. Die Fotoagentur Novum dagegen konnte nicht verhindern, daß eine Grafikzeitschrift sich ebenfalls „Novum" nennt, da wegen der unterschiedlichen Geschäftsbereiche keine Verwechslungsgefahr besteht. In Zweifelsfällen sollte man lieber vorher miteinander reden als hinterher miteinander streiten.

Im Musikbereich gibt es Streit um Titel relativ selten; daß verschiedene Musikstücke denselben Titel tragen, kommt häufig vor und wird meist klaglos akzeptiert. Im Film- und Buchbereich dagegen führen solche Überschneidungen häufiger zu Rechtsstreitigkeiten.

Dennoch sind die **Titelschutzanzeigen,** die auch in den Zeitschriften der IG Medien geschaltet werden („Hiermit nehme ich nach § 5 Markenrechtsreformgesetz Titelschutz in Anspruch für ..."), für den Alltag von Freien in der Regel nichts als teuer bezahlter Unsinn: Entweder der Titel ist „frei", dann darf ich ihn benutzen, und wenn ich ihn einmal benutzt habe, darf es kein anderer mehr. Oder der Name wird bereits von anderen benutzt, dann darf ich ihn auch mit Titelschutzanzeige nicht benutzen.

Sinn machen solche Anzeigen nur, wenn zum Beispiel ein Buch bereits in der Produktion ist und der Verlag verhindern will, daß jemand anders mit einem Buch gleichen Titels schneller auf den Markt kommt. In diesem Fall kann er den geplanten Titel mit einer solchen Anzeige quasi blockieren – aber nur für die erforderliche Produktionszeit. Ist mit der Anzeige kein konkretes Vorhaben verbunden oder erscheint das Buch unter dem geschützten Titel nicht innerhalb von drei bis sechs Monaten, dann ist der Titel wieder frei.

Also spart euch das Geld. Das Kalkül, Titel auf diese Weise hamstern und irgendwann mal für teures Geld an andere verkaufen zu können, geht nicht auf.

Ähnliche Bestimmungen gelten für **Künstlernamen,** die jeder Publizist und jede Künstlerin annehmen kann und die (mit einer Bescheinigung der IG Medien, daß man Publizistin bzw. Künstler ist) sogar in den Reisepaß eingetragen werden: Der Künstlername darf Rechte anderer nicht beeinträchtigen („John Lennon" zum Beispiel wäre verboten). Wird er aber erst einmal benutzt, so ist er geschützt und darf von keinem anderen gebraucht werden.

Die Verwertungsgesellschaften 5.2.

Wenn es sie nicht gäbe, müßte man sie erfinden: Die Verwertungsgesellschaften. Man schickt ihnen ein paar Formulare, und bekommt im Gegenzug jedes Jahr einen Scheck. Für nichts und wieder nichts, so stellt es sich vielen dar.

Sie gehören zu den bestgehaßten Institutionen. Für alles verlangen sie Geld, allen voran die GEMA, für jede Platte, die im Radio gespielt, jedes Lied, das auf dem Schulfest gesungen, jede Seite, die aus einem Buch kopiert wird.

Sie sind eine Folge der technischen Entwicklung. Dank der Fotokopierer existieren wissenschaftliche Bücher heute oft in mehr kopierten als Originalexemplaren; dank perfekter Tonbandtechnik wird kaum ein Walkman mit Originalaufnahmen betrieben; der Wiederholung sämtlicher Folgen der Schwarzwaldklinik im Wohnzimmer sind dank Videorecorder keine Grenzen mehr gesetzt. Und die Autoren, Musikerinnen und Kameraleute hätten nichts davon – wenn es die Verwertungsgesellschaften nicht gäbe.

Denn für all diese Zweitnutzungen geschützter Werke sind grundsätzlich Honorare fällig. Aber Künstler und Publizistinnen können solche Nutzungen meist gar nicht feststellen, geschweige denn die fälligen Mini-Honorare dafür eintreiben. Also tun das die Verwertungsgesellschaften, die der Gesetzgeber speziell zu diesem Zweck zugelassen hat.

Für freie Künstlerinnen und Publizisten sind vor allem vier Verwertungsgesellschaften interessant, nämlich

- die GEMA für Komponisten und Textdichterinnen,
- die GVL für Musikinterpreten und darstellende Künstlerinnen in Rundfunk, Film und Fernsehen,
- die VG Wort für alle Wortautoren einschließlich der Übersetzerinnen,
- die VG Bild-Kunst für alle Urheber von Bild-, Film- und Lichtbildwerken.

Die Methoden, mit denen jede dieser Verwertungsgesellschaften pro Jahr Honorare in zwei- bis dreistelliger Millionenhöhe eintreibt, sind unterschiedlich. Die Gebühren werden entweder für jeden Einzelfall konkret berechnet, wie es die GEMA bei Konzerten tut, pauschal festgesetzt wie beim Fotokopieren in Schulen, für das die Kultusministerien jedes Jahr Millionenbeträge an die VG Wort überweisen, oder indirekt erhoben wie mit der Leerkassetten- und Geräteabgabe, die jeder, ohne es zu merken, beim Kauf eines Kassettenrecorders oder einer Videokassette bezahlt.

„Geld umsonst" 5.2.1.

Die eingezogenen Gelder werden jährlich an die Urheberinnen und Leistungsschutzberechtigten ausgeschüttet – wenn sie sich denn bei der betreffenden Verwertungsgesellschaft angemeldet haben. Das ist problemlos möglich und – außer bei der GEMA – kostenfrei. Die Verwertungsgesellschaften sind gesetzlich *verpflichtet,* einen Wahrnehmungsvertrag mit jedem abzuschließen, der das verlangt (und Rechte im Bereich der jeweiligen Verwertungsgesellschaft besitzt).

Dabei sollte niemand falsche Bescheidenheit walten lassen: Verträge mit mehreren Verwertungsgesellschaften sind nicht nur sinnvoll, sondern nötig, wenn etwa eine Rockgruppe eigene Kompositionen (GEMA) auf CD aufnimmt (GVL) oder wenn ein Filmemacher bei seinem Film Drehbuchautor (VG Wort), Regisseur (GVL) und Kameramann (VG Bild-Kunst) in einer Person ist. Ist er außerdem noch Produzent, kommt noch eine der Film-Verwertungsgesellschaften hinzu.

Auch bei den „Meldungen" ist Bescheidenheit fehl am Platze: Die Ausschüttungen richten sich zumindest teilweise danach, welche geschützten Werke die Wahrnehmungsberechtigten ihrer Verwertungsgesellschaft gemeldet haben. Für eine Komposition etwa, die der GEMA nicht bekannt ist, gibt's auch keine Tantiemen. Einzelheiten werden im folgenden für jede VG gesondert dargestellt.

Alle Verwertungsgesellschaften unterscheiden zwischen den **Wahrnehmungsberechtigten** oder angeschlossenen Mitgliedern (das kann jeder werden) und den **ordentlichen Mitgliedern,** die Mitspracherechte bei VG-internen Angelegenheiten haben, insbesondere bei der Verwendung und Verteilung der Einnahmen. Voraussetzung für eine ordentliche Mitgliedschaft ist in der Regel eine mehrjährige Wahrnehmungsberechtigung, ein bestimmtes Tantiemenaufkommen und/oder eine hauptberufliche Tätigkeit. Die GEMA kennt als Zwischenstufe noch das außerordentliche Mitglied. Für die Höhe der individuellen Ausschüttungen macht die Art der Mitgliedschaft keinen Unterschied.

Die Verwertungsgesellschaften schütten Tantiemen nicht nur an Urheberinnen, sondern auch an die jeweiligen Verlage aus. Wer z.B. Bücher im Selbstverlag herausbringt, sollte sich bei der jeweiligen VG nach den entsprechenden Regelungen erkundigen; sie werden im folgenden *nicht* berücksichtigt.

5.2.1.1. GEMA

Die „Gesellschaft für musikalische Aufführungs- und mechanische Vervielfältigungsrechte" (GEMA[A]) schließt Berechtigungsverträge (so heißen hier die Wahrnehmungsverträge) mit allen ab, die musikalische Werke komponieren oder texten. Eine hauptberufliche Tätigkeit ist nur für die ordentliche Mitgliedschaft Bedingung. Für den Berechtigungsvertrag verlangt sie eine Aufnahmegebühr von 100 DM und einen Jahresbeitrag von 50 DM. Mitglied können nur natürliche Personen werden, also keine Bands. Auch wenn eine Band ihre Titel gemeinsam komponiert, muß jedes einzelne Mitglied einen Berechtigungsvertrag mit der GEMA abschließen.

Die GEMA nimmt auch die „kleinen" Rechte zur Erstnutzung der ihr gemeldeten Kompositionen wahr. Für sie vergibt sie gegen entsprechende **Vergütung** Lizenzen zur öffentlichen Aufführung von Musik in Konzerten, zur kommerziellen Vervielfältigung und Verbreitung mittels Tonträgern, für

Musiksendungen im Rundfunk und für die öffentliche Wiedergabe, z.B. in Musikberieselungsanlagen von Kaufhäusern. Außerdem bekommt sie für die private Vervielfältigung von Musik Anteile aus der Leerkassetten- und Geräteabgabe.

Von diesen Einnahmen hat sie zuletzt gut eine Milliarde Mark im Jahr an ihre 45.000 angeschlossenen, außerordentlichen und ordentlichen Mitglieder ausgeschüttet. Wieviel davon das einzelne Mitglied bekommt, berechnet sie nach einem hochkomplizierten Verfahren.

- Die **Plattenvergütung** richtet sich nach Anzahl und Dauer der Wiedergabe gemeldeter Stücke;
- die **Aufführungsvergütung** berücksichtigt zusätzlich die Aufführungschancen der jeweiligen Komposition („E-Musik" wird höher vergütet als „U-Musik", „E-Jazz" höher als „U-Jazz");
- die **„GEMA-Wertung"** ist eine Zuzahlung, die überdies von der Dauer der GEMA-Mitgliedschaft, der Höhe der bisherigen Ausschüttungen an das Mitglied und der Bewertung des Gesamtschaffens sowie der künstlerischen Leistung abhängt.

Um eine möglichst hohe Ausschüttung zu erreichen, muß die Musikerin also folgendes tun:

- Zum ersten muß sie darauf achten, daß sie der GEMA tatsächlich alle Werke meldet, die auch nur die Chance haben, jemals öffentlich aufgeführt, auf Platte gepreßt oder gesendet zu werden. Titel, die nicht gemeldet sind, werden für die Ausschüttung nicht berücksichtigt. Zu melden sind alle persönlichen Schöpfungen, also auch **Bearbeitungen** fremder Werke und **Improvisationen.** Letztere müssen im Streitfall allerdings irgendwie nachweisbar, d.h. schriftlich niedergelegt sein – jedoch nicht unbedingt in Notenform.
- Falls sie ihre Titel selbst bei Konzerten spielt, bekommt sie eine Ausschüttung dafür nur dann, wenn der Veranstalter das Gastspiel bei der GEMA angemeldet und einen **Musikfolgebogen** mit den entsprechenden Titeln abgegeben hat. Beides sollte man im Vertrag zur Bedingung machen. Am besten ist es, die Band übergibt dem Veranstalter eines Gastspiels selbst eine Liste der geplanten Titel, die dieser dann an die GEMA weiterleiten kann. Zur Not akzeptiert die GEMA aber auch Musikfolgebögen, die ihr eine Band direkt, also ohne den Umweg über den Veranstalter, zuleitet.
- Wo möglich, sollte sie einen Antrag auf **Höherbewertung** ihrer Kompositionen stellen. Jazzkompositionen z.B., die als „E-Jazz" eingestuft werden, erhalten bei Aufführungen doppelte, dreifache oder noch höhere Ausschüttungen.

Die GEMA ist laut Gesetz verpflichtet, *„kulturell bedeutende Werke und Leistungen zu fördern"*. Das tut sie, indem sie Kompositionen, die höhere Aufführungschancen haben, mit geringeren Ausschüttungen versieht. Daß dies in der Praxis darauf hinausläuft, daß es für „U-Musik" geringere Ausschüttungen gibt, wird im Jazz/Rock/Pop-Bereich immer wieder kritisiert. Allerdings hat es nach Angaben der GEMA bis heute noch keinen Antrag, geschweige denn eine Mehrheit für eine Veränderung dieser Verteilungsgrundsätze gegeben: Hilfreicher, als nur herumzumosern, wäre es sicherlich, wenigstens die vorhandenen Möglichkeiten auszunutzen und über die Interessenverbände auf eine Veränderung veralteter GEMA-Regeln zu dringen.

Weitere und kritische Informationen zu den Strukturen und Verteilungsplänen der GEMA enthalten das vom Interessenverband Deutscher Komponisten (IDK) herausgegebene „Urheber-ABC“[(B)] sowie das Taschenbuch „Urheberrecht, GEMA, GVL“[(B)].

5.2.1.2. GVL

Im Gegensatz zu GEMA und VG Wort, die die Rechte der *Urheber* wahrnehmen, ist die „Gesellschaft zur Verwertung von Leistungsschutzrechten“ (GVL[(A)]) für die *ausübenden* Künstlerinnen zuständig. Sie zieht **Vergütungen** von allen ein, die Schallplatten und Videos (genauer: „kommerzielle Handelstonträger mit dramatischen, Musik- oder Sprachwerken“) senden, öffentlich wiedergeben, privat vervielfältigen oder verleihen, und schüttet diese Vergütungen an die Mitwirkenden aus.

Die GVL ist *nicht* zuständig für normale Filmvorführungen, Konzerte oder Theateraufführungen. Wird aber eine Theateraufführung auf Video aufgenommen oder ein Konzert im Rundfunk übertragen, so gibt es dafür – weil das Video kopiert werden oder das Radiokonzert in einem Restaurant als Hintergrundmusik laufen könnte – Geld von der GVL.

Einen Wahrnehmungsvertrag mit der GVL sollten also alle Musiker, Schauspielerinnen und künstlerisch Vortragenden (Nachrichtensprecher tragen *nicht* künstlerisch vor) abschließen, deren Tätigkeit auf Tonträger oder Video oder zur Sendung aufgenommen wird *und die dafür ein Honorar erhalten.* Der Abschluß des Wahrnehmungsvertrages ist kostenlos, Aufnahmegebühren oder Jahresbeiträge fallen ebenfalls nicht an.

An ihre über 80.000 Wahrnehmungsberechtigten schüttet die GVL weit über 180 Millionen Mark im Jahr aus. Die **Verteilung der Gelder** erfolgt im Unterschied zur GEMA nach einem verblüffend einfachen Prinzip: Alle Wahrnehmungsberechtigten erhalten als Ausschüttung einfach einen bestimmten Prozentsatz ihrer gemeldeten Honorare – mindestens aber 200 DM. Dieser Satz ist für alle gleich und ergibt sich jedes Jahr neu aus dem Verhältnis von gemeldeten Honoraren und Einnahmen der GVL. Ob das gerechter als bei der GEMA ist, ist eine andere Frage. Wer nämlich auf einem im Fernsehen übertragenen Solidaritätskonzert ohne Gage auftritt, bekommt dafür auch keine GVL-Tantieme.

Die Wahrnehmungsberechtigten müssen der GVL jeweils im Frühjahr ihre Honorare für die oben genannten Leistungen melden *und nachweisen* (durch Vertragskopien und Honorarabrechnungen). Zu beachten ist dabei, daß sich die Honorare aus *Urheberrechten* (für die die GEMA und die VG Wort zuständig sind) möglichst klar von den Honoraren aus *Leistungsschutz*rechten trennen lassen. Nur für letztere gibt es GVL-Tantiemen. Das heißt konkret:

- Bei der **Plattenaufnahme** oder bei der Videoaufnahme einer Theaterproduktion bekommt die Komponistin Geld von der GEMA, die Autorin Geld von der VG Wort, die ausübenden Musiker, Schauspielerinnen und Regisseure bekommen Geld von der GVL. Hat der Interpret sein Stück selbst geschrieben, so müssen die entsprechenden Honorare im Vertrag deutlich voneinander getrennt sein.
- Bei einer **Rundfunksendung** gibt es GVL-Tantiemen nur für das Honorar aus einem *Mitwirkenden*vertrag; für eine eventuell eigene Autorenleistung muß getrennt davon ein Urhebervertrag abgeschlossen werden.
- GVL-Tantiemen gibt es auch für **Live-Auftritte,** die im Rundfunk oder Fernsehen übertragen werden. Ist die Übertragung – z.B. bei einem Open-Air-Konzert – nicht offensichtlich, müssen die Anmeldenden sie nachweisen.

Um eine möglichst hohe GVL-Ausschüttung zu erreichen, müssen Schauspielerinnen und Musiker also auf zweierlei achten:

- Sie müssen wirklich *alle* Honorare aus den bezeichneten Tätigkeiten melden.
- Sie müssen bei der Gestaltung von Verträgen darauf achten, daß das Mitwirkenden- bzw. Sendehonorar möglichst hoch ausfällt.

Im Gegensatz zur GVL sind die Tantiemen der GEMA bzw. VG Wort *nicht* honorarabhängig, sondern richten sich bei Rundfunk- und Fernsehsendungen nach der Sende*dauer.* Für ein optimales Tantiemenergebnis muß die Musikgruppe, die mit eigenen Stücken in einer Fernsehshow auftritt, also vertraglich

- eine möglichst lange Sendedauer (hohe GEMA-Tantieme) und
- einen möglichst hohen Honoraranteil als Sendehonorar (hohe GVL-Tantieme) vereinbaren.

VG Bild-Kunst 5.2.1.3.

Die Verwertungsgesellschaft Bild-Kunst[A] bearbeitet ein recht komplexes Feld. Mitglied können werden

- Bildende Künstler und Künstlerinnen (Berufsgruppe I),
- Fotografen, Bildjournalistinnen, Designer, Karikaturistinnen, Pressezeichnerinnen (Berufsgruppe II),
- Filmproduzenten, Regisseurinnen, Kameraleute, Cutter, Szenen- und Kostümbildnerinnen, Choreographen (Berufsgruppe III). Für Film*autoren* ist die VG Wort zuständig.

Der Wahrnehmungsvertrag ist kostenlos, Aufnahmegebühr oder Jahresbeitrag werden nicht verlangt. An ihre gut 22.000 Wahrnehmungsberechtigten schüttet die VG Bild-Kunst pro Jahr zwischen 35 und 40 Millionen Mark aus.

Im **Buch- und Pressebereich** verfährt die VG Bild-Kunst ähnlich wie die VG Wort (siehe Seite 119): Die Urheber melden

- mit einem Buchmeldezettel jeden Abdruck eines ihrer Werke in einem Buch, den sie selbst mit dem Verlag vereinbart haben,
- mit einer Honorarmeldekarte das Honorar, das sie im jeweiligen Jahr mit dem Abdruck ihrer Werke in Zeitungen und Zeitschriften oder durch Sendung im Fernsehen erzielt haben,

und erhalten dafür Vergütungen, entweder pauschal oder nach der festgestellten Nutzung. Die Abrechnung dieser Tantiemen erfolgt einmal im Jahr, Stichtag für die Meldungen ist jeweils der 30. Juni.

Entsprechende Meldungen müssen auch **Bildende Künstler** (Berufsgruppe I) vornehmen, wenn sie an diesen Ausschüttungen teilhaben wollen. Zusätzlich erhalten sie aber noch Vergütungen nach Ermittlungen, die die VG Bild-Kunst selbst vornimmt,

- für jeden *Weiter*verkauf eines ihrer Werke im kommerziellen Kunsthandel (Folgerecht, siehe Seite 105),
- für jede Abbildung eines ihrer Werke in Printmedien,
- für jede Ausstrahlung eines ihrer Werke im Fernsehen.

Bei den beiden letzten Punkten ist eine Unterscheidung wichtig:

- Räumt eine Fotografin einem Verlag das **Recht zum Abdruck eines Fotos** in einem Buch ein, so trifft sie diese Vereinbarung selbst, wird vom Verlag dafür honoriert, meldet der VG-Wort den Abdruck auf einem Buchmeldezettel und bekommt von dieser Vergütungen für *Zweitnutzungen* wie Fotokopieren, Verleihen in Bibliotheken usw.
- Wird dagegen ein Kunstwerk in einem Printmedium abgebildet, so muß der Verlag das **Reproduktionsrecht** direkt bei der VG Bild-Kunst erwerben. Diese verlangt dafür ein Honorar, das je nach Auflage und Zweck von um die 100 Mark bis zu fünfstelligen Beträgen reichen kann. Für den Abdruck eines Werkes auf einer Sonderbriefmarke zum Beispiel verlangt die VG Bild-Kunst von der Post 15.000 DM.

Beide Fälle können durchaus auch zusammen auftreten, wenn es sich um das *Foto* eines *Kunstwerkes* handelt (siehe Seite 94).

Weiterverkäufe von Kunstwerken über den Kunsthandel oder Reproduktionen von Werken, die in der Abrechnung nicht auftauchen, können der VG Bild-Kunst auch von der Künstlerin (nach)gemeldet werden.

Falls der Künstler ein Pseudonym benutzt, muß er das der VG Bild-Kunst natürlich mitteilen, damit eine korrekte Zuordnung des entsprechenden Tantiemenaufkommens erfolgen kann. Nach individueller Absprache nimmt die VG Bild-Kunst auch noch weitergehende Rechte der Künstlerin wahr.

Im **Filmbereich** (Berufsgruppe III) verschickt die VG Bild-Kunst in der Regel jährlich Filmerhebungsbögen, auf denen die Wahrnehmungsberechtigten alle Filme und „Fernsehbeiträge mit Filmcharakter" (das sind Magazinbeiträge, Dokumentationen und Features von mindestens drei Minuten Dauer) angeben, an denen sie beteiligt waren.

Zusätzlich interessant an der VG Bild-Kunst ist, daß sie ihren Mitgliedern in einem begrenzten Rahmen auch **Rechtsschutz** gibt. Sie treibt nicht nur die Vergütungen für alle ihr übertragenen Rechte notfalls auf dem Rechtsweg ein, sondern führt in besonderen Fällen auch Musterprozesse, wenn damit Grundsatzfragen im Interesse aller Urheber und Urheberinnen geklärt werden können.

Außerdem berät sie ihre Mitglieder in allen Fragen, die mit dem Urheberrecht und dem Urhebervertragsrecht zusammenhängen, also auch in Fragen der Honorar- und Preisgestaltung!

VG Wort 5.2.1.4.

Die Verwertungsgesellschaft Wort[A] nimmt die Interessen von Journalisten sowie von Autoren und Übersetzerinnen schöngeistiger, dramatischer, wissenschaftlicher, Sach- und Fachliteratur sowie von Drehbüchern wahr. *Nicht* vertreten werden von der VG Wort die Textdichter von Musikwerken – für sie ist die GEMA zuständig.

Die VG Wort hat im Jahre 1996 rund 80 Millionen Mark an 81.000 Autorinnen und Journalisten ausgeschüttet. Der Abschluß eines Wahrnehmungsvertrages ist kostenlos, Aufnahmegebühr oder Jahresbeitrag werden nicht verlangt.

Eine Pflicht zur Meldung von Zweitnutzungen durch die Nutzer wie bei der GEMA gibt es hier nicht. Die VG Wort ist zur Feststellung also auf eigene Ermittlungen bzw. die Meldungen der Autorinnen angewiesen.

Die VG Wort ermittelt selbst,

- welche Zeitungsartikel in Pressespiegeln nachgedruckt werden,
- welche belletristischen und Kinderbücher wie oft in Bibliotheken ausgeliehen werden,
- aus welchen verlegten Werken in Rundfunk oder Fernsehen gelesen wird (kleines Senderecht),
- wie hoch der Anteil der einzelnen Textgattungen beim Fotokopieren in Schulen, Bibliotheken usw. ist.

Nach den ermittelten Nutzungszahlen richtet sich die **Ausschüttung** für diese Bereiche; sie sind von den Wahrnehmungsberechtigten also nicht zu beeinflussen. Sie müssen der VG Wort lediglich einmal ihre Pseudonyme mitteilen und angeben, unter welchem Kürzel sie in welcher Zeitung veröffentlichen.

In allen anderen Bereichen gibt es als Ausschüttung einen einmaligen Betrag für die gemeldeten Werke. Um eine möglichst hohe Ausschüttung zu erreichen, müssen die Wahrnehmungsberechtigten der VG Wort

- alle Publikumszeitungen und -zeitschriften melden, in denen sie im vergangenen Jahr mehr als 20.000 Anschläge veröffentlicht haben.

Einzeln melden müssen sie alle

- Rundfunk- und Fernsehbeiträge,
- Sach- und Fachbücher, und zwar nicht nur die Originalausgabe, sondern gegebenenfalls auch *bearbeitete* Neuauflagen und Lizenzausgaben,
- Beiträge von mehr als zwei Schreibmaschinenseiten (à 1.500 Anschläge) in Sach- und Fachbüchern oder Fachzeitschriften,
- Beiträge von mehr als 3.600 Anschlägen in Zeitschriften, die in Lesezirkeln geführt werden.

Für jede Meldungsart gibt es bei der VG Wort besondere Vordrucke, die (ebenso wie die Liste der Lesezirkel-Zeitschriften) auf Anforderung zugeschickt werden.

Als Sach- und Fachbuch gilt dabei jedes Buch, das nicht Belletristik oder Kinderbuch ist; als Fachzeitschrift jede Special-Interest-Zeitschrift (z.B. auch Gewerkschaftszeitschriften), die keine Publikumszeitschrift ist.

Bei **Büchern** spielt der Umfang für die Ausschüttung keine Rolle. Wer dicke Wälzer schreibt oder übersetzt, ist selber schuld. Übersetzerinnen bekommen generell 50% der Autorentantieme. Hat ein Buch mehrere Autorinnen, so wird die Tantieme entsprechend ihrem Beitrag unter ihnen aufgeteilt. Wer Sachbücher und -broschüren ohne **ISBN-Nummer** verfaßt hat, sollte der Meldung an die VG Wort ein Exemplar davon beilegen: Auch solche Publikationen können berücksichtigt werden, *wenn* sie in öffentlichen Bibliotheken geführt werden.

Stichtag für die Abrechnung ist jeweils der 31. Januar. Veröffentlichungen aus dem Vorjahr können auch später gemeldet werden; sie nehmen dann allerdings erst an der Ausschüttung des folgenden Jahres teil. *Keine* Vergütung gibt es für Werke, die schon vor Abschluß des Wahrnehmungsvertrages veröffentlicht wurden.

1997 hat die VG Wort beschlossen, auch die Rechte zur Zweitnutzung auf **CD-ROM** wahrzunehmen, sofern die betreffenden Beiträge bereits einmal im selben Verlag erschienen und die Rechte nicht individuell eingeräumt sind. Wie die Abrechnung erfolgt, war bei Redaktionsschluß jedoch noch nicht geklärt – und ob überhaupt: Die Zeitungsverleger bestreiten der VG Wort dieses Recht einfach.

5.2.1.5. Noch mehr Verwertungsgesellschaften

Neben diesen vier Verwertungsgesellschaften gibt es die **VG Musikedition,** die die Rechte von Verfassern und Herausgeberinnen wissenschaftlicher Ausgaben von Musikwerken und Ausgaben nachgelassener Musikwerke wahrnimmt, sowie die vier **Film-Verwertungsgesellschaften GÜFA, VFF, VGF** und **GWFF,** die jedoch nur die Rechte der Produzenten wahrnehmen.

Neu auf dem Markt tummelt sich eine **VG Sat,** die noch eine Marktlücke bei der Weiterverarbeitung von Satellitenrundfunk und -fernsehen in Kabelnetzen entdeckt haben will. Ohne darüber im einzelnen streiten zu wollen, rät die IG Medien von einer Mitgliedschaft ab: Suspekt macht sich diese Firma schon allein dadurch, daß sie von ihren Mitgliedern eine Aufnahmegebühr von 2.000 DM verlangt.

Noch mehr Geld umsonst 5.2.2.

Die Verwertungsgesellschaften sind laut Gesetz gehalten, mit einem Teil der eingezogenen Gelder Vorsorge- und Unterstützungseinrichtungen für „bedürftige Urheber in Notsituationen" einzurichten. Außerdem gibt es bei den Verwertungsgesellschaften verschiedene Hilfen zur Alterssicherung sowie Zuschüsse für kulturelle Zwecke.

Hilfen in Notlagen 5.2.2.1.

Sozialfonds zur Unterstützung von Urhebern und Urheberinnen in Notlagen gibt es bei allen Verwertungsgesellschaften. Die Gelder werden relativ unbürokratisch vergeben – wer sich also in Not fühlt: Fragen kostet nichts. In manchen Jahren ist hier das Angebot größer als die Nachfrage!

Einmalige oder regelmäßige Unterstützung in Notlagen, bei Krankheit, Erwerbs- und Berufsunfähigkeit oder im Alter gewähren die **GEMA-Sozialkasse**(A), die **GVL**(A), der **Sozialfonds der VG Wort**(A), der **Beihilfefonds der VG Wort**(A) (für „in Not geratene Urheber und Verleger von wissenschaftlichen Werken") sowie das **Sozialwerk der VG Bild-Kunst**(A).

Voraussetzung ist auf jeden Fall ein Wahrnehmungsvertrag; bei der GEMA-Sozialkasse werden laufende Zuwendungen im Alter nur Urhebern gewährt, die mindestens fünf Jahre lang ordentliches Mitglied waren. Zum Teil werden Beihilfen auch an Hinterbliebene gezahlt, zum Beispiel an Kinder zur Berufsausbildung.

Unterstützung in Notlagen gewährt auch die **GEMA-Stiftung**(A), die allerdings kein Sozialfonds im Sinne des Gesetzes, sondern eben eine Stiftung ist.

Hilfen bei der Alterssicherung 5.2.2.2.

Etwas anders konstruiert sind die Fonds, die *unabhängig von einer bestehenden Notlage* Hilfen bei der Alterssicherung an alle gewähren, die die jeweiligen formalen Voraussetzungen erfüllen.

Leider nimmt die wichtigste dieser Institutionen, das **Autorenversorgungswerk der VG Wort**(A), wegen allzu großer Nachfrage seit dem 1.7.1996 keine neuen Mitglieder mehr auf.

Freie Publizisten und Publizistinnen, die schon vor diesem Termin vom Autorenversorgungswerk **Zuschüsse zur privaten Lebens- oder Krankentagegeldversicherung** erhielten, bekommen sie auch weiterhin. Den Anspruch verliert allerdings, wer

- nicht mehr hauptberuflich *frei* als Journalist, Schriftstellerin oder Übersetzer tätig ist,

- zu den betreffenden Versicherungen Zuschüsse von anderer Seite (z.B. einer Rundfunkanstalt) bekommt oder
- sonstige Dummheiten macht, z.B. den Wahrnehmungsvertrag kündigt oder die Versicherung über die KSK beendet.

Maßgeblich für das Kriterium „hauptberuflich freie Tätigkeit" ist der jeweilige Steuerbescheid. Wer also seine freien Einkünfte vor dem Finanzamt versteckt oder wer für den überwiegenden Teil der Einkünfte von seiner öffentlich-rechtlichen Rundfunkanstalt als „nichtselbständig" (siehe Seite 67) geführt wird, verliert den Zuschußanspruch.

Die Zuschüsse müssen als Betriebseinnahme verbucht und versteuert werden.

Ob und wann das Autorenversorgungswerk diese oder ähnliche Leistungen wieder für *alle* Freien öffnet, ist derzeit nicht absehbar. Die anderen Verwertungsgesellschaften haben vergleichbare Einrichtungen von vornherein nie gehabt.

Der **Fonds Alterssicherung der GEMA**[(A)] hat eher den Charakter einer Zusatzrente. Aus diesem Fonds kann jeder, der mindestens 20 Jahre lang *ordentliches* GEMA-Mitglied war, eine regelmäßige Zuwendung bis zum Tod erhalten.

Der **Altkünstlerfonds der GVL**[(A)] wurde eingerichtet für Härtefälle, in denen Zweitverwertungen von Aufnahmen des Wahrnehmungsberechtigten zwar noch stattfinden, bei der GVL-Verteilung aber nicht mehr nennenswert berücksichtigt werden – etwa weil die Platten nicht mehr im Handel sind oder bereits vor Gründung der GVL aufgenommen und abgegolten wurden. Von diesem Fonds kann profitieren, wer der GVL mindestens 20 Jahre lang angehört, halbwegs regelmäßig an der Verteilung teilgenommen hat und selbständig tätig ist (oder war).

5.2.2.3. Förderung kultureller Zwecke

Neben der Unterstützung in Notlagen gibt es bei den Verwertungsgesellschaften bzw. bei der GEMA-Stiftung in der Regel auch die Chance, Zuwendungen „zu kulturellen Zwecken" zu bekommen. Möglich sind

- zweckgebundene Beihilfen zur Ausbildung oder für die Teilnahme an künstlerischen Wettbewerben (GEMA-Stiftung, GVL),
- Zuschüsse zu musikalischen Produktionen, Pilotprojekten und Publikationen (GEMA-Stiftung),
- Druckkostenzuschüsse für die erstmalige Veröffentlichung wissenschaftlicher Werke (Förderungsfonds der VG Wort),
- Druckkostenzuschüsse für Publikationen zum Werk lebender Künstlerinnen, Fotografen und Designer (Bild-Kunst-Sonderfonds; Vergabe über den Kunstfonds – siehe Seite 42).

Die Förderbedingungen dieser Fonds und Stiftungen erhält man unter der Adresse der jeweiligen Verwertungsgesellschaft.

Wann werden GEMA-Vergütungen fällig?

5.2.3.

So segensreich die Tätigkeit der Verwertungsgesellschaften für alle Künstler und Publizistinnen ist – damit sie funktionieren, läßt es sich nicht vermeiden, daß sie hin und wieder auch von unsereinem Geld verlangen. Nämlich immer dann, wenn ein Künstler für sein Schaffen das Werk einer anderen Künstlerin benutzen will.

Das ist vor allem im Musikbereich der Fall. Die GEMA verfügt über die „kleinen Aufführungsrechte" für etwa zweieinhalb Millionen Musiktitel, zusammen mit ihren ausländischen Partnern sogar für faktisch das gesamte Musikrepertoire der Welt. Wer einen dieser Titel öffentlich spielen oder anderweitig nutzen will, muß der GEMA dafür eine Vergütung zahlen. Wird dabei auch eine Vergütung für die GVL fällig, so zieht die GEMA die gleich mit ein, so daß man sich darum nicht zu kümmern braucht. In folgenden Fällen können Leser dieses Ratgebers mit GEMA-Vergütungen konfrontiert werden:

- Ein **Aufführungsrecht** muß erwerben, wer Kompositionen anderer – in der Regel in einem Live-Konzert – öffentlich aufführen will. Das geschieht, indem man das Konzert *vorher* bei der GEMA anmeldet, Gebühren zahlt und anschließend auf einem Musikfolgebogen genau mitteilt, welche Stücke (Titel, Komponist) in welcher Länge gespielt wurden. Bei Gastspielen muß der Veranstalter diese Aufgabe übernehmen. Damit er es nicht „vergißt", sollte man ihm beim Auftritt eine genaue Titelliste mit den erforderlichen Angaben übergeben, am besten gleich auf dem richtigen GEMA-Formblatt, das der Veranstalter dann, nachdem er es mit seinen eigenen Daten versehen hat, an die GEMA weiterleiten kann.
- Ein solches Recht braucht auch die Theatergruppe, die eine Platte als *Musikeinlage* benutzen will. Will sie eine Komposition in ihr Stück *integrieren,* so muß sie ein **„großes Recht"** erwerben (meist beim Urheber oder seinem Musikverlag, seltener bei der GEMA). Die Vergütung dafür, die unabhängig vom (kleinen) Aufführungsrecht anfällt, muß die Theatergruppe auf jeden Fall selbst bezahlen.
- Ein **Wiedergaberecht** braucht, wer *Musikaufnahmen anderer* öffentlich wiedergeben will, etwa in einer Disco. Auch hier ist eine vorherige Anmeldung erforderlich.
- Ein **Vervielfältigungs- und Verbreitungsrecht** schließlich braucht, wer Kompositionen anderer auf Platte aufnehmen will. Das ist der Job der Plattenfirma. Wer aber Platten im Selbstverlag herausbringen will, muß diese Rechte bei der GEMA erwerben, die als Vergütung hierfür von kleinen Produzenten rund 1,25 DM pro Tonträger verlangt.

All diese Gebühren werden auch fällig, wenn ein Musiker eigene Kompositionen spielt, die er der GEMA gemeldet hat. Dafür bekommt er dann aber auch eine entsprechende Tantieme.

Die **Anmeldung** von GEMA-pflichtigen Veranstaltungen muß *vor der Durchführung* bei der GEMA[(A)] erfolgen. Auf der dort erhältlichen Anmeldekarte sind folgende Angaben zu machen:

- Anschrift des Veranstalters,
- Tag, Art und Ort der Veranstaltung,
- Name des Veranstaltungslokals,
- Größe des Veranstaltungsraumes in Quadratmetern bzw. bei Bestuhlung Zahl der Plätze,
- Höhe des Eintrittsgeldes/Unkostenbeitrages,
- Zahl der ausübenden Künstler und Künstlerinnen,
- das Musikprogramm (falls es vervielfältigt vorliegt, ansonsten muß der Musikfolgebogen binnen einer Woche nach der Veranstaltung nachgereicht werden).

Auf Grundlage dieser Angaben berechnet die GEMA dann die fällige Vergütung. Der DGB hat in einem Vertrag mit der GEMA **ermäßigte Tarife** vereinbart, die auch für alle IG-Medien-Mitglieder gelten.

Nach dem ermäßigten Tarif kosten zum Beispiel **Musikeinlagen in einer Theateraufführung** je nach Dauer zwischen 32 und 147 DM* pro Vorstellung, in kleinen Theatern maximal 45 DM*. Wird die Musik von Platte oder Band gespielt, erhöht sich die Vergütung um 20% für die GVL.

Für **Schulkonzerte** („Konzerte der ernsten Musik, die ausschließlich pädagogischen Zwecken dienen") verlangt die GEMA nach dem ermäßigten Tarif

- ohne Eintrittsgeld 24 DM*,
- bis zu 6 DM Eintrittsgeld 54 DM*,
- bis zu 14 DM Eintrittsgeld 80 DM*,

jeweils zuzüglich 7% Mehrwertsteuer.

Für normale **Jazz-, Rock- und Popkonzerte** („Unterhaltungs- und Tanzmusik mit Musikern") richten sich die Tarife nach dem Eintrittsgeld und Saalgröße. Sie fangen im ermäßigten Tarif bei 28 DM* an (Saal bis 100 Quadratmeter, Eintritt bis 1,50 DM), werden bei großen Konzerten vierstellig (Saal bis 2.000 Quadratmeter, Eintritt bis 40 DM: 1.346 DM*) und können durch verschiedene Nachlässe noch gemindert werden.

Eine vollständige Übersicht über alle denkbaren Vergütungssätze und Nachlässe ist bei der GEMA[(A)] erhältlich. So sind z.B. reine Bildungsveranstaltungen (Theateraufführungen in Schulen) gebührenfrei. Wer häufiger Veranstaltungen durchführt, kann mit der GEMA einen Pauschalvertrag abschließen, z.B. einen Jahresvertrag für ein Theater.

Wer seine Veranstaltungen ordnungsgemäß anmeldet, kann mit der GEMA durchaus verhandeln. Wer die vorherige Anmeldung aber unterläßt, kann große Schwierigkeiten bekommen: Die GEMA darf in diesem Fall zusätzlich zur Vergütung einen Kontrollkostenzuschlag von 100% verlangen. Und bei Veranstaltern, die es eigentlich hätten wissen müssen, tut sie das in der Regel auch.

Literarische Übersetzung:

Der Reiz der schönen Fremden

von Joachim Meinert

Ein Kollege erzählt, daß er gerade Dostojewski übersetze, und wird erstaunt gefragt: „Ach, ist der nicht schon übersetzt?"

Unseren Beruf begleitet ein Mißverständnis: Übersetzen gilt Unkundigen als eine bloß technische Leistung, die vielleicht eines Tages sogar eine Maschine erledigen könnte, ein für allemal. Bei der Bedienungsanleitung für den Walkman aus Taiwan geht's ja heute schon.

Wer so denkt, verkennt, daß ein fremdes Sprachkunstwerk erst durch die Übersetzung angeeignet (übrigens auch entstellt) werden kann. Die literarische und die Umgangssprache wandeln sich, und seit dem vorigen Fin de siècle, als Dostojewski Furore machte, haben sich auch die Vorstellungen vom Übersetzen verändert.

Obwohl der heutige Übersetzer mit vielen modernen Hilfsmitteln ausgerüstet ist, nehmen sie ihm doch die geduldige Arbeit an der Sprache nicht ab. Ist der Sinn des Originals mit all seinen Assoziationen ermittelt, beginnt die eigentliche Arbeit: Für die Wiedergabe gilt es, viele Synonyme auszuprobieren, den deutschen Satz unzählige Male zu wenden und zu variieren, ihn auf Sinn, Struktur, Lesbarkeit und Klang hin abzuklopfen. Je mehr das Original durch sprachliche Eleganz besticht, desto mehr sperrt es sich zunächst gegen den Zugriff. Franzosen nannten unlängst ein Projekt zur Vorstellung ausländischer Literaturen „Les Belles des Étrangères" – die schönen Fremden.

In der Tat: Der ideelle Reiz des Übersetzens gleicht in manchem der Lust an der Eroberung einer spröden Schönen – den Ärger über ihre heimlichen Kapriolen eingeschlossen. Bis der auf den ersten Blick unübertragbare Satz am Ende doch in eine Fassung gebannt ist, die kritischen Blicken standhält, eigenen und fremden, ist der Übersetzer des öfteren zwischen Verzweiflung und Frohlocken getaumelt. Und er hat sich redlich bemühen, all seinen verfügbaren (sprachlichen) Charme aufbieten müssen. Um sich zu präparieren, hat er nicht nur eine Vielzahl von Wörterbüchern und Enzyklopädien gewälzt, auf der Suche nach Zitaten oder exakten Sachverhalten Tage in der Bibliothek zugebracht, vielleicht ist er sogar im Internet gesurft oder hat mit dem Autor (falls er denn noch lebt) korrespondiert.

Fast jedes zweite belletristische Buch in Deutschland ist heute eine Übersetzung, also werden die Verlage – von denen einige sogar vorwiegend von ausländischen Bestsellern leben – doch wohl wissen, was sie an ihren Übersetzern haben?

Bedenken wir die Fakten: Die Statistik des Börsenvereins weist für 1996 etwa 9.800 übersetzte Titel aus, darunter 4.356 belletristische, dazu 1.273 Titel der Kinder- und Jugendliteratur. Fast drei von vier Büchern werden aus dem Englischen übersetzt, diese Quote steigt seit Jahrzehnten stetig an, auf Französisch entfallen unterdes nur noch 9,1 Prozent. Von den anderen Sprachen erreicht keine andere auch nur drei Prozent – beim Russischen und Spanischen sind es gerade je 1,5 Prozent, etwas besser nur noch Italienisch mit 2,7 und Niederländisch mit 2,6 Prozent.

Dennoch bleibt wahr, was „Ulysses"-Übersetzer Hans Wollschläger schon vor zwanzig Jahren ausrechnete: Er habe an jenem Buch pro Stunde weniger verdient als die Putzfrau des Verlages. Ein Literaturübersetzer mit langer Berufserfahrung, guter Auftraglage und einem zur Zeit als „sehr gut" geltenden, also durchaus nicht üblichen Honorar von 35 DM pro Normseite bringt es bei einem anspruchsvollen Text an einem Arbeitstag im Schnitt kaum auf mehr als vier fertige Seiten – Recherchen und Nacharbeiten wie Korrekturlesen mitgerechnet. Das ergibt, sechs Wochen Ausfallzeit durch Urlaub und Krankheit sowie die Betriebsausgaben abgezogen, am Ende günstigenfalls monatliche Einkünfte von 2.000 DM: ein rarer Spitzenverdienst.

Will ein Übersetzer – und gar ohne Nebenjob – existieren, muß er einige Dinge beachten. Er sollte vor allem unbedingt alle Konditionen seiner Arbeit *vorher* und *schriftlich*, per Vertrag, fixieren. Grundregel: Beginne ohne schriftlichen Auftrag nicht mit der Arbeit, liefere ohne unterschriebenen Vertrag keine Zeile.

Im Kapitel „Verträge und Honorare" sind die Instrumente erläutert, mit denen sich Übersetzer vor Vertragsabschluß unbedingt vertraut machen sollten: Übersetzer-Normvertrag, Honorarumfrage, Honorarempfehlungen, Honorarkartei KNÜLL. Verbandsmitglieder erhalten regelmäßige Rundbriefe und die Vierteljahreszeitschrift Übersetzen. Und: Die Beteiligung an Übersetzerstammtischen und ein Aufenthalt im Europäischen Übersetzer-Kollegium in Straelen ist – vor allem Neulingen – sehr zu empfehlen, um von den Erfahrungen der Kollegen im Verhandeln mit den Vertragspartnern zu profitieren.

Verträge und Honorare 6.

HEUSSINGER

Verträge und Honorare

6.

Ratgeber für Freie sind gut. Erfahrungsaustausch ist besser. Gerade dort, wo es darauf ankommt, die Limits der Vertragspartner auszuloten, um optimale Vertrags- und Honorarbedingungen herauszuholen, kann nichts das Gespräch mit Kolleginnen und Kollegen ersetzen.

Honorar- und Vertragsbedingungen sind keine Geheimsache. Also tauscht euch aus: Wer bekommt wieviel von welchem Auftraggeber? Wieviel Rabatt verlangt welche Galerie? Mit welchem Auftraggeber hat jemand schlechte Erfahrungen gemacht? Welche Verhandlungsspielräume bestehen (Spesenerstattung, zusätzliche Freiexemplare bei Büchern, Freibier)?

Das ist die erste und wichtigste Regel, die verhindern hilft, bei individuellen Verhandlungen in irgendwelche Fallen zu tappen. Die zweite heißt: Unterschreibt ohne Beratung keinen Vertrag, dessen Folgen ihr nicht restlos und konkret überschauen könnt. Die Beratung bei Vertragsabschlüssen ist für IG-Medien-Mitglieder im Mitgliedsbeitrag enthalten. Falls es weder im Ortsverein noch beim Landesbezirk der IG Medien eine kompetente Beraterin gibt, hilft die Bundesgeschäftsstelle der jeweiligen Fachgruppe weiter. Komplexe Verträge wie Platten- und Produktionsverträge sollte man am besten zusammen mit einem Rechtsanwalt ausarbeiten.

Und schließlich: Laßt euch nicht auf Dumpingverträge ein. Wer sich einmal unter Wert verkauft, setzt damit einen Maßstab, an dem er später selbst gemessen wird. Und wer sich gar an Galerien verkauft, die eine Beteiligung an den Ausstellungskosten, oder an Verlage, die Druckkostenzuschüsse verlangen, hat damit selbst den Beweis geliefert, daß seine Arbeit offensichtlich nichts wert ist.

Verträge und Honorare in selbständiger Tätigkeit

6.1.

Auf dem Markt der freien Kunst und Publizistik herrscht Vertragsfreiheit. Jeder kann aushandeln, was er will – es sei denn, gesetzliche Regelungen stehen dem entgegen. In der Praxis heißt das allerdings häufig: Jeder muß unterschreiben, was der Vertragspartner ihm aufdrückt – oder er bekommt den Auftrag nicht.

Dennoch besteht fast immer ein Verhandlungsspielraum, der von Freien – sei es mangels Kenntnis, sei es aus Furcht, den Auftrag zu verlieren – allzuselten ausgeschöpft wird. Jeder sollte sich klarmachen: Über Vertrags- und Honorarbedingungen zu verhandeln ist nicht ehrenrührig, sondern gehört zum Geschäft. Wer zuviel verlangt, bekommt vielleicht zu hören, daß das nicht geht, und kann seine Forderung dann immer noch reduzieren. Daß aber ein Auftraggeber aus Empörung über eine bloße Forderung einen Auftrag zurückzieht, das kommt so gut wie nie vor. Und wenn es mal vorkommt, dann sollte man für einen solchen Menschen ohnehin besser nicht arbeiten.

Denkt daran: Euer Vertragspartner will etwas von *euch*. Daß ihr umgekehrt auch etwas von *ihm* wollt, braucht ihr ihm ja nicht gerade auf die Nase zu binden.

Das folgende Kapitel gibt zunächst einige allgemeine Hinweise zu Vertragsgrundsätzen, Vertragstypen und Honorarproblemen, um anschließend das gesamte Spektrum von Verträgen im Kunst- und Medienbereich mit möglichst konkreten Hinweisen und Empfehlungen zu behandeln.

6.1.1. Vertragstypen

Ein bißchen juristisches Kauderwelsch muß zunächst wieder sein, da der „Verkauf" künstlerischer und publizistischer Leistungen einige Regelungen mehr braucht als der Verkauf von Brötchen. Freie täten gut daran, sich bei ihren Verträgen nicht nur für die Honorarsumme zu interessieren, sondern auch dafür, welche Verpflichtungen sie für dieses Honorar eingehen und welche Rechte sie abgeben.

Zur Regel sollte man es sich machen, aus Musterverträgen alle pauschalen Regelungen (*„gilt für alle künftigen Werke", „gilt zeitlich und räumlich unbegrenzt"*) herauszustreichen und sie durch möglichst konkrete, überschaubare Regelungen zu ersetzen. Das ist auf jeden Fall sinnvoll, da Verträge ja einen konkreten Zweck haben, auf den sie auch konkret zugeschnitten werden sollten. Bei Buchverträgen mit großen Verlagen ist das allerdings nur in Ausnahmefällen möglich.

Die Juristen unterscheiden für diesen Bereich drei Vertragsarten, die im Alltag freilich oft gemischt auftreten.

6.1.1.1. Dienstvertrag

Eine Sängerin, die sich als Backgroundsängerin für die Tournee einer Rockgruppe engagieren läßt, geht damit einen Dienstvertrag ein. Sie verpflichtet sich zu einem Dienst, nämlich zu bestimmten Terminen an bestimmten Orten einen bestimmten Part in einem Konzert zu übernehmen.

Typische Dienstverträge liegen ebenso vor, wenn eine Journalistin die redaktionelle Betreuung einer Rundfunk-Sendereihe übernimmt oder ein Saxophonist einen Jazz-Lehrgang an einer Musikschule durchführt. Daß all diese Aufgaben auch in einem Arbeitsverhältnis übernommen werden könnten, ist kein Zufall: Der Arbeitsvertrag ist eine besondere Form des Dienstvertrages.

Ob auch das Engagement einer Theater- oder Musikgruppe einen Dienstvertrag darstellt, darüber streiten Juristen gern und leidenschaftlich. Unabhängig vom Ausgang dieses Streites gilt: Das Honorar aus einem solchen Vertrag ist fällig, wenn der vereinbarte Dienst geleistet ist – Qualität und Ergebnis spielen grundsätzlich keine Rolle. Auch wenn die Theatergruppe ausgebuht wird und das Publikum sein Eintrittsgeld zurückverlangt, ist das kein Grund für eine Honorarminderung – es sei denn, sie hat ihre Vertragspflichten verletzt, weil zum Beispiel der Hauptdarsteller sturzbesoffen oder das Streichquartett nur mit drei Musikern besetzt war.

Das Honorar ist auch fällig, wenn der Vertrag durch Verschulden des Auftraggebers nicht erfüllt werden konnte, etwa weil die Verstärkeranlage defekt war, die der Kneipenwirt der Musikgruppe für ihren Auftritt vertragsgemäß zur Verfügung zu stellen hatte.

Kein Honoraranspruch besteht dagegen, wenn der Vertrag aus anderen Gründen nicht erfüllt werden kann, etwa weil der Leadsänger krank geworden oder der Veranstaltungssaal abgebrannt ist. So etwas wie eine Entgeltfortzahlung gibt es in diesem Fall also nicht.

Wenn der „Dienstverpflichtete" den Vertrag *schuldhaft* nicht erfüllt, kann sogar Schadenersatz fällig werden. Die Theatergruppe, die einen Auftritt kurzfristig absagt, weil sie für denselben Abend anderswo ein besseres Angebot bekommen hat, muß im Zweifelsfall für die Kosten aufkommen, die der Veranstalter für Werbung und Saalmiete schon ausgegeben hat.

Um langwierige Gerichtsverfahren zu vermeiden, werden für diesen Fall häufig Konventionalstrafen vertraglich festgelegt. Das ist im Prinzip zulässig, und in der Regel ist die Verhandlungsposition der Künstlerin nicht stark genug, um den Auftrag auch ohne Vertragsstrafenklausel zu bekommen. Bevor man aber im Fall des Falles die Konventionalstrafe zahlt, sollte man folgendes prüfen:

- Hat die Klausel den Charakter einer Allgemeinen Geschäftsbedingung (siehe Seite 135)? Dann ist sie nichtig, vor allem wenn sie eine Konventionalstrafe auch für Fälle vorsieht, die der Künstler nicht zu vertreten hat (z.B. Krankheit).
- Ist die Vertragsstrafe unangemessen hoch? Dann kann sie per Gerichtsbeschluß auf einen „angemessenen" Betrag herabgesetzt werden, der sich (unter anderem) am tatsächlich entstandenen Schaden orientiert. Vertragsklauseln, die sehr hohe Strafen für kleine Verfehlungen androhen, können sogar sittenwidrig und damit nichtig sein, so daß dann gar keine – auch keine reduzierte – Vertragsstrafe anfällt.

Werkvertrag 6.1.1.2.

Im Unterschied zum Dienstvertrag beinhaltet ein Werkvertrag die Verpflichtung, ein bestimmtes *Werk* in der Regel zu einem bestimmten Termin zu liefern, zum Beispiel eine Skulptur, einen Zeitungsartikel, einen Fernsehfilm, eine Komposition oder ein Masterband.

Auch hier wird das Honorar grundsätzlich in voller Höhe fällig, wenn das vereinbarte Werk (termingerecht) abgeliefert wurde. Was der Auftraggeber dann damit anfängt, ob er den Zeitungsartikel druckt oder in den Papierkorb schmeißt, hat auf das Honorar keine Auswirkungen mehr.

Anders als beim Dienstvertrag muß das Werk allerdings vom Auftraggeber *abgenommen* werden. Diese Abnahme kann er jedoch nur verweigern, wenn das abgelieferte Werk nicht dem Vertrag entspricht oder wenn es *handwerk-*

liche Mängel hat. Liefert zum Beispiel die Porträtmalerin statt des vereinbarten Ölgemäldes ein Aquarell, so entspricht das nicht dem Vertrag. Stellt sich dagegen heraus, daß der Klatschreporter sich das angebliche Exklusiv-Interview mit Caroline von Monaco aus den Fingern gesogen hat oder daß die Sachbuchautorin in dem Handbuch über konfessionelle Bildungseinrichtungen die katholischen vergessen hat, so sind das handwerkliche Mängel, auf Grund derer der Auftraggeber die Abnahme verweigern kann. Er muß dem Auftragnehmer jedoch die Möglichkeit zur Nachbesserung einräumen. Wenn diese Nachbesserung nicht erfolgt oder nicht möglich ist, entfällt *jeder* Honoraranspruch.

Die *künstlerische* Qualität darf jedoch grundsätzlich keine Rolle spielen. Der Bundeskanzler muß das in Auftrag gegebene Porträt also auch bezahlen, wenn er sich darauf scheußlich findet und das Bild unter keinen Umständen im Kanzleramt hängen sehen will; die Rundfunkanstalt muß den in Auftrag gegebenen Fernsehfilm auch annehmen, wenn sie ihn ganz einfach schlecht findet und niemals senden will. Sie darf mit dieser Begründung auch nicht das Honorar mindern. (Abweichende Regelungen können vertraglich vereinbart werden; Genaueres dazu wird bei den einzelnen Verträgen erläutert.)

Für Vertragsstrafen und Schadenersatzleistungen gelten sinngemäß die gleichen Regeln wie beim Dienstvertrag (siehe Seite 132).

6.1.1.3. Urheberrechtsverträge

Während der Schwerpunkt von Werkverträgen die *Herstellung* eines neuen Werkes ist, beziehen sich Urheberrechtsverträge in der Regel auf die *Nutzung* schon bestehender Werke. Solche Nutzungen müssen präzise und ausdrücklich vereinbart werden. Grundsätzlich gilt: Nutzungsrechte, die sich nicht unmittelbar aus dem Vertrag ergeben, sind auch nicht eingeräumt worden. (Zum Begriff der Nutzungsrechte siehe Seite 96 ff.)

Der Kunstfreund, der ein Gemälde in Auftrag gegeben hat, darf das fertige Bild also nicht einfach vervielfältigen – dieses Recht muß er sich von der Urheberin ausdrücklich einräumen lassen. Auch der Zeitungsverleger muß vertraglich klären, in welcher Zeitung und wie oft er den bestellten Artikel abdrucken darf. Ein stillschweigender Übergang von Nutzungsrechten vom Urheber auf irgendeine andere Person ist nach dem Urheberrecht grundsätzlich ausgeschlossen.

In der Praxis sieht das freilich anders aus. Besonders im aktuellen Journalismus sind schriftliche Verträge die absolute Ausnahme, und das Wort „Nutzungsrecht“ ist vielen Redakteuren gar nicht bekannt. Für diese Fälle hat das Urheberrechtsgesetz einige Grundsatzregelungen nach dem Muster „Falls nicht anders vereinbart, gilt ...“ getroffen (siehe Seite 98). Wo auch diese Regelungen nicht ausreichen, muß der gesunde Menschenverstand weiterhelfen: Als vereinbart gilt, was dem Vertragszweck dient (siehe Seite 96).

Neben der einfachen *Einräumung* von Nutzungsrechten geht es insbesondere bei Verlagsverträgen häufig um die *Übertragung* von Nutzungsrechten. Damit räumt die Urheberin dem Verlag das Recht ein, das Manuskript, Theater- oder Musikstück nicht nur selbst zu nutzen, sondern Nutzungsrechte daran an Dritte zu übertragen. Auch hier müssen die übertragbaren Nutzungsrechte vollständig und präzise im Vertrag aufgezählt werden – und der Anteil bestimmt werden, den die Urheberin von den entsprechenden Erlösen bekommt.

Allgemeine Geschäftsbedingungen 6.1.1.4.

Verträge, die sämtliche Eventualitäten berücksichtigen, sind im Alltagsgeschäft von Kunstschaffenden die Ausnahme, im Journalismus sind sie völlig unüblich. In Streitfällen ziehen Verlage und Rundfunkanstalten meist ihre „Allgemeinen Honorarbedingungen" aus der Schublade und verweisen auf einen kleinen Satz in der Honorarabrechnung: *„Mit der Annahme des Honorars gelten die Allgemeinen Honorarbedingungen des XY-Verlages als akzeptiert."* Und die enthalten bei Privatsendern und Verlagen oft sehr unangenehme Bestimmungen – etwa derart, daß der Freie dem Verlag die Einräumung von Nutzungsrechten an andere Verlage gestattet, ohne daß es dafür einen Honoraranspruch gäbe, oder daß die Freie alle Folgen aus Veröffentlichungen wie Prozesse, Schadenersatzforderungen u.ä. auf sich nimmt.

Solchen Linkereien braucht sich niemand auszuliefern. Denn bei allen Fragen, die nicht gesetzlich, vertraglich oder durch mündliche Absprache geregelt sind, gilt: Die Bedingungen diktiert, wer sie als erster formuliert, ohne daß der andere ihnen widerspricht.

Zwei Möglichkeiten gibt es also: Entweder der freie Fotograf druckt auf der Rückseite seines Lieferscheins seine eigenen Geschäftsbedingungen ab. Druckt der Verlag die Fotos ab, so hat er damit auch die Geschäftsbedingungen des Fotografen akzeptiert (und kann seine eigenen vergessen). Oder die Journalistin widerspricht auf ihrem Angebot, ihrer Auftragsbestätigung oder dem Manuskript ausdrücklich solch unsittlichen Regelungen, wie sie oben genannt wurden. Das wird zunächst kaum jemandem auffallen, kann aber in Streitfällen sehr hilfreich sein (Beispiel siehe Seite 138).

Eine „Allgemeine Geschäftsbedingung" im rechtlichen Sinne ist nicht nur, wo „Allgemeine Geschäftsbedingung" (AGB) draufsteht. Auch ein Formularvertrag, der regelmäßig wortgleich mit einer Vielzahl von Partnern abgeschlossen wird, gilt als AGB. Das ist deshalb von Bedeutung, weil das AGB-Gesetz die Festlegung von **Vertragsstrafen** in AGBs verbietet. Wer also ein vorgedrucktes Vertragsformular unterzeichnet hat und auf Grund einer der vorgedruckten Bestimmungen eine Konventionalstrafe zahlen soll, kann dagegen (nach Rechtsberatung durch die IG Medien) mit guter Aussicht auf Erfolg ein Gericht anrufen.

Sittenwidrige Verträge 6.1.1.5.

Nicht alles, was in Verträgen steht, ist rechtsgültig. Manche Auftraggeber versuchen – aus Unkenntnis oder Bösartigkeit – leider immer noch, Freien per Vertrag Rechte zu nehmen, die sie ihnen laut Gesetz gar nicht nehmen dürfen.

Insbesondere die Urheberschutzrechte, die auf Seite 104 ff. aufgezählt sind, *dürfen* per Vertrag nicht außer Kraft gesetzt werden. Entsprechende Vertragsklauseln kann man schadlos unterschreiben – sie gelten nicht. (Ob man es tun sollte, ist eine andere Frage: Sie bürgen nicht gerade für die Seriosität des Vertragspartners.)

Rechts- oder sittenwidrig sind insbesondere alle Vertragsklauseln, die

- unangemessene Vertragsstrafen festlegen (siehe Seite 133),
- den Charakter von Knebelverträgen haben (siehe Seite 107) oder
- das Folgerecht, das Rückrufsrecht und das Recht der Urheberin auf eine angemessene Beteiligung am wirtschaftlichen Erlös ihrer Werke außer Kraft setzen (siehe Seite 104).

6.1.2. Honorare

Die Honorare für freie künstlerische und publizistische Tätigkeit sind eines der letzten Gebiete, in denen das Gesetz von Angebot und Nachfrage noch in Reinkultur erhalten ist. Generelle Regelungen nach der Art von Tarifverträgen sind für freie Berufe nach dem Kartellgesetz verboten (erlaubt sind Tarifverträge lediglich für Arbeitnehmerähnliche – siehe Seite 62); mit der Forderung nach gesetzlichen Mindesthonoraren, wie es sie für Rechtsanwälte, Ärzte oder Architekten ja gibt, erntet man in Verlagen bestenfalls Kopfschütteln.

Daß die „frei vereinbarten" Honorare allzuoft von den Auftraggebern diktiert werden und in aller Regel dramatisch niedrig sind, ist allerdings nicht nur auf den hohen Konkurrenzdruck in diesen freien Berufen zurückzuführen: Freie könnten sehr oft mehr bekommen – wenn sie denn mehr verlangen würden.

6.1.2.1. Was ist eigentlich ein angemessenes Honorar?

Wer kennt das nicht? Tagelang „verhandelt" man mit sich selbst, ringt sich endlich dazu durch, dieses Mal aber wirklich ein saftiges Honorar zu verlangen, dann nennt man dem Kunden klopfenden Herzens seine Forderung, und der sagt nur: „Ist in Ordnung." Es war also wieder zu wenig. Ich gestehe: Ich habe sechs Jahre freier Arbeit gebraucht, bis ich zum ersten Mal von einem Redakteur auf eine Honorarforderung den Satz gehört habe: „Da muß ich erstmal nachfragen." (Nach der Nachfrage hat er ja gesagt. War also immer noch zu wenig.)

Die Erfahrung zeigt, daß Freie ihre Leistungen fast durchweg zu niedrig anbieten. Die durchaus vorhandenen Verhandlungsspielräume werden nur selten ausgeschöpft.

Erschreckend ist, daß viele Freie nicht einmal eine Vorstellung davon haben, wie hoch ein „angemessenes" Honorar denn eigentlich sein müßte.

Ich empfehle jedem und jeder, dazu einmal eine „betriebswirtschaftliche" Rechnung für sich selbst aufzumachen und nur mal zum Spaß auszurechnen: Wie hoch müßten meine Honorare eigentlich sein, damit ich nicht schlechter gestellt bin als meine fest angestellten Kollegen?

Drei Fragen sind dazu zu beantworten:

- Was verdienen Festangestellte mit meiner Qualifikation und Qualität im Jahr (einschließlich Urlaubsgeld, 13. Monatsgehalt usw.)?
- Was muß ich zusätzlich zu diesem „Gehalt" verdienen, um meine Betriebsausgaben (Büro, Atelier, Reise- und Materialkosten, Berufsunfallversicherung usw.) zu decken?
- Wieviel „bezahlte Arbeit" (verkaufte Kunstwerke, übersetzte Seiten, Auftritte, „produktive" Arbeitsstunden) schaffe ich im Jahr?

Mit diesen Grundannahmen läßt sich dann eine Rechnung nach folgendem Muster anstellen. Als Beispiel wird hier das Tarifgehalt eines Redakteurs bei einer Tageszeitung auf die Bedingungen eines durchschnittlichen freien Journalisten (acht Jahre Berufserfahrung, eigenes Büro) umgerechnet:

Der Redakteur bekommt in Westdeutschland monatlich 6.630 DM*. Das ergibt bei 13,95 tariflichen Monatsgehältern zuzüglich vermögenswirksamen Leistungen und Zuschlägen für Sonntagsdienste ein **Jahresgehalt von rund 96.000 DM.**

Um auf das gleiche Jahresgehalt zu kommen, muß der Freie seine Betriebsausgaben zusätzlich verdienen. Die machen nach einer Umfrage der IG Medien rund ein Drittel des Umsatzes aus; er braucht also einen **Jahresumsatz von rund 144.000 DM.**

Diesen Umsatz muß er in rund 210 Tagen erzielen (256 Arbeitstage minus 33 Tage Tarifurlaub minus 10 Tage Krankheit), er braucht also einen **Umsatz pro Arbeitstag von rund 685 DM.**

Zieht man von der tariflichen Arbeitszeit von 7,3 Stunden pro Tag ein Fünftel für die „unbezahlte" Arbeit (Archiv, Buchhaltung, allgemeines Informationssammeln usw.) ab, so bleiben für bezahlte Aufträge knapp sechs Stunden am Tag. Er braucht also ein **Stundenhonorar von rund 115 DM,** um seinem tariflich bezahlten Redakteurskollegen finanziell gleichgestellt zu sein.

Nach dem gleichen Muster läßt sich die Rechnung für jeden anderen Beruf auch durchführen. Eine freie Theatergruppe, die das gleiche „Gehalt" erreichen möchte und den gleichen Betriebskostenanteil hat, müßte also bei 110 Vorstellungen pro Jahr 144.000 DM : 110 = rund 1.300 DM pro Kopf und Vorstellung verlangen. Zuzüglich Mehrwertsteuer.

Und dann kommt erst die spannende Frage: Wieviel müßte ich eigentlich *mehr* verdienen als die Festangestellten, damit das „Unternehmerrisiko" sich auch für mich auszahlt? Na?

Ob die so errechneten Honorare zu realisieren sind, ist ein ganz anderes Problem. Der freie Journalist, der einen ganzen Tag auf einem Parteitag verbringt und für seinen Bericht „großzügig" mit 200 Mark Pauschale honoriert wird, sollte aber zumindest *wissen,* daß er damit nicht mal ein Drittel des

Gehaltes seines festangestellten Kollegen hat. Welche Konsequenzen aus dieser Erkenntnis zu ziehen sind, muß jeder und jede für sich selbst entscheiden.

6.1.2.2. Marktübliche Honorare

Als Orientierungspunkt für eigene Honorarforderungen werden in den folgenden Abschnitten möglichst viele Honorarsätze genannt, die auf dem Markt üblich sind. Sie werden häufig auch von Gerichten herangezogen, wenn sie in Streitfällen über „angemessene" Honorare zu entscheiden haben.

Vier Kategorien sind dabei zu unterscheiden:

- **Tarifverträge** markieren die Größenordnung realisierbarer oder zumindest angemessener Honorare auch in Bereichen, für die sie keine unmittelbare Wirkung haben.
- **Honorarempfehlungen** dürfen von eigens dazu gebildeten Zusammenschlüssen von Selbständigen formuliert werden, die nach dem Kartellgesetz „Mittelstandsgemeinschaften" heißen müssen. Solche Empfehlungen *müssen* sich an den Preisen orientieren, die auf dem Markt tatsächlich gezahlt werden, und werden in der Regel durch Honorarumfragen ermittelt. Honorarempfehlungen haben, wie ihr Name sagt, keine bindende Wirkung, werden jedoch häufig von Gerichten in Streitfällen als Maßstab herangezogen.
- **Übliche Honorare und Beteiligungssätze** erfährt man im Gespräch mit Kolleginnen und Kollegen am Kneipentisch. Selbst sie können im Streitfall helfen: Ein Gericht, das über die Angemessenheit eines Honorars bei einer großen Tageszeitung zu entscheiden hätte, würde sich wohl an deren „hausüblichen" Honorarsätzen orientieren. Die in den folgenden Abschnitten genannten Erfahrungssätze sollen jedoch vor allem die eigene Orientierung erleichtern.
- **Honorare aus verwandten Bereichen** werden im folgenden genannt, um zu verdeutlichen, wie miserabel die Honorarsituation im künstlerischen und publizistischen Bereich ist, und um denen Anhaltspunkte zu geben, die mal mit einer verwandten Arbeit richtig Geld verdienen wollen.

Wie sehr sich die Freien bereits selbst bescheiden, machte Ende der achtziger Jahre das Amtsgericht Hamburg deutlich. Es hielt in einem Streit um das Honorar eines freien Journalisten bei einem Stadtmagazin mit 60.000 Auflage ein Zeilengeld von 2–3 DM für üblich und bezeichnete das angebotene Zeilengeld von 50 Pfennig rechtskräftig als „lächerlich". Für solche Honorare arbeitete damals aber vermutlich die Mehrzahl der Freien – bei vielen Stadtmagazinen werden die „lächerlichen" 50 Pfennig bis heute als Standard akzeptiert.

6.1.2.3. Honoraraufschläge

Grundsätzlich gilt das vertraglich vereinbarte Honorar. Wer zu niedrig abschließt, ist selber schuld. Auch die zusätzliche Zahlung von Mehrwertsteuer und Spesen muß vorher vereinbart werden. Eine Pflicht zur *nachträgli-*

chen Erhöhung des vereinbarten Honorars gibt es nur in einem einzigen Fall, dem sogenannten Bestsellerparagraphen (siehe Seite 105).

Bei einer **unbefugten Nutzung** – wenn etwa Karikaturen unerlaubt nachgedruckt oder Theaterstücke ohne Aufführungsvertrag gespielt werden – können die Geschädigten (wenn sie es merken) zusätzlich zum üblichen Honorar den Ersatz der Kosten verlangen, die sie aufwenden mußten, um die unerlaubte Nutzung festzustellen. Werden die Kosten von einer Verwertungsgesellschaft eingeklagt, so haben die Gerichte in Musterprozessen hierfür einen pauschalen „Verwaltungskostenaufschlag" von 100% auf das Honorar akzeptiert.

Auch ein höherer Zuschlag ist rechtens, wenn er in Allgemeinen Geschäftsbedingungen festgeschrieben ist. 1997 gab das Oberlandesgericht Celle einem Fotografen recht, dessen Geschäftsbedingungen bei unerlaubter Nutzung einen Schadenersatz in Höhe des fünffachen Nutzungshonorars vorsahen: Das Magazin „Focus", das die Bilder zunächst legal gedruckt, aber anschließend ohne Einverständnis des Fotografen noch auf einer CD-ROM verwendet hatte, mußte zahlen. (Aktenzeichen 13 U 81/96 und 13 U 139/96)

Wenn bei einer Veröffentlichung z.B. von Fotos, Karikaturen oder Kunstwerken die **Autorenangabe fehlt,** ohne daß das ausdrücklich vereinbart war, kann die Autorin zusätzlich zum Honorar „Schadenersatz wegen entgangener Werbewirkung" geltend machen. Der beträgt ebenfalls 100% vom Honorar, sofern er von einer Verwertungsgesellschaft eingeklagt wird. Auch einem Fotografen, der diesen Schadenersatz *selbst* einklagte, hat das Landgericht München einen solchen Aufschlag in Höhe von 100% zugestanden (Aktenzeichen 21 o 7688/92). Da andere Gerichte aber 33,3% für ausreichend hielten, empfiehlt der Bundesverband der Pressebild-Agenturen allen Fotografen, in ihre Geschäftsbedingungen den Satz aufzunehmen: *„Bei nicht vereinbarter Unterlassung des Urheber-Vermerks wird ein Zuschlag zum Honorar von 100% verlangt."*

Ob und wann solche Zuschläge wirklich eingefordert werden, bleibt dem Fingerspitzengefühl überlassen. Auch Hinweise auf die *Möglichkeit* eines solchen Zuschlages können schon ein wenig helfen, Schlampereien zu Lasten der Freien zu vermindern.

Honorarabzüge 6.1.2.4.

Der Glaube an die Rechtmäßigkeit verschiedener Honorarabzüge ist leider nicht nur auf Seiten von Vermarktern und Auftraggebern, sondern auch bei vielen Freien unerschütterlich.

Das gilt insbesondere für die Unsitte, freien Journalisten für nicht veröffentlichte Beiträge ein **„Ausfallhonorar"** von 50% zu zahlen. Für eine solche Honorarkürzung gibt es keinerlei Rechtsgrundlage (siehe Seite 133). Ebenso sind Artikel, die von der Redaktion zusammengekürzt wurden, nach der *bestellten* Länge zu bezahlen, nicht nach der *abgedruckten.* Oft steckt hinter einer solchen Kürzung allerdings gar keine Bösartigkeit, sondern pures Unwissen: Redaktionen zahlen in der Regel anstandslos den vollen Betrag, *wenn man es nur verlangt.*

Ebensowenig reicht es für eine Honorarkürzung aus, wenn der bestellte Artikel dem Auftraggeber nicht gefällt. Grundsätzlich gibt es nur zwei Möglichkeiten: Entweder der Auftraggeber nimmt das vereinbarte Werk an – dann wird das volle Honorar fällig. Oder das Werk hat handwerkliche Mängel oder entspricht nicht der Vertragsvereinbarung (siehe Seite 133) – dann braucht er es nicht anzunehmen und überhaupt kein Honorar zu zahlen.

Diese klare Rechtslage wird jedoch in zwei Fällen umgangen:

- Einige **Rundfunksender** splitten ihre Honorare in ein Ausarbeitungshonorar, das bei Ablieferung, und ein Sendehonorar, das erst bei Sendung fällig wird. Das ist ein übler Trick, gegen den man individuell kaum ankommt. Im Bereich der aktuellen Berichterstattung haben die ARD-Anstalten auf Druck der IG Medien darauf inzwischen verzichtet.
- Sinnvoll kann es dagegen sein, in Bestellverträgen für **Kunstwerke** zu vereinbaren, daß der Auftraggeber das Werk bei Nichtgefallen nicht abzunehmen braucht, das Honorar (bzw. ein bestimmter Teil davon) aber in diesem Fall dennoch fällig wird.

Grundsätzlich gibt es nur einen einzigen Grund, nachträglich Abzüge vom vereinbarten Honorar vorzunehmen: Bei *nichtselbständigen* Freien (siehe Seite 66) *muß* der Auftraggeber die Lohnsteuer und die Sozialversicherungsbeiträge vom Honorar einbehalten.

Wo weitere Abzüge vorgenommen werden, handelt es sich in der Regel um einfachen Beschiß. Das gilt insbesondere für den sogenannten **KSK-Abzug,** mit dem einige Vermarkter lange Zeit versuchten, die KSK-Abgabe, zu der sie gesetzlich verpflichtet sind (siehe Seite 206), auf die Freien abzuwälzen. Falls das immer noch einer versucht: Ein solcher Abzug ist nach Sozialgesetzbuch I, § 32 schlicht rechtswidrig.

Wer mit solchen oder ähnlichen Abzügen konfrontiert wird, sollte schleunigst beim zuständigen Landesbezirk der IG Medien rechtlichen Rat einholen: Der gehört zum gewerkschaftlichen Rechtsschutz und ist für IG-Medien-Mitglieder kostenlos.

6.1.3. Journalismus (Wort und Bild)

Vor allem im aktuellen Journalismus sind mündliche Verträge die Regel. Um Mißverständnisse und späteren Streit zu vermeiden, muß bei jeder Auftragserteilung für beide Seiten unmißverständlich geklärt werden,

- ob es sich tatsächlich um einen Auftrag handelt (der beliebte Satz „Ja, schicken Sie doch mal vorbei" ist im Zweifelsfall *kein* Auftrag, sondern lediglich eine unverbindliche Anforderung, die einen Honoraranspruch nur dann auslöst, wenn der Beitrag wirklich gedruckt wird),
- Thema, Art und Länge des Beitrages,
- Honorar, gegebenenfalls Fälligkeit,
- Ablieferungstermin.

Wo sich die Beziehungen zwischen einer Freien und einer Redaktion eingespielt haben, bedarf das nicht vieler Worte und meist auch keiner schriftlichen Bestätigung: Beide Seiten kennen die Konditionen und wissen aus Erfahrung, daß die andere Seite sie einhält.

Bei größeren Aufträgen und unbekannten Kunden empfiehlt es sich jedoch, den Auftrag kurz schriftlich zu bestätigen. Etwa so: *„Ich danke Ihnen für das Telefongespräch am 6.12., dessen Inhalt ich Ihnen kurz bestätigen möchte: Ich werde Ihnen bis zum 24.12. eine Reportage über die Arbeitszeiten freier Journalistinnen im Umfang von sechs Manuskriptseiten liefern. Als Honorar haben wir 1.200 DM zzgl. 7% MwSt. vereinbart."* Wenn der Verlag dem nicht widerspricht, genügt ein solches Schreiben bei eventuellen Streitigkeiten als Auftrags- und Honorarnachweis.

Da über **Nutzungsrechte** im journalistischen Alltag so gut wie nie geredet wird, gelten – soweit nichts anderes vereinbart ist – die auf Seite 98 dargestellten gesetzlichen Bestimmungen.

Geschäftsbedingungen 6.1.3.1.

Auch freie Journalisten und Fotografinnen sollten ihre Werke mit einem Minimum an Geschäftsbedingungen versehen. Schon um Mißverständnisse zu vermeiden darf kein Foto und kein Manuskript das Haus verlassen, das nicht mindestens (z.B. per Stempel oder Aufkleber) folgende Angaben trägt:

- *Name, Adresse, Telefon, Kontonummer,*
- *„Alle Rechte beim Urheber",*
- *„Abdruck nur gegen Belegexemplar, Honorar plus 7% MwSt.".*

Für Wortjournalisten bietet es sich an, eigenes **Manuskriptpapier** drukken zu lassen (oder dem Computer beizubringen, daß er die entsprechenden Angaben automatisch auf jedes Manuskript druckt), das zusätzlich zu den genannten Punkten noch folgende Hinweise enthalten kann:

- *Datum* (erleichtert die Archivierung),
- *„Manuskript für ...."* (verringert die Probleme bei Streitigkeiten um unberechtigte Nachdrucke),
- *„.... Zeilen à ... Anschläge"* (das freut den Redakteur),
- *„Es wird ein einfaches/ausschließliches Nutzungsrecht angeboten"* (verhindert Streit um Honorar und Nachdruckrechte),
- *„Falls nicht anders vereinbart, gelten die Honorarsätze aus dem Tarifvertrag für arbeitnehmerähnliche freie Journalisten an Tageszeitungen"* (oder andere Honorarempfehlungen – siehe Seite 147 ff.) oder *„Abdruck nur gegen ein Honorar von ... DM pauschal / .... Pfg. je Druckzeile"* (dieser Satz auf dem Manuskript gilt als akzeptiert, wenn der Artikel abgedruckt wird).

In **Lieferscheinen** können diese Angaben präzisiert und für alle Eventualitäten differenziert werden. Besonders bei Zeitschriften mit langer Produktionsdauer empfiehlt sich eine Bestimmung über die Fälligkeit des Honorars (z.B. vier Wochen nach Manuskriptablieferung) und/oder den spätesten Veröffentlichungstermin (*„eingeräumt wird ein ausschließliches Nutzungsrecht, befristet bis zum ..."*).

Wo Manuskripte und Fotos elektronisch direkt in das Redaktionssystem übermittelt werden, empfiehlt es sich, dem Verlag die eigenen Geschäftsbedingungen möglichst mit der ersten Lieferung *einmal* schriftlich zukommen zu lassen. Widerspricht er ihnen nicht, gelten sie auch für alle folgenden Aufträge.

Für Fotografen sind eigene **Geschäftsbedingungen** kaum verzichtbar. Sie sollten – zum Beispiel auf die Rückseite der Lieferscheine gedruckt – neben den bisher genannten folgende Punkte enthalten:

- Honoraraufschlag bei fehlender Autorenangabe (100%) und unerlaubter Nutzung (bis zu 500%) – siehe Seiten 138 und 139;
- Rückgabefristen und Gebühren bei nicht rechtzeitiger Rückgabe (bei Abzügen -,50, bei Dias 2 DM pro Tag und Bild – Achtung: Die Blockierungsgebühren müssen im Rahmen erzielbarer Honorare bleiben. Vier- bis fünfstellige Forderungen, die sich bei blockierten Auswahlsendungen von mehreren hundert Dias schon mal ergeben können, werden normalerweise von jedem Gericht als unangemessen hoch verworfen),
- Schadenersatz für verschlampte und beschädigte Fotos,
- Falls nicht ausdrücklich anders vereinbart: Ausschluß der Weitergabe von Nutzungsrechten, Beschränkung des Nutzungsrechtes auf den einmaligen Abdruck, Verbot der Digitalisierung und digitalen Speicherung, Verbot der elektronischen Veränderung bzw. Verpflichtung zur Kennzeichnung veränderter Bilder mit dem Zeichen [M] für „Manipulation",
- Haftungs- und Schadenersatzfragen.

Mustergeschäftsbedingungen für Fotografen, die auch alle Fragen der digitalen Nutzung enthalten, hat die IG Medien zusammen mit FreeLens[A] entwickelt. Sie sind bei beiden Organisationen erhältlich – als Diskette, im Internet oder gedruckt auf Briefpapier, auf dessen andere Seite man seinen Lieferschein drucken kann. Eine andere Version, erarbeitet von der Mittelstandsgemeinschaft Foto-Marketing, findet man in der Broschüre „Der Bildermarkt – Handbuch der Bildagenturen"[B].

6.1.3.2. Tarifvertrag Freie an Tageszeitungen

Der „Tarifvertrag für arbeitnehmerähnliche freie Journalisten an Tageszeitungen" gilt bei allen Tageszeitungen in den alten Bundesländern mit Ausnahme von Hessen für alle Freien, die

- *hauptberuflich* tätig sind, d.h. regelmäßig mindestens 750 DM pro Monat aus freier journalistischer Tätigkeit beziehen, und
- *arbeitnehmerähnlichen* Status haben, d.h. in den letzten sechs Monaten mehr als ein Drittel ihrer Honorare vom jeweiligen Verlag (bzw. Konzern) bezogen haben.

Für alle, die diese Bedingungen erfüllen, ist die Bezahlung nach dem Tarifvertrag kein Gnadenakt, sondern einklagbares Recht. Dazu muß dem Arbeitgeber die „Arbeitnehmerähnlichkeit" allerdings *angezeigt* werden (woher soll er es sonst wissen?). Erst vom Zeitpunkt dieser Mitteilung an besteht Anspruch auf Leistungen aus dem Tarifvertrag. Wobei nicht verschwiegen werden soll, daß manche Arbeitgeber auf diese Mitteilung mit massiven Drohungen und/oder Auftragskürzungen reagieren. Am besten vorher mal zum Betriebsrat gehen!

Der Tarifvertrag regelt die Honorare pro Druckzeile und Einzelfoto abhängig von der Auflagenhöhe der jeweiligen Zeitung, der Art des Beitrages und dem Grad der Exklusivität. Die Forderung der IG Medien, zu einer Honorierung nach Zeitaufwand überzugehen, haben die Verleger in den letzten Jahren leider rundweg abblocken können. Dennoch bleibt das Ziel „Zeit statt Zeile" bestehen. Die seit 1. August 1997 geltenden Tarifsätze sind den Tabellen 1 und 2 zu entnehmen.

Tabelle 1 (Angaben in Pfennig pro Zeile)

Honorare für Textbeiträge – Arbeitnehmerähnliche Freie an Tageszeitungen

		Auflage: bis 10.000	bis 25.000	bis 50.000	bis 100.000	über 100.000
Nachrichten und Berichte	Erstdruckrecht	87.7	96.7	116.5	134.6	157.5
	Zweitdruckrecht	71.2	75.9	86.2	102.9	118.0
Reportagen, Gerichtsberichte, Spitzen, Glossen	Erstdruckrecht	109.0	116.5	145.5	174.0	215.1
	Zweitdruckrecht	80.7	84.9	110.4	129.6	162.3

Für Kommentare, Leitartikel, Interviews, fachliche und wissenschaftliche Aufsätze, Kunstkritiken, Essays und Alleinveröffentlichungsrechte müssen die Honorare „angemessen" über den Sätzen der Tabelle liegen. Die Honorare gelten für Druckzeilen á 34 - 40 Anschläge und sind bei abweichenden Zeilenlängen entsprechend umzurechnen (Umrechnungsbasis: 37 Anschläge).

Quelle: Tarifvertrag für arbeitnehmerähnliche Freie an Tageszeitungen, Stand 1.8.1997

Tabelle 2 (Angaben in DM pro Bild)

Honorare für Bildbeiträge – Arbeitnehmerähnliche Freie an Tageszeitungen

		Auflage: bis 10.000	bis 25.000	bis 50.000	bis 100.000	über 100.000
Für normale Fotos (schwarzweiß)	Erstdruckrecht	61.10	70.80	79.80	103.80	125.60
	Zweitdruckrecht	48.80	56.20	59.50	79.70	95.60

Für Alleinveröffentlichungsrechte, Titelfotos, Fotomontagen, Farbaufnahmen und Zeichnungen müssen die Honorare „angemessen" über den Sätzen der Tabelle liegen.
Die Gebühr für Archivbilder ist im Tarifvertrag nicht geregelt. Die Beträge beziehen sich auf fertige Schwarzweiß-Abzüge. Liefert der Fotograf nur den Film ab, darf der Verlag „angemessene" Abschläge für Laborarbeiten vornehmen.

Quelle: Tarifvertrag für arbeitnehmerähnliche Freie an Tageszeitungen, Stand 1.8.1997

Diese Honorare werden *in voller Höhe* für alle Beiträge fällig, die bestellt oder zur Veröffentlichung angenommen wurden – auch wenn sie nicht gedruckt wurden. Als zur Veröffentlichung angenommen gelten auch Beiträge, die ein *arbeitnehmerähnlicher* Freier unverlangt, aber mit Rückporto versehen bei seinem (Haupt-)Auftraggeber eingereicht hat und die nicht spätestens vier Wochen nach Eingang zurückgeschickt wurden.

Die **Mehrwertsteuer** ist zusätzlich zu den genannten Honoraren zu zahlen; **Spesen** sind nach diesem Vertrag nur „nach vorheriger Vereinbarung" und „gegen Nachweis" zu erstatten.

Unter **Erstdruckrecht** versteht der Tarifvertrag, daß der Beitrag keinem anderen Medium *im Verbreitungsgebiet der jeweiligen Zeitung zur vorherigen oder gleichzeitigen* Veröffentlichung angeboten, nach Veröffentlichung aber beliebig weiterverkauft werden darf. Es handelt sich also um ein räumlich beschränktes ausschließliches Nutzungsrecht. Beim **Zweitdruckrecht,** das identisch ist mit dem einfachen Nutzungsrecht des Urheberrechtsgesetzes, darf der Beitrag beliebigen anderen Medien in wortgleicher Fassung zur vorherigen oder gleichzeitigen Veröffentlichung (natürlich nur nach dem Zweitdruckrecht) angeboten werden.

Im Zweifel gilt *immer ein Zweitdruckrecht* als vereinbart. Wer also das höhere Honorar kassieren will, muß auf seinem Manuskript ausdrücklich vermerken, daß ein Erstdruckrecht angeboten wird – was einige Lokalzeitungen inzwischen generell ablehnen, weil sie gar keine örtliche Konkurrenz mehr haben, bei der ein gleichzeitiger Abdruck möglich wäre!

Will der Verlag die Zusammenarbeit mit einem arbeitnehmerähnlichen Freien beenden (oder umgekehrt), muß er dies einen Monat vorher schriftlich ankündigen.

Der komplette Tarifvertrag ist bei der IG Medien erhältlich (auch im Internet). Weigert sich ein Verlag, Arbeitnehmerähnliche nach diesem Tarif zu bezahlen, so sollte der **Betriebsrat** eingeschaltet werden. Zu dessen Aufgaben gehört es, die Einhaltung der Tarifverträge – auch für Freie – im Betrieb zu überwachen.

Nicht im Tarifvertrag, aber im Bundesurlaubsgesetz geregelt ist der gesetzliche **Mindesturlaub** von neuerdings 24 Werktagen (= vier Wochen), auf den auch arbeitnehmerähnliche Freie Anspruch haben. Während des Urlaubs muß der Verlag das im Durchschnitt der letzten sechs Monate erzielte Honorar weiterbezahlen. Ein Musterprozeß, bei dem ein freier Fotograf in München den Axel-Springer-Verlag auf 16.000 DM Urlaubsgeld rückwirkend für zwei Jahre verklagt hatte, ging kürzlich erstaunlich schnell zu Ende: Der Verlag zahlte noch vor dem Urteil freiwillig und traf obendrein eine Vereinbarung für die kommenden Jahre.

6.1.3.3. Öffentlich-rechtlicher Rundfunk

Verglichen mit den Tageszeitungen gelten an den öffentlich-rechtlichen Rundfunkanstalten geradezu traumhafte Bedingungen für Freie. Zwar sind die Arbeits- und Honorarbedingungen auch hier nur für arbeitnehmerähnliche Freie tarifvertraglich fixiert, die Honorarrahmen werden jedoch in der Regel (ohne Rechtsanspruch) auch für alle anderen Freien angewandt.

Im Sinne dieser Verträge, die auf Seite 154 ff. genauer dargestellt werden, gelten Journalisten bereits als arbeitnehmerähnlich, wenn sie von allen ARD-Anstalten *zusammen* mindestens ein Drittel ihrer Honorare beziehen und in den letzten sechs Monaten mindestens 42 Werktage bei diesen Anstalten beschäftigt waren.

Die Honorare differieren von Anstalt zu Anstalt und sind mal als Mindestvergütungen, mal als Honorarrahmen festgelegt. Um eine Vorstellung von der Höhe der *tatsächlich* gezahltenHonorare zu geben, seien hier einige Beispiele genannt. Der Westdeutsche Rundfunk, der unter den ARD-Anstalten im oberen Mittelfeld rangiert, zahlt z.B. für

- Hörfunkbericht von wenigen Minuten mit O-Ton: 227 – 738 DM, in der Regel 250 DM für zwei und 380 DM für bis zu fünf Minuten,
- Hörfunkfeature, eine Stunde: mindestens 5.308 DM, normal 6.000 – 7.000 DM plus Vergütung bei Wiederholung,
- Hörfunk-Produktionsassistenz pro Tag: ca. 260 DM,
- Moderation einer Musiksendung einschließlich Musikauswahl, zwei Stunden: 730 DM,
- Moderation Fernsehmagazin 35 Minuten: 1.200 DM,
- Fernsehbericht im aktuellen Regionalprogramm, 1:30 bis 5:00 Minuten: je nach Länge und Aufwand 520 – 3.000 DM, Standard 600 bzw. 1.800 DM,
- Fernsehbericht in Kultur- oder Wirtschaftsmagazin: rund 3.500 DM, abhängig von Aufwand, Exklusivität usw., Fernsehfeature 30 Minuten: 14.000 DM, davon die Hälfte als Urheberleistung mit Wiederholungsvergütung.

Zu diesen Sätzen wird keine Mehrwertsteuer zusätzlich bezahlt, dafür erwerben Arbeitnehmerähnliche aber mit jedem Honorar einen entsprechenden Anspruch auf bezahlten Urlaub, Entgeltfortzahlung im Krankheitsfall und Zuschuß zur privaten Altersvorsorge.

Unter welchem Umständen bei wiederholter Sendung ein weiteres Honorar fällig wird, steht auf Seite 153.

Pauschalverträge 6.1.3.4.

Pauschalverträge werden im Rundfunk- und Zeitungsbereich häufig mit Journalistinnen abgeschlossen, die regelmäßig für eine bestimmte Aufgabe oder eine bestimmte Arbeitszeit zur Verfügung stehen sollen. Sofern es sich dabei nicht um ein verkapptes Arbeitsverhältnis handelt, kann so ein festes Einkommen eine schöne Sache sein. Damit es das bleibt, müssen allerdings einige Punkte genau vertraglich fixiert werden.

Möglich sind verschiedene Arten von Pauschalen, nämlich

- eine **Grundpauschale,** die für die Arbeitsbereitschaft oder die laufenden Kosten zusätzlich zum Honorar bezahlt wird, (üblich bei freien Korrespondenten in anderen Städten),

- eine **Mindestpauschale,** die mit dem Honorar verrechnet wird, bei Krankheit oder Urlaub aber feste monatliche Einnahmen garantiert (üblich bei jeder Art von „festen" Freien), oder
- eine **Festpauschale,** mit der die gesamte geleistete Arbeit unabhängig vom konkreten Umfang abgegolten wird (üblich für redaktionelle Tätigkeiten mit festen Arbeitszeiten).

Neben der Art und Höhe der Pauschalzahlung sollte ein Pauschalvertrag mindestens folgende Punkte regeln:

- Bei Tagespauschalen eine Mindestzahl von Beschäftigungstagen pro Monat,
- bei Monatspauschalen die dafür verlangte Arbeitsleistung bzw. Arbeitszeit,
- die Zahlung der Pauschale auch bei Krankheit und im Urlaub (wieviel Tage?),
- vollständiger Spesenersatz,
- Vertragsdauer bzw. Kündigungsfristen,
- verlangt der Verlag, daß die Pauschalistin nicht mehr für Konkurrenzmedien arbeitet, so muß der Konkurrenzausschluß präzise definiert (welche Medien sind verboten? welche erlaubt?) und vernünftig vergütet werden.

Ist eine Mindestpauschale vereinbart, so sollte ausdrücklich eine **monatliche Verrechnung** fixiert werden. Die manchmal praktizierte *vierteljährliche* Verrechnung kann nämlich viel Geld kosten. Wer da zwei Monate lang mit seinem Honorar 50% über der Mindestpauschale liegt und im dritten Monat Urlaub macht, muß sich das verrechnen lassen, so daß die Mehrarbeit im Endeffekt überhaupt nicht vergütet wird.

Wer einen Pauschalvertrag beim öffentlich-rechtlichen Rundfunk unterschreiben will, sollte ihn vorher unbedingt vom Personalrat oder der IG Medien auf eventuelle Verstöße gegen den Tarifvertrag für arbeitnehmerähnliche Freie überprüfen lassen.

6.1.3.5. Vergleichshonorare

Die Honorarsätze des Tarifvertrages an Tageszeitungen sind jämmerlich niedrig. Um auf einen Tagessatz von 685 Mark und damit eine ihrem festangestellten Kollegen vergleichbare Bezahlung zu kommen (siehe Seite 136), müßte die freie Journalistin an einer Tageszeitung bis 100.000 Auflage danach pro Tag mehr als 500 Zeilen konzipieren, recherchieren, schreiben und verkaufen; ihr Fotografenkollege müßte täglich sechs bis sieben Fotos loswerden.

Dennoch wird dieser Tarifvertrag von zahllosen **Tageszeitungen** nicht eingehalten; die Honorare für nicht-arbeitnehmerähnliche Freie liegen ohnehin noch viel niedriger. Bei auflagenstarken und/oder seriösen Magazinen kann man dagegen schon mal auf Honorare kommen, die umgerechnet einem Seitenhonorar von 1.000 DM oder einem Zeilengeld von 10 DM entsprechen.

Ähnlich mies wie bei den Tageszeitungen sieht es bei kleinen privaten Lokal- oder Regionalradios aus, wo die Honorare schon bei 40 Mark für einen

Drei-Minuten-Beitrag anfangen. Bei landesweiten **Privatradios** nähern sich die Honorare dem öffentlich-rechtlichen Niveau an, bei den Großen im **Privatfernsehen** können sie in Einzelfällen sogar darüber liegen. Hier ist aber genau auf die zu übertragenden Rechte zu achten: Privatsender fordern in der Regel alle Nutzungsrechte für ein einmaliges Honorar. Ohne Wiederholungsvergütung kann das schönste Honorar aber plötzlich ganz klein aussehen.

Aktuelle Honorarübersichten findet man im Internet: Die Fachgruppe Journalismus der IG Medien und der Verein FreeLens lassen sich hier regelmäßig von ihren Mitgliedern Beispiele für tatsächlich gezahlte Honorare nennen. Die ständig aktualisierten Listen mit Hunderten von Honorarbeispielen sollte man nicht nur abfragen, sondern auch mit eigenen Zahlen ergänzen! (Die FreeLens-Datenbank ist nur Mitgliedern zugänglich.)

Honorarempfehlungen Wort 6.1.3.6.

Nachdem es für den Wortbereich lange Zeit gar keine Honorarempfehlungen gegeben hat, liegen nun gleich zwei unterschiedliche Empfehlungen vor.

Mittelstandsgemeinschaft Journalismus:
Die von der IG Medien mitgegründete Mittelstandsgemeinschaft Journalismus[(A)] empfiehlt, das Prinzip der Zeilen- und Seitenhonorare aufzugeben und statt dessen nach dem erforderlichen Zeitaufwand zu kalkulieren. Auf der Basis ihrer Umfragen unter Freien empfiehlt die Mittelstandsgemeinschaft:

- Das normale **Tageshonorar** beträgt mindestens 520 DM.
- Das normale **Stundenhonorar** beträgt mindestens 70 DM.
- Abrechnungen sollten generell auf der Basis ganzer oder halber Tagessätze erfolgen; für kleinere journalistische Arbeiten sollte ein **Mindestsatz** von drei Arbeitsstunden (210 DM) in Rechnung gestellt werden.
- Zu diesen Honorarsätzen sind gegebenenfalls die **Mehrwertsteuer, Reisekosten, Telekommunikationskosten** sowie weitere erforderliche **Auslagen** hinzuzurechnen.
- Die genannten Sätze sind Mindestsätze, die insbesondere bei aufwendigen Arbeiten, z.B. bei Recherchen im Ausland, deutlich überschritten werden sollten.

Zuschläge zu diesen Honorarsätzen werden empfohlen

- für Freie mit langjähriger Berufserfahrung (5–20%),
- bei Lieferung von Texten auf Diskette oder per E-mail (mindestens 10 DM pro Lieferung),
- bei vereinbarter Wochenend- oder Nachtarbeit).

Abschläge von diesen Honoraren sind möglich

- für Freie mit geringer Berufserfahrung (5–20%),
- bei Tageszeitungen unter 100.000 und Publikumszeitschriften unter 80.000 Auflage (bis zu 15%),

- für Freie, denen die Redaktion einen Arbeitsplatz und die nötige technische Infrastruktur stellt und die mindestens vier Wochen bezahlten Urlaub im Jahr bekommen (bis zu 30%).

Die Tageshonorare, die sich – gerundet – aus diesen Regeln ergeben, sind der Tabelle 3 zu entnehmen.

Tabelle 3 (Angaben in DM pro Tag)

Honorarempfehlungen für journalistische Arbeit – Tageshonorare

		Berufserfahrung gering	durchschnittlich	langjährig
Freie mit eigenem Büro und Kosten für eigene Infrastruktur	normale Auflage	420-500	520	550-625
	niedrige Auflage	360-425	445	470-535
Freie mit Arbeitsplatz in der Redaktion und Zugriff auf Verlagsinfrastruktur	normale Auflage	270-385	330-470	400-575
	niedrige Auflage	230-330	285-400	340-490

Quelle: Honorarempfehlung Text 1997/98 der Mittelstandsgemeinschaft Journalismus

Pauschalen für Freie, die aller Vernunft zum Trotz die Arbeit angestellter Redaktionsmitglieder frei übernehmen, sollten mindestens 20% über den Gehaltssätzen der entsprechenden Tarifverträge liegen.

Die genannten Honorare beziehen sich auf den urheberrechtlichen „Normalfall" (siehe Seite 98), also bei Zeitungen auf ein einfaches, bei Zeitschriften auf ein ausschließliches **Nutzungsrecht.** Bei Lokal- und Regionalzeitungen sollte zudem ein früheres oder zeitgleiches Erscheinen im jeweiligen Verbreitungsgebiet ohne Honorarzuschlag ausgeschlossen werden.

Mit den genannten Honoraren ist eine einmalige Veröffentlichung in der Printausgabe abgegolten. Für alle weiteren Nutzungsrechte werden Honorarzuschläge fällig. Als Zuschläge für **digitale Zweitverwertungen** empfiehlt die Mittelstandsgemeinschaft bei

- **Online-Verfügbarkeit:** 15% für den ersten Monat, 5% für jedes weitere Jahr (maximal fünf Jahre),
- **Veröffentlichung auf CD-ROM:** 10%,
- **Bereitstellung in einem online nutzbaren elektronischen Archiv:** 15% für das erste, 5% für jedes weitere Jahr (maximal fünf Jahre), jeweils von Ursprungshonorar.

Der vollständige Text der Empfehlungen ist bei der IG Medien zu erhalten (auch über Internet).

Mittelstandsgemeinschaft Freie Journalisten:
Die Empfehlungen der vom Deutschen Journalisten-Verband mitgegründeten Mittelstandsgemeinschaft Freie Journalisten(A) entsprechen in etwa dem Tarifvertrag für arbeitnehmerähnliche Freie an Tageszeitungen (siehe Seite 142).

Abweichend vom Tarifvertrag sehen die Empfehlungen vor, daß

- das Honorar sogleich nach Veröffentlichung, spätestens aber vier Wochen nach Annahme des Beitrages fällig ist (Tarifvertrag: bis zum Ende des auf die Veröffentlichung folgendes Monats),
- bei jeder Veröffentlichung Anspruch auf einen zweifelsfreien Urhebervermerk und auf ein Belegexemplar besteht,
- alle Beiträge nur redaktionell verwendet werden dürfen, das Honorar die Recherchekosten *nicht* einschließt (Tarifvertrag: Spesen werden nur nach Vereinbarung gezahlt),
- Beiträge nur nach Vereinbarung und gegen einen Honoraraufschlag in Datenbanksysteme eingespeichert werden dürfen.

Die **für Tageszeitungen** empfohlenen Honorare liegen rund 5% über den Sätzen des Tarifvertrages (siehe Seite 143); die Empfehlungen für **journalistische Leistungen im Bereich Wirtschaft und Verwaltung** sind der Tabelle 4 zu entnehmen.

Tabelle 4 (Angaben in DM pro Zeile á 60 Anschläge)

Honorarempfehlungen für journalistische Leistungen in Wirtschaft und Verwaltung

	Mitarbeiter-, Werks-, Kundenzeitschriften und andere Zielgruppenperiodika mit einer Auflage: bis 10.000	bis 50.000	bis 100.000	über 100.000	Nachrichten-, Artikel- und andere Korrespondenzen, auflagenunabhängig
Nachrichten und Berichte	2.25	3.20	4.40	4.80	6.30
Reportagen, Kritiken, Interviews, Glossen, Features	3.20	4.40	5.10	5.70	

Quelle: Honorarempfehlung Wort 1998 der Mittelstandsgemeinschaft Freie Journalisten

Die Empfehlungen für Online-Honorare sind identisch mit den vorn genannten der Mittelstandsgemeinschaft Journalismus. Der vollständige Text der Empfehlungen ist beim Deutschen Journalisten-Verband[(A)] zu erhalten (auch über Internet).

Honorarempfehlungen Foto 6.1.3.7.

Die größte Akzeptanz von allen Honorarempfehlungen im Bereich Kunst und Medien hat das umfangreiche Zahlenwerk erreicht, das die Mittelstandsgemeinschaft Foto-Marketing (MFM(A)) alljährlich herausgibt. Die dort genannten Preise, die weit über den Fotohonoraren des Tarifvertrages für arbeitnehmerähnliche Freie an Tageszeitungen (siehe Seite 143) liegen, werden auf dem Markt tatsächlich bezahlt, soweit es sich um Fotos von **Bildagenturen** oder um Geschäfte zwischen freien Fotografen und Abnehmern außerhalb des Zeitungsmarktes, z.B. Werbeagenturen, handelt.

Die Honorarübersicht enthält umfangreiche Tabellen für alle denkbaren Fotoverwertungen. Als Beispiele seien hier genannt:

Fotos (schwarzweiß oder farbig):

- Tageszeitung, zweispaltig, angefordert (entspricht Erstdruckrecht im Tarifvertrag), je nach Auflage 120 – 270 DM,
- Illustrierte, 1 Mio. Auflage, 1/2 Seite 510 DM,
- Illustrierte, 1 Mio. Auflage, Titel 1.960 DM.

Auftragsproduktion (für Tageszeitung / für andere Kunden):

- Kurztermin (bis zu 1 Stunde) ab 300 / 400 DM,
- Termin (bis zu 2,5 Stunden) ab 400 / 600 DM,
- Ganzer Tag (bis zu neun Stunden) ab 800 / 1.200 DM.

Die Zeiten verstehen sich jeweils ohne An-, Abreise und Labor, die Preise ohne (Reise-)Spesen.

Bildagenturen erhalten für die Vermarktung von Fotos üblicherweise 50% der erzielten Erlöse.

Werden Zeitungsseiten mit Fotos *zusätzlich* unverändert auf **Jahrgangs-CD-ROM** oder im **Internet** veröffentlicht, so empfiehlt die MFM einen Honoraraufschlag von 10% (CD-ROM) bzw. 20% (Online-Dienst). Ansonsten wird für die **digitale Nutzung** ein volles Honorar fällig, und zwar

- Foto in CD-ROM oder Videofilm (Handelsprodukt)
  von 130 DM (Auflage 1.000, nur deutschsprachiger Raum)
  bis 850 DM (Auflage 250.000, weltweit),
- Foto in CD-ROM oder Videofilm (Werbung)
  von 270 DM (Auflage 1.000, nur deutschsprachiger Raum)
  bis 1.740 DM (Auflage 100.000, weltweit),
- Foto im Internet (redaktionell)
  von 80 DM (in Online-Zeitung, ein Tag)
  bis 680 DM (in kostenpflichtigem Informationsdienst, drei Jahre),
- Foto im Internet (Werbung)
  von 150 DM (bis 1/8 Bildschirmfläche, nationale Nutzung, eine Woche)
  bis 1.800 DM (über 1/8 Bildschirmfläche, internationale Nutzung, ein Jahr).

Bei prominenter Plazierung können Zuschläge von 25% (Foto im Untermenue) bis zu 100% (Foto auf Homepage) verlangt werden.

Die vollständige Liste findet sich in der Broschüre „Bildhonorare – Übersicht über marktübliche Vergütungen für Bildnutzungsrechte“[(B)] (vormals: Honorarempfehlungen der Mittelstandsgemeinschaft Foto-Marketing).

Zumindest die Aufschläge für digitale Nutzung werden auch von Zeitungen und Zeitschriften bezahlt: Focus etwa zahlt für die Zweitnutzung von Fotos auf seiner Jahrgangs-CD 10%, in der Focus-Online-Version 15% des Ersthonorars; die Neue Zürcher Zeitung hat unlängst ihre Honorare um 20% angehoben, um damit die zusätzliche digitale Nutzung pauschal abzudecken.

Honorarempfehlungen in verwandten Bereichen 6.1.3.8.

Zur Information seien hier noch einige Orientierungsgrößen aus dem PR- und Agenturbereich genannt, die ein weiteres Mal verdeutlichen, daß insbesondere die Honorarangebote von Tageszeitungen sich in einem Bereich bewegen, der eigentlich nur als ehrenrührig bezeichnet werden kann.

Die **Deutsche Public Relations Gesellschaft** (DPRG[(A)]) erhob in ihrer Honorarumfrage 1996 als mittlere Honorare für

- Textarbeiten (kleine Agentur) pro Stunde 150 DM,
- Textarbeiten (Full-Service-Agentur) pro Stunde 180 DM.

In ihrer etwas detaillierteren Umfrage 1994 hatte die DPRG außerdem folgende Honorar*mittelwerte* ermittelt:

- Pressefoto, schwarzweiß 500 DM,
- Redemanuskript, pro Seite 450 DM,
- Hauszeitschrift, pro Druckseite 1.000 DM,
- Redaktion / redigieren, pro Seite 250 DM.

Die Tagessätze für Journalisten, die nebenberuflich als PR-Texter arbeiten, begannen 1994 nach Angaben der DPRG für Berufsanfänger bei 300 DM und lagen für erfahrene Texter bei 600 – 1.200 DM, für Textgenies noch darüber.

Die **Allianz deutscher Designer** und der **Verein Selbständige Design-Studios** haben in ihrem Vergütungstarifvertrag für Designleistungen (siehe Seite 171) ein durchschnittliches Stundenhonorar von 120 DM vereinbart, das auch für Textarbeiten gilt und noch um eine Nutzungsvergütung zu erhöhen ist. Daraus ergeben sich folgende *Mindest*honorare:

- Hauszeitschrift pro Druckseite 468 – 936 DM,
- Plakattext 624 – 1.872 DM,
- PR-Artikel pro Manuskriptseite 468 – 936 DM,
- Redigieren pro Manuskriptseite 156 – 468 DM,
- Werbebrief pro Seite 624 – 1.872 DM.

Diese Honorare gelten für eine minimale Nutzung (kurzzeitig, lokal, einfaches Nutzungsrecht). Für eine nationale Nutzung mit einem auf fünf Jahre begrenzten ausschließlichen Nutzungsrecht wird bereits das doppelte Honorar fällig.

Rundfunk, Film und Fernsehen 6.1.4.

Das bunteste Wirrwarr an Vertragsarten herrscht bei den audiovisuellen Medien. Nur ein Teil derer, die sich hier als „frei“ verstehen, arbeitet tatsächlich selbständig. Der Bundesfinanzminister stellt sogar rigoros fest: „Die freien Mitarbeiter (bei Hörfunk und Fernsehen) sind grundsätzlich nichtselbständig.“ Die nicht von vornherein auf Dauer angelegten künstlerischen Tätigkeiten, die die Ausnahmen von diesem Grundsatz bilden, werden ab Seite 64 detailliert behandelt.

In diesem Kapitel wird daher lediglich die auch im rechtlichen Sinne freie Tätigkeit behandelt – zur Arbeitnehmertätigkeit in ihren verschiedenen Formen von der unbefristeten Anstellung bis zum Tagelohn siehe Seite 185 ff.

6.1.4.1. Rundfunk-Verträge

Bei Verträgen mit öffentlich-rechtlichen Rundfunkanstalten haben Freie Verhandlungsspielraum in der Regel allenfalls beim Honorar und der Wiederholungsvergütung – alle anderen Fragen sind detailliert in vorgedruckten Formularverträgen geregelt. Daran herumzuverhandeln ist im Massengeschäft aussichtslos und zu aufwendig, bei größeren Aufträgen aber unbedingt erforderlich: Das erste Vertragsangebot ist heutzutage nur ausnahmsweise mal akzeptabel.

Die **Honorare** sind an öffentlich-rechtlichen Rundfunkanstalten in der Regel als Honorarrahmens oder im Tarifvertrag für arbeitnehmerähnliche Freie (siehe Seite 154) festgelegt, der für alle Freien Anwendung findet. Beispiele für tatsächlich gezahlte Honorare sind auf den Seiten 145 und 155 genannt.

Als Besonderheit haben die öffentlich-rechtlichen Rundfunkanstalten, nachdem in den siebziger Jahren Dutzende von Freien Klagen auf Festanstellung erhoben und gewonnen hatten, **Beschäftigungshöchstgrenzen** eingeführt: Je nach Anstalt bekommen Freie dort keine Aufträge mehr, sobald sie im jeweiligen Jahr eine bestimmte Honorargrenze oder eine bestimmte Zahl von Beschäftigungstagen erreicht haben. Wo eine Redaktion Wert auf die Mitarbeit eines bestimmten Freien legt, erweisen sich diese Höchstgrenzen aber durchaus als flexibel. Vorsicht ist nur geboten, wenn in solche Fällen Pauschalverträge angeboten werden: Die sind oft miserabel bezahlt.

Nach den Allgemeinen Honorarbedingungen bzw. Tarifverträgen räumen Freie dem Sender in der Regel das Recht ein, die Nutzungsrechte am jeweiligen Beitrag *„ganz oder teilweise auf Dritte zu übertragen“*, sprich: den Beitrag an andere Medien weiterzuverkaufen. Öffentlich-rechtliche Sender haben in diesem Fall die Möglichkeit, eine **Übernahmevergütung** (bei Übernahme durch eine andere ARD-Anstalt – Seite 153) bzw. eine **Erlösbeteiligung** (bei nicht rundfunkgemäßer Nutzung) zu vereinbaren. Darauf sollte man zumindest bei größeren Beiträgen bestehen – auch wenn die Chancen immer geringer werden.

Auch öffentlich-rechtliche Sender stellen in letzter Zeit verstärkt Rundfunkbeiträge ins **Internet** – oft ohne zu fragen, meist ohne Honorar. Weil sie dazu (anders als Zeitungen – siehe Seite 109) aber kein Recht haben, fordern manche Anstalten von ihren Freien nun Erklärungen über die Einräumung der Online-Rechte. Die IG Medien empfiehlt, hier keine Blanko-Schecks zu unterschreiben: Die Internet-Nutzung sollte nur dann vereinbart werden, wenn sie auch tatsächlich geplant ist. Und wer seine Beiträge ohne eine solche Vereinbarung im Internet findet, sollte mit dem Personalrat bzw. der IG Medien beraten, welches Kapital er daraus schlagen kann.

Die Honorare der Privaten bewegen sich je nach Größe des Senders in einer gewaltigen Spanne. Sie haben bei vielen Lokalradios die Größenordnung von Taschengeldzuschüssen und übertreffen bei den großen privaten Fernsehanstalten durchaus schon mal die öffentlich-rechtlichen Honorare.

Wiederholungs- und Übernahmehonorare 6.1.4.2.

Um bei der wiederholten Sendung eines bereits bezahlten Beitrages Streit um das Honorar zu vermeiden, muß vertraglich genau fixiert werden, ob mit dem (Erst-)Honorar auch Wiederholungen abgegolten sind oder unter welchen Umständen ein Wiederholungshonorar fällig wird.

Ob sie nun W- und E-Verträge heißen wie beim Westdeutschen Rundfunk oder HU1- und HU2-, FM1- und FM2- oder auch mal 41er und 42er Verträge – entscheidend ist, ob im Vertragstext von einem Anspruch auf Wiederholungs-vergütung die Rede ist oder von einer einmaligen Abgeltung, wie sie in der aktuellen Berichterstattung und bei Kurzbeiträgen die Regel ist.

Wird ein Rundfunk- oder Fernsehbeitrag mit Wiederholungsvergütung von der auftraggebenden Anstalt ein zweites Mal gesendet, so besteht auf jeden Fall Anspruch auf ein (gegenüber dem Ersthonorar reduziertes) Wiederholungshonorar.

Wird ein bereits einmal gesendeter Beitrag im Rahmen des ARD-internen Austausches von einer weiteren ARD-Anstalt übernommen, so wird bei **Rundfunkbeiträgen** mit Wiederholungsvergütung ein Übernahmehonorar fällig – meist in gleicher Höhe wie das Wiederholungshonorar. Bei ARD-**Fernsehbeiträgen** dagegen gibt es das volle Wiederholungsholungshonorar nur, wenn ein und dieselbe Anstalt das Stück zweimal sendet. Bei Wiederholung in einem *anderen* Dritten Programm gibt es nur einen bestimmten Bruchteil des Ursprungshonorars.

Allerdings gibt es für die Übernahme von Rundfunkbeiträgen innerhalb der ARD bis heute kein vernünftiges Melde- und Kontrollsystem. Daß Beiträge übernommen und – weil die Autorin es gar nicht mitkriegt – nicht vergütet werden, ist leider keine Ausnahme. Bei überregional interessanten *Rundfunk*beiträgen kann es daher besser sein, wenn die Autorin sie weiteren ARD-Anstalten *selbst* anbietet. Das macht zwar mehr Arbeit, ist aber sicherer und hat zudem – bei Sendung – ein weiteres volles Honorar zur Folge.

Aber Vorsicht: Auch ein solches Vorgehen erfordert Fingerspitzengefühl und Offenheit, denn streng genommen darf man das gar nicht, da die erste Anstalt bereits das ausschließliche Nutzungsrecht für die gesamte ARD erworben hat.

Man sollte die zweite Anstalt also auf jeden Fall informieren, daß der Beitrag schon mal gelaufen ist – über den ARD-internen Informationsaustausch erfährt sie es im Zweifelsfall sowieso. Häufig stört sie das aber nicht, zumal wenn man anbietet, den Beitrag mit regionalen Bezügen neu zu bauen.

Bei *Fernseh*beiträgen ist das kaum möglich, da in der Regel das gesamte Drehmaterial, soweit es mit anstaltseigenen Kamerateams aufgenommen wurde, in den Besitz des auftraggebenden Senders übergeht und damit nur mit seiner ausdrücklichen Einwilligung für weitere Werke benutzt werden kann.

Die Allgemeinen Honorarbedingungen von **privaten Rundfunk- und Fernsehanstalten** schließen Wiederholungshonorare und eine Erlösbeteiligung an der Weiterverwertung der Beiträge häufig aus. Hier muß man also sehr genau lesen, noch genauer rechnen und sehr nachdrücklich verhandeln: Angesichts der Wiederholungswut der Privaten muß das *Erst*honorar schon riesig sein, um die fehlenden Wiederholungshonorare auszugleichen.

6.1.4.3. Tarifverträge für arbeitnehmerähnliche Freie

An allen öffentlich-rechtlichen Rundfunkanstalten (bei Arte wurde bei Redaktionsschluß noch verhandelt) gibt es **Tarifverträge für arbeitnehmerähnliche Personen.** Besonders interessant daran ist, daß hier alle ARD-Anstalten zusammen als *ein* Arbeitgeber gelten. Diese Verträge gelten also für Freie, die von *verschiedenen* ARD-Anstalten *zusammen* mindestens die Hälfte (bei künstlerischer und publizistischer Tätigkeit sogar nur ein Drittel) ihrer Honorare beziehen. Außer beim Bayerischen Rundfunk gilt als zusätzliche Bedingung allerdings, daß der oder die Freie in den letzten sechs Monaten mindestens 42 Werktage bei diesen Anstalten beschäftigt war und in diesem Zeitraum dort – je nach Anstalt – höchstens 50.000 – 70.000 DM verdient hat.

Eine Ausnahme macht der Hessische Rundfunk, wo als arbeitnehmerähnlich nur gilt, wer $^1/_3$ seiner Honorare vom HR (also nicht von allen ARD-Anstalten zusammen) bezieht. Dafür können dort Freie, die seit 12 Monaten für den HR tätig sind und von ihm mindestens 50% ihrer Honorare beziehen, einen **Dauerrechtsvertrag** bekommen, der eine feste Auftragssumme garantiert und einen Kündigungsschutz wie für Festangestellte bietet. Auf diesen Vertrag besteht jedoch kein Rechtsanspruch!

In den neuen Bundesländern gibt es beim MDR und beim ORB solche Tarifverträge auch – allerdings noch keine *Honorar*tarifverträge. Die Honorare werden hier noch einseitig von den Anstalten (und vom MDR besonders mies) bestimmt.

Die Inhalte der Verträge sind von Sender zu Sender zu verschieden, als daß sie hier im Detail dargestellt werden könnten. Der jeweils gültige Vertrag ist beim Personalrat oder beim Betriebsverband der Fachgruppe RFAV zu erhalten.

Gemeinsam ist allen Tarifverträgen der Anspruch auf Zuschüsse zur **Pensionskasse** der freien Mitarbeiter (siehe Seite 222) sowie auf ein **Urlaubsentgelt.** Das entspricht etwa dem durchschnittlichen Honorar und wird je nach Anstalt für 25 bis 31 Werktage pro Jahr bezahlt. Beantragt wird das Urlaubsentgelt zunächst beim Hauptauftraggeber („Stammanstalt"); danach kann man bei weiteren Anstalten „Urlaubsergänzungsansprüche" entsprechend der für sie geleisteten Tätigkeit geltend machen. Zum Nachweis der Arbeitnehmerähnlichkeit genügt dabei eine Kopie des Honorarzettels der Stammanstalt für das Urlaubsentgelt.

Bei den meisten Anstalten haben arbeitnehmerähnliche Freie außerdem Anspruch auf **Zahlungen im Krankheitsfall und bei Schwangerschaft** sowie auf einen **Ausgleich bei wesentlicher Einkommensminderung gegenüber dem Vorjahr.** Einzelne Anstalten zahlen darüber hinaus einen **Familienzuschlag** für jedes Kind (BR und HR), ein **Entgelt für Vaterschaftsurlaub** (BR), ein **zusätzliches Urlaubsgeld** (BR) oder **Weihnachtsgeld.** All diese Leistungen gibt es jedoch nicht automatisch – sie müssen jeweils bei der Anstalt beantragt werden.

Darüber hinaus enthalten die Tarifverträge Regeln für Spesenersatz, Zahlungsmodalitäten, Ankündigungsfristen für die Einschränkung oder Beendigung der Tätigkeit von Freien sowie Unterstützungsregelungen bei Armut im Alter.

Einen regelrechten **Kündigungsschutz** für langjährige Freie gibt es beim BR; eine Art **Abfindung bei Aufkündigung der Zusammenarbeit** hat die IG Medien 1996 beim NDR durchgesetzt: Dort erhalten freie Programmitarbeiter, wenn ihnen der Sender nach mindestens zwei Jahren regelmäßiger Mitarbeit die Zusammenarbeit aufkündigt, drei durchschnittliche Monatshonorare als Übergangsgeld. Nach fünf Jahren steigt das Übergangsgeld auf fünf Monatshonorare, ab dem neunten Jahr kommt pro Jahr ein weiteres Monatshonorar hinzu.

Tarifverträge über Urheber- und Leistungsschutzrechte für Arbeitnehmerähnliche hat die IG Medien beim NDR, SDR, SWF und beim WDR abgeschlossen. Bei Redaktionsschluß wurden sie mit dem Ziel einer ARD-einheitlichen Regelung neu verhandelt.

Honorarbeispiele für journalistische Tätigkeit sind auf Seite 145 genannt; im Produktionsbereich zahlt der Westdeutsche Rundfunk, der unter den ARD-Anstalten im oberen Mittelfeld liegt, zum Beispiel für

- Szenenbild eines Fernsehstudios (Entwurf plus Bauüberwachung): 2.500 DM,
- Sprechen im Radio, Text bis fünf Minuten: 140 DM, bei schwierigen Texten bis zum Doppelten,
- Kameramann (Feature/Aktuell) pro Tag: etwa 380, sonst etwa 470 DM.

Beim Vergleich dieser Honorare mit denen anderer Auftraggeber sollte man nicht vergessen, daß die Leistungen aus dem Tarifvertrag (Urlaubsgeld, Zuschuß zur Pensionskasse, Zahlungen bei Krankheit usw.) im Ergebnis einem Zuschlag von 20% und mehr auf die genannten Honorare gleichkommen!

Die **Mehrwertsteuer** wird von den Sendern *nicht* zusätzlich zu den genannten Sätzen bezahlt. Welche Honorare bei anderen Sendern hausüblich sind, erfährt man am besten beim Personalrat oder beim Betriebsverband der IG Medien, bei Privatsendern beim Betriebsrat. Zur Problematik von Wiederholungs- und Übernahmehonoraren steht das Wichtigste auf Seite 153.

Die meisten Anstalten gewähren ihren Freien schließlich **Sachleistungen,** deren Katalog (z.B. Tanken an hauseigenen Tankstellen, verbilligte Einkaufsmöglichkeiten) beim Personalrat zu erfahren ist.

6.1.4.4. Vergleichshonorare Multimedia

Für die Online-Branche hat der Informationsdienst multiMEDIA 1997 bundesweit Honorare erhoben. Als Durchschnittswerte wurden ermittelt:

- Textredaktion 131 DM pro Stunde,
- Grafik/Animation Bildredaktion 134 DM pro Stunde,
- Audioproduktion / Vertonung 166 DM pro Stunde,
- Videoproduktion und Schnitt 166 DM pro Stunde,
- Sprecherhonorar 1.000 DM pro Tag,
- Aufnahmeteam Videoproduktion 2.500 DM pro Tag.

6.1.4.5. Verträge bei Filmproduktionen

Mitwirkende bei Filmproduktionen werden in aller Regel als Arbeitnehmer tätig. Maßgeblich dafür ist allein die Art der Tätigkeit – auch wenn es in vielen Verträgen für freie Mitarbeiter heißt: *„Es besteht Einverständnis darüber, daß der Vertragspartner bei der Durchführung dieses Vertrages als freier Mitarbeiter und nicht als Angestellter tätig ist.“* Unterschreibt also ein Mitwirkender, der die auf Seite 65 genannten Kriterien für eine selbständige Tätigkeit nicht erfüllt, einen solchen Vertrag, so bleibt er trotzdem Arbeitnehmer und hat Anspruch auf Beschäftigung nach dem Tarifvertrag für Film- und Fernsehschaffende, der ab Seite 187 behandelt wird, bzw. nach den Tarifverträgen der öffentlich-rechtlichen Rundfunkanstalten.

Wer Filmverträge außerhalb des Geltungsbereichs der Tarifverträge abschließt, sollte

- sich die **Namensnennung** im Vor- und Abspann – soweit branchenüblich – und gegebenenfalls auch in Werbematerialien *vertraglich* zusichern lassen,
- möglichst nicht seine **Zweitverwertungsrechte** abtreten – auch wenn das in der Praxis bisher bedeutungslos ist (siehe Seite 185) und vor allem
- nicht mehr **Nutzungsrechte** einräumen als unbedingt erforderlich.

Wer etwa als **Produzent** einen Film für eine öffentlich-rechtliche Rundfunkanstalt herstellt, fällt nicht unter die Urheberrechtstarifverträge, die eine nahezu unbegrenzte Einräumung von Nutzungsrechten vorsehen. Er sollte in diesem Fall der Rundfunkanstalt möglichst nur das Senderecht (mit Anspruch auf Wiederholungshonorar!) übertragen, nicht aber die Rechte zur Kinoverwertung und zur nichtkommerziellen Nutzung – jedenfalls nicht ohne gesondertes Entgelt.

Bei einem **Verfilmungsvertrag** erwirbt der Produzent mit dem Recht, einen Roman oder ein anderes Werk für das **Kino** zu verfilmen, ohne weitere Vereinbarung lediglich das Recht, Kopien dieses Filmes herzustellen, zu verbreiten und vorzuführen. Mit der Herstellung eines **Fernsehfilms** ist zunächst lediglich das Fernsehsenderecht verbunden. Soll ein Kinospielfilm im Fernsehen, ein Fernsehfilm im Pay-TV gesendet oder ein Film auf Videokassette verbreitet werden, so sind das zusätzliche Nutzungen. Die Rechte dafür werden heute in Verfilmungsverträgen üblicherweise gleich mit eingeräumt, sollten aber auf jeden Fall gesondert vergütet werden. Wo gar nichts vereinbart ist, hat der Produzent nach gängiger Rechtsprechung das ausschließliche, räumlich unbegrenzte und auf zehn Jahre befristete Recht zu einer einmaligen Verfilmung erworben. Die üblichen Musterverträge sehen allerdings die Einräumung sämtlicher Rechte zeitlich und räumlich unbegrenzt vor.

Wichtig werden kann bei einem Verfilmungsvertrag auch die Frage des **Rückrufsrechtes.** Die üblichen Musterverträge sehen vor, daß – falls der Produzent fünf Jahre nach Vertragsabschluß noch nicht mit der Verfilmung begonnen hat – der Autor das Verfilmungsrecht gegen *Rückerstattung aller bis dahin gezahlten Honorarbeträge* zurückrufen kann. Eine solche Regelung ist zwar günstig für Produktionsfirmen, die Filmstoffe vom Markt wegkaufen wollen, nicht aber für eine Autorin, die in diesem Fall nach fünf Jahren mit völlig leeren Händen dastünde. Zumindest sollte hier eine Teilvergütung vereinbart werden, die die Autorin auch bei einem Rückruf des Verfilmungsrechtes behalten darf.

Schließlich sollte die Autorin nicht vergessen, sich vor Vertragsabschluß zu versichern, daß sie über die Verfilmungsrechte tatsächlich noch verfügt und sie nicht z.B. im Verlagsvertrag längst an den Verleger des (zu verfilmenden) Romans übertragen hat. Den Rechtebestand muß sie im Verfilmungsvertrag üblicherweise *garantieren.* Räumt sie Rechte ein, über die sie gar nicht mehr verfügt, kann das üble finanzielle Konsequenzen haben.

In der gleichen Weise wie beim Verfilmungsvertrag muß auch bei einem **Drehbuchvertrag** exakt der Umfang und die Dauer der übertragenen Rechte geklärt werden. Zur Abnahme des Drehbuchs wird in Verträgen meist geregelt, daß der Drehbuchautor für eine bestimmte Zeit nach Ablieferung für Änderungen, Überarbeitungen und Nachbesserungen zur Verfügung stehen muß, deren Umfang man vertraglich möglichst begrenzen sollte, z.B. auf vier Fassungen. Das Drehbuch gilt als abgenommen, wenn der Produzent nicht binnen vier Wochen nach Ablieferung der letzten geänderten Fassung die Ablehnung mitteilt.

Tätigkeit „als Firma" 6.1.4.6.

Private, aber auch öffentlich-rechtliche Rundfunkanstalten lieben es, Freie „als Firma" zu beschäftigen, da dann keinerlei Verpflichtungen aus Tarifverträgen oder einer etwaigen Arbeitnehmertätigkeit auf sie zukommen können. Für Freie bietet eine solche Beschäftigungsform bei öffentlich-rechtlichen Rundfunkanstalten den Vorteil, daß die Beschäftigungshöchstgrenzen (siehe Seite 152) für Firmen nicht gelten – es sei denn, die „Firma" besteht nur aus der einen Person!

Dennoch sollte ein solcher Schritt sehr genau überlegt werden, da er mit gravierenden finanziellen Nachteilen (siehe Seite 82) und unerwarteten

Pflichten gegenüber eigenem Personal (siehe Seite 86) verbunden sein kann. Zudem setzt er erhebliche Investitionen voraus, Erfahrung mit der Aufstellung von Kalkulationen und Produktionsplänen und nicht zuletzt viel Verhandlungsgeschick. Denn geliefert werden muß in der Regel ein sendefertiges Endprodukt. Wer damit nicht rechtzeitig fertig wird, kann auf den gesamten Kosten sitzenbleiben. Und wer sich verkalkuliert hat, zahlt selber drauf.

Dennoch: Wer für die Produzentenrolle qualifiziert und sich der Risiken bewußt ist, dem kann sie nicht nur neue Einnahmequellen erschließen, sondern auch neue Entfaltungsmöglichkeiten abseits der starren Apparate großer Sendeunternehmen.

6.1.5. Literatur

Im gesamten Literaturbetrieb werden Verträge in aller Regel schriftlich abgeschlossen – und zwar so umfangreich und kompliziert, daß kein normaler Autor sie mehr versteht. Für Buchautoren und Übersetzerinnen haben die IG Medien / VS und der Börsenverein des Deutschen Buchhandels deshalb „Normverträge" vereinbart.

Die Normverträge enthalten jedoch keinerlei Honorarvorgaben. Üblicherweise wird als **Autorenhonorar** ein fester (bzw. mit Auflagenhöhe steigender) Prozentsatz vom Netto-Ladenpreis der verkauften Exemplare vereinbart. Dieser Prozentsatz sollte nach Auffassung der IG Medien für die erste Auflage einer Erstausgabe niemals unter 10% liegen – in der Praxis liegt er bei Taschenbüchern leider häufig darunter, bei Zweitverwertungen sogar regelmäßig.

Jede andere Art der Honorierung sollte vermieden werden. Pauschalhonorare sollten nur akzeptiert werden, wenn sie eine Art „Garantiehonorar" darstellen und ab einer bestimmten Auflage durch eine prozentuale Beteiligung am Verkaufspreis ergänzt werden.

Auch die **Übersetzerhonorare,** die üblicherweise als Pauschalhonorar pro Manuskriptseite vereinbart werden, sollten durch eine solche erfolgsabhängige Vergütung ergänzt werden. Als Ergebnis der Honorarumfragen der Bundessparte Übersetzer läßt sich jedenfalls festhalten, daß das *End*honorar bei reinen Pauschalverträgen im Durchschnitt niedriger ausfällt als bei den Verträgen, die ein (niedrigeres) Grundhonorar plus Erfolgsbeteiligung vorsehen.

Wurde trotz alledem ein reines Pauschalhonorar vereinbart und verkauft sich das Buch unerwartet gut, so kann die Autorin oder der Übersetzer eventuell nachträglich ein höheres Honorar verlangen (Bestsellerparagraph – siehe Seite 105).

Ist kein detaillierter Vertrag geschlossen worden, so gilt ein ausschließliches Nutzungsrecht, beschränkt auf eine Auflage, als vereinbart. Unabhängig vom konkreten Vertragsinhalt hat die Autorin das Recht, unter bestimmten Bedingungen ihre Rechte zurückzurufen (siehe Seite 106).

Normverträge Literatur und Übersetzung

6.1.5.1.

Die beiden Normverträge sind Standardformulare, die die gesamten Rechtsbeziehungen zwischen Autor/Übersetzerin und Verlag in zwar nicht idealer, aber doch korrekter Weise ohne die Fußangeln und Vertragsfallen regeln, die in „hauseigenen" Vertragsformularen gern so gut versteckt werden, daß sie nur von Juristen aufzuspüren sind. Man kann diese Verträge guten Gewissens unterschreiben – und muß trotzdem noch verhandeln, da sie für einige Fragen Alternativformulierungen anbieten und den wichtigsten Punkt, das Honorar, völlig offen lassen.

Wer schlecht verhandelt, kann also auch auf Basis der Normverträge schlechte Verträge abschließen. Um das zu vermeiden, sollte man sich beim **Honorar** und den Einnahmen aus Nebenrechten an den Honorarempfeh-lungen (Seiten 161 und 162) orientieren und den sehr weitgefaßten Katalog der buch*fernen* **Nebenrechte** nach Möglichkeit auf die Rechte zusammenstreichen, die man nicht selber wahrnehmen kann (die buch*nahen* kann man ohnehin praktisch nicht selbst wahrnehmen). Sonst kann es passieren, daß sich die Autorin fröhlich daransetzt, aus dem eigenen Buch ein Hörspiel zu machen – nicht ahnend, daß sie dieses Nebenrecht längst dem Verlag eingeräumt hat.

Der **Manuskriptabgabetermin** darf keinesfalls zu eng festgesetzt werden. Denn wenn er nicht eingehalten wird, kann der Verlag (nach einer Nachfrist) vom Vertrag zurücktreten und bereits gezahlte Honorare zurückverlangen – was in der Praxis auch wirklich passiert.

Die Bücher sollten nie als „wissenschaftlich" klassifiziert werden, da sonst die weitaus schlechteren „Vertragsnormen bei wissenschaftlichen Verlagswerken" gelten. Für **Beiträge zu Sammlungen und Anthologien** sollte man immer nur ein einfaches Nutzungsrecht vergeben, da sonst jede weitere Veröffentlichung von der Zustimmung des Verlags abhängig ist.

Die Normverträge sind *nicht rechtsverbindlich.* VS und Börsenverein haben sich jedoch verpflichtet, darauf hinzuwirken, *„daß ihre Mitglieder nicht ohne triftigen Grund zu Lasten des Autors/Übersetzers von diesem Normvertrag abweichen".*

Daß die wortgetreue Anwendung dieser Verträge dennoch nicht die Regel ist, ist leider auch auf Autorinnen und Übersetzer zurückzuführen: Manch ein Berufsanfänger oder Gelegenheitsautor ist vor lauter Begeisterung, endlich „gedruckt" zu werden, allzuschnell zur Unterschrift bereit – und erschwert damit anderen den Abschluß korrekter Verträge. Dabei sind es selten „triftige Gründe" (sondern meist plumpe Profitinteressen), aus denen Verlage vom Normvertrag abweichen:

- Besonders beliebt sind Änderungen bei den **Erlösen aus der Nebenrechtsverwertung** (z.B. Film-, Funk- und Fernsehrechte): Die Normverträge sehen hier vor, daß der gesamte Erlös (nach Abzug der Provisionen für etwaige Auslandsgeschäfte) verteilt wird. Viele Verlage aber ziehen *sämtliche* Verlagsunkosten vom Erlös ab, bevor der Anteil der Autorin aus dem – erheblich geschmälerten – „Reinerlös" berechnet wird.

- Unscheinbare Änderungen mit weitreichenden Folgen sind auch beim Punkt **Freiexemplare** beliebt: Während der Normvertrag ein Honorar für sämtliche verkauften und bezahlten Exemplare mit Ausnahme der Pflicht-, Prüf-, Werbe- und Rezensionsexemplare vorsieht, schließen viele Verlage außerdem „Partieexemplare und Porto-Ersatzstücke“ (Rabatt-Exemplare für Buchhändler) von der Honorarberechnung aus. Manche setzen deren Zahl zudem pauschal fest, z.B. mit 10% der Auflage. Verbürgt ist der Fall eines Autors, dessen Buch unerwartet zum Bestseller wurde und dem dank dieser Vertragsfalle das Honorar für 35.000 Exemplare entging.
- Wer im Vertrag das Wort **Verlagsabgabepreis** findet, sollte hellwach werden: Zumindest bei Büchern, die regulär im Buchhandel vertrieben werden sollen, wird das Honorar in jedem seriösen Vertrag in Prozent vom **Netto-Ladenpreis** festgelegt – also dem Preis (ohne Mehrwertsteuer), den man im Laden für das Buch bezahlt. Kostet das Buch 48 DM, so beträgt der Netto-Ladenpreis 44,86 DM. Der Verlagsabgabepreis dagegen (für den der Großhandel das Buch bekommt) liegt etwa bei 50 – 60% des Ladenpreises – dementsprechend sind 10% vom Verlagsabgabepreis auch nur etwa halb soviel wie 10% vom Netto-Ladenpreis!
- Einen ähnlichen Trick versuchen Verlage, die das **Übersetzerhonorar** nicht auf die **Normseite,** sondern auf eine **„Seite à 1.800 Zeichen“** beziehen. Das ist, obwohl als Normseite „30 Zeilen à 60 Anschläge“ definiert sind, keineswegs dasselbe. Denn auf einer normal beschriebenen Manuskriptseite gibt es auch Einrückungen, Absatzenden und Leerzeilen, so daß eine Normseite in der Praxis nur 1.300–1.600 Zeichen hat. Wer das Honorar „pro 1.800 Zeichen“ definiert, will also meist nur das Honorar drücken: „32 DM pro Seite à 1.800 Zeichen“ entsprechen pro Normseite eben nur 23 – 28,50 DM, je nach Textstruktur.
- Vorsicht geboten ist bei Übersetzerverträgen, die schwammige Formulierungen zum **deutschsprachigen Verlagsrecht** enthalten. Denn wenn der Verlag dieses Recht nicht bekommt, platzt das ganze Buchprojekt. Hat der Verlag das Recht also noch nicht erworben, sollte man vereinbaren, daß im Fall des Scheiterns das volle Honorar zuzüglich einer Entschädigung (wegen entgangener VG-Wort-Ausschüttung und entgangener Werbewirkung) fällig wird. Dasselbe sollte gelten, wenn der Verlag die Übersetzung nicht verwertet.
- Nirgends im Vertrag darf stehen, daß der Verlag **vom Vertrag zurücktreten** darf (es sei denn, der Autor selbst erfüllt den Vertrag nicht). Denn mit einem Rücktritt entfällt auch die Pflicht zur Honorarzahlung. Dagegen muß der Autor auf seinem Rücktrittsrecht (siehe Seite 106) bestehen und Sätze wie „Der Autor verzichtet auf seine Ansprüche gemäß § 17 Verlagsgesetz“ streichen.

Wem so ein „hausgemachter“ Vertrag zur Unterschrift vorgelegt wird, sollte jeden Punkt penibel mit dem Normvertrag vergleichen und auch bei scheinbar unbedeutenden Änderungen vor *Unterzeichnung* rechtlichen Rat einholen. Den gibt's bei der IG Medien für Mitglieder kostenlos. Stellt sich der Verlag stur, was bei seriösen Verlagen nur selten vorkommt, sollte auf jeden Fall der VS verständigt werden, damit der VS-Justitiar beim Börsenverein intervenieren kann.

Wer einen schlechteren Vertrag akzeptiert, schadet auch anderen. Denn wie soll der Normvertrag jemals zur Selbstverständlichkeit werden, wenn nicht einmal die Autoren und Autorinnen auf ihn bestehen?

Weitere praxiserprobte Hinweise und Erläuterungen zum Übersetzer-Normvertrag enthält die Broschüre „Den Normvertrag kennen und durchsetzen – Tips für Übersetzer“[(B)].

Die vollständigen Normverträge sind bei den Landesvorständen oder der Bundesgeschäftsstelle des VS zu erhalten. Für den Sonderfall **Anthologie** gibt es dort außerdem einen AutorInnen- sowie einen HerausgeberInnenvertrag, die die Rechtsabteilung der IG Medien auf Basis des Normvertrages als Orientierungshilfe entwickelt hat. (Bitte *hartnäckig* nachfragen – es gibt sie wirklich!)

Über eine Neufassung der Normverträge unter Einbeziehung **digitaler Nutzungsrechte** wurde bei Redaktionsschluß dieses Ratgebers noch verhandelt. Bis dazu ein Ergebnis vorliegt, empfiehlt der VS, die Nutzung auf CD niemals als *Neben*recht wegzugeben, sondern immer gesondert als Hauptrecht zu vereinbaren und dabei auf eine klare Honorarregelung zu achten.

VS-Agentur 6.1.5.2.

Leider waren die Verhandlungen bei Redaktionsschluß noch nicht abgeschlossen. Aber bald soll es soweit sein: Die VS-Agentur – wenn sie denn wie erhofft funktioniert – kann Autorinnen und Übersetzern jede Menge Ärger und Unsicherheit abnehmen und ihnen sogar zu mehr Honorar verhelfen.

Diese Agentur soll Autoren und Übersetzerinnen gegen eine Gebühr das konkrete Aushandeln von Verträgen abnehmen. Anders als ein klassischer Literaturagent wird sie sich also nicht um die *Vermarktung* von Manuskripten kümmern. Ihre Aufgabe beginnt, wenn Autorin und Verlag sich auf ein gemeinsames Buchprojekt geeinigt haben. Von diesem Augenblick an können die Expertinnen der Agentur im Auftrag der Autorin die Verhandlungen mit dem Verlag übernehmen – bis zum unterschriftsreifen Vertrag.

Um die Organisationsstruktur der Agentur, die die Bereiche Fernsehen (Drehbuch), Buch und Theater abdecken soll, wurde bei Redaktionsschluß noch verhandelt. Der Start ist ab Herbst 1998 vorgesehen; die IG Medien gibt eine Anschubfinanzierung.

Honorarempfehlungen Buch 6.1.5.3.

Die „Mittelstandsgemeinschaft deutschsprachiger Schriftsteller im Verband deutscher Schriftsteller“[(A)] empfiehlt auf Grundlage einer breit angelegten Honorarumfrage folgende Mindesthonorare bei *Original*-Buchveröffentlichungen:

Die **Grundvergütung** für die erste Auflage sollte
- 10% bei Hardcover- und anderen gebundenen Ausgaben,
- 6% bei Taschenbüchern (Originalausgaben)

nicht unterschreiten und bei weiteren Auflagen schrittweise steigen.

Dieses Honorar wird jeweils vom Netto-Ladenpreis berechnet, die Mehrwertsteuer ist zusätzlich zu bezahlen. Zwei Drittel der geplanten Erstauflage sollten im voraus honoriert werden, und zwar als Garantiehonorar, das auf keinen Fall rückzahlbar ist. Wird der **Vorschuß** in Raten gezahlt, sollte die erste bei Vertragsabschluß, die letzte allerspätestens bei Erscheinen des Werkes fällig werden.

Bei den **Nebenrechten** soll der Autor mindestens 60% (buchnahe Nebenrechte, z.B. Taschenbuch) bzw. 70% (buchferne Nebenrechte, z.B. Verfilmung) erhalten.

Bei **mehreren Urhebern** (Herausgeberin, Mitautoren, Illustratorin) sollte das Gesamthonorar für alle Beteiligten 10% des Netto-Ladenpreises nicht unterschreiten.

Zu **Lesungen** sollte sich niemand für ein Honorar unter 500 DM zzgl. MwSt. hergeben.

6.1.5.4. Honorarempfehlungen Übersetzung

Die „Mittelstandsgemeinschaft Literarischer Übersetzerinnen und Übersetzer in der IG Medien und im VdÜ“[(A)] hat auf Basis von Honorarumfragen in den Jahren 1996 und 1997 neue Honorarempfehlungen entwickelt, die nach Aufwand differenziert sind.

Für **Buchveröffentlichungen** empfiehlt die Mittelstandsgemeinschaft als Mindesthonorar eine **Grundvergütung** von
- 25 DM je Normseite für Übersetzungen mit sehr geringem Aufwand bzw. Anspruch (Prosa, Honorarzone 1),
- 32 DM je Normseite für literarische und Sachtexte mit durchschnittlichen Anforderungen (Prosa, Honorarzone 2),
- 38 DM je Normseite für literarische und Sachtexte mit überdurchschnittlich hohem Aufwand (Prosa, Honorarzone 3),
- 5 DM je Verszeile für Lyrik, bei strengen Formen (z.B. festes Versmaß, spezielle Strophenformen) erheblich mehr,
- 15–20% an den Gesamttantiemen für Dramen.

Zusätzlich wird eine **Erfolgsbeteiligung** empfohlen (mindestens 1,0% vom Nettoladenpreis ab dem 10.001 Exemplar) sowie eine **Beteiligung an den Nebenrechten** (mindestens 10% vom Verlagsanteil).

Bei anderen Medien gelten folgende Mindestempfehlungen:
- bei **Publikumszeitschriften** 50 DM je Normseite für den *einmaligen* Abdruck,
- bei **Rundfunk und Fernsehen** pro Sendeminute eine Grundvergütung von 50 DM für redaktionelle Beiträge, 80 DM für Hörspiele und 160 DM

für Fernsehspiele; für Hör- und Fernsehspiele mit Anspruch auf Wiederholungsvergütung.

Alle Honorare verstehen sich zuzüglich Mehrwertsteuer; Zuschläge sollten vereinbart werden für **Zusatzleistungen** wie

- Textlieferung auf Diskette (mindestens 2 DM pro Normseite),
- fachliche oder wissenschaftliche Vorarbeiten, wie sie in der Regel bei Sach- und Fachbüchern nötig sind,
- Überprüfung des Originals auf Stimmigkeit,
- Auswertung zusätzlicher Literatur,
- Bearbeitungen (z.B. Kürzungen),
- Verfassen von Anmerkungen,
- Erstellen von Namensverzeichnissen und Registern,
- Eillieferung.

Unter **Normseite** verstehen die Empfehlungen eine Manuskriptseite von 30 Zeilen à 60 Anschläge (siehe Seite 160).

Vergleichswerte Übersetzung 6.1.5.5.

Diese Honorarempfehlungen orientieren sich an den tatsächlich gezahlten Honoraren, aber keineswegs am tatsächlichen Wert literarischer (Übersetzungs-)Arbeit.

Deutlich höher als im Printbereich liegen die Honorare bei **Rundfunk und Fernsehen.** Die genannten Empfehlungen für diesen Bereich stammen aus einem Vergütungstarifvertrag der IG Medien mit einer großen Rundfunkanstalt. Zum Vergleich: 50 DM pro Sendeminute entsprechen etwa 100 DM pro Normseite.

Noch besser wird im nicht-künstlerischen Bereich gezahlt: Für **technische Übersetzungen** (z.B. Verträge, amtliche Dokumente, Gebrauchsanweisungen) liegen die marktüblichen Honorare je nach Schwierigkeitsgrad bei 3–7 DM pro Zeile; die Gebührenordnungen der Gerichte sehen für Übersetzungen ein Honorar von 2–5,80 DM pro Zeile vor; in besonders schwierigen Fällen können dort sogar bis zu 8,40 DM pro Zeile abgerechnet werden. Das entspricht 250 DM pro Normseite!

Wer zahlt was? Die KNÜLL-Kartei 6.1.5.6.

Wer einen Übersetzungsauftrag in Aussicht hat und sich über die Honorarforderung nicht sicher ist, kann neuerdings ganz konkret erfahren, was eben dieser Verlag anderen für vergleichbare Texte schon gezahlt hat. Möglich macht das die KNÜLL-Kartei, die vom Frankfurter Übersetzertreff initiiert wurde: Hier werden konkrete Vertragsbeispiele gesammelt mit Informationen zu Verlag, Sprache, Art des Textes, Schwierigkeitsgrad, Honorar, Zuschlägen usw.

Wenn der XY-Verlag also sagt: „Was? Für die Lieferung auf Diskette wollen Sie extra Honorar? Das haben wir ja noch nie gemacht!“ – dann klärt eine kostenlose Anfrage bei KNÜLL, ob sie es wirklich noch nie gemacht haben. Und was sie anderen bezahlen. Schon kann man ganz anders verhandeln.

Die KNÜLL-Kartei funktioniert um so besser, je mehr Übersetzerinnen und Übersetzer ihre Vertragsbedingungen mitteilen. Also laßt euch von Eva Michel-Moldenhauer[A] gleich mal einen Satz Karteikarten schicken und tragt dort eure letzten Verträge (anonym) ein.

(„KNÜLL" wurde übrigens zunächst fälschlich mit „Kartei Nützt Übersetzers Lust und Leidenschaft" übersetzt. Richtig heißt es natürlich „Kürzt Niemals Übersetzern Lohn, Lümmel!")

6.1.6. Bildende Kunst

Obwohl die Bedeutung der Galerieumsätze zurückgeht und neue Formen der Kunst, der Kunstpräsentation und der Kunstfinanzierung zunehmen, ist der Kunstmarkt bis heute die wichtigste Einkommensquelle für viele bildende Künstler und Künstlerinnen geblieben – und die „eigene Ausstellung" ein wesentlicher Maßstab für den künstlerischen Erfolg.

Für die Gestaltung von Verträgen und die Planung der eigenen Karriere ist es zunächst wichtig, fünf Bereiche des Kunstmarktes zu unterscheiden:

- **Galerien** zeichnen sich dadurch aus, daß sie eine relativ kleine Anzahl von Künstlern und Künstlerinnen langfristig betreuen. Regelmäßige Ausstellungen in eigenen Räumen und Verkauf sind nur eine Seite ihrer Tätigkeit. Die andere ist die persönliche Betreuung, die von der Karriereplanung bis zur Vertretung der Künstlerin gegenüber dem Kunsthandel, Sammlern, Museen und den Medien reicht.
- **Kunsthändler** konzentrieren sich dagegen auf den Verkauf von Kunstwerken. Sie haben keine „eigenen" Künstler und beschränken die Zusammenarbeit bestenfalls auf die Dauer einer einzelnen Ausstellung; manche übernehmen auch Ausstellungen in Kommission von Galerien. Viele Kunsthändler verzichten sogar vollständig auf einen eigenen Ausstellungsraum und verkaufen direkt „aus dem Wohnzimmer".
- **Artconsulter** sind in der Regel auf die Ausstattung von Unternehmen spezialisiert. Meist planen sie nicht nur die Ausstattung der Unternehmensgebäude mit Kunstwerken, sondern sind auch auf Raumgestaltung und für die Auswahl des Mobiliars verantwortlich. Unter den vielen schwarzen Schafen, die es in dieser Branche gibt, erkennt man die seriösen Artconsulter z.B. daran, daß sie vom Künstler keine Honorare oder Rabatte verlangen – sie werden in der Regel pauschal von ihren Auftraggebern bezahlt.
- **Kunstmanager,** die Künstlern eine individuelle Vertretung ihrer Interessen versprechen, haben auf dem Kunstmarkt noch keine Existenzberechtigung gefunden. Anders als z.B. im Musikbereich, wo Manager eine feste Größe in der Beziehung zwischen Veranstaltern, Plattenfirmen und Musikgruppen bilden, suchen Galeristen, Sammler und Museumsleiter in der Regel einen direkten Kontakt zu den Künstlerinnen.

- **Kunstmessen** können wichtige Stationen für eine Künstlerkarriere sein. Bei den renommierten Messen ist eine Beteiligung jedoch nur über eine Galerie möglich. Bei sogenannten Künstlermessen sollte man genau hinschauen: Auf der einen Seite sind sie die einzige Möglichkeit für eine Künstlerin, ihre Werke ohne Vermittlung durch andere öffentlich zu zeigen; auf der anderen Seite ist ihre Wirkung begrenzt – vor allem, wenn sie lediglich als PR-Maßnahme von Firmen oder Institutionen veranstaltet werden.

Ausstellungsvereinbarung und Galerievertrag 6.1.6.1.

Die langfristige, feste Zusammenarbeit mit einer renommierten Galerie, wie sie oben angedeutet wurde, dürfte für das Gros der bildenden Künstler und Künstlerinnen in der Bundesrepublik ein Wunschtraum bleiben. Im Alltag wird es zunächst um einmalige Ausstellungen gehen.

Hierfür sollten zunächst folgende Punkte geklärt und in einer **Ausstellungsvereinbarung** schriftlich fixiert werden:

- **Ausstellungstermin(e),**
- **Haftung und Versicherung:** Die Galerie haftet für die ausgestellten Werke von der Anlieferung bis zur Abholung. Für den Transport schließt üblicherweise die Galerie eine Versicherung „von Nagel zu Nagel“ ab.
- Die **Gestaltung der Ausstellung** erfolgt sinnvollerweise in Zusammenarbeit mit den Ausstellenden, das letzte Wort hat jedoch die Galerie.
- Üblich ist ein **Gebietsschutz,** der besagt, daß die Künstlerin ihre Werke nicht gleichzeitig in einer anderen Galerie im Gebiet der Vertragsgalerie zum Kauf anbietet. Wie groß dieses Gebiet ist, muß konkret abgesprochen werden.
- **Verkaufsverhandlungen** werden ausschließlich von der Galerie geführt. Der Künstler sollte sich da tunlichst raushalten.
- In der Regel erhält die Galerie die Werke in **Kommission.** Das heißt, sie muß sie nach der vereinbarten Frist zurückgeben. Da Sammler erfahrungsgemäß oft sehr viel Zeit für Kaufentscheidungen brauchen, sollte man eine Kommissionszeit von mindestens 90 Tagen (und nicht nur 30, wie von den Künstlerverbänden empfohlen) über das Ausstellungsende hinaus vereinbaren. Über die angelieferten Kunstwerke stellt die Galerie eine quittierte Kommissionsliste aus, die auch die vereinbarten Kaufpreise enthält.
- Wo ein **Ausstellungshonorar** (siehe Seite 168) nicht durchzusetzen ist, sollte wenigstens eine **Ankaufsgarantie** vereinbart werden, mit der sich die Galerie verpflichtet, eine bestimmte Anzahl von Werken abzunehmen – unabhängig davon, ob sie für sie während der Ausstellung Käufer findet oder nicht.

Wird zwischen Künstlerin und Galerien eine langfristige Zusammenarbeit vereinbart, so müssen in einem **Galerievertrag** zusätzlich zu den genannten Punkten folgende Fragen geklärt werden:

- Wie wird der **Gebietsschutz** geregelt? Darf eine Künstlerin, die sich an eine Galerie in Hamburg bindet, gleichzeitig mit einer Münchner Galerie zusammenarbeiten?
- Unter welchen Bedingungen wird die Galerie an **Verkäufen aus dem Atelier** beteiligt? Werden solche Verkäufe von der Galerie vermittelt, so sollte sie am Erlös mit der Hälfte des vereinbarten Galerierabatts (siehe unten) beteiligt werden.
- Wie soll die **Abrechnung** erfolgen? Nach jedem Verkauf oder jeweils im Zusammenhang mit dem Kommissionsverzeichnis, das die Galerie einmal jährlich aktuell erstellen muß?

6.1.6.2. Leistungen der Galerie und Galerierabatt

Neben diesen Formalien muß vor allem der Leistungsumfang der Galerie und des Künstlers genau fixiert werden; hiervon hängen dann auch die finanziellen Regelungen ab.

Als Faustregel gilt zunächst: Der **Galerierabatt,** d.h. der Anteil der Galerie am Erlös der verkauften Werke, sollte bei professionellen Galerien 50, beim Kunsthandel 25 und bei Hobbygalerien und „Wohnzimmer-Kunsthändlern" 10% keinesfalls überschreiten. Es lassen sich durchaus seriöse Galerien finden, die auch mit 33 oder 40% zufrieden sind. Bei 70%, wie sie einige große Galerien in den Ballungszentren inzwischen verlangen, ist die Schmerzgrenze eindeutig überschritten.

Voraussetzung für den vollen Galerierabatt von 50% ist auf jeden Fall, daß die Galerie daraus alle **üblichen Leistungen** finanziert, nämlich

- Durchführung der Ausstellung in den Galerieräumen,
- Druck und Versand von Einladungskarten,
- Übernahme der Transportkosten,
- Versicherung der Kunstwerke,
- Pressearbeit,
- Vertretung des Künstlers gegenüber Museen und Sammlern.

Beschränkt die Galerie ihre Aktivitäten auf die ersten vier Punkte, so kann der Galerierabatt bis zu 25% betragen; übernimmt sie lediglich die ersten beiden, so sollte sie sich mit maximal 10% zufriedengeben.

Über **zusätzliche Leistungen** muß verhandelt werden. Galerien, die ihre Künstler über Jahre erfolgreich vertreten, schalten für Ausstellungen auch Anzeigen in Kunstzeitschriften oder stellen Plakate her. Es ist jedoch keineswegs ungewöhnlich, daß für solche Leistungen eine Kostenbeteiligung der Künstlerin verlangt wird. Soll für die Ausstellung ein **Katalog** erstellt werden, ist eine Kostenbeteiligung *üblich.*

Wichtig ist jedoch, daß diese **Kostenbeteiligung** so gestaltet wird, daß die Künstlerin nicht ihr Konto plündern oder gar einen Kredit aufnehmen muß, falls die Ausstellung ohne jeden Verkaufserfolg enden sollte. Kostenbeteiligungen sollten daher immer in Form von Kunstwerken – und niemals in

Form von Bargeld vereinbart werden. Für eine 50prozentige Kostenbeteiligung an einem 12.000 DM teuren Katalog würde die Künstlerin der Galerie (bei 50% Galerierabatt) also Werke im *Verkaufs*wert von 12.000 DM zur Verfügung stellen. Ist die Ausstellung erfolgreich, mindert sich ihr Anteil am Verkaufserlös um 6.000 DM – wird gar nichts verkauft, ist sie lediglich die vereinbarten Werke los.

Für die **Materialkosten** hat sich die einfache Regelung eingebürgert, daß die Künstlerin die Kosten für alles Material übernimmt, das Bestandteil des Kunstwerkes ist – was bei Installationen ziemlich teuer werden kann. Alles Material, das der Präsentation dient (vor allem Rahmen), bezahlt die Galerie. In der Praxis sind Galerien, Museen oder Kunstvereine aber häufig bereit, sich auch an den Materialkosten für eine Installation zu beteiligen.

Auch die **Transportkosten** sollte die Galerie eigentlich vollständig übernehmen. In der Praxis ist aber meist nur eine Kostenteilung durchsetzbar, das heißt: Die Galerie übernimmt die Transportkosten lediglich für *einen* Weg.

Eine Beteiligung an den **laufenden Kosten** der Galerie (Miete, Personal, Telefon oder ähnliches) ist generell abzulehnen. Um diese Kosten zu decken, bekommt die Galerie ihren Galerierabatt. Wer die Beteiligung an solchen Kosten oder eine *Bar*-Beteiligung z.B. an Katalogkosten verlangt, zeigt damit nur, daß er selbst nicht daran glaubt, eine Galerie erfolgreich führen, d.h. Kunst verkaufen zu können.

Im beiderseitigen Interesse liegt es, daß sowohl der Künstler (bei anderweitigen Verkäufen) als auch die Galerie **Preisdisziplin** wahren. Wer aus dem Atelier billiger verkauft als über die Galerie, macht sich selbst die Preise, der Galerie das Geschäft und damit wieder sich selbst die Ausstellungsmöglichkeiten kaputt. Die Verkaufspreise müssen vor Beginn der Ausstellung verbindlich abgesprochen werden – einschließlich eines Rabattrahmens, den die Galerie wichtigen Sammlern oder Museen anbieten darf.

Die **Abrechnung** verkaufter Werke durch die Galerie sollte unmittelbar nach der Bezahlung durch den Kunden erfolgen. Die in Musterverträgen oft vorgeschlagene Regelung, daß verkaufte Kunstwerke spätestens 30 Tage nach Ausstellungsende abgerechnet werden müssen, auch wenn der Kunde das Geld noch nicht überwiesen hat, hört sich zwar gut an, ist in der Realität aber nicht durchsetzbar.

Ausstellungen außerhalb des Kunstmarktes 6.1.6.3.

Wer Arbeiten als Leihgabe für Ausstellungen außerhalb des Kunstmarktes abgibt, sei es in Museen oder nicht kommerziellen Galerien, sei es in Betriebsräumen von Firmen, in Gaststätten oder Arztpraxen, sollte zunächst darauf drängen, ein Ausstellungshonorar (siehe Seite 168) bzw. eine **Leihgebühr** in entsprechender Höhe zu erhalten. Und anschließend einen Leihvertrag abschließen, der folgende Punkte umfaßt:

- **Vertragsgegenstand** ist ein bestimmtes Bild, eine Skulptur, ein Video (mit genauen technischen Daten).

- Das Werk wird nur für den (genau beschriebenen) **Vertragszweck** überlassen.
- Nach Ende der **Vertragsdauer** (die mit genauen Daten fixiert wird) müssen die überlassenen Kunstwerke ohne Aufforderung zurückgegeben werden.
- Der Entleiher darf an den Werken ohne Zustimmung des Künstlers **keine konservatorischen Maßnahmen** durchführen.
- Der Entleiher verpflichtet sich, die Kunstwerke bestmöglich vor **Schäden und Diebstahl** zu schützen und trotzdem auftretende Beschädigungen sofort der Künstlerin anzuzeigen.
- Der Entleiher schließt eine **Transportversicherung** von Nagel zu Nagel auf den Namen der Künstlerin und für die Dauer der Ausstellung eine **Versicherung gegen Diebstahl, Vandalismus, Feuer** usw. ab. Den Versicherungswert legt die Künstlerin fest.
- **Abbildungen** der überlassenen Kunstwerke dürfen in der Regel nur mit Genehmigung des Künstlers gemacht werden.
- Die Künstlerin muß nach vorheriger Anmeldung jederzeit **Zugang** zu ihren Werken erhalten.
- Der Entleiher trägt **sämtliche Kosten** für den Hin- und Rücktransport, für die Erhaltung und eventuelle Reparaturen des Kunstwerkes sowie die Reise- und Übernachtungskosten für den Künstler.
- Der Leihvertrag kann aus wichtigen Gründen, z.B. wenn der Entleiher seine vertraglichen Pflichten verletzt oder wenn die sachgemäße Pflege und Erhaltung der Werke nicht gewährleistet ist, ohne Einhaltung einer Frist gekündigt werden; die Werke sind in diesem Fall umgehend zurückzugeben.

6.1.6.4. Ausstellungshonorar – Empfehlung

Solange der Anspruch auf Ausstellungshonorare (siehe Seite 268) noch nicht gesetzlich geregelt ist, empfiehlt die IG Medien, jeden Aussteller mit der Forderung nach einem solchen Honorar zumindest zu nerven. Zwar dürfte gerade für Anfänger die Chance nicht allzugroß sein, mit diesem Anliegen durchzudringen – aber wie sollen Ausstellungshonorare jemals Realität werden, wenn niemand sie verlangt? Zudem gibt es durchaus einzelne gutwillige Aussteller, die auch heute schon bereit sind, ein Ausstellungshonorar zu zahlen.

Ziel der IG Medien ist es, das Ausstellungshonorar gesetzlich im Urheberrecht zu verankern. Bis dahin empfiehlt die IG Medien, das Honorar für die erste Ausstellungswoche mit 5% des Versicherungswertes (Verkaufspreises) der ausgestellten Kunstwerke, für weitere Wochen mit fallenden Prozentsätzen festzusetzen. Kauft der Veranstalter während der Ausstellung ein ausgestelltes Kunstwerk an, so soll das Ausstellungshonorar mit dem Kaufpreis verrechnet werden.

Bei **Galerien** wird das Ausstellungshonorar mit dem Anteil des Künstlers am Erlös der verkauften Werke verrechnet. Das heißt: Eine Galerie, die gut verkauft oder selbst Werke ankauft, braucht das Ausstellungshonorar nicht zu zahlen – der Künstler aber hat einen Mindesterlös aus der Ausstellung sicher.

Editionen 6.1.6.5.

Kunstwerke, die in verschieden hohen Auflagen reproduziert und vertrieben werden, haben den Kunstmarkt in zweierlei Weise geöffnet. Einerseits erleichtern sie es jungen Sammlern, ohne allzu großes finanzielles und künstlerisches Risiko in den Kunstmarkt einzusteigen; auf der anderen Seite geben sie jungen Künstlerinnen die Möglichkeit, sich einem breiteren Publikum auch mit ausgefallenen Werken vorzustellen. Denn Galeristen sind bei der Auswahl ihres Editionsprogramms meist mutiger als bei der Zusammenstellung ihres Ausstellungsprogramms und geben hier auch dem Nachwuchs eine Chance.

Sofern die Künstlerin ihre Edition nicht selbst verlegen (d.h. finanzieren) will, ist auch hier eine schriftliche Vereinbarung erforderlich. Folgende Punkte sind zu klären:

- Wer trägt die **Kosten** für die Herstellung des Originals? Wer trägt die Kosten für die Vervielfältigung? (In der Regel der Verleger.)
- Kauft die Galerie die gesamte Auflage (dann hat die Künstlerin keinen Einfluß mehr auf die Preisgestaltung) oder übernimmt sie die Arbeiten lediglich **in Kommission?** In diesem Fall werden die verkauften Exemplare zu vorher festgelegten Terminen abgerechnet; als Galerierabatt sind die gleichen Sätze wie beim Kommissionsgeschäft mit Originalen (siehe Seite 166) üblich.

Auch alle weiteren Regelungen entsprechen denen beim Kommissionsgeschäft mit Originalen.

Sehr genau sollte man über die **Auflagenhöhe** nachdenken. Nach einem Boom von Editionen mit sehr hohen Stückzahlen in den siebziger Jahren, in dessen Gefolge ihr Stellenwert in der Kunst (und ihr Preis) sank, entwickelt sich heute wieder ein Markt mit Editionen in kleinen Auflagen.

Kauf- und Bestellverträge für Kunstwerke 6.1.6.6.

Mit dem **Kauf eines Kunstwerkes** erwirbt der Sammler – soweit nichts anderes vereinbart ist – lediglich das Eigentum am Original sowie das Recht, es öffentlich auszustellen. Jede weitere Nutzung muß ausdrücklich vertraglich vereinbart (und gesondert honoriert) werden. Ein Formular hierfür ist bei der IG Medien zu erhalten (siehe Seite 171).

Alle nicht ausdrücklich übertragenen Rechte bleiben bei der Künstlerin. Sie kann also ein Landschaftsgemälde, dessen Original sie längst verkauft hat, immer noch an einen Fremdenverkehrsverband zur Nutzung in der Tourismuswerbung „verkaufen“ (d.h. ihm das Nutzungsrecht dafür einräumen). Wenn sie keine Reproduktion des Bildes mehr besitzt, muß der Käufer ihr zu diesem Zweck sogar Zugang zum Original gewähren.

Besser, als in solchen Fällen Streit anzufangen, ist es jedoch, mit offenen Karten zu spielen und mögliche Streitpunkte durch klare Regelungen im Kaufvertrag von vornherein auszuschließen. Vor allem empfiehlt sich eine eindeutige Regelung für den Fall, daß die Künstlerin das Original noch einmal auf einer späteren Ausstellung zeigen möchte.

Genau umgekehrt liegt der Fall, wenn ein Verlag bei einem Künstler **Illustrationen** für ein Buch in Auftrag gibt. In diesem Fall erwirbt der Verlag nur die vereinbarten Nutzungsrechte; der Künstler behält die Originale und kann sie beliebig weiterverkaufen. Als Besonderheit gilt beim Illustratorenvertrag, daß der Verlag die bestellten Illustrationen verwenden *muß* (soweit nichts anderes vereinbart ist und soweit sie nicht handwerkliche Mängel – siehe Seite 134 – haben).

Um möglichen Streit zu vermeiden, sollten die bestellten Illustrationen daher bei Auftragserteilung möglichst genau beschrieben werden (z.B. Größe, Technik, evtl. Motiv). Dies gilt noch mehr beim leider selten gewordenen **Bestellvertrag für ein Kunstwerk.** Da der Auftraggeber die Bezahlung nicht allein deshalb ablehnen kann, weil ihm das Ergebnis nicht gefällt (siehe Seite 134), muß er seine Vorstellungen im Vertrag so genau wie eben möglich formulieren.

Dennoch wird es nicht ausbleiben, daß irgendein Auftraggeber von „seinem" Kunstwerk am Ende fürchterlich enttäuscht ist. In Bestellverträgen ist es daher üblich zu vereinbaren, daß der Auftraggeber das bestellte Werk

nicht abzunehmen braucht, in diesem Fall aber trotzdem einen bestimmten Anteil des Honorars bezahlen muß. Sofern dieser Honoraranteil nicht zu niedrig ist, ist das eine sinnvolle Regelung, da das Werk auf diese Weise nicht in „schlechte Hände" fällt, sondern im Eigentum des Künstlers bleibt (und anderweitig verkauft werden kann).

Ist für das bestellte Werk die **Mitwirkung des Auftraggebers** erforderlich, so sollte man vertraglich genau festlegen, wo und wie viele Stunden er zum Beispiel Modell zu sitzen, welche Vorlagen und Materialien er zu liefern hat usw.

Für die Nutzungsrechte am fertigen Werk gilt das oben zum Kaufvertrag Gesagte. Eine Besonderheit ist lediglich bei **Kunst im öffentlichen Raum** zu beachten: Solche Werke dürfen ohne Genehmigung und ohne Honorierung des Künstlers reproduziert werden. Beim Vertrag über ein im öffentlichen Raum aufzustellendes Kunstwerk sollte man außerdem auf einem vertraglichen Haftungsausschluß bestehen. Ohne eine solche Bestimmung muß der Künstler nämlich nach Aufstellung noch ein halbes Jahr lang jedem Dussel, der über die Skulptur stolpert und sich ein Bein bricht, die Arztkosten und Schmerzensgeld bezahlen.

6.1.6.7. Allgemeine Geschäftsbedingungen Bildende Kunst

Für alle Lieferungen von Kunstwerken zu Ausstellungen, zu Galeriezwekken oder zum Kauf hat die Fachgruppe Bildende Kunst der IG Medien „Allgemeine Geschäftsbedingungen Bildender Künstler und Künstlerinnen" – verbunden mit einem Formular „Auftragsbestätigung / Angebot" – entwickelt.

Die zehn Paragraphen der AGB haben bislang leider nur den Charakter einer Empfehlung und sind nicht verbindlich mit den Verbänden der Museen und Galerien abgestimmt. Sie regeln aus Sicht der IG Medien jedoch einen fairen Interessenausgleich zwischen Künstler und Auftraggeber und sollten so weit wie möglich Eingang in schriftliche Vereinbarungen finden.

Wo nur mündliche Vereinbarungen getroffen wurden, sollten diese auf jeden Fall anschließend in einem Brief schriftlich festgehalten werden. Hierzu läßt sich das Formular „Auftragsbestätigung / Angebot" benutzen, auf dessen Rückseite die AGB abgedruckt sind. Widerspricht der Geschäftspartner diesem Schreiben nicht, so gilt sein Inhalt – einschließlich der AGB – als vereinbart.

Das Formular samt AGB kann bei der Fachgruppe Bildende Kunst bezogen werden. (Bitte die gewünschte Stückzahl angeben, da das gute Stück schlecht kopierbar ist!)

Tarifvertrag für arbeitnehmerähnliche Designer 6.1.6.8.

Für freie arbeitnehmerähnliche Designer hat die Allianz deutscher Designer (AGD[(A)]) mit dem Verein Selbständige Design-Studios (SDSt) erstmals im Jahre 1978 einen **Vergütungstarifvertrag für Designleistungen** abgeschlossen, der seither in regelmäßigen Abständen aktualisiert wird.

Als arbeitnehmerähnlich im Sinne dieses Tarifvertrages gelten Designer und Designerinnen, die

- in den letzten zwölf Monaten mindestens ein Drittel ihres Honorars von ein und demselben Unternehmen bezogen haben,
- diese Leistungen im wesentlichen selbst erbringen, also keine Arbeitnehmer beschäftigten und
- zur Sicherung ihres Lebensunterhaltes auf die Einkünfte aus dem Design-Bereich angewiesen sind.

Beim Vergütungstarifvertrag handelt es sich um ein knapp hundertseitiges Zahlenwerk, das fast alle vorstellbaren Arbeitsaufgaben in den Bereichen Foto-, Grafik- und Kommunikationsdesign, Konzeption und Text, Mode-, Produkt- sowie Textildesign berücksichtigt und daher hier nur andeutungsweise wiedergegeben werden kann.

Die Honorare bestehen hier aus drei Komponenten:

- Die **Entwurfsvergütung** ergibt sich aus dem vereinbarten **Zeitaufwand** und dem **Stundensatz,** der laut Tarifvertrag für einen Designer „von Qualifikation und Erfahrung" 120 DM* beträgt, je nach individueller Qualität aber auch höher oder niedriger vereinbart werden kann.
- Für die Nutzungsrechte wird zusätzlich eine **Nutzungsvergütung** fällig. Sie beträgt je nach Umfang der eingeräumten Rechte und der Nutzung zwischen 30% (kurzzeitige lokale Nutzung, einfaches Nutzungsrecht) und

1.700% der Entwurfsvergütung (Produktdesign, zeitlich unbegrenzte weltweite Nutzung, ausschließliches Nutzungsrecht mit der Möglichkeit der Lizenzvergabe, fünf Jahre Branchenexklusivität).

- **Sonstige Leistungen,** die auf Wunsch des Kunden über den vertraglich vereinbarten Entwicklungs- und Entwurfsaufwand hinaus erbracht werden, werden nach Zeitaufwand mit dem vereinbarten Stundensatz abgerechnet. Hierzu können zum Beispiel Marktanalysen, Recherchen, Programmieraufwand oder technische Nebenkosten zählen.

Auf diese Weise gewährleistet der Tarifvertrag, daß Designer ein vernünftiges Honorar – nämlich 120 DM pro Stunde – auch für Leistungen bekommen, die der Auftraggeber nicht verwertet, und auf der anderen Seite adäquat an der wirtschaftlichen Verwertung ihrer Produkte beteiligt werden.

Besonders hervorzuheben ist der § 7.5 des Tarifvertrages, der in schlichter Schönheit lautet: **„Unentgeltliche Tätigkeit oder die kostenfreie Vorlage von Arbeiten ist unzulässig."**

Nach Angaben der ADG ist dieser Tarifvertrag in der Praxis akzeptiert und wird von Gerichten bei Honorarstreitigkeiten gern als Entscheidungsgrundlage herangezogen. Auch nichtarbeitnehmerähnliche Freie können ihn für sich verbindlich machen, indem sie auf ihre Lieferscheine und Rechnungen den Satz aufdrucken: *„Falls nicht anders vereinbart, gelten der Vergütungstarifvertrag für Designleistungen und die allgemeinen Vertragsgrundlagen zwischen AGD und SDSt."* (Nur darf man dann auch wirklich nichts anderes vereinbart haben!)

Die Broschüre „Tarifvertrag Design-Leistungen"[(B)] beschreibt außerdem alternative Honorierungsmöglichkeiten und enthält mit den „Allgemeinen Vertragsgrundlagen" knapp gefaßte Geschäftsbedingungen.

6.1.7. Darstellende Kunst

Die vom Gesetzgeber gewollte Vertragsform für Schauspielerinnen und Schauspieler an Theatern ist der Arbeitsvertrag, der bei Mitgliedstheatern des Deutschen Bühnenvereines durch Tarifverträge weitgehend vorbestimmt ist. Dennoch arbeiten zahllose Menschen in diesem Bereich „frei" – sei es, weil sie das als Stars durchsetzen können, oder sei es, weil sie als Namenlose nichts anderes durchsetzen können. Und dazwischen gibt es die Freien Theater, deren Mitglieder entweder aus Prinzip oder aus finanziellen Gründen darauf bestehen, frei zu arbeiten.

Zu den Arbeitsverträgen wird ab Seite 181 das Wichtigste gesagt; im folgenden soll es allein um die Vertragsbedingungen von Selbständigen gehen.

6.1.7.1. Selbständige Mitarbeit im Theater

Wer im Theater als selbständig gilt, das ist in der Rechtsprechung weitgehend definiert (siehe Seite 65). Nicht eindeutig erfaßt sind jedoch die Freien

Theater, die sich nicht als normale Unternehmen mit Chef und Angestellten, sondern als Gruppe gleichberechtigter Selbständiger verstehen.

Wer diesen Status nicht gefährden möchte, sollte bei allen Vertragsformulierungen - vor allem, wenn vorübergehend ein zusätzliches Mitglied in die Gruppe aufgenommen werden soll - auf folgende Punkte achten, anhand derer z.B. die KSK prüft, ob eine abhängige Beschäftigung vorliegt:

Auf keinen Fall darf das Gruppenmitglied auf **Lohnsteuerkarte** beschäftigt werden - dann handelt es sich (nicht nur für die KSK) eindeutig um ein Arbeitsverhältnis.

Vermeiden sollte man im Vertrag alle Formulierungen, die

- eine feste **Arbeitszeit** an einem festen **Arbeitsort** bindend vorschreiben,
- auf ein festes, zeitbezogenes **Entgelt** (Gehalt) unabhängig vom geschäftlichen Erfolg der Gruppe schließen lassen,
- einen Anspruch auf bezahlten **Urlaub** und/oder die Geltung der gesetzlichen **Kündigungsfristen** festschreiben,
- das Gruppenmitglied in seiner Arbeit weitgehenden **Weisungen** und einer weitgehenden Kontrolle unterwerfen,
- dem Gruppenmitglied eine gleichzeitige **Tätigkeit für andere** (Theater) oder auf eigene Rechnung verbieten.

Derartige Formulierungen wertet die KSK zumindest als Indizien für ein Arbeitsverhältnis. Sehr gut machen sich im Vertrag dagegen folgende Formulierungen, die die KSK als Hinweise auf eine selbständige Tätigkeit versteht:

- Vom Gruppenmitglied wird eine **freie, eigenverantwortliche Gestaltung** der Arbeit ausdrücklich gefordert. Es ist Miturheber der Theaterproduktion.
- Alle Gruppenmitglieder haben **gleiche Mitspracherechte** bei der Festlegung des Arbeitsgegenstandes (Stücke, Spielplan) sowie in künstlerischen und geschäftlichen Angelegenheiten.
- Die **Arbeitsmaterialien** (Bühneneinrichtung, Requisiten) werden von den Gruppenmitgliedern gemeinsam angeschafft.
- Das Gruppenmitglied bringt eine **Kapitalbeteiligung** ein, es bekommt eine *erfolgsabhängige* **Vergütung** oder eine einmalige Vergütung nach Abschluß der Arbeit (d.h., es trägt ein „Unternehmerrisiko").

Ist das Vertragsverhältnis in dieser Weise eindeutig, treten die Gruppenmitglieder nach außen formal als lauter einzelne Selbständige auf. Ein Gastspielvertrag zum Beispiel müßte eigentlich von jedem einzelnen Mitglied unterschrieben werden - solange nicht ein Mitglied von den anderen dazu ausdrücklich bevollmächtigt wird (siehe Seite 81).

Gastspielvertrag 6.1.7.2.

Für die Vereinbarung von Gastspielen hat die IG Medien einen Mustervertrag entwickelt, der - da er von freien Theatern fast täglich gebraucht wird und wortgleich von Alleinunterhaltern und Musikgruppen verwendet werden kann – im Anhang (Seite 297) vollständig abgedruckt ist. Es ist ein korrekter und brauchbarer Vertrag, der die Anregungen des Deutschen Städtetages und des Deutschen Städte- und Gemeindebundes berücksichtigt und deshalb bei allen Geschäften mit Kommunen benutzt werden sollte. Ob Städtetag und Gemeindebund ihn den Kommunen zur Anwendung *empfehlen,* wie die IG Medien das gern möchte, wird nicht zuletzt davon abhängen, wie oft er in der Praxis tatsächlich angewandt wird.

Es handelt sich um einen ausgesprochen angenehmen, weil sehr knappen Vertrag, der nur die wichtigsten Punkte regelt. Er läßt dennoch einige Varianten zu, die mit dem Veranstalter vorab geklärt werden müssen:

- Das **Honorar** kann wahlweise als Festhonorar festgelegt werden oder – wenn es nicht anders geht – als Beteiligung an den Eintrittseinnahmen.
- Die **Zahlungsweise** kann nach eigenen Vorlieben festgelegt werden – üblich ist inzwischen die Überweisung.
- Der Vertrag gibt klare Auskunft über die Rechtsform der Theatergruppe und damit über die **Künstlersozialabgabepflicht** des Veranstalters.
- Die **Vorleistungen des Veranstalters** werden auf einem Technischen Beiblatt und/oder einer Bühnenanweisung gesondert beschrieben und dem Vertrag beigefügt.

Auf die Rückseite des Vertrages müssen die Allgemeinen Geschäftsbedingungen gedruckt werden, die ebenfalls im Anhang (Seite 299) abgedruckt sind. Sie enthalten unter anderem die Bestimmung, daß

- die Gruppe dem Veranstalter eine **GEMA-Liste** zur Verfügung stellt, falls GEMA-pflichtige Musik gespielt wird.

Der Vertrag wird von der Theatergruppe entsprechend der Absprache mit dem Veranstalter ausgefüllt, unterschrieben und dem Veranstalter in doppelter Ausfertigung mit der Bitte um Rücksendung eines unterschriebenen Exemplars zugesandt. Der Vertrag ist als Formular oder auf Diskette samt Allgemeinen Geschäftsbedingungen und Erläuterungen bei den Landesbezirken der IG Medien zu erhalten.

Dem Vertrag ist immer ein **Technisches Beiblatt** beizufügen, das Angaben zur Dauer der Programms und des Auf- und Abbaus sowie die Anforderungen an den Veranstaltungsraum, die Bühne, die Technik, vom Veranstalter zu stellende Gegenstände, Verpflegung und Unterkunft enthält. Wer das Beiblatt mit ein paar zusätzlichen Angaben über das erwünschte Publikum (z.B. Alter, Zahl, geschlossene Schulklasse oder Jugendgruppe erwünscht), den Charakter der Aufführung (z.B. Mitspieltheater), vorhandenes Werbematerial (mit Preis) usw. versieht, kann es zugleich als Vorabinformation für Veranstalter benutzen, die aufgrund der Preisliste (siehe nächster Abschnitt) Interesse gezeigt haben.

Bei Engagements, die telefonisch so kurzfristig vereinbart wurden, daß das Hin- und Herschicken der Vertragsformulare nicht mehr möglich ist, sollte man dem Veranstalter zumindest eine **Auftragsbestätigung** zukommen lassen, die etwa folgenden Wortlaut haben sollte: „*Ich bestätige Ihnen hiermit* *unser heutiges Telefonat, in dem Sie mich freundlicherweise beauftragt haben, dasunddas am soundsovielten für Sie daundda zu tun. Als Honorar haben wir den Betrag von soundsoviel DM vereinbart.“*

In diesem Schreiben darf nur das stehen, worüber wirklich gesprochen wurde. Also keine Mehrwertsteuer, falls ihr das wieder mal anzusprechen vergessen habt! Widerspricht der Veranstalter diesem Schreiben nicht binnen zehn Tagen, ist es so gut wie ein Vertrag.

Preisliste und Preise 6.1.7.3.

Damit das Freie Theater viele Veranstalter schnell von seinem Angebot unterrichten kann und bei telefonischen oder schriftlichen Abmachungen nichts vergessen wird, empfiehlt es sich, eine Preisliste anzufertigen. Sie sollte folgende Punkte enthalten:

- Für jedes angebotene Stück **Titel, Autor, Inszenierung, Besetzung. Honorar,** gegebenenfalls zuzüglich **Urheberrechtsabgaben.**
- Berechnungsgrundlage für die **Reisekosten** (üblich sind 52 Pfg. je Kfz-Kilometer, 46 DM Verpflegungsmehraufwand pro Kopf und Tag, Übernachtung 60 DM pro Person und Nacht oder Unterbringung durch den Veranstalter).
- Alle Angaben, aus denen dem Veranstalter **weitere Kosten** entstehen können:
  - *„Alle Preise verstehen sich zuzüglich Mehrwertsteuer.“*
  - *„Das Theater ist im Sinne des KSVG keine / eine eigene Rechtspersön lichkeit, der Veranstalter ist also (nicht) künstlersozialabgabepflichtig.“*
  - *„In den Programmen ... wird GEMA-pflichtige Musik verwandt. Die GEMA-Liste wird auf Wunsch zugesandt.“*
- *„Es gelten die Allgemeinen Geschäftsbedingungen in der Fassung der IG Medien vom Mai 1997. Das Technische Beiblatt mit der Bühnenanweisung wird Vertragsbestandteil und wird wie die AGBs auf Wunsch vorab zugesandt.“*
- Im Honorar enthaltenes **Werbematerial** (üblich sind drei Gratisplakate, eine Presseinformation, falls vorhanden ein Begleitmaterial, ein Programmheft usw.). *„Weitere Materialien gegen Berechnung.“*
- **Preisnachlässe** (bei zwei Vorstellungen am selben Tag im selben Raum 20%, an aufeinanderfolgenden Tagen und/oder in verschiedenen Räumen 10%).

Bleibt die Gretchenfrage, welches **Honorar** in die Preisliste eingesetzt werden soll. Wie hoch das Honorar eigentlich sein müßte, läßt sich mit einer betriebswirtschaftlichen Rechnung (siehe Seite 136) leicht ermitteln. Wieviel Honorar andere Gruppen fordern, darüber gibt der Katalog „Gruppenkarussell“ des Kultursekretariats Nordrhein-Westfalen[A] ein wenig Aufschluß.

Aus einer Auswertung der dort genannten Honorarforderungen von 92 Theatergruppen im Jahre 1996 ergibt sich:

- Die durchschnittliche Pro-Kopf-Forderung lag bei Gruppen
  - von bis zu vier Mitgliedern bei 835 DM,
  - von fünf bis acht Mitgliedern bei 610 DM,
  - von mehr als acht Mitgliedern bei 525 DM.
- Die niedrigsten Gagenforderungen lagen bei 250–300 DM pro Kopf, die höchsten bei 2.000 DM für Solisten und Duos, bei Gruppen von mehr als fünf Mitgliedern kaum noch über 1.000 DM pro Kopf.
- Gegenüber der Auswertung 1993 waren die durchsetzbaren Honorare im Schnitt um 30% gesunken.
- Einige Gruppen verlangen zusätzlich Mehrwertsteuer, Hotel, Verpflegung und Tantiemen. Die Reisekosten werden mit –,50–2 DM pro Kilometer berechnet.

6.1.7.4. Verträge rund um die Theaterproduktion

Wer ein Stück eines fremden Autors spielen will, muß zunächst die **Aufführungsrechte** erwerben. Dazu fragt man am besten bei der Neuen Zentralstelle der Bühnenautoren und Bühnenverleger[(A)] nach, wer Inhaber der Aufführungsrechte ist. (In der Regel hat der Autor sie einem Verlag übertragen.)

Der von der Neuen Zentralstelle empfohlene Normvertrag hat einige Macken, da er eher für feste Bühnen gedacht ist. Solange es aber einen speziellen Vertrag für Freie Theater nicht gibt, muß man mit diesen Macken leben:

- Das Aufführungsrecht wird in der Regel nur für den Sitz des Theaters erteilt; jedes **Gastspiel** muß einzeln genehmigt werden (was in der Praxis aber relativ reibungslos funktioniert). Um Exklusivrechte für die Region oder gar noch ein größeres Gebiet zu bekommen, muß man in einer sehr guten Verhandlungsposition sein – andere Theater wollen das Stück ja vielleicht auch spielen.
- Der **Premierentermin** sollte im Vertrag wohlüberlegt und realistisch angegeben werden, da eine Verschiebung der vertraglich vereinbarten Premiere eine empfindliche Vertragsstrafe nach sich zieht.
- Als Bezahlung für das Aufführungsrecht wird in der Regel eine **prozentuale Beteiligung** am Erlös vereinbart, meist 10% von der „Roheinnahme" plus 7% MwSt. Die Roheinnahme sind sämtliche Einnahmen aus der Aufführung (bei Gastspielen einschließlich Fahrtkostenerstattungen), aber nicht die Einnahmen aus dem Verkauf von Getränken, Programmheften, T- Shirts und Ähnlichem. Tantiemenfreie Gratis- oder Probeaufführungen sind in der Regel nicht erlaubt.
- Der Vordruck verpflichtet zur **werkgetreuen Aufführung.** Wer Zusätze, Streichungen oder Bearbeitungen vornehmen will, *„die die künstlerische Eigenart des Werkes verletzen oder die Tendenz verändern"*, muß das unbedingt mit dem Verlag (schriftlich) abklären – sonst Vertragsstrafe! Zur Not sollte man einen erfahrenen Dramaturgen um Rat bitten, der vielleicht sogar einen Draht zum Verlag hat.

An der fertigen Inszenierung besitzt nicht nur der Autor bzw. dessen Verlag, sondern auch die Regisseurin ein Aufführungsrecht, das vom Theater erworben werden muß. In **Regieverträgen** wird üblicherweise geregelt, daß dieses Recht für eine bestimmte Zahl von Aufführungen mit dem Regiehonorar abgegolten ist; für weitere Aufführungen erhält die Regisseurin ebenfalls eine prozentuale Beteiligung an den Einnahmen.

Verwendet die Gruppe fremde **Musik,** so muß sie auch dafür ein Aufführungsrecht erwerben (beim Komponisten, dem Musikverlag oder der GEMA – siehe Seite 123). Die GEMA-Vergütungen hat bei Gastspielen der Veranstalter, bei Vorstellungen im eigenen Haus die Gruppe selbst zu tragen.

Führt die Gruppe selbst Regie (als ganze) oder hat sie das Stück selbst verfaßt oder bearbeitet, so muß intern geregelt werden, nach welchem Schlüssel eventuelle **Einnahmen aus den Urheber- und Leistungsschutzrechten** in der Gruppe verteilt werden. (Eine solche vertragliche Regelung ist übrigens für die KSK wieder ein deutlicher Hinweis, daß es sich bei allen Gruppenmitgliedern um Selbständige handelt und somit keine Künstlersozialabgabepflicht gegeben ist.)

Genauer aufpassen muß die Gruppe, wenn sie weitere Personen von außen für die Produktion engagiert. Werden die nicht per Vertrag gleichberechtigt in die Gruppe integriert (siehe Seite 172), so wird das Freie Theater zum Arbeitgeber – mit allen Konsequenzen, die auf Seite 86 aufgeführt sind.

Musik 6.1.8.

Obwohl es sich bei den Mitgliedern der Fachgruppe Musik in der IG Medien überwiegend um Lehrkräfte an Musikschulen handelt, geht das folgende Kapitel lediglich auf Fragen ausübender Musiker und Musikerinnen ein. Alle Probleme im Zusammenhang mit dem **Musikunterricht,** sei er privat oder an einer Musikschule, sind ausführlich in meinem „Ratgeber für Lehrkräfte an Musikschulen“[(B)] behandelt. Dort findet man auch **Musterverträge** für Musikschul- und privaten Musikunterricht.

Wie im Theater gelten auch im Musikbereich feste Mitglieder von *großen* Orchestern und Chören als Arbeitnehmer. Bei Musikgruppen entscheiden die Umstände des Einzelfalls (siehe Seite 69). Wenn eine Band, die sich zum Beispiel für ihre Tournee mit Leuten von außerhalb verstärkt, sich nicht plötzlich in der Arbeitgeberrolle wiederfinden will, muß auch sie beim Vertrag die Regeln beachten, die auf Seite 172 für eine Freie Theatergruppe formuliert wurden.

Gastspielvertrag 6.1.8.1.

Schlechte Erfahrungen haben alle genug gemacht. Es wird Zeit, daß sich auch in der Muggerszene die Regel durchsetzt: Kein Gig ohne schriftlichen Vertrag. Das braucht gar nicht in Bürokratie auszuarten – alles, was bei der Vereinbarung von Auftritten zu beachten ist, steht im Abschnitt „Gastspielvertrag“ auf Seite 173 und wird deshalb hier nicht noch einmal wiederholt.

Musikgruppen können den für Freie Theater entwickelten **Mustervertrag** (abgedruckt auf Seite 297) sowie die Allgemeinen Geschäftsbedingungen (Seite 299) wortgleich übernehmen. Bands, die mit großem Equipment anreisen, sollten im Gastspielvertrag noch zusätzlich regeln, daß der Veranstalter für Auf- und Abbau eine bestimmte Zahl von **Helfern** zur Verfügung stellen muß. Für jeden fehlenden Helfer sollte eine Konventionalstrafe von 100 DM vereinbart werden.

Die **Gagen** haben eine riesige Schwankungsbreite, abhängig vor allem vom Bekanntheitsgrad der Gruppe und dem Fassungsvermögen des Veranstaltungsraumes. Hier ist es noch mehr als anderswo nötig, mit Kolleginnen und Kollegen über die Gagen zu reden – anders läßt sich ein Überblick über die bei den einzelnen Veranstaltern erzielbaren Gagen nicht bekommen.

Im Jazzbereich galten lange Zeit 300 Mark pro Kopf als Mindestforderung, die dennoch von zahlreichen Gruppen unterschritten wurden. Als akzeptabel gilt hier heute eine Gage von 500 Mark (jeweils zuzüglich Mehrwertsteuer, Spesen und Verpflegung). Wer für seine Band aber mal eine betriebswirtschaftliche Rechnung (siehe Seite 136) aufmacht, wird schnell merken, daß auch das jämmerlich wenig ist.

In der Künstlerinnenliste der IG Medien Baden-Württemberg von 1997 haben 39 Musikgruppen aller Stilrichtungen ihre Gagenforderungen benannt. Die niedrigste Forderung lag bei 150 DM pro Gruppenmitglied; über 1.000 DM pro Kopf wagte keine Gruppe zu verlangen. Durchschnittlich wurden 470 DM pro Gruppenmitglied verlangt.

Besonders Clubveranstalter vereinbaren statt Festgagen gern eine **Beteiligung an den Eintrittsgeldern,** um so ihr wirtschaftliches Risiko auf die Bands abzuwälzen. Solche Verträge sollte man meiden, wo immer es geht. Wo es sich nicht um eine vernünftig große Halle handelt, reichen die Eintrittsgelder für eine anständige Gage selten aus.

Wer solche Verträge nicht vermeiden kann, sollte wenigstens darauf achten, daß sich die Beteiligung aus den Brutto-Eintrittsgeldern berechnet. Manche Veranstalter pflegen von den Einnahmen nämlich zuerst alle möglichen Kosten abzuziehen, bevor sie den Anteil der Band berechnen – so daß es passieren kann, daß bei einem miserabel besuchten Auftritt gar keine Gage übrig bleibt. Angeboten werden Beteiligungen von 50–80% für die Band, wobei der erstgenannte Anteil reine Geldschneiderei ist. Da muß sich der Veranstalter schon fragen lassen, welche Leistung er denn eigentlich für seinen 50-Prozent-Anteil erbringt, wenn er das gesamte wirtschaftliche Risiko auf die Band abwälzt.

6.1.8.2. Plattenvertrag

Bei jeder Musikaufnahme ist zu unterscheiden zwischen den *Urheber*rechten (an der Komposition) und den *Leistungsschutz*rechten (an der „Darbietung"). Da die hier in Frage kommenden *Urheber*rechte üblicherweise – auch wenn es sich um eigene Kompositionen handelt – zur Wahrnehmung an die GEMA übertragen werden und dort von der Plattenfirma gesondert erworben werden müssen, wird in „Tonträgerverträgen" in der Regel nur die Übertragung der Leistungsschutzrechte geregelt.

Bei Plattenverträgen geht es nicht nur um viel Geld und oft sehr langfristige Bindungen, sondern auch um ein sehr komplexes Rechtsthema. Ohne Beratung mit einem Fachanwalt sollte da gar nichts unterschrieben werden. Um möglichen Ängsten vorzubeugen: Plattenfirmen werten das Hinzuziehen eines Anwaltes nicht als Mißtrauen, sondern als Zeichen von Professionalität. Die folgenden Absätze sollen denn auch keinen anwaltlichen Rat ersetzen, sondern nur einen ersten Überblick geben.

Plattenverträge werden heute mit noch nicht etablierten Musikerinnen zunehmend nicht mehr für einen festen Zeitraum abgeschlossen, wie das früher üblich war, sondern nur für eine einzelne Produktion. In einem solchen Vertrag müssen vor allem der Erscheinungstermin, die Auflage, die Produktionsbedingungen, eine halbjährliche Abrechnung und möglichst detailliert auch die Werbemaßnahmen fixiert werden.

Als **Honorar** wird üblicherweise eine Umsatzbeteiligung vereinbart – Pauschalhonorare sind nur im Klassikbereich sowie für Studiomusiker üblich. Hierbei muß die Abrechnungsprozedur sehr genau festgelegt werden. Zu klären ist:

- An welcher Größe bemißt sich die Umsatzbeteiligung? Üblich ist der **Netto-Detailpreis** (Ladenpreis bzw. unverbindliche Preisempfehlung ohne Mehrwertsteuer). In letzter Zeit wird jedoch zunehmend nach dem **Händler-Abgabepreis** (dem Preis, zu dem der Großhandel die Platten an den Einzelhandel abgibt: bei LPs und CDs rund 80%, bei Singles und Maxis gut 60% des Netto-Detailpreises) gerechnet, im klassischen Bereich manchmal noch nach dem **Großhandelspreis** (etwa 50% vom Netto-Detailpreis). Von diesen Preisen werden dann meist noch einmal 10% als **Taschenkosten** für die Plattenhülle abgezogen.
- Wie hoch ist die **Umsatzbeteiligung?** Bei den meisten Verträgen liegt sie derzeit für Produzenten bei 3–4%, für Musikerinnen und Musiker bei 5–9% und bei Bandübernahmeverträgen (die Plattenfirma kauft eine fertig produzierte Aufnahme an) bei 14–18% des *Netto-Detailpreises.* Wird die Umsatzbeteiligung nach dem Händlerabgabepreis berechnet, muß sie um 20–50%, nach dem Großhandelspreis um 100% höher sein, damit die gleiche Honorar*summe* herauskommt. In einigen Fällen sind niedrigere Umsatzbeteiligungen üblich, etwa bei funk- und fernsehbeworbenen Platten, bei Verkäufen im Ausland oder bei Billiglabels.
- Welche Platten werden abgerechnet? Klar ist, daß es Honorar nur für tatsächlich verkaufte, nicht aber für vom Handel unverkauft zurückgegebene Platten und **Freiexemplare** gibt. Nachdem für letztere früher häufig pauschal 10% der ausgelieferten Platten von der Honorierung ausgenommen wurden, hat sich in Deutschland inzwischen das korrekte Verfahren durchgesetzt, die Zahl der verkauften und damit zu honorierenden Platten exakt zu ermitteln. In den USA und Kanada hingegen gibt es inzwischen Verträge, die 25 und sogar 30% der ausgelieferten Platten von der Honorierung ausnehmen.

Von den zu erwartenden Honoraren sollte ein möglichst hoher Prozentsatz als **garantierte Vorauszahlung** vereinbart werden, die mit der Umsatzbeteiligung verrechnet wird, aber auch dann nicht zurückzuzahlen ist, wenn die tatsächliche Umsatzbeteiligung unter der Vorauszahlung bleibt.

Vorsicht ist angebracht bei jeder Art von **Exklusivbindung,** die die Plattenfirmen meist verlangen. Drei Arten sind hier zu unterscheiden:

- Üblich und in Ordnung ist eine Exklusivität für die vereinbarten **Aufnahmen.** In diesem Fall dürfen die *Bänder* also nicht noch einer anderen Plattenfirma verkauft werden.
- Problematischer schon ist eine **Titelexklusivität:** Meist verlangen die Plattenfirmen, daß die *Titel* der Vertragsproduktion auch nach Vertragsende (meist fünf Jahre ab Aufnahme) nicht mehr für andere Firmen eingespielt werden dürfen. Da kann ein erfolgreiches Stück schon mal in der Versenkung verschwinden.
- Ganz schwer nachzuvollziehen ist der Stolz, mit dem manch junge Musikgruppe verkündet, sie sei von einer Plattenfirma „exklusiv unter Vertrag genommen" worden. Eine **persönliche Exklusivbindung** ist für Musikerinnen und Musiker nur dann von Vorteil, wenn sie ihnen mit einem wirklich exorbitanten Honorar den Lebensunterhalt für die ganze Vertragsdauer sichert. Leider ist das nicht die Regel. Statt dessen geschieht es immer wieder, daß die Platten nicht den erhofften Erfolg haben, die Plattenfirma die Werbung gegen Null herunterfährt, und die Musiker müssen wieder Taxi fahren, weil der Exklusivvertrag ihnen Aufnahmen bei anderen Firmen, bei Rundfunkanstalten und sogar die Tätigkeit als Studiomusiker bei anderen Produktionen verbietet.

Wer also den Durchbruch zum Star erst noch vor sich hat, sollte bei Plattenverträgen die Exklusivität entweder auf die jeweiligen Titel beschränken oder zumindest vertraglich vereinbaren, daß die **anonyme Beteiligung als Studiomusiker** an Platten-, Funk- und Fernsehproduktionen erlaubt bleibt. Sonst kann auf einmal der Lebensunterhalt futsch sein. Zudem sollten solche Exklusivverträge nicht über mehr als drei Jahre abgeschlossen werden. Werden sie über mehr als fünf Jahre abgeschlossen, dann gelten sie nach deutschem Recht als sittenwidrige **Knebelverträge** und sind damit nichtig.

Sehr viel einfacher sieht der Vertrag aus, wenn die Gruppe ihre CD oder Kassette selbst produziert und erst danach einen **Plattenübernahmevertrag** mit einer Plattenfirma abschließt.

Weitere Informationen und Beratung zu Platten- und Produktionsverträgen gibt's beim Bundesverband der phonographischen Wirtschaft[A].

6.1.8.3. Sonstige Musikverträge

Für Auftritte im Rahmen größerer Veranstaltungen **(Gala-Geschäft)** oder Festivals gelten die gleichen Bedingungen wie für Gastspiele; der auf Seite 297 abgedruckte Gastspielvertrag kann auch hierfür verwendet werden.

Für Aufnahmen bei öffentlich-rechtlichen Rundfunkanstalten gibt es feste Honorarrahmen, die beim jeweiligen Personalrat eingesehen bzw. bezogen werden können.

Begleitmusiker schließen üblicherweise Pauschalverträge mit dem Bandleader bzw. Veranstalter ab; auch bei Plattenaufnahmen ist hier keine Umsatzbeteiligung üblich.

Für **Auftragskompositionen** gelten die Regeln des Werkvertrages: Das Werk muß zwar abgenommen werden, die Abnahme darf aber nur wegen handwerklicher Mängel oder vertragswidriger Ausführung (siehe Seite 134) abgelehnt werden. Nichtgefallen ist *kein* Grund zur Nicht-Abnahme. Um unnötige Auseinandersetzungen zu vermeiden, sollten die Anforderungen an die Komposition (Art, Länge, Instrumentierung usw.) im Vertrag möglichst genau beschrieben werden. Außerdem muß genau festgelegt werden, wo und von wem das Werk uraufgeführt werden soll und welche Nutzungsrechte für das vereinbarte Honorar darüber hinaus eingeräumt werden.

Arbeitsverträge 6.2.

Künstlerinnen und Künstler, die bei Rundfunk, Film, Fernsehen, Orchestern und Theatern mitwirken oder als Lehrkräfte an Musikschulen unterrichten, werden in der Regel mit einem Arbeitsvertrag beschäftigt – auch wenn die Beschäftigung nur einen Tag dauert und es keinen schriftlichen Arbeitsvertrag gibt. Bei regelmäßiger Beschäftigung ist ein schriftlicher Arbeitsvertrag neuerdings vorgeschrieben.

Da dies ein Ratgeber für Freie ist, sollen im folgenden nur einige Grundlagen und Besonderheiten des Arbeitsrechts in diesen Bereichen aufgeführt werden – als Grundwissen für Freie, die hin und wieder mal ein befristetes festes Engagement eingehen.

Der wichtigste Unterschied zu Verträgen von Selbständigen ist, daß Arbeitsverträge nicht beliebig schlecht abgeschlossen werden dürfen. Sie müssen die gesetzlichen Bestimmungen und – falls vorhanden – Tarifverträge und Betriebsvereinbarungen einhalten.

Mindestrechte laut Gesetz 6.2.1.

Folgende Mindestrechte für Arbeitnehmer sind gesetzlich vorgeschrieben und können auch mit Zustimmung des Arbeitnehmers nicht außer Kraft gesetzt werden. Wer zum Beispiel einen Arbeitsvertrag unterschreibt, der die Entgeltfortzahlung im Krankheitsfall ausschließt oder auf wenige Tage begrenzt, kann das Geld anschließend trotzdem verlangen, weil eine solche Vereinbarung rechtsunwirksam ist.

Arbeitszeit 6.2.1.1.

Nach dem Arbeitszeitgesetz, das am 1.7.1994 in Kraft getreten ist, darf die Arbeitszeit in einem Arbeitsverhältnis nicht mehr als acht Stunden täglich an sechs Tagen in der Woche, d.h. maximal 48 Stunden pro Woche betragen. Maßgeblich dafür ist die *durchschnittliche* Arbeitszeit in sechs Monaten. Die *tägliche* Arbeitszeit von acht Stunden darf also durchaus überschritten werden, muß dann aber durch kürzere Arbeit an anderen Tagen ausgeglichen werden.

Längere Arbeitszeiten können in bestimmten Ausnahmefällen durch Tarifvertrag vereinbart werden. Enthält ein Tarifvertrag – wie der NV Solo am Theater – überhaupt keine Arbeitszeitregelung, so gilt die gesetzliche Begrenzung auf die 48-Stunden-Woche.

Der Sonntag ist grundsätzlich frei. Wird – wie an Theatern oder Rundfunkanstalten nötig – sonntags gearbeitet, so *muß* binnen zwei Wochen ein Ausgleich durch einen anderen freien Tag erfolgen. Arbeit an Feiertagen ist ebenso auszugleichen.

6.2.1.2. Urlaub

Jeder Arbeitnehmer hat nach dem Bundesurlaubsgesetz das Recht auf mindestens 24 Werktage (vier Wochen) *bezahlten* Urlaub im Jahr, bei kürzer befristeten Arbeitsverträgen auf den entsprechenden Anteil. Wer also bei einem nicht tarifgebundenen Arbeitgeber einen auf einen Monat befristeten Arbeitsvertrag hat, muß mindestens zwei Tage bezahlten Urlaub bekommen. Bei Filmproduktionen werden die Urlaubstage üblicherweise an das Vertragsende angehängt oder abgegolten. Sie sind in der gleichen Höhe wie Arbeitstage zu bezahlen.

6.2.1.3. Entgeltfortzahlung bei Krankheit, an Feiertagen

Jeder Arbeitnehmer hat das Recht auf Entgeltfortzahlung bei Krankheit und an Feiertagen. Bei Krankheit muß der Arbeitgeber sechs Wochen lang (es sei denn, der Vertrag läuft vorher aus) 80 Prozent des Entgeltes weiterbezahlen (es sei denn, im Tarifvertrag ist ein höherer Satz vereinbart).

Diese Regelung ist nach dem Entgeltfortzahlungsgesetz bindend für *alle* Arbeitnehmer und Arbeitnehmerinnen, auch wenn sie nur geringfügig oder befristet beschäftigt sind.

Als Extremfall ist nach dieser Gesetzeslage vorstellbar, daß eine Tontechnikerin einen auf sechs Wochen befristeten Vertrag abschließt, aber noch vor Arbeitsbeginn schwer krank wird. Sie bekäme dann ihr Entgelt (bzw. 80%) volle sechs Wochen bezahlt, ohne eine einzige Minute gearbeitet zu haben.

Das Entgelt braucht allerdings nicht über das Vertragsende hinaus gezahlt zu werden: Bei einem auf eine Woche befristeten Arbeitsvertrag dauert auch die Entgeltfortzahlung maximal eine Woche.

6.2.1.4. Kündigungsschutz

Unbefristete Arbeitsverhältnisse können nach § 622 BGB nur mit einer Frist von vier Wochen und nur zum 15. des Monats oder zum Monatsletzten gekündigt werden.

Ab dem dritten Beschäftigungsjahr ist eine Kündigung nur zum Monatsletzten möglich; die Kündigungsfrist beträgt dann

- nach Ende des 2. Beschäftigungsjahres einen Monat,
- nach Ende des 5. Beschäftigungsjahres zwei Monate,
- nach Ende des 8. Beschäftigungsjahres drei Monate,
- nach Ende des 10. Beschäftigungsjahres vier Monate,
- nach Ende des 12. Beschäftigungsjahres fünf Monate,
- nach Ende des 15. Beschäftigungsjahres sechs Monate,
- nach Ende des 21. Beschäftigungsjahres sieben Monate.

In der Probezeit, deren Dauer (maximal sechs Monate) im Vertrag vereinbart werden muß, dürfen beide Seiten mit einer Frist von zwei Wochen kündigen.

Kürzere Kündigungsfristen dürfen per Arbeitsvertrag nur in Betrieben mit weniger als 20 Beschäftigten vereinbart werden; längere sind überall möglich; die Kündigungsfrist des Arbeitgebers darf nicht kürzer sein als die des Arbeitnehmers.

Befristete Arbeitsverhältnisse, deren Ende vertraglich festgelegt ist, brauchen gar nicht gekündigt zu werden – sie laufen zum vereinbarten Termin automatisch aus. Eine Ausnahme gilt jedoch am Theater (siehe „Bühnenbrauch“, Seite 190).

Vor Vertragsende ist bei befristeten Arbeitsverhältnissen eine Kündigung nur möglich, wenn das ausdrücklich im Arbeitsvertrag vereinbart wurde. Dabei dürfen die oben genannten Kündigungsfristen nicht unterschritten werden.

Sozialversicherung 6.2.1.5.

Arbeitgeber müssen ihre Arbeitnehmer gegen Berufsunfälle versichern. Tun sie das nicht, machen sie sich strafbar.

Außerdem müssen sie für ihre sozialversicherungspflichtigen Beschäftigten 50% der Beiträge zur Sozialversicherung zahlen, für Geringverdiener (siehe Seite 61) sogar 100%. Theater und Kulturorchester müssen ihre Beschäftigten außerdem zusätzlich in der jeweiligen Versorgungskasse (siehe Seite 223 und 224) versichern.

Weitere Rechte 6.2.1.6.

Außerdem haben Arbeitnehmer und Arbeitnehmerinnen ein gesetzlich verbrieftes Recht auf

- **Erziehungsurlaub** nach dem Bundeserziehungsgeldgesetz (siehe Seite 215),
- **Bildungsurlaub** nach den entsprechenden Landesgesetzen und
- **Mutterschutz** nach dem Mutterschutzgesetz (siehe Seite 214).

Hier ist allerdings eine Ausnahme zu beachten: „Normale“ Arbeitnehmerinnen brauchen nicht zu antworten (und dürfen sogar lügen), wenn der Arbeitgeber sie beim Einstellungsgespräch fragt, ob sie schwanger sind. Bei einer Tänzerin oder Artistin kann das Verschweigen einer **Schwangerschaft** dagegen ein Grund zur Aufhebung des Arbeitsvertrages sein!

6.2.2. Tarifverträge

Für die meisten Arbeitnehmer und Arbeitnehmerinnen sind die Gehälter bzw. Gagen und die Arbeitsbedingungen in Tarifverträgen sehr viel besser als im Gesetz geregelt.

Solche Tarifverträge sind ohne jede weitere Abmachung verbindlich, wenn Arbeitgeber und Arbeitnehmerin jeweils einer der vertragschließenden Tarifparteien angehören. In diesem Fall dürfen keine schlechteren Arbeitsbedingungen vereinbart werden als im Tarifvertrag festgelegt. Falls der Arbeitgeber das doch versucht, sollte man den Betriebs- bzw. Personalrat oder die Gewerkschaft verständigen.

Wo ein Tarifvertrag nicht *automatisch* gilt, kann seine Geltung *individuell* vereinbart werden. Dazu genügt ein Satz im Arbeitsvertrag: *„Es gelten die Bestimmungen des Tarifvertrages für ...".*

Neben den bekannten Tarifverträgen für Redakteure und Redakteurinnen an Zeitungen und Zeitschriften und für die öffentlich-rechtlichen Rundfunkanstalten bestehen im Bereich Rundfunk/Theater/Musik folgende Tarifverträge für Arbeitnehmer und Arbeitnehmerinnen (sie sind beim jeweiligen Betriebs- oder Personalrat und bei der IG Medien erhältlich):

- **Tarifvertrag für Musiker in Kulturorchestern,** abgeschlossen zwischen der Deutschen Orchestervereinigung (DOV in der DAG) und dem Deutschen Bühnenverein,
- **Tarifvertrag für Mitglieder von Kurkapellen,** abgeschlossen zwischen der IG Medien und dem Wirtschaftsverband Deutscher Heilbäder und Kurorte,
- **Bundes-Manteltarifvertrag für Musiker und Kapellenleiter,** abgeschlossen zwischen der IG Medien (früher: Deutscher Musikerverband/ DMV) und dem Internationalen Varieté-, Theater- und Circus-Direktoren-Verband in der Bundesrepublik Deutschland,
- **Tarifvertrag für Unterhaltungskünstler/Artisten,** abgeschlossen zwischen der IG Medien, dem Internationalen Varieté-, Theater- und Circus-Direktoren-Verband in der Bundesrepublik Deutschland und dem Verband Deutscher Theater- und verwandter Unternehmungen,
- **Normalvertrag Solo** für Einzeldarstellerinnen, Kapellmeister, Spielleiter, Dramaturginnen, Tanzmeister, Repetitorinnen, Inspizienten und Souffleusen; **Normalvertrag Tanz** für Tanzgruppenmitglieder; **Normalvertrag Chor** für Opernchormitglieder an stehenden Bühnen; **Tarifvertrag über die Mitteilungspflicht** (regelt den „Bühnenbrauch") – alle abgeschlossen zwischen der Genossenschaft Deutscher Bühnen-Angehöriger (GDBA) und dem Deutschen Bühnenverein (DBV),
- **Manteltarifvertrag** und **Gagentarifvertrag für Film- und Fernsehschaffende,** abgeschlossen zwischen der IG Medien und dem Bundesverband Deutscher Fernsehproduzenten, der Arbeitsgemeinschaft Neuer Deutscher Spielfilmproduzenten und dem Verband Deutscher Spielfilmproduzenten,
- **Tarifverträge für auf Produktionsdauer Beschäftigte** bei fast allen öffentlich-rechtlichen Rundfunkanstalten.

Außerdem kommt der **Bundes-Angestelltentarifvertrag (BAT)** hier zur Anwendung, zum Beispiel für Künstlerinnen und Schauspieler in der kommunalen Kulturarbeit, Angestellte an öffentlichen Büchereien und Theatern (mit Ausnahme des künstlerischen Personals) und Lehrkräfte an kommunalen Musikschulen. Ausführliche Erläuterungen zum BAT bietet mein „Ratgeber für Lehrkräfte an Musikschulen“[(B)].

Besonderheiten bei Rundfunk, Film und Fernsehen 6.2.3.

Für Mitwirkende bei Rundfunk-, Film- und Fernsehproduktionen werden in der Regel Arbeitsverträge „auf Produktionsdauer“ abgeschlossen, in denen Beginn und Ende des Vertrages mit einem genauen Datum terminiert werden. Die allgemeinen Bedingungen der entsprechenden Tarifverträge werden unten genauer beschrieben. Sie gelten bei tarifgebundenen Partnern automatisch als Vertragsbestandteil. Wer einen Vertrag mit einer nicht tarifgebundenen Firma abschließt, muß darauf achten, daß entsprechende Regelungen entweder ausdrücklich in den Arbeitsvertrag aufgenommen werden oder daß der Arbeitsvertrag den Satz enthält: *„Es gelten die Bestimmungen des Tarifvertrages für ...“*

Wer nach einem solchen Vertrag auf Produktionsdauer beschäftigt wird, hat alle Rechte eines Arbeitnehmers – mit einer Ausnahme: Beiträge an die **Arbeitslosenversicherung** müssen (und können) erst ab einer Vertragsdauer von mehr als sieben Tagen abgeführt werden. Bei den Tagesverträgen, wie sie für Komparsen beim Film und Techniker beim Rundfunk üblich sind, ist eine Arbeitslosenversicherung also nicht möglich. Wer allerdings Anspruch auf Arbeitslosengeld erworben hat, bekommt es unter den üblichen Bedingungen auch in den Pausen zwischen zwei Produktionsdauer-Verträgen.

Als Besonderheit dieser Tarifverträge ist zu beachten, daß der Produzent das Recht zur **Verlängerung der Vertragsdauer** hat, wenn produktionstechnische Gründe wie Ausfallzeiten oder Nachbesserungen das erfordern. Für die Verlängerungszeit muß der Mitwirkende zur Verfügung stehen – es sei denn, er hat dem Produzenten *vorher* schriftlich mitgeteilt, daß er in dieser Zeit bereits anderweitige Verpflichtungen hat.

Wer also unmittelbar aufeinanderfolgende Verträge auf Produktionsdauer abschließt, muß das dem Produzenten unbedingt vorher *schriftlich* mitteilen. Sonst hat er bei einer eventuellen Verlängerung plötzlich zwei Arbeitsverträge an einem Tag zu erfüllen.

Vertragsformulare außerhalb des öffentlich-rechtlichen Rundfunks enthalten zudem häufig die Bestimmung *„Der Filmschaffende versichert, daß er nicht Mitglied einer* ***Verwertungsgesellschaft*** *ist“* oder *„Der Filmschaffende verpflichtet sich, sich die Filmherstellungs- und Filmverwertungsrechte von der Verwertungsgesellschaft rückübertragen zu lassen und sie dem Filmhersteller zu übertragen.“* Abgesehen davon, daß eine solche Rückübertragung rechtlich gar nicht möglich ist, hat diese Klausel im Alltag bisher keinerlei Auswirkungen gezeigt. Sie soll offenbar nur dokumentieren, daß Produzenten die Filmurheber nicht als Urheber anerkennen und meinen, diese Rechte stünden ihnen selbst zu. Stimmt aber nicht: VG Wort, VG Bild-Kunst und GVL zahlen die fälligen Tantiemen auch, wenn man eine solche Klausel unterschrieben hat. Dennoch sollte man sie aus einem Vertrag tunlichst streichen; in den meisten Fällen ist das schadlos möglich.

6.2.3.1. Tarifverträge für auf Produktionsdauer Beschäftigte an öffentlich-rechtlichen Rundfunkanstalten

Beim größeren Teil der öffentlich-rechtlichen Rundfunkanstalten gibt es spezielle Tarifverträge für auf Produktionsdauer Beschäftigte. Sie gelten für alle, die sich als Freie verstehen, nach den auf Seite 66 genannten Kriterien im rechtlichen Sinne jedoch Arbeitnehmer sind, d.h. für alle, die „auf Lohnsteuerkarte" arbeiten. Dazu zählen insbesondere „freie" Techniker, Sprecherinnen usw., beim Vorliegen einer abhängigen Tätigkeit (siehe Seiten 65 und 66) aber auch „freie" Journalisten und Journalistinnen.

Für jede derartige Beschäftigung wird ein **Arbeitsvertrag** abgeschlossen, der mindestens das Honorar sowie bei allein Arbeitenden das Ende des Vertrages (Ablieferung des fertigen Beitrages), bei Mitwirkenden in Produktionen Beginn und Ende enthalten muß. Bei Technikern werden diese Verträge häufig als Tagesverträge oder als Kette von Tagesverträgen abgeschlossen. Sofern die Arbeitstage – wie bei Journalistinnen üblich – im Vertrag nicht konkret festgelegt sind, müssen sie der Anstalt nachträglich gemeldet werden, damit eine korrekte Abrechnung gegenüber der Krankenkasse (siehe Seite 198) erfolgen kann.

In den Tarifverträgen sind – von Anstalt zu Anstalt unterschiedlich – im wesentlichen folgende Punkte geregelt:

- Dauer der täglichen bzw. wöchentlichen **Arbeitszeit,** Anspruch auf Vergütung von Mehrarbeit und auf Zuschläge für Feiertags- und Nachtarbeit (meist nur bis zu einer bestimmten Honorarhöhe),
- Anspruch auf Bezahlung von **Reisezeiten** als Arbeitszeit,
- Anspruch auf bezahlten **Urlaub,**
- Anspruch auf **Entgeltfortzahlung** im Krankheitsfall, beschränkt jedoch auf die vereinbarte Vertragsdauer (bei Tagesverträgen dauert die Fortzahlung also nur einen Tag; wer aber vor seiner Krankheit *mehrere* Tagesverträge abgeschlossen hat, bekommt das Entgelt für *alle* diese Verträge),
- Anspruch auf **volle Bezahlung** auch dann, wenn die Beschäftigung aus Gründen, die dem Sender anzurechnen sind, unterbleibt,
- **Urheberrechtsregelungen** und Anspruch auf Wiederholungshonorare.

Für die Honorare gelten die Honorarrahmen der jeweiligen Anstalt (Beispiele siehe Seiten 145 und 155). Die vollständigen Tarifverträge sind beim jeweiligen Personalrat zu erhalten.

Das Recht zur **Verlängerung der Vertragsdauer** aus produktionstechnischen Gründen (siehe Seite 185) ist in den Verträgen in der Regel beschränkt, beim WDR zum Beispiel auf höchstens 20% der Produktionsdauer, mindestens aber zwei Tage.

Tarifvertrag für Film- und Fernsehschaffende

6.2.3.2.

Für alle Mitwirkenden an Film- und Fernsehproduktionen außerhalb des öffentlich-rechtlichen Rundfunks gilt – sofern sie Mitglied der IG Medien sind und der Arbeitgeber einem der auf Seite 184 genannten Produzentenverbände angehört – bindend der Tarifvertrag für Film- und Fernsehschaffende.

Auch hier werden in der Regel „Verträge auf Produktionsdauer" geschlossen. Sofern das Vertragsende nicht mit einem genauen Datum vereinbart ist, muß das Ende der Produktion sieben Tage vorher bekanntgegeben werden – andernfalls endet der Vertrag endet erst sieben Tage nach Bekanntgabe.

Als Normalvergütung legt der Tarifvertrag eine **Wochengage** fest, mit der fünf Arbeitstage mit *bis zu zwölf* Stunden, maximal aber 50 Stunden pro Woche abgegolten sind. Jeder angefangene Arbeitstag wird mit mindestens acht Stunden berechnet. Mehrarbeit muß gesondert vergütet werden. Der Mehrarbeitszuschlag beträgt

- für die 51.–55. Wochenarbeitsstunde 30%,
- für die 56.–60. Wochenarbeitsstunde 35%,
- für alles, was über die 60. Wochenarbeitsstunde oder die zwölfte Stunde an einem Arbeitstag hinausgeht, 70%.

Anreisezeiten (an einen anderen Ort als den Geschäftssitz) gelten als Arbeitszeit, sind aber nicht zuschlagpflichtig.

Kleindarsteller erhalten pro Tag eine Grundgage von mindestens 150 DM, für alle anderen Mitwirkenden werden üblicherweise Pauschalgagen pro Woche vereinbart. Beispiele enthält die folgende Tabelle.

Tabelle 5 **Wochengagen Film- und Fernsehproduktion (Beispiel)**

Beruf bzw. Tätigkeit	Grundgage pro Woche	
Produktionsleitung	DM	2 621.–
Produktionsassistenz	DM	1 850.–
1. Aufnahmeleitung	DM	1 786.–
Produktion-Sekretariat; Skript	DM	1 220.–
Kamera	DM	4 251.–
Kamera-Assistenz	DM	1 965.–
2. Kamera-Assistenz	DM	1 361.–
Schnitt	DM	2 029.–
1. Schnitt-Assistenz	DM	1 210.–
2. Schnitt-Assistenz	DM	1 038.–
Maske	DM	1 869.–
Ton	DM	2 212.–
Ton-Assistenz	DM	1 566.–
Szenenbild	DM	2 294.–
Szenenbild-Assistenz	DM	1 630.–

Quelle: Tarifvertrag für Film- und Fernsehschaffende vom 1.1.1996. Die Gagentabelle gilt seit 1.1.1997 und ist von der IG Medien gekündigt, war aber bei Redaktionsschluß noch nicht neu abgeschlossen.

Alle in der Tabelle genannten Gagen sind Mindestgagen, die nur für Berufsanfänger (für die ersten drei Produktionen) unterschritten werden dürfen. Die tatsächlichen Honorare liegen meist höher, bei der Produktion von Spielfilmen in der Regel sogar deutlich.

Bei Verträgen, die per Wochengage abgeschlossen werden, hat der Arbeitgeber einen **Ausschließlichkeitsanspruch,** d.h. die Mitwirkende darf nicht gleichzeitig Verpflichtungen gegenüber einem anderen Auftraggeber eingehen. Dafür hat sie aber auch einen **Anspruch auf Beschäftigung:** Verzichtet der Auftraggeber auf ihre Dienste oder hat er sie nach Ablauf von $^{5}/_{12}$ der Vertragsdauer (und einer entsprechenden Nachfrist) noch immer nicht beschäftigt, so erlischt der Vertrag, *das Honorar wird aber dennoch fällig.* Und zwar in voller Höhe, auch wenn die Mitwirkende zwischen dem Erlöschen des Vertrages und dem ursprünglich vereinbarten Vertragsende eine andere Beschäftigung aufnimmt. Kommt der Auftraggeber mit der vereinbarten Gagenzahlung in Verzug, so hat die Mitwirkende laut Tarifvertrag das Recht auf **Einstellung der Arbeit.**

Der **Urlaub** beträgt laut Tarifvertrag einen halben Tag pro Kalenderwoche. Falls der Urlaub nicht während der Drehzeit genommen werden kann, wird er abgegolten. Pro Urlaubstag ist eine (umgerechnete) Tagesgage zu zahlen.

Bei **Krankheit** besteht ein Anspruch auf Entgeltfortzahlung für bis zu sechs Wochen bzw. bis zum vereinbarten Vertragsende (siehe Seite 182). Der Produzent hat in diesem Fall das Recht, die Vertragsdauer um die Dauer des krankheitsbedingten Fehlens zu verlängern.

Unabhängig davon *muß* der Mitwirkende für Nachbesserungen und zum Ausgleich von Ausfallzeiten noch drei Tage nach Vertragsende zur Verfügung stehen. Zur darüber hinausgehenden **Verlängerung der Vertragsdauer** aus produktionstechnischen Gründen siehe Seite 186.

Der vollständige Text des Tarifvertrages ist bei der IG Medien erhältlich.

6.2.4. Besonderheiten am Theater

Für Schauspielerinnen und Schauspieler an Theatern, die Mitglied im Deutschen Bühnenverein sind, gilt der Normalvertrag Solo als Tarifvertrag. Mitglied sind fast alle öffentlich-rechtlichen Theater in den alten und neuen Ländern, also Staats- und Stadttheater sowie Landesbühnen, sowie etwa die Hälfte der Privattheater. An einzelnen Privattheatern gibt es Haustarifverträge; an allen anderen Theatern müssen die Arbeitsbedingungen individuell ausgehandelt werden.

6.2.4.1. Normalvertrag Solo

Der Normalvertrag Solo (NV Solo) bildet das Schlußlicht sämtlicher Tarifverträge in Deutschland: Einen schlechteren Tarifvertrag gibt es in keiner anderen Branche. Der NV Solo kennt keine Arbeitszeit-, sondern nur eine *Ruhe*zeitregelung; er kennt kein freies Wochenende, sondern nur den Anspruch auf jährlich acht (!) freie Tage außerhalb des Urlaubs; seine Entgeltregelung beschränkt sich auf die Festlegung einer Mindestgage, die seit Januar 1994 unverändert ist. Nach oben setzt er der Gage keine Grenzen, so daß der NV Solo auch für Stargagen offen ist.

Der NV Solo gilt uneingeschränkt für die *ständig beschäftigten* Schauspieler und Schauspielerinnen an fast allen öffentlich-rechtlichen Theatern. Seine wesentlichen Regelungen gelten *nicht* für Gastspielverträge, in denen 72 oder weniger Vorstellungen pro Spielzeit vereinbart sind. Bei **Privattheatern,** die Mitglied im Deutschen Bühnenverein sind, gilt der NV Solo auch – allerdings *ohne* die Bestimmungen über die Mindestgage und den Tarifvertrag über die Mitteilungspflicht, der auch den Bestandsschutz enthält (siehe unten).

Die Eckdaten des NV Solo sind:

- **Mindestgage 2.500 DM** im Monat (nicht an Privattheatern); die *vereinbarte* Gage erhöht sich jährlich entsprechend der für den öffentlichen Dienst vereinbarten Tariferhöhung,
- zusätzliches **Urlaubsgeld** (500 oder 650 DM) und **13. Monatsgehalt** (nach mehr als neun Monaten Beschäftigung),
- **45 Kalendertage Urlaub** im Jahr,
- **100% Gagenfortzahlung bei Krankheit** für sechs Wochen; für weitere 14 Wochen wird das Krankengeld der Krankenkasse durch einen Zuschuß auf 100% der Nettogage aufgestockt,
- keine Regelung oder Begrenzung der **Arbeitszeit** – es gilt also das Arbeitszeitgesetz (siehe Seite 181); vorgeschrieben (aber verkürzbar) ist lediglich eine Ruhezeit von vier Stunden zwischen Probe und Vorstellung und von elf Stunden pro Nacht,
- die **Leistungsschutzrechte** sind (analog zu Seite 191) vernünftig geregelt. Derm Verzicht auf diese Bestimmungen, den der Tarifvertrag zuäßt, sollte niemand ohne entsprechende Vergütung zustimmen.

Die Bestimmung des NV Solo, daß es außerhalb des Urlaubs Anspruch auf nur acht **freie Tage** im Jahr gibt (von denen die Schauspielerin an fünfen auch noch für eventuelle Spielplanänderungen erreichbar und verfügbar sein muß), ist mit dem neuen Arbeitszeitgesetz (siehe Seite 181) hinfällig geworden. Gesetzlich ist nunmehr mindestens ein freier Tag pro Woche zu gewähren – was einige Bühnen auch praktizieren oder sogar per Dienst- oder Betriebsanweisung geregelt haben, während andere Theater es noch immer nicht wahrhaben wollen.

Als Besonderheit gibt der NV Solo dem Schauspieler einen **Anspruch auf eine angemessene Beschäftigung,** d.h. auf mindestens zwei „angemessene" Fachpartien mit Premiere pro Spielzeit. Solange diese ihm nicht sicher sind, braucht er keine fachfremden Partien anzunehmen. Wird der Schauspieler gar nicht oder nur unzulänglich beschäftigt, kann er wegen Minderung seines künstlerischen Marktwertes sogar einen Schadenersatz verlangen, der bis zu sechs Monatsgagen betragen kann.

Welche Beschäftigung in diesem Sinne angemessen ist, richtet sich nach dem Arbeitsvertrag. Sind dort *bestimmte* Rollen vereinbart, so muß die

Schauspielerin genau diese Rollen bekommen. Ist dort ein bestimmtes Rollen*fach* festgeschrieben, so muß sie mindestens zwei Rollen in diesem Fach bekommen. Ist das Rollenfach im Arbeitsvertrag gar nicht beschrieben (wie es immer mehr Theater praktizieren), so läuft der Anspruch auf eine angemessene Beschäftigung bezüglich der Art der Rollen ins Leere.

Eine zweite Besonderheit betrifft die **Vertragsverlängerung.** Anders als normale befristete Verträge laufen Spielzeitverträge am Theater, die auf mindestens ein Jahr abgeschlossen wurden, mit Vertragsende *nur* aus, wenn die Schauspielerin oder das Theater der Gegenseite bis zum 31. Oktober (bei einer Beschäftigungszeit von über acht Jahren bis zum 31. Juli) des Vorjahres eine schriftliche **Nichtverlängerungsmitteilung** zukommen läßt. Ergeht eine solche Mitteilung nicht, verlängert sich der Vertrag stillschweigend um ein weiteres Jahr.

Bevor das Theater eine Nichtverlängerungsmitteilung ausspricht, muß es die Schauspielerin anhören. Tut es das nicht, ist die Mitteilung unwirksam. Obwohl diese Anhörung häufig zur Farce gerät, weil eben schon vorher alles klar ist, sollte man sie ernst nehmen und möglichst einen Vertreter des Betriebsgruppenvorstandes der IG Medien oder des Lokalverbandes der GDBA dazu mitnehmen. Wird die Nichtverlängerung auf Grund eines Intendantenwechsels ausgesprochen, so hat die Schauspielerin Anspruch auf eine **Abfindung** – sofern sie nicht binnen drei Monaten ein neues *volles* Arbeitsverhältnis eingeht. Diese Abfindung steigt von drei Monatsgehältern nach vier Beschäftigungsjahren bis auf sechs Gehälter nach zwölf Jahren.

Eine **vorzeitige Kündigung** der üblichen Spielzeitverträge ist nicht möglich. Für Verträge, die über mehr als ein Jahr abgeschlossen werden, kann eine vorzeitige Kündigungsmöglichkeit vereinbart werden, jedoch nur jeweils zum Ende des Vertragsjahres und mit den für die Nichtverlängerungsmitteilung maßgeblichen Fristen.

Nach 15 Beschäftigungsjahren beim gleichen Theater hat der Schauspieler einen **Anspruch auf Weiterbeschäftigung.** Allerdings sagt der Tarifvertrag nichts über die *Art* der Weiterbeschäftigung: Auch eine Stelle als Pförtner (mit 2.500 Mark Mindestgage) tut dieser Bestimmung Genüge.

6.2.4.2. Privattheater und Gastspielverträge

Für Gastspielverträge mit bis zu 72 Vorstellungen pro Spielzeit und für Arbeitsverträge an Privattheatern, die weder dem Deutschen Bühnenverein angehören noch einen Haustarifvertrag haben, gibt es keinerlei tarifliche Vorgaben. Hier müssen alle Vertragsbedingungen individuell ausgehandelt werden.

Die einfachste und beste (aber nicht immer durchsetzbare) Möglichkeit ist es, einen Arbeitsvertrag abzuschließen, der mit einem Satz wie *„Es gelten die Bestimmungen des Normalvertrages Solo“* Bezug auf einen bestehenden **Tarifvertrag** nimmt.

Wo das nicht möglich ist, sollte man – um Schwierigkeiten mit dem Finanzamt und der KSK zu vermeiden (siehe Seite 69) – zunächst darauf drängen, einen regulären ***Arbeits*vertrag** (also keinen Werkvertrag) zu erhalten. Wird der Arbeitsvertrag nur für eine Produktion abgeschlossen, muß er mindestens folgende Punkte enthalten:

- Zeitraum des Engagements, Produktion, Rolle,
- Probenbeginn, voraussichtliches Premierendatum, Aufführungsort,
- Höhe und Fälligkeit der Gagenzahlungen,
- Zahl der Vorstellungen pro Woche, feste freie Tage,
- Vereinbarung zu den Leistungsschutzrechten,
- sonstige Vereinbarungen (Aufführungsort(e), garantierte Zahl von Vorstellungen, Freizeitanspruch zwischen Doppelvorstellungen, Urlaub).

Bei der **Gage** ist zu unterscheiden zwischen der Probengage und der Gage pro Vorstellung. In der Praxis sind drei verschiedene Formen der Gagenvereinbarung üblich:

- Es wird eine Pauschalgage für die Proben und ein festes Entgelt pro Vorstellung vereinbart. In diesem Fall ist es wichtig, daß eine bestimmte Mindestzahl von Vorstellungen garantiert wird – sonst kann es passieren, daß eine Schauspielerin keine Vorstellungen und damit keine Gage bekommt, aber auch nicht anderswo auftreten darf, da sie vertraglich für eine bestimmte Laufzeit gebunden ist!
- Es wird eine Probengage und eine Pauschale für eine bestimmte Zahl von Vorstellungen (wie viele?) vereinbart. Jede darüber hinausgehende Vorstellung ist einzeln (mit welchem Betrag?) zu bezahlen.
- Es wird eine Pauschalgage vereinbart, mit der die Proben und eine bestimmte Zahl von Vorstellungen (wie viele?) abgegolten sind. Auch hier ist jede darüber hinausgehende Vorstellung einzeln (mit welchem Betrag?) zu bezahlen.

Sollten nach Ablauf der Vertragszeit weitere Vorstellungen geplant sein, muß die Vergütung neu ausgehandelt werden (und sollte dann in der Regel höher liegen).

Für die **Leistungsschutzrechte** empfiehlt sich als Vereinbarung mindestens: *„Die Aufzeichnung der Produktion oder der Tätigkeit von (Arbeitnehmer) ganz oder in Teilen auf Bild- oder Tonträger durch das Theater oder Dritte ist ohne vorherige Einwilligung nicht gestattet. Das Theater verpflichtet sich, für die Einhaltung dieser Vereinbarung – auch gegenüber Dritten – Sorge zu tragen."*

Je nach Verhandlungsposition kann diese Regelung durch folgende Bestimmungen ergänzt werden: *„Bei Aufzeichnungen zu Werbe- und Informationszwecken bedarf es dieser Einwilligung nicht, sofern diese nicht mehr als drei Minuten umfassen und keine wesentlichen Teile des Werkes oder der Tätigkeit enthalten"*, sowie: *„Stellt (Arbeitnehmer) fest, daß eine nicht genehmigte Aufzeichnung erfolgt oder erfolgen soll, so ist er berechtigt, seine vertraglich vereinbarte Leistung so lange zu unterbrechen, bis sichergestellt ist, daß keine unberechtigte Aufzeichnung mehr erfolgt oder erfolgen wird. Ansprüche auf Gage sowie ein eventueller Schadenersatz bleiben hiervon unberührt."*

Den fertigen Arbeitsvertrag kann man vor der Unterschrift der IG Medien vorlegen – Vertragsberatung ist für IG-Medien-Mitglieder im Beitrag enthalten.

Bildende Kunst:

Das Versagen der Kunsthochschulen

von Olaf Zimmermann

Schon wenige Jahre nach dem erfolgreichen Besuch einer Kunstakademie sind nur noch wenige Künstlerinnen und Künstler in ihrem Traumberuf tätig. Nach der großen Künstlerenquetestudie von 1975 arbeiteten noch ganze sieben Prozent der Absolventen als Künstler im engeren Sinne. Auch in verwandten Berufen, z.B. als Werbegrafiker, war damals nicht mal mehr ein Drittel der Akademieabgänger zu finden. Heute dürften diese Anteile sich eher noch verringert haben.

Die Frankfurter Allgemeine beschrieb kürzlich die Lage der bildenden Künstlerinnen und Künstler noch düsterer: „Noch nie haben es mehr als drei Prozent aller Absolventen der Akademien geschafft, von ihrer Kunst auch ihr Auskommen zu bestreiten." Eine solche Negativbilanz dürfte es wohl in keinem anderen Studiengang geben. Jeder andere Hochschulbereich mit ähnlich katastrophalen Quoten wäre längst geschlossen.

Natürlich ist die Ausbildung an einer Akademie nicht mit dem Studium an einer Technischen Hochschule zu vergleichen. Natürlich kann und soll eine Kunstakademie nicht „bedarfsgerecht" für den Kunstmarkt ausbilden. Sie soll Ort der „Kreativitätsfindung" sein. Aber muß deswegen den Absolventen das elementarste Handwerkszeug zum Überleben fehlen?

Weshalb wissen Künstlerinnen und Künstler nach zehn Semestern Kunstakademie in der Regel nicht, daß sie als Freiberufler Pflichtmitglieder der Künstlersozialkasse sind und daß diese Pflicht sogar ein Glück für sie ist? Warum bleibt ihnen eine so wichtige Institution wie die Verwertungsgesellschaft Bild-Kunst unbekannt? Warum wissen die jungen Selbständigen nichts von den Chancen und Risiken der Umsatzsteuervoranmeldung? Warum kennen sie nicht einmal die Einrichtungen, die ihnen im Notfall finanziell helfen könnten? Gerade erst hat die Verwertungsgesellschaft Bild-Kunst ihren Sozialfonds gekürzt, weil dessen Gelder nicht abgefordert wurden! Kennen Künstlerinnen und Künstler keine materielle Not? Oder fehlen einfach die entsprechenden Tips im Studium? Warum kennen Akademieabgänger nicht die einfachsten Regeln des Kunstmarktes und des Ausstellungswesens – und werden deshalb immer öfter Opfer von windigen Geschäftemachern?

Offensichtlich werden die Kunststudenten nicht umfassend genug ausgebildet. Eine Kunsthochschule ist nicht nur dazu da, ihren Studenten die notwendigen Freiräume für ihre künstlerische Entwicklung zu schaffen. Sie muß auch die Informationen vermitteln, die einem Künstler das ökonomische Überleben nach der Ausbildung überhaupt möglich machen. Es ist doch unsinnig, Künstler mit hohen Kosten auszubilden, ihnen aber die Ausrüstung zum beruflichen Überleben zu verweigern.

Doch die Kunsthochschulen sind Beanstandungen gegenüber nicht besonders aufgeschlossen. „Bereits die leiseste Kritik an der Institution der Akademie ist für ihn eine Art Gotteslästerung", beschrieb im Januar 1995 die Süddeutsche Zeitung den Direktor der Kunstakademie Düsseldorf, Markus Lüpertz, und zitierte ihn wörtlich: „Ich bin ein Genie. Wenn ein Student bei mir studieren möchte, muß er seine eigene Geschichte aufgeben. Ich erwarte die Unterwerfung."

Erstaunlich ist, daß die Studentinnen und Studenten gegen solche Zumutungen nicht rebellieren. Sie sind offensichtlich zufrieden mit ihrer Ausbildung und spüren erst Jahre später, wenn sie die Hochschule längst verlassen haben, daß die eigene Kreativität sich nur ausleben läßt, wenn ein Mindestmaß an ökonomischer Stabilität vorhanden ist.

Der verbreitete Glaube, daß Künstler nur in der Entbehrung große Künstler werden, ist Seemannsgarn. In Wirklichkeit gibt es nur zwei Gruppen von bildenden Künstlern: die, die von ihrer Arbeit leben können, und die, die es nicht können. Tausende verdienen ihren Lebensunterhalt durch Taxifahren oder Hilfsarbeiten und vernachlässigen dadurch ihre Arbeit. Ihrer künstlerischen Entwicklung fügt das meist irreparablen Schaden zu. Wie überall kann auch in der bildenden Kunst Spitzenleistungen nur erzielen, wer sich seinem Beruf ganz widmen kann. Das heißt, wer von seiner Kunst auch leben kann. Jede Ablenkung schadet der künstlerischen Entwicklung.

Gerade vom Standpunkt der kreativen Entfaltung her ist es keineswegs ein unbedeutendes Randthema, sich auch in den Kunsthochschulen Gedanken über das ökonomische Überleben nach dem Studium zu machen. Einige Hochschulen, wie Bremen und Weimar, haben das erkannt, die meisten aber trennen die Ausbildung immer noch strikt vom späteren Überleben. Hier werden die Hochschulen ihrer Verantwortung für die angehenden Künstlerinnen und Künstlern nicht gerecht.

Das Studium an einer Kunsthochschule wird nie eine Garantie für das ökonomische Überleben als Künstler sein. Es muß aber gewährleisten, daß die Künstlerinnen und Künstler die Kenntnisse erhalten, die sie im Kunstmarkt zum Überleben benötigen. Wo das nicht geschieht, sollte die Forderung von den Studenten endlich lautstark gestellt werden!

Versicherungen 7.

HEUSSINGER

Versicherungen 7.

Gerade Berufsanfängerinnen neigen erfahrungsgemäß dazu, den noch vorhandenen Mangel an beruflicher (Selbst-)Sicherheit durch den Abschluß aller möglichen Versicherungen zu kompensieren. Dieser Ratgeber will dem *nicht* Vorschub leisten.

Das folgende Kapitel zählt alle möglichen Versicherungen auf, die für bestimmte Berufsgruppen unter bestimmten Umständen empfehlenswert sein können. Diese Informationen sind nicht als Empfehlungen mißzuverstehen. Welche Versicherung für wen sinnvoll und bezahlbar ist, läßt sich nur im konkreten Einzelfall nach den Bedürfnissen der Person und den Risiken des Berufsalltages entscheiden. Und wie dieser Alltag wirklich aussieht, muß sich erst einmal herausstellen.

Wer also anfängt, frei zu arbeiten, sollte zunächst mal unverzüglich die Aufnahme in die Künstlersozialkasse beantragen. Alles andere kann ruhig noch ein bißchen warten.

Gesetzliche Sozialversicherung 7.1.

Für alle Arbeitnehmer und alle selbständigen Künstler und Publizistinnen ist in der Bundesrepublik die Rentenversicherung und – innerhalb gewisser Einkommensgrenzen – eine Kranken- und Pflegeversicherung gesetzliche Pflicht. Die Beiträge werden nach festen Prozentsätzen vom Einkommen berechnet und jeweils zur Hälfte von den Versicherten und den Arbeit- bzw. Auftraggebern aufgebracht.

Sozialversicherung für Arbeitnehmer 7.1.1.

Für Arbeitnehmer gibt's bei der Sozialversicherung vergleichsweise wenig Probleme: Das erledigt (hoffentlich) alles der Arbeitgeber. Er berechnet die Beiträge für die Renten-, Kranken-, Arbeitslosen- und Pflegeversicherung jeden Monat nach vorgegebenen Sätzen aus dem Bruttogehalt, zieht die Hälfte davon als Arbeitnehmeranteil vom Gehalt ab und führt diesen zusammen mit seinem Arbeitgeberanteil an die Bundesversicherungsanstalt für Angestellte (Rentenversicherung), an die Bundesanstalt für Arbeit (Arbeitslosenversicherung) sowie an eine Krankenkasse nach Wahl des Versicherten ab.

Einzige Ausnahme: Wer lediglich **geringfügig oder vorübergehend beschäftigt** ist (siehe Seite 63), wird in die gesetzliche Sozialversicherung nicht aufgenommen.

Zu beeinflussen sind die Beiträge lediglich durch die Wahl einer beitragsgünstigen Krankenkasse (siehe Seite 210). Der Wechsel in eine private Krankenkasse ist erst ab einem steuerpflichtigen Einkommen von 75.600 / 63.000 DM* im Jahr erlaubt; eine Befreiung von der Rentenversicherungspflicht ist nicht möglich.

In Zeiten der **Arbeitslosigkeit** zahlt das Arbeitsamt die Beiträge weiter. Das gilt auch für nichtselbständige Schauspielerinnen und Musiker in den Pausen zwischen zwei Engagements – sofern ein Anspruch auf Arbeitslosengeld besteht (siehe Seite 216).

7.1.1.1. Nichtselbständige Freie beim Rundfunk

Auch Freie, die beim öffentlich-rechtlichen Rundfunk nichtselbständig beschäftigt sind (siehe Seite 66), werden wie Arbeitnehmer versichert. Zum Problem wird hier regelmäßig, daß sie – zumindest im journalistischen Bereich – pauschal *pro Auftrag* bezahlt werden, während für die gesetzliche Sozialversicherung Beschäftigungstage und -monate maßgeblich sind. Nach den gesetzlichen Bestimmungen

- erlischt der Krankenversicherungsschutz, wenn die letzte versicherungspflichtige Beschäftigung mehr als drei Wochen zurückliegt,
- zählen Monate, in denen keine versicherungspflichtige Beschäftigung vorlag, nicht für die Rentenversicherung.

Die entsprechenden Beschäftigungstage meldet die Anstalt der Versicherung nach Angaben der Freien – die mit der Realität nicht viel zu tun zu haben brauchen. Wichtig ist nur, daß alle drei Wochen mindestens ein Beschäftigungstag gemeldet wird. Damit man bei der Meldung von Beschäftigungstagen nicht in Konflikt mit der Beschäftigungshöchstgrenze (siehe Seite 152) kommt, kann man zur Einhaltung der Drei-Wochen-Regel auch einen Urlaubstag melden, der ebenfalls als sozialversicherungspflichtige Beschäftigung gilt.

Besonders wichtig ist die Einhaltung dieser Regeln für Schwangere: Voraussetzung für den Bezug von **Mutterschaftsgeld** (siehe Seite 214) ist nämlich unter anderem, daß am 42. Tag vor der Entbindung ein Versicherungsverhältnis bestand. Wer da einfach drei Monate vor der Entbindung aufhört zu arbeiten und der Anstalt auch keine Krankheits- oder Urlaubstage mehr meldet, kann den Versicherungsschutz und damit den ganzen Anspruch auf Mutterschaftsgeld verlieren. Und das können viele tausend Mark sein.

7.1.2. Sozialversicherung für Freie: die Künstlersozialkasse

Für „selbständige Künstler und Publizisten" ist mit dem Künstlersozialversicherungsgesetz (KSVG) ein ähnliches Verfahren eingeführt worden. Auch sie erhalten nun einen 50prozentigen „Arbeitgeberanteil" zur Sozialversicherung. Gezahlt wird er über die Künstlersozialkasse (KSK).

Die Künstlersozialversicherung funktioniert im Prinzip so: Die Versicherten entrichten wie normale Arbeitnehmer 50% des Beitrages zur gesetzlichen Renten-, Kranken- und Pflegeversicherung an die KSK. Den entsprechenden „Arbeitgeberanteil" erhält die KSK zum Teil von den „Vermarktern", die nach dem KSVG einen bestimmten Prozentsatz auf die von ihnen gezahlten

Honorare an die KSK abführen müssen (siehe Seite 206). Der Rest kommt als Zuschuß vom Bund.

Was ist, was leistet die KSK? 7.1.2.1.

Die KSK ist selbst *keine Versicherung.* Sie zieht lediglich die Beiträge von Versicherten und Vermarktern ein und leitet sie an die Bundesversicherungsanstalt für Angestellte (Rentenversicherung) sowie an eine Kranken- und Pflegekasse weiter, die man sich selbst aussuchen kann. Im Krankheitsfall zahlt also nicht die KSK, sondern die eigene Krankenkasse.

Wer sich da für eine gesetzliche Krankenkasse entscheidet (zur Wahlmöglichkeit Seite 207), hat Anspruch auf alle Leistungen der gesetzlichen Krankenversicherung. In diesem Fall

- werden **Kinder und Ehepartner/innen kostenlos mitversichert,** soweit sie nicht selbst versicherungspflichtig sind;
- gelten alle Regelungen der verschiedenen Gesundheitsreformgesetze, z.B. was die **Eigenbeteiligung bei Zahnersatz** angeht, die **Zuzahlungen** und die **Befreiung von Zuzahlungen:** Befreit wird, wer nicht mehr als 20.832 / 17.472 DM* brutto im Jahr verdient (Ehepaar 28.644 / 24.024 DM*; pro Kind erhöht sich die Grenze um weitere 5.208 / 4.368 DM*). Wer leicht über der Grenze liegt, kann noch eine Teilbefreiung bekommen. Die Befreiung muß bei der Kasse beantragt werden;
- besteht Anspruch auf **Krankengeld** (siehe Seite 212), auch zur Pflege kranker Kinder bis zu 12 Jahren, **Mutterschaftsgeld** (siehe Seite 214) und **Kuren.**

Bei der **Rentenversicherung** über die KSK gibt es keine Wahlmöglichkeiten und keine Unterschiede zur Rentenversicherung von Angestellten. Wer hier Genaueres wissen will, findet alle Details in der Broschüre „Die Künstler und ihre Rente“[(B)].

Wer kann, wer muß in die KSK? 7.1.2.2.

Nach dem KSVG werden in der KSK alle Freien versichert, die eine

- **künstlerische oder publizistische** Tätigkeit
- **selbständig** und
- **erwerbsmäßig** ausüben und aus ihr Einkünfte von
- **mindestens 7.440 / 6.240 DM* im Jahr** erzielen.

Nur wer Berufsanfängerin ist, wird in den ersten fünf Jahren ihrer selbständigen Tätigkeit auch bei geringerem Einkommen über die KSK versichert.

Wer allein von einer solchen Tätigkeit lebt, wird in der Regel kaum Schwierigkeiten bei der Aufnahme in die KSK haben. Er hat übrigens auch gar keine Wahl: Die Versicherung über die KSK ist für ihn gesetzliche *Pflicht.*

Im Umkehrschluß ergibt sich aus diesen Bestimmungen, daß über die KSK *nicht* versichert wird, wer

- **nicht selbständig** tätig ist (siehe Seite 66),
- **überwiegend gewerblich**, also nicht künstlerisch oder publizistisch tätig ist (siehe Seite 56),
- **bloß vorübergehend**, also weniger als zwei Monate oder 50 Arbeitstage im Jahr tätig ist,
- **mehr als einen Arbeitnehmer beschäftigt** (Auszubildende und geringfügig Beschäftigte sind zusätzlich erlaubt),
- die künstlerische oder publizistische Tätigkeit als **Hobby**, also nicht erwerbsmäßig ausübt (siehe Seite 59) oder
- **überwiegend im Ausland** tätig ist.

Aber auch wer die oben genannten Kriterien erfüllt, kann aus der KSK ausgeschlossen bleiben, wenn er neben dem Einkommen aus künstlerischer oder publizistischer Tätigkeit noch ein anderes – nicht geringfügiges – Arbeitseinkommen hat. In diesem Fall gilt:

- **Wer aus einer anderen *selbständigen* Tätigkeit regelmäßig mehr als 620 / 520 DM* im Monat bezieht,** wird über die KSK nicht kranken- und nicht pflegeversichert – selbst wenn das künstlerische Einkommen zehnmal so hoch ist.
- **Wer schon aus einer anderen Tätigkeit versicherungspflichtig ist,** wird über die KSK ebenfalls nicht kranken- und pflegeversichert. Im Unterschied zum letzten Punkt gibt es hier allerdings Spielraum: Wer mit einem (versicherungspflichtigen) Taxijob die dürren Honorare aus der künstlerischen Tätigkeit aufbessert, kann mit seiner Krankenkasse oder der KSK reden. Die können, sofern das Taxifahren wirklich die *Neben*tätigkeit ist, eine Versicherungspflicht für das künstlerische Einkommen bejahen – was dann freilich höhere Beiträge zur Krankenversicherung bedeutet!
- **Liegen die Einkünfte aus der nicht-künstlerischen Tätigkeit über 50.400 / 42.000 DM* im Jahr oder betragen die Einkünfte aus künstlerischer Tätigkeit weniger als ein Sechstel der Gesamteinkünfte,** so braucht man einen Antrag an die KSK erst gar nicht zu stellen. In diesem Fall erfolgt nämlich auch keine Rentenversicherung über die KSK.
- **Wer aus einer anderen Tätigkeit versicherungsfrei ist,** z.B. als Beamter, für den gilt dasselbe: keine Kranken-, keine Rentenversicherung über die KSK.

7.1.2.3. Aufnahmeverfahren und Versicherungsbeginn

Zur Anmeldung genügt zunächst eine Postkarte an die KSK[(A)], die dem Bewerber dann die erforderlichen Unterlagen mitsamt einem imposanten Fragebogen zuschickt, der selbst den Vordruck zur Einkommensteuererklärung in den Schatten stellt. Wer Probleme mit diesem Fragebogen hat, kann sich an die IG Medien oder seine Krankenkasse wenden. Mit etwas Glück helfen die beim Ausfüllen. Belege über die selbständige künstlerische Tätigkeit sind beizufügen, zum Beispiel eigene Veröffentlichungen, Presserezensionen, Verträge oder Kataloge.

Wer seinen Antrag vollständig eingereicht hat, kann mit einem Bescheid der KSK binnen ein bis zwei Monaten rechnen. Da die Anträge aber selten vollständig sind und häufig Rückfragen der KSK erforderlich machen, ergibt sich derzeit eine durchschnittliche Bearbeitungsdauer von drei Monaten.

Den **Versicherungsbeginn** können die Versicherten selbst aussuchen. Mit dem Fragebogen erhalten sie von der KSK ihre erste formlose Anmeldung (Postkarte), mit Eingangsstempel versehen, zurückgeschickt und haben dann drei Möglichkeiten:

- Wenn sie der KSK diese formlose Anmeldung mit dem Fragebogen wieder zurückschicken, so gelten Versicherungsschutz und Beitragspflicht vom Tage der formlosen Anmeldung an.
- Schicken sie die Postkarte nicht zurück, so gilt der Eingang des Fragebogens bei der KSK als Versicherungsbeginn.
- Alternativ können sie der KSK auch mitteilen: *„Ich werde am soundsovielten die freie künstlerische Tätigkeit aufnehmen"* – dann gilt die Versicherung von diesem Tag an.

Einen Versicherungsbeginn *vor* dem Tag der formlosen Anmeldung darf die KSK nicht feststellen. Auch wer schon seit Jahren frei tätig ist, kann sich also ohne Bedenken bei der KSK melden: Rückwirkend werden keine Beiträge erhoben.

Wer allerdings, um keine Versicherungslücke entstehen zu lassen, den Tag der formlosen Anmeldung als Versicherungsbeginn wählt, muß nach einem positiven Bescheid der KSK die Beiträge für die Zwischenzeit nachbezahlen. Wem das Schwierigkeiten macht, der kann mit der KSK eine zinslose Stundung und/oder Ratenzahlung vereinbaren.

Für die Zwischenzeit, in der die Versicherungspflicht zwar schon gegeben, von der KSK aber noch nicht festgestellt ist, stellen einige Kassen **„Krankenscheine auf Vorschuß"** aus. Andere rücken die Kranken-Chipkarte in dieser Zeit nur heraus, wenn das Mitglied sich solange freiwillig *„unter dem Vorbehalt der rückwirkenden Versicherungspflicht nach dem KSVG"* versichert. Auch das ist unproblematisch: Nach Aufnahme in die KSK gibt's doppelt gezahlte Beiträge zurück, oder man kann die KSK um eine Verrechnung bitten.

Beitragsverfahren 7.1.2.4.

Im Unterschied zu Arbeitnehmern, deren Beiträge zur Sozialversicherung sich aus dem *tatsächlich erzielten* Bruttogehalt berechnen, richten sich die Beiträge von Freien nach dem *vorab geschätzten* Einkommen.

Dazu müssen die Versicherten der KSK bis zum 1.12. jedes Jahres ihr **voraussichtliches Arbeitseinkommen** für das folgende Jahr melden. Aus dieser Schätzung berechnet die KSK dann den für das ganze Jahr gültigen Monatsbeitrag.

Diese Jahresmeldung sollte man auf keinen Fall verschlampen: Wer sie nicht abgibt, für den nimmt die KSK die Einkommensschätzung vor. Wer sie drei Jahre hintereinander nicht abgibt, bei dem *muß* die KSK eine Einkommensüberprüfung (z.B. anhand der Einkommensteuerbescheide) vornehmen. Wer sie als Privatversicherter nicht abgibt, verliert den Anspruch auf den Zuschuß der KSK zu seiner privaten Krankenversicherung!

Daß das tatsächlich erzielte Einkommen von der Einkommensschätzung erheblich abweicht, ist bei diesem System nicht zu vermeiden. Dafür kann niemand belangt werden: *Rückwirkende* Änderungen der Einkommensschätzung und des Beitrages werden vom KSVG nicht nur nicht verlangt, sondern sind gar nicht möglich. Die Höhe der Beiträge an die KSK hat also mit dem *tatsächlich* erzielten Einkommen nur mittelbar zu tun.

Wer sich in seiner Einkommensschätzung jedoch stark vergriffen hat oder Wert auf möglichst „ehrliche" Beiträge legt, der kann (muß aber nicht!) der KSK jederzeit eine neue Einkommensvorausschätzung zukommen lassen. Diese wirkt sich dann auf die Beiträge ab dem jeweils nächsten Monatsersten aus.

7.1.2.5. Einkommensschätzung

Das für die Einkommensschätzung **maßgebliche Arbeitseinkommen** berechnet sich genauso wie die Einkünfte aus selbständiger Arbeit in der Einkommensteuererklärung – also Betriebseinnahmen minus Betriebsausgaben.

Das ungewöhnlich vertrauensselige Verfahren der Beitragsberechnung nach *geschätztem* Einkommen gibt der Künstlerin die Möglichkeit, ihre Sozialversicherungsbeiträge in einem gewissen Rahmen zu steuern. Bedenken sollte sie dabei:

- Schätzt sie ihr Einkommen zu niedrig, um Beiträge zu sparen, so verschenkt sie Zuschüsse zur Rentenversicherung und bekommt entsprechend weniger Rente und Krankengeld (siehe Seite 212).
- Schätzt sie ihr Einkommen so niedrig, daß es unter der Geringfügigkeitsgrenze von 7.440 / 6.240 DM* liegt, so fliegt sie aus der KSK raus – es sei denn, sie ist Berufsanfängerin (siehe Seite 207). Aber auch die Berufsanfängerin spart mit einer niedrigeren Schätzung kein Geld: Sie muß auf jeden Fall den Mindestbeitrag (siehe unten) zahlen.
- Liegt ihr Einkommen voraussichtlich unter der Geringfügigkeitsgrenze, so ist es ihr ausdrücklich erlaubt, die Schätzung so hoch anzusetzen, daß der Versicherungsschutz nicht verlorengeht (siehe Seite 63).
- Schätzt sie ihr Einkommen zu hoch, um ihr Rentenkonto aufzubessern, so zahlt sie gleichzeitig auch zu hohe Krankenkassenbeiträge, für die sie – vom Krankengeld abgesehen – keinerlei Gegenleistung erhält.
- Schätzt sie ihr Einkommen mehrere Jahre hintereinander an der Untergrenze, so sollte sie sich auf eine Kontrolle durch die KSK gefaßt machen.

Wer gar nicht weiß, wie und was er da schätzen soll: Einfach die „Einkünfte aus selbständiger Arbeit" aus dem letzten vorliegenden Steuerbescheid angeben. Anders macht es die KSK auch nicht, wenn sie selbst eine Schätzung vornimmt.

Beiträge und Beitragszahlung 7.1.2.6.

Die Beiträge zur Künstlersozialkasse werden nach festen Prozentsätzen aus den geschätzten Einkünften aus selbständiger Tätigkeit berechnet. Dabei gibt es allerdings Mindest- und Höchstbeträge:

- Selbständige Berufsanfänger, deren Einkommen unter der Mindestgrenze liegt, zahlen über die KSK trotzdem den Mindestbeitrag, der sich aus dem Mindesteinkommen von 7.440 / 6.240 DM* im Jahr ergibt. (Alle anderen werden mit Einkommen unter der Geringfügigkeitsgrenze gar nicht in die gesetzliche Sozialversicherung aufgenommen.)
- Übersteigt das Einkommen die jeweilige Beitragsbemessungsgrenze, so steigt der Beitrag nicht weiter. In der Kranken- und Pflegeversicherung ist in diesem Fall sogar der Wechsel in eine private Kasse möglich.

Beitragssätze, Grenzen sowie Mindest- und Höchstbeiträge in den einzelnen Versicherungsarten für das Jahr 1998 sind der Tabelle im Anhang (Seite 302) zu entnehmen.

Welche Beiträge nach der Einkommensschätzung konkret zu zahlen sind, teilt die KSK den Versicherten Anfang des Jahres mit. Es empfiehlt sich, der KSK dafür eine Einzugsermächtigung zu geben oder zumindest einen Dauerauftrag zu erteilen:

Wer mit seinen Beiträgen in Rückstand gerät und trotz Mahnung der KSK nicht zahlt, verliert jeden Leistungsanspruch, bis die rückständigen Beiträge vollständig bezahlt sind!

Probleme mit der KSK 7.1.3.

Soweit, so einfach. Wer die Aufnahmeprozedur überstanden hat, hat mit der KSK meist nur noch wenig Umstände. Aber erstmal reinzukommen, das wird immer schwerer.

Die KSK ist doppelt unter Druck geraten. In den letzten Jahren ist nicht nur die Zahl der selbständigen Künstler und Publizistinnen stark gewachsen, für die die KSK eigentlich gedacht war, sondern auch die Zahl der Scheinselbständigen, die so wenig verdienen, daß sie sich eine normale Renten- und Krankenversicherung gar nicht leisten können. Und natürlich haben damit auch die Versuche von „Branchenfremden" zugenommen, unter die warme Decke der KSK zu kriechen.

Statt aber – wie es der DGB verlangt – Scheinselbständigkeit zu bekämpfen und eine der KSK vergleichbare Absicherung auch für andere „sozial schutzbedürftige" Selbständige zu schaffen, macht die Bundesregierung der KSK Druck. Sie hat sie schon vor Jahren zu schärferen Kontrollen verpflichtet – mit dem erklärten Ziel, die Zahl der Versicherten zu senken. Als Konsequenz lehnt die KSK heute deutlich mehr Aufnahmeanträge ab als noch vor wenigen Jahren.

7.1.3.1. Schwierigkeiten bei der Aufnahme in die KSK

Sieht man einmal von Nicht-Künstlern ab, die die Bedingungen der KSK offensichtlich nicht erfüllen, so gibt es Probleme bei der Aufnahme vor allem mit zwei Kategorien von Leuten:

Zum einen mit denen, die auch im Umgang mit der KSK auf Individualität Wert legen. Die Phantasie-Berufsbezeichnungen angeben, unter denen sich die KSK nichts vorstellen kann (siehe Seite 58), die im Briefkopf als Verlag oder Agentur protzen oder die einfach glauben, KSK-Schreiben nicht beantworten und Fristen nicht einhalten zu müssen. Doch, davon gibt's mehr, als man glauben möchte.

Zum anderen mit denen, die als Selbständige arbeiten, von der KSK aber als Arbeitnehmer eingestuft werden. Typische Fälle dafür sind **Schauspieler,** die von Privattheatern zu „freier" Arbeit gezwungen werden, obwohl sie nach dem Gesetz Arbeitnehmer sind und damit über den Arbeitgeber zu versichern wären. Bezieht sich zum Beispiel der Engagement-Vertrag auf einen Tarifvertrag (BAT oder Normalvertrag Solo) oder sieht er eine Zusatzversicherung in der VddB (siehe Seite 223) vor, so lehnt die KSK die Aufnahme von vornherein ab. In weniger eindeutigen Fällen bittet sie um weitere Erläuterungen. Welche Fragen da gestellt werden (und worauf es der KSK ankommt), ist der Seite 172 zu entnehmen.

In Bonn hat man offenbar soviel gegen Scheinselbständigkeit, daß man deren Opfer gleich doppelt bestraft: Mit der (an sich richtigen) Begründung, solche Art freier Arbeit diene lediglich der Umgehung arbeitsrechtlicher Schutzvorschriften und der Vermeidung von Arbeitgeberbeiträgen zur Sozialversicherung, werden nicht etwa die Arbeitgeber zu gesetzmäßigen Beschäftigungsformen gezwungen, sondern die Freien – aus der KSK geworfen!

Die Aufnahme verweigert wurde mehrfach auch schon Freien, die nur für *einen* Auftraggeber tätig sind, z.B. **Journalisten** mit Rahmen- oder Pauschalvereinbarungen. Zur Begründung behauptete die KSK unter Bezug auf den „Negativkatalog" (siehe Seite 65), solche Vereinbarungen seien „von vornherein auf Dauer angelegt", wenn sie z.B. die Honorarzahlung in monatlichen Raten, eine Urlaubsvergütung oder Honorarfortzahlung im Krankheitsfall vorsehen, und damit typische Arbeitsverträge. Wer mit so einem Vertrag arbeitet, sollte daher schon beim KSK-Aufnahmeantrag eine Erläuterung mitliefern, z.B.:

„Mein Arbeitsverhältnis mit dem XY-Verlag wurde arbeitgeberseitig gekündigt. Auf das Angebot einer freien Mitarbeit bin ich eingegangen, um meine Existenzgrundlage nicht vollständig zu verlieren. Ich selbst habe kein Interesse daran, ein Arbeitsverhältnis zu umgehen, bin aber bei der gegenwärtigen Vertragsgestaltung darauf angewiesen, nach dem KSVG versichert zu werden."

Wer trotzdem abgelehnt wird: Nicht aufgeben. Einen ersten Prozeß in so einem Fall hat die IG Medien schon gewonnen.

Freiberufliche Lehrkräfte, die nicht in die KSK aufgenommen werden, weil sie keine künstlerische oder publizistische Tätigkeit ausüben, finden weitere Hinweise zur Sozialversicherung im GEW-Ratgeber „Freie Mitarbeiter"[B].

Den Versicherungsschutz kann man einklagen

7.1.3.2.

Freie, die mit solchen Begründungen nicht in die KSK aufgenommen werden, sind übel dran. Denn da der Arbeitgeber für sie keine Sozialabgaben zahlt, werden sie auch nicht in die gesetzliche Krankenversicherung für Arbeitnehmer aufgenommen. Und Ermessensentscheidungen, wie sie die KSK früher zugunsten solcher Leute traf, sind ihr heute ausdrücklich verboten.

Allerdings hat nun das Landessozialgericht Berlin mit einem rechtskräftigen Urteil (L 9 Kr-SE-97) dafür gesorgt, daß dieser Konflikt nicht länger auf dem Rücken der Freien ausgetragen wird: Es verurteilte eine Krankenkasse, einem Tänzer, dessen selbständigen Status die KSK anzweifelte, vorläufigen Versicherungsschutz zu gewähren. Begründung: Egal wie der Streit mit der KSK ausgehe, müsse die Kasse den Kläger in jedem Fall versichern – entweder als Selbständigen über die KSK oder als abhängig Beschäftigen über den Arbeitgeber.

Wer von der KSK mit der Begründung „Scheinselbständigkeit" abgelehnt wird, hat also drei Möglichkeiten:

- Gegen den ablehnenden Bescheid legt man sofort **Widersprucheín** – ein einziger Satz *(„Gegen den Bescheid vom ... lege ich hiermit Widerspruch ein")* genügt. Die Begründung kann man mit Hilfe der IG Medien formulieren und nachreichen. Bei einem negativen Widerspruchsbescheid beantragt man Rechtsschutz der IG Medien und erhebt – sobald die Zusage vorliegt – **Klage beim Sozialgericht.**
- Ist die Widerspruchsfrist (vier Wochen) schon verstrichen, macht das auch nichts: Man kann jederzeit einen **neuen Antrag stellen** – am besten gleich einen besser formulierten.
- Parallel zu Widerspruch und Klage (die sind nötig, um den Streit definitiv zu entscheiden) kann man beim zuständigen Sozialgericht **einstweiligen Versicherungsschutz beantragen** – und zwar im Eilverfahren mit Rechtsschutz der IG Medien unter Berufung auf das oben zitierte Urteil.

Die KSK kontrolliert

7.1.3.3.

Neben dem verschärften Aufnahmeverfahren ist die KSK durch die „Beitragsüberwachungsverordnung" zu Kontrollen bei langjährig Versicherten verpflichtet worden. Dazu wurden zunächst alle Leute angeschrieben, die der KSK seit mindestens drei Jahren keine Einkommensschätzung mehr mitgeteilt hatten. Ergebnis: 30% von ihnen antworteten nicht oder unzureichend und flogen aus der KSK raus.

Aber auch wer sich vorschriftsmäßig verhält, muß neuerdings damit rechnen, im Rahmen von **Stichprobenkontrollen** einen Brief zu erhalten, in dem die KSK um aktuelle Nachweise für die selbständige künstlerische Tätigkeit und um Vorlage der letzten beiden Steuerbescheide bittet. Weicht das darin festgestellte Einkommen drastisch von der Einkommensschätzung (siehe Seite 202) für die betreffenden Jahre ab, so paßt die KSK die Einkommensschätzung (und damit die Beiträge) für die *Zukunft* den Zahlen der Steuerbescheide an. Für eine *rückwirkende* Anpassung und damit für Beitrags*nach*forderungen gibt es bisher noch keine Rechtsgrundlage – für Beitragsrückzahlungen allerdings auch nicht.

Unangenehmer sind bei solchen Kontrollen die Nachwirkungen. Wer einmal mit einem offenkundig viel zu niedrig geschätzten Einkommen erwischt wird, der muß mit weiteren Kontrollen rechnen, und zwar nicht nur einmal. Der Grundsatz „Wer einmal lügt, dem glaubt man nicht" gilt auch bei der KSK.

7.1.3.4. Die Künstlersozialabgabepflicht trifft auch Freie

Ein ganz anderes Problem kann sich für Freie aus dem wichtigsten Fortschritt des KSVG ergeben, der Künstlersozialabgabepflicht. Mit ihre werden alle Verwerter künstlerischer und publizistischer Werke und Leistungen ähnlich wie Arbeitgeber zur Beteiligung an den Beiträgen zur gesetzlichen Sozialversicherung herangezogen: Galerien und Verlage, Musik- und Theaterveranstalter, Rundfunkanstalten und Filmproduzenten, Plattenfirmen und Live-Musikkneipen müssen der KSK nun die Honorare melden, die sie an Freie gezahlt haben, und einen gewissen Prozentsatz darauf als Künstlersozialabgabe abführen. Aus ihr erhalten die über die KSK versicherten Freien ihren „Arbeitgeberanteil" zur Sozialversicherung.

Wo aber sich Freie der Mitarbeit anderer Freier bedienen und dafür Honorar zahlen, werden sie selbst abgabepflichtig. Und das geschieht gar nicht so selten. Zwar nimmt das KSVG **Selbstvermarkter** von der Abgabepflicht aus – das Freie Theater braucht auf die Zahlungen an Gruppenmitglieder also ebensowenig Künstlersozialabgabe zu zahlen wie die Malerin auf ihre Einnahmen aus Privatverkäufen. Wo aber ein Filmemacher einen fremden Drehbuchautor beauftragt, die Theatergruppe einen Regisseur engagiert oder der Jazzer einer Begleitmusikerin Honorar zahlt, will die KSK ihren Anteil haben.

Wer glaubt, nach diesen Bestimmungen abgabepflichtig zu sein, sollte sich lieber gleich bei der KSK melden. Denn irgendwann merkt die es doch, und dann verlangt sie die Abgabe für bis zu fünf Jahre rückwirkend! Und: Wer sich freiwillig meldet, hat bessere Chancen, mit der KSK eine vernünftige Regelung zu finden.

Die Sätze der **Künstlersozialabgabe** werden jedes Jahr vom Bundesarbeitsministerium neu festlegt. Für 1998 betragen sie

- im Bereich Wort 3,8%*,
- im Bereich Bildende Kunst 6,2%*,
- im Bereich Musik 1,6%*,
- im Bereich Darstellende Kunst 2,3%*.

Berechnet wird die Abgabe jeweils vom Gesamtentgelt für freie Tätigkeiten einschließlich Auslagen und Nebenkosten, aber ohne Mehrwertsteuer und Reisekosten.

Welche Krankenkasse ist die richtige? 7.1.4.

Die KSK schafft nur den Rahmen. Welche Krankenkasse für die eigenen Lebensverhältnisse die beste ist, muß jeder und jede selbst herausfinden. Und dazu sind in den letzten Jahren immer mehr Überlegungen nötig geworden. Zu klären ist:

- Kommt für mich eine Befreiung von der Versicherungspflicht in Frage?
- Wenn ja: Will ich in eine private Krankenkasse?
- Wenn nein: Welche gesetzliche Krankenkasse ist die beste?

Versicherungsfreiheit 7.1.4.1.

Eine **Befreiung von der gesetzlichen Kranken- und Pflegeversicherungspflicht** ist in zwei Fällen möglich:

Großverdienerinnen, die der KSK in den letzten drei Jahren Einkommen gemeldet haben, die zusammen über der Summe der Arbeitsentgeltgrenzen dieser Jahre lagen (für 1995–97 also insgesamt mehr als 216.000 / 182.700 DM*), können sich auf Antrag von der Versicherungspflicht befreien lassen und in eine private Kasse wechseln. Tun sie das nicht, bleiben sie als normale Pflichtmitglieder in der Gesetzlichen und zahlen den Höchstbeitrag, der 1998 im Schnitt 472,50 / 404,25 DM* (Arbeitnehmeranteil Kranken- und Pflegeversicherung) beträgt.

Arbeitnehmerinnen fallen im Unterschied dazu *automatisch* aus der Versicherungspflicht heraus, sobald ihr Jahreseinkommen die Jahresarbeitsentgeltgrenze von 75.600 / 63.000 DM* überschreitet. Aber auch sie können – als freiwillige Mitglieder zum Höchstbeitrag – in der Gesetzlichen bleiben.

Wer eine freiberufliche Tätigkeit neu aufnimmt, kann als **Berufsanfänger** *wählen,* ob er seine Kranken- und Pflegeversicherung privat oder gesetzlich regeln will. Das funktioniert so: Spätestens drei Monate nach Erhalt des „Versicherungspflichtbescheides" muß er der KSK mitteilen, für welche Versicherung er sich entscheidet. Die Entscheidung für die Gesetzliche ist endgültig (es sei denn, das Einkommen steigt über die Jahresarbeitsentgeltgrenze – siehe oben). Wer sich für die Private entscheidet, kann mit Ablauf des fünften Jahres der selbständigen Tätigkeit – und *nur* zu diesem Zeitpunkt – in die Gesetzliche zurück. Danach ist auch diese Entscheidung endgültig. Mitteilen muß man das der KSK *schriftlich* und vor *Ablauf des fünften Jahres.* Achtung: Die fünf Jahre zählen ab *Beginn der selbständigen Tätigkeit* und nicht erst ab *Erhalt des Versicherungspflichtbescheides!*

Befreit wird als Berufsanfänger jedoch nur, wer eine private Versicherung nachweisen kann, die in ihren Leistungen der gesetzlichen entspricht. „Großverdiener" werden auch ohne einen solchen Nachweis befreit – sie brauchen sich überhaupt nicht zu versichern.

Eine **Befreiung von der gesetzlichen Rentenversicherungspflicht** ist *nicht möglich.*

Erfahrungsgemäß versuchen viele Freie angesichts der niedrigen Honorare, die Künstlersozialkasse zu umgehen, indem sie an einer Hochschule immatrikuliert bleiben und dann „nur" die niedrigen Sätze der **studentischen Krankenversicherung** bezahlen. Wer dies tut, sollte sich darüber im klaren sein, daß er damit *nicht rentenversichert* ist und den 50prozentigen KSK-Anteil zur Rentenversicherung *verschenkt.* Das gleiche gilt für Angestellte, die nebenbei aus selbständiger künstlerischer (auch Lehr-)Tätigkeit mehr als ein Sechstel ihrer Gesamteinkünfte beziehen: Wer sich für diesen Teil seiner Einkünfte nicht über die KSK rentenversichert, verschenkt Geld!

7.1.4.2. Private Krankenkassen

Wer mit einer privaten Krankenversicherung liebäugelt, sollte sich zunächst den grundlegenden Unterschied zu den gesetzlichen Kassen klarmachen:

Die gesetzliche Krankenversicherung funktioniert nach dem **Solidarprinzip:** Die Beiträge sind nach Einkommen gestaffelt und unabhängig von der Zahl der mitversicherten Familienmitglieder. Dafür gewährt die Krankenkasse allen Versicherten die gleichen Leistungen – allein das Krankengeld ist beitragsabhängig. Wer also viel verdient, zahlt für die gleichen Leistungen mehr und finanziert so die Leistungen für Schlechterverdienende und große Familien mit – das ist kein Geburtsfehler, sondern Absicht, durchgesetzt von der Arbeiterbewegung zu Anfang dieses Jahrhunderts.

Die privaten Kassen dagegen erheben ihre Beiträge **risikoabhängig:** Ältere und weibliche Mitglieder zahlen mehr, weil sie häufiger krank bzw. schwanger werden, und für jedes einzelne Familienmitglied muß extra bezahlt werden.

Eine solche private Versicherung darf anstelle der gesetzlichen jeder abschließen, der nach den obigen Bestimmungen von der Krankenversicherungspflicht befreit ist. Die KSK zahlt dann einen **Zuschuß zur privaten Krankenversicherung** in Höhe von 50% der Beiträge – aber nur für Versicherungsleistungen, die denen der gesetzlichen Krankenversicherung entsprechen, und höchstens in Höhe des KSK-Anteils, der zur gesetzlichen Krankenversicherung fällig wäre. Entsprechendes gilt für die Pflegeversicherung.

Ein präziser Beitragsvergleich der privaten Krankenkassen ist wegen ihrer verwirrenden Tarifvielfalt nicht möglich. Von entscheidender Bedeutung ist das **Eintrittsalter:** Wer erst mit 56 Jahren in die private Krankenversicherung eintritt, zahlt oft dreimal soviel wie sein Kollege, der schon mit 25 Jahren eintrat. Das Einkommen spielt überhaupt keine Rolle.

Als grobe **Faustregel** läßt sich sagen: Günstiger als eine private Krankenversicherung mit entsprechendem Versicherungsschutz ist die gesetzliche in aller Regel

- unabhängig vom Eintrittsalter für Ehepaare mit einem oder mehreren Kindern und nur einem Einkommen,
- für Ehepaare ohne Kinder und nur einem Einkommen, wenn das Einkommen unter 5.000 DM im Monat und/oder das Eintrittsalter über 25 Jahren liegt,

- für Alleinstehende, wenn das Eintrittsalter über 45 Jahren liegt, oder wenn bei einem Eintrittsalter bis zu 25 Jahren das Monatseinkommen unter 2.000 DM (Mann) bzw. 3.000 DM (Frau) liegt. Zwischen 25 und 45 Jahren steigt das „Grenzeinkommen", unterhalb dessen die Gesetzliche günstiger ist, entsprechend an.

Von dieser Faustregel kann es je nach Kasse spürbare Abweichungen geben. Deutlich niedrigere Tarife kann bei einer privaten Versicherung auch bekommen, wer zu einer **Selbstbeteiligung** an den Krankheitskosten bereit ist oder auf gewisse Leistungen verzichtet, etwa auf das Krankengeld, das die Gesetzliche ab dem 43. Krankheitstag zahlt, oder auf Kuren.

Einen genaueren Vergleich ermöglichen Vergleichstabellen für private Krankenversicherungstarife, die in der Regel bei den Verbraucherzentralen zu bekommen sind. Vor einer endgültigen Entscheidung sollte man auf jeden Fall *verbindliche* Angebote einholen: Bei bestimmten Leiden und Vorerkrankungen verlangen private Versicherungen nämlich **Risikozuschläge,** die die ganzen schönen Beispielrechnungen aus den Prospekten zunichte machen können, oder sie verweigern die Aufnahme ganz.

Journalisten und Journalistinnen in der IG Medien sollten in einen solchen Vergleich auf jeden Fall die Barmenia[(A)] einbeziehen: Mit ihr hat das „Bildungs- und Sozialwerk für Journalisten in der IG Medien"[(A)] einen Gruppenvertrag abgeschlossen, der dieser Personengruppe Ermäßigungen von 5–20% auf die üblichen Barmenia-Tarife einräumt.

Gesetzliche oder private Krankenversicherung? 7.1.4.3.

Die Entscheidung „Gesetzliche oder Private" sollte man nicht allein von der *augenblicklichen* Beitragshöhe abhängig machen. Wer von einer privaten Versicherung Angebote nach dem Muster „2.400 DM im Jahr gespart" bekommt, sollte folgendes bedenken:

- Die Beispielrechnungen der Prospekte beziehen sich nicht deshalb immer auf **junge Leute,** weil den Privaten die Jugend so sehr am Herzen liegt, sondern weil die Beiträge mit dem Eintrittsalter rapide steigen. Aus dem gleichen Grund kommen **Frauen** in den Beispielrechnungen so selten vor: Ihre Beiträge liegen bis zu 60% über denen für Männer!
- Außerdem gelten die Beispielrechnungen in der Regel nur für *eine Person.* Wer nach Abschluß einer privaten Krankenversicherung heiratet oder Kin-der bekommt, muß für jedes mitzuversichernde **Familienmitglied** zusätzlich einen vollen Beitrag zahlen. Auch für das **Krankengeld** und **Mutterschaftsgeld,** das bei der Gesetzlichen im Beitrag enthalten ist, muß man bei den Privaten extra zahlen. Ein Krankengeld zur Pflege kranker Kinder ist dort überhaupt nicht zu haben.
- Die Beiträge sind *unabhängig vom Einkommen* zu zahlen, also auch, wenn die Versicherte mal ein **Urlaubsjahr** ohne Einkommen einlegen möchte oder wenn ihr Umsatz zusammenbricht.

- Dramatisch können die Unterschiede im **Rentenalter** werden: In die günstige Krankenversicherung der Rentner (mit Anspruch auf 50% Zuschuß) wird nur aufgenommen, wer „9/10 der zweiten Hälfte des Berufslebens" pflichtversichert war. Dagegen bleiben die Beiträge zur Privaten im besten Fall unverändert – und als Zuschuß gibt es maximal den Betrag, der in der Krankenversicherung der Rentner fällig wäre.
- Bei den Privaten gibt es keine Garantie auf **stabile Beitragssätze:** Gerade alte Menschen müssen häufig drastische Beitragserhöhungen schlucken, weil ihre Versicherung unrentabel gewordene Tarifgruppen „schließt" und durch neue, teurere Leistungspakete ersetzt.
- Die Entscheidung für die private Krankenversicherung ist eine **Entscheidung fürs Leben:** Wer sich einmal für die private Versicherung entscheidet (und als Berufsanfänger dort auch nach dem fünften Jahr seiner selbständigen Tätigkeit bleibt – siehe Seite 207), wird als selbständiger Künstler oder Publizist nie und unter keinen Umständen mehr in die gesetzliche Krankenversicherung aufgenommen. Auch wenn sein Einkommen unter den Sozialhilfesatz gesunken und der Beitrag für die private Kasse vierstellig geworden ist.

Überlegen sollte man schließlich, ob die mögliche Beitragsersparnis es wert ist, sich vom Solidarprinzip der gesetzlichen Krankenversicherung abzuwenden, das durch die diversen Reformen im Gesundheitswesen schon genug ausgehöhlt ist.

7.1.4.4. Wahl der gesetzlichen Krankenkasse

In welcher gesetzlichen Krankenkasse sie sich versichern wollen, können Angestellte wie Freie grundsätzlich selbst bestimmen. Seit 1996 haben sie die Wahl zwischen

- der regionalen **allgemeinen Ortskrankenkasse** (AOK),
- allen **Ersatzkassen** sowie
- den für das jeweilige Bundesland „geöffneten" **Betriebskrankenkassen**. Das sind Betriebskrankenkassen, die laut Satzung *alle* Versicherten der jeweiligen Region – unabhängig von der Betriebszugehörigkeit – aufnehmen und derzeit noch sehr günstige Beitragssätze haben.
- Auch die **Innungskrankenkassen** kann man fragen. Die sind zwar nicht offiziell „geöffnet"; manche nehmen aber trotzdem Außenstehende auf.

Bei der Kassenwahl ist künftig auf drei Punkte zu achten:

- Bei den **Leistungen** unterscheiden sich die Kassen kaum noch. Wer aber spezielle Behandlungen wünscht, sollte sich vorher erkundigen: Innungskrankenkassen z.B. sind gegenüber Naturheilverfahren aufgeschlossener als andere. Sehr viel deutlicher sind die Unterschiede im **Service.**
- Die **Beitragssätze** schwankten Anfang 1998 zwischen 11,2% bei den preiswertesten Betriebskrankenkassen und 14,9% bei den teuersten AOKs. Die

drei großen Ersatzkassen lagen mit 13,9%* (Barmer Ersatzkasse), 14,0%* (DAK) und 13,6%* (Techniker Krankenkasse, ab 1.7.1998 13,2%) alle im Bereich des amtlich festgestellten Durchschnittssatzes von 13,3/13,7%*. Ob allerdings die Betriebskrankenkassen angesichts der zu erwartenden „Versichertenwanderung" ihre niedrigen Beiträge dauerhaft halten können, muß sich erst noch herausstellen.

- Die **Zuzahlungen** zu Medikamenten, Kuren und Krankenhausbehandlungen werden künftig von Kasse zu Kasse differieren, da ab 1999 jede Beitragsanhebung zusätzlich auch eine Anhebung der Zuzahlungen zur Folge hat.

Eine Übersicht über die geöffneten Betriebskrankenkassen mit aktuellen Beitragssätzen ist beim Bundesverband der Betriebskrankenkassen(A) (auch im Internet) erhältlich; eine aktuelle Beitragsübersicht *sämtlicher* allgemein zugänglichen Kassen bekommt man bei der Stiftung Warentest(A) per Faxabruf oder gegen einen mit 3,- DM frankierten DIN A5-Rückumschlag.

Wer nach Prüfung all dieser Kriterien die Kasse wechseln will, kann dies ohne Angabe von Gründen tun. Möglich ist der **Kassenwechsel**

- für Pflichtversicherte jeweils zum 1. Januar mit einer Kündigungsfrist von drei Monaten – das Kündigungsschreiben muß der alten Versicherung also zum 30. September vorliegen,
- für freiwillig Versicherte zum Ende eines jeden Monats mit einer Kündigungsfrist von zwei Monaten.

KSK-Versicherte müssen dazu drei Briefe schreiben: eine Kündigung an die alte Kasse, eine Anmeldung bei der neuen Kasse und eine Mitteilung an die KSK über den Kassenwechsel.

Zusatz-Krankenversicherungen 7.1.4.5.

Private Krankenversicherungen bieten diverse Zusatzversicherungen von der Krankenhaus-Vollkostenversicherung über die Krankenhaus-Tagegeld- und Krankenhaus-Zusatzversicherung bis zur Krankentagegeldversicherung an. All diese Versicherungen können *auch von Mitgliedern gesetzlicher Krankenkassen* abgeschlossen werden.

Journalisten und Journalistinnen in der IG Medien bekommen auf all diese Versicherungen bei der Barmenia(A) im Rahmen des Gruppenvertrages, den das „Bildungs- und Sozialwerk für Journalisten in der IG Medien"(A) abgeschlossen hat, Ermäßigungen von 5–20% auf die üblichen Tarife.

Bei Auslandsreise-Krankenversicherungen ist der Sondertarif der Volksfürsorge für Gewerkschaftsmitglieder längst nicht mehr der günstigste. Aktuelle Listen mit den preiswerteren Anbietern gibt's bei den Verbraucherzentralen.

Absicherungen gegen Einkommensausfall 7.2.

Obwohl das KSVG die Absicherung von Freien bei teuren Krankheiten und im Alter wesentlich verbessert hat, zeigt sich der entscheidende Unterschied zwischen Freien und Arbeitnehmern immer noch dann, wenn sie – aus welchem Grund auch immer – nicht arbeiten können.

Während Arbeitnehmer bei Krankheit Anspruch auf Entgeltfortzahlung durch den Arbeitgeber haben, gegen Berufsunfälle in der Berufsgenossenschaft versichert sind (beides ohne eigene Kosten) und bei Arbeitslosigkeit Anspruch auf Leistungen des Arbeitsamtes haben, bekommen Freie in solchen Fällen in der Regel überhaupt nichts. Absicherungen gegen solche Einkommensausfälle sind teuer und müssen von Freien in voller Höhe selbst bezahlt werden.

7.2.1. Absicherung bei Krankheit

Arbeitnehmer haben im Krankheitsfall sechs Wochen lang einen gesetzlichen Anspruch auf Fortzahlung von 80% des Entgeltes durch den Arbeitgeber (siehe Seite 182). Außerdem erhalten sie ihr Entgelt auch im Urlaub weiter.

Freie bekommen in der Regel nichts. Sie haben einen eindeutigen Anspruch lediglich auf das Krankengeld der Krankenkasse ab der siebten Krankheitswoche (siehe nächster Abschnitt). Zwar läßt sich in einem *Dienst*verhältnis ein Anspruch auf Honorarfortzahlung im Krankheitsfall und im Urlaub aus dem Bürgerlichen Gesetzbuch herleiten – „durchgeklagt" hat das aber bisher niemand. Wo die Möglichkeit dazu besteht (z.B. im privaten Musikunterricht), sollte ein solcher Anspruch deshalb ausdrücklich im Vertrag vereinbart werden.

Kaum besser sieht es für Arbeitnehmerähnliche aus. Zwar haben sie einen gesetzlichen Anspruch auf Urlaub (siehe Seite 144) – tarifvertraglich abgesichert sind Urlaub und Honorarfortzahlung bei Krankheit aber nur bei den öffentlich-rechtlichen Rundfunkanstalten, nicht jedoch bei Tageszeitungen und in Design-Studios. Allerdings sind die Zeitungsverlage zumindest bei Pauschalistenverträgen häufig zu einer einzelvertraglichen Regelung der Honorarfortzahlung bereit. Auch an Musikschulen ist das hin und wieder möglich.

7.2.1.1. Krankengeld

Alle Mitglieder der gesetzlichen Krankenversicherung – Arbeitnehmer wie Selbständige – bekommen bei langer Krankheit ab dem 43. Krankheitstag Krankengeld von der Krankenkasse.

Das Krankengeld wird pro Kalendertag berechnet und beträgt 70% des bisherigen (kalendertäglichen) Einkommens. Für Freie ist hier allerdings nicht das tatsächliche, sondern das vorab geschätzte Einkommen maßgeblich, das der KSK gemeldet wurde und das der Beitragsberechnung der letzten zwölf Monate zugrunde lag (siehe Seite 202).

Für Arbeitnehmer schließt die Krankengeldzahlung also unmittelbar an die Entgeltfortzahlung durch den Arbeitgeber an, so daß hier eine Einkommenslücke nur entstehen kann, wenn der Arbeitsvertrag durch Befristung oder (vorherige) Kündigung während dieses Sechs-Wochen-Zeitraums endet.

Für Freie dagegen war es lange Zeit die Regel, daß sie in den ersten sechs Wochen einer Krankheit gar nichts bekamen. Freie, die über die KSK krankenversichert sind, können diesen Zustand inzwischen ändern, indem sie einen erhöhten Beitrag an die gesetzliche Krankenversicherung zahlen. Sie erhalten dann das **Krankengeld bereits ab dem 15. Krankheitstag.**

Der Beitrag, den die Kassen für die vorgezogene Zahlung des Krankengeldes verlangen, liegt bei den drei großen Ersatzkassen bei 1,2–1,8%* über dem Normalbeitrag (siehe Seite 302); einzelne AOKs verlangen bis zu 6% mehr.

Für ein vorzeitiges Krankengeld von 100 DM pro Kalendertag (das entspricht einem gemeldeten Jahreseinkommen von rund 52.000 DM) verlangen die Ersatzkassen also zwischen 52 DM* (Barmer) und 78 DM* (TK) pro Monat. Um diese Mehrausgabe wieder „hereinzuholen", müßte man pro Jahr gut sechs bis neun Tage vorzeitiges Krankengeld beziehen, d.h. jedes Jahr einmal mindestens drei Wochen oder alle vier Jahre einmal mindestens sechs Wochen lang krank sein.

Wer einen Anspruch auf Krankengeld ab dem 15. Krankheitstag erwerben will, kann das der KSK formlos mitteilen; der Erhöhungsbetrag wird dann zusammen mit dem normalen Beitrag abgebucht – und zwar *in voller Höhe!* Einen „Arbeitgeberanteil" der KSK wie bei der normalen Krankenversicherung gibt es hierfür *nicht.*

Krankentagegeldversicherung 7.2.1.2.

Arbeitnehmer und Freie, die nicht der gesetzlichen Krankenversicherung angehören, erhalten überhaupt kein Krankengeld, auch nicht nach der sechsten Krankheitswoche. Die einzige Möglichkeit einer Absicherung besteht für sie im Abschluß einer privaten Krankentagegeldversicherung.

Ab wann und wieviel die Krankentagegeldversicherung zahlt, läßt sich beliebig festlegen; der Beitrag richtet sich nach der Höhe des Tagegeldes, dem ersten Zahlungstag, dem Alter bei Eintritt in die Versicherung und dem Geschlecht.

Vereinbart werden kann eine Zahlung frühestens ab dem 4. Krankheitstag – die entsprechenden Prämien sind jedoch unbezahlbar. Die **Tarife** für ein Krankentagegeld von 100 DM ab dem 15. Krankheitstag bewegen sich je nach Eintrittsalter und Geschlecht im Bereich zwischen 40 und 200 DM pro Monat. Da sie zudem von Kasse zu Kasse gewaltig differieren, bleibt nichts anderes übrig, als sich bei der Verbraucherzentrale eine Vergleichstabelle zu holen und sich dann von den am günstigsten erscheinenden Versicherungen Angebote machen zu lassen. Für IG-Medien-Mitglieder im Journalismus gibt es ermäßigte Tarife bei der Barmenia(A) (siehe Seite 211).

Theoretisch können auch Mitglieder der gesetzlichen Krankenversicherung eine private Krankentagegeldversicherung abschließen. Im Preisvergleich gilt jedoch als **Faustregel:**

- Wer eine Krankentagegeldversicherung nicht schon in ganz jungen Jahren abschließt, zahlt in der Regel mehr, als der erhöhte Beitrag an die gesetzliche Krankenkasse betragen würde.

Sollte der erhöhte Beitrag der eigenen (gesetzlichen) Krankenkasse allzu hoch sein, so empfiehlt sich möglicherweise ein Wechsel der Krankenkasse (siehe Seite 210).

Auf viele Freie üben Krankentagegeldversicherungen eine seltsame Faszination aus. Wer mit einer solchen Versicherung liebäugelt, sollte sich einfach mal ausrechnen, wieviel sie z.B. in den letzten fünf Jahren gekostet und wieviel sie gezahlt hätte (vgl. Seite 213). Meist ist es billiger, für den Fall einer längeren Krankheit ein bißchen Geld auf die hohe Kante zu legen.

Außerdem geht die reizvolle Vorstellung, per Krankentagegeldversicherung hin und wieder mal ein paar Tage bezahlt **krankfeiern** oder gar **zuverdienen** zu können, nicht auf. Die Versicherungen sind nämlich verpflichtet nachzuprüfen, ob die Versicherten tatsächlich arbeitsunfähig sind – und das tun sie auch: mit Hausbesuchen ohne Voranmeldung. Wer da gerade sein Wohnzimmer tapeziert, hat schlechte Karten. Außerdem müssen sie prüfen, ob den Versicherten tatsächlich ein Verdienstausfall in der versicherten Höhe entstanden ist: Wer vor der Krankheit gar kein Einkommen hatte oder eines, das nur halb so hoch wie das Krankentagegeld war, bekommt im Zweifelsfall nur das durchschnittliche Netto-Einkommen der letzten zwölf Monate ersetzt.

7.2.1.3. Betriebskostenversicherung

Streng genommen dürfen gesetzlich Versicherte eine Krankentagegeldversicherung ohnehin nicht abschließen, da bei einer längeren Krankheit ab der 7. Krankheitswoche dann Anspruch auf das Krankentagegeld *und* auf das Krankengeld der Krankenversicherung bestünde. Das ist zwar eine hübsche Vorstellung, aber leider verboten.

Dies Problem tritt nicht auf bei einer Betriebskostenversicherung, die bei Arbeitsunfähigkeit – wegen Krankheit, Unfall oder Schwangerschaft – die laufenden Betriebskosten trägt, also z.B. Ateliermiete, Kreditzinsen, Grundgebühren für Strom und Telefon und sogar die Löhne und Gehälter für Angestellte. Vorteil gegenüber der Krankentagegeldversicherung: Die Prämien sind Betriebsausgaben und damit steuerlich voll absetzbar. Nachteil: Die Prämien sind trotzdem zu hoch. Die „Suprima" der Mannheimer Versicherung[A] etwa, die bei Unfall mit Krankenhaus sofort, ansonsten ab der vierten Krankheitswoche zahlt, verlangt über den Daumen pro Monat 1–1,5% der versicherten monatlichen Betriebskosten.

7.2.2. Mutterschafts- und Erziehungsgeld

Ausnahmsweise mal ein angenehmes Thema: Der Verdienstausfall wegen Geburt und Kindererziehung wird auch für Freie durch Mutterschafts- und Erziehungsgeld gemildert, ohne daß sie dafür extra bezahlen müssen.

Nichtselbständige Freie (z.B. beim Rundfunk – siehe Seite 198) erhalten wie Arbeitnehmerinnen von der gesetzlichen Krankenkasse pro Kalendertag bis zu 25 DM, die der Arbeitgeber dann auf das letzte Nettoentgelt aufstocken muß.

Selbständige bekommen von der gesetzlichen Krankenkasse Mutterschaftsgeld in Höhe des Krankengeldes, also 70% des Einkommens, das der Berechnung der KSK-Beiträge im Durchschnitt der letzten zwölf Monate zugrunde lag.

Gezahlt wird das **Mutterschaftsgeld** 14 Wochen lang, sechs Wochen vor und acht Wochen nach der Entbindung. Während dieser Zeit bleibt die Frau beitragsfrei renten-, kranken- und pflegeversichert; das Mutterschaftsgeld ist steuerfrei.

Gezahlt wird allerdings nur, wenn die Freie

- am 42. Tag vor der Entbindung *und*
- zwischen dem zehnten und dem vierten Monat vor der Entbindung mindestens zwölf Wochen lang

Mitglied einer gesetzlichen Krankenkasse mit Anspruch auf Krankengeld – also z.B. über die KSK versichert – war. Bei dieser Kasse wird auch das Mutterschaftsgeld beantragt. Wer während der Schutzfrist einer sozialversicherungspflichtigen Arbeit nachgeht, verliert für diese Zeit den Anspruch.

Anspruch auf **Erziehungsgeld** haben Freie, die ein Kind großziehen und nebenbei höchstens 19 Stunden pro Woche arbeiten. Gezahlt wird das Erziehungsgeld

- während der ersten sechs Lebensmonate des Kindes, wenn das Jahreseinkommen der Eltern höchstens 100.000 DM (Alleinerziehende: 75.000 DM) beträgt;
- für weitere 18 Monate, wenn das Jahreseinkommen der Eltern höchstens 29.400 DM beträgt (Alleinerziehende: 23.700 DM; für jedes weitere Kind steigt der Grenzbetrag um 4.200 DM).

Das Erziehungsgeld beträgt 600 DM im Monat; Mutterschaftsgeld wird auf das Erziehungsgeld angerechnet. Liegt das Einkommen ab dem siebten Lebensmonat über der Einkommensgrenze, so wird der Differenzbetrag – auf Monate umgerechnet – zu 40% auf das Erziehungsgeld angerechnet. Bei 47.400 DM (Alleinerziehende: 41.700 DM) gibt es also gar nichts mehr. Aber fragt ruhig nach: Das maßgebliche Einkommen wird nach einer ganz besonderen Methode berechnet und liegt nur bei knapp 75% der Einkünfte. Wer im jeweiligen Bundesland für das Erziehungsgeld zuständig ist, erfährt man bei der Gemeinde.

Arbeitslosenversicherung 7.2.3.

Eine Versicherungs- und Beitragspflicht in der Arbeitslosenversicherung besteht nur für Arbeitnehmer, die

- nicht geringfügig (siehe Seite 63) und
- nicht unständig (siehe Seite 61) beschäftigt sind.

In Einzelfällen können auch ständig beschäftigte Arbeitnehmerähnliche (siehe Seite 62) versicherungspflichtig sein; aber **Selbständige werden in die Arbeitslosenversicherung unter keinen Umständen aufgenommen.**

Die Beiträge werden automatisch bei der Entgeltabrechnung einbehalten und an die Bundesanstalt für Arbeit abgeführt. Der Beitrag beträgt 6,5%* vom Einkommen (wovon der Arbeitgeber 50% trägt), wobei dieselben Mindest- und Höchstgrenzen wie bei der Rentenversicherung gelten. Einen **Anspruch auf Arbeitslosengeld** hat allerdings erst, wer binnen drei Jahren mindestens 360 Kalendertage beitragspflichtig beschäftigt war.

Wie die Arbeitslosenversicherung beim Start in die Freiberuflichkeit helfen kann, steht auf Seite 37.

7.2.4. Unfallversicherungen

Die Krankenkassen kommen nur für die Kosten von *Krankheiten* auf; für Renten und Rehabilitationsmaßnahmen nach Unfällen sind die Unfallversicherungen zuständig. Dabei ist zu unterscheiden zwischen Arbeits- und Freizeitunfällen, wobei zu ersteren alle Unfälle zählen, die in ursächlichem Zusammenhang zur versicherten Tätigkeit stehen – bis hin zum Beinbruch beim Abheben des Honorars vom Bankkonto.

7.2.4.1. Berufsunfallversicherung

Alle Arbeitnehmer müssen von ihrem Arbeitgeber in der zuständigen **Berufsgenossenschaft** bzw. der **Gemeindeunfallversicherung** gegen Arbeitsunfälle und Berufskrankheiten versichert werden. Auch Arbeitnehmerähnliche und Freie müssen vom Auftraggeber versichert werden, sofern ihre Tätigkeit auf einem *Dienst*vertrag (siehe Seite 132) beruht.

Für Freie reicht das aber nicht aus. Für alles, was sie beruflich außerhalb konkreter Dienstverträge tun, müssen sie sich den Schutz für den Fall von Arbeits- und Erwerbsunfähigkeit selbst erkaufen. Die billigste Möglichkeit (je nach Beruf ab etwa 6–50 DM im Monat) hierzu ist die Mitgliedschaft in einer Berufsgenossenschaft.

Zuständig ist

- für **Fotografinnen, Foto-Designer, Bildberichterstatter und Grafik-designerinnen** die Berufsgenossenschaft Druck und Papierverarbeitung[(A)],
- für **Kameraleute** und alle, die mit der **„Herstellung und Vorführung von Lichtbildstreifen“** befaßt sind, die Berufsgenossenschaft der Feinmechanik und Elektrotechnik[(A)],
- für **alle anderen Künstler und Publizistinnen** die Verwaltungs-Berufsgenossenschaft der Banken, Versicherungen, Verwaltungen, freien Berufe und besonderen Unternehmen[(A)].

Die Berufsgenossenschaften arbeiten ohne Gewinnstreben im „Umlageverfahren“, d.h. sie legen den jährlichen Beitragsschlüssel erst *nachträglich* entsprechend dem tatsächlichen Schadensverlauf fest. Für die Beiträge können deshalb nur Erfahrungswerte genannt werden. Sie errechnen sich aus dem jährlich neu festzulegenden Beitragsschlüssel, der Gefahrenklasse und der Versicherungssumme.

Nach der **Versicherungssumme,** die bei Arbeitnehmern dem Jahresarbeitsverdienst entspricht und vom freiwilligen Mitglied *unabhängig vom tatsächlichen Einkommen* frei bestimmt werden kann, richten sich sowohl die Beiträge als auch die Leistungen der Berufsgenossenschaften. Doppelte Versicherungssumme bedeutet also doppelter Beitrag und doppelte Leistungen.

Die **Gefahrenklasse** steht in der Beitragsformel für das Unfallrisiko im jeweiligen Beruf und wirkt sich ebenfalls proportional auf den Beitrag aus: In der Gefahrenklasse 0,52 ist der Beitrag – bei gleicher Leistung – doppelt so hoch wie in der Gefahrenklasse 0,26. Die Gefahrenklassen der einzelnen BGen sind jedoch nicht miteinander vergleichbar!

Die **Leistungen** sind im wesentlichen

- bei Arbeitsunfähigkeit ein **Verletztengeld** von täglich $^1/_{450}$ der Versicherungssumme,
- bei Verlust der Erwerbsfähigkeit eine **Verletztenrente** von jährlich $^2/_3$ der Versicherungssumme, bei Teilerwerbsunfähigkeit eine entsprechende Teilrente,
- im Todesfall eine **Witwenrente** von jährlich $^3/_{10}$ und eine **Halbwaisenrente** von jährlich $^2/_{10}$ der Versicherungssumme.

Für die Versicherungssummen werden jährlich Mindest- und Höchstgrenzen festgelegt, die sich an den Gehaltsspannen der jeweiligen Branche orientieren.

Verwaltungs-Berufsgenossenschaft:

Als **Gefahrenklassen** für die hier in Frage kommenden Berufsgruppen definiert die Verwaltungs-BG seit dem 1.1.1998:

- 0,26: Presseagentur, Nachrichtenagentur;
- 0,44: Hörfunk- und Fernsehunternehmen;
- 0,52: Werbeunternehmen;
- 1,05: Künstler (Wort, Musik, bildende und darstellende Kunst); Designer; Museum; Schule für Sport, Gymnastik, Ballett, Tanz;
- 1,35: Theater;
- 1,63: Schule, schulische Einrichtung.

Die Mindestversicherungssumme für 1998 beträgt für Ost und West einheitlich 52.080 DM*, die Höchstgrenze liegt bei 144.000 DM*. Daraus ergibt sich nach den Sätzen des letzten abgerechneten Jahres in der Gefahrenklasse 0,26 ein **Mindestbeitrag** von 117,13 DM*; für ein Theater (Gefahrenklasse 1,35) beträgt er schon 608,16 DM*.

Entscheidend für die Beitragshöhe ist also die **Einstufung** in eine Gefahrenklasse. Nach einigen Schwierigkeiten hat sich die Verwaltungs-BG dazu durchgerungen, jeden so einzustufen, wie er es selbst auf seinem Antrag vermerkt. Wer „freie Journalistin" angibt, fällt unter „Presse- und Nachrichtenagenturen"; wer sich als „freier Rundfunkmitarbeiter" bezeichnet, wird als „Hörfunk- und Fernsehunternehmen" versichert – mit einem fast doppelt so hohen Beitrag. Die „Schriftstellerin" zahlt als „Künstlerin (Wort)" nochmal das Doppelte.

Also achtet darauf, daß ihr euch nicht in eine unnötig hohe Gefahrenklasse einstuft. Aber Vorsicht: Wer sich falsch in eine zu günstige Gefahrenklasse einstuft, kann bei einem Arbeitsunfall Probleme kriegen. Und wer in die niedrigen Gefahrenklassen gar nicht reinpaßt, kann sich vielleicht noch als „sonstiges Dienstleistungsunternehmen, das nicht einer namentlich genannten Unternehmensart zuzuordnen ist", definieren. Dafür ist die Gefahrenklasse 0,91.

Berufsgenossenschaft Druck und Papierverarbeitung:

Achtung: Während die Mitgliedschaft in den anderen Berufsgenossenschaften für Freie freiwillig ist, ist die BG Druck und Papierverarbeitung eine ***Pflicht*versicherung für alle Freien in den Bereichen Fotografie und Grafik!** In Frage kommen die Gefahrenklassen

- 0,7: Herstellung von Computer-, Licht und Fotosatz, Layout, grafische Arbeiten, Grafikdesign, Fotolaborarbeiten,
- 1,7: Fotografie (auch digital), Foto-Design, Bildberichterstattung.

Aus der Mindestversicherungssumme von 31.500 / 27.000 DM* ergibt sich hier ein **Mindestbeitrag** von 125,46 / 107,54 DM* im Bereich Grafikdesign und 304,70 / 261,17 DM* im Bereich Foto. Die Höchstversicherungssumme beträgt im Osten wie im Westen gleichermaßen 108.000 DM*.

Berufsgenossenschaft der Feinmechanik und Elektrotechnik:

Als Gefahrenklassen kommen in Frage:

- 1,5: Herstellung von Zeichen- und Trickfilmen, Synchronisierbetriebe, sonstige Bild- und Tonaufzeichnungen,
- 3,0: Herstellung von Spiel-, Werbe-, Kultur-, Fernsehfilmen und Wochenschauen.

Aus der Mindestversicherungssumme von 31.000 DM* ergab sich für die freiwillige Versicherung zuletzt ein **Mindestbeitrag** von 69,40 DM* (Trickfilm) bzw. 138,80 DM* (Spielfilm). Die Höchstversicherungssumme beträgt 108.000 DM*.

7.2.4.2. Freizeitunfallversicherung

Das Unfallrisiko in der Freizeit deckt eine Freizeitunfallversicherung ab, die die IG Medien mit der Volksfürsorge für alle Mitglieder abgeschlossen hat, die der Gewerkschaft mindestens zwölf Monate angehören und satzungsgemäßen Beitrag zahlen. Ihre Leistungen richten sich nach dem Gewerkschaftsbeitrag, den das Mitglied in den letzten zwölf Monaten bezahlt hat, und umfassen

- im **Todesfall** den 170fachen Monatsbeitrag,
- im Fall der **Ganzinvalidität** den 425fachen Monatsbeitrag als einmalige Leistung, bei Teilinvalidität ab 20% einen entsprechenden Anteil,
- bei **stationärer Behandlung** ein Unfall-Krankenhaustagegeld von 85% des Monatsbeitrages pro Tag, höchstens jedoch 100 DM pro Krankenhaustag und 25 Monatsbeiträge insgesamt.

Die Leistungen sind im Falle eines Unfalls beim zuständigen Bezirksbüro der IG Medien zu beantragen.

Spezial-Unfallversicherungen 7.2.4.3.

Das Problem der üblichen Unfallversicherungen ist, daß sie bei dauerhaften Verletzungen nicht die speziellen Bedingungen künstlerischer Berufe berücksichtigen. So erhält eine Oboistin, die infolge einer Mundverletzung ihr Instrument nicht mehr spielen kann, von einer normalen Unfallversicherung überhaupt keine Invaliditätsleistung; für den Verlust eines kleinen Fingers, der für einen Pianisten das Ende seiner Berufstätigkeit bedeutet, beträgt die Standardleistung gerade 5% der vollen Invaliditätsleistung.

Auf solche Besonderheiten nehmen Spezialunfallversicherungen mit besonderen „Gliedertaxen" Rücksicht. So beträgt z.B. bei der Berufsmusiker-Unfallversicherung der Mannheimer Versicherung die Invaliditätszahlung bei Verlust

• des Gehörs auf einem Ohr	70%	(normal: 30%),
• eines Auges	80%	(normal: 50%),
• eines Fingers	100%	(normal: 5%),

jeweils bezogen auf die frei wählbare Versicherungssumme. Je nach Instrument kann diese „Gliedertaxe" noch variiert werden.

Ähnliche speziell abgestimmte Versicherungen gibt es für zahlreiche Berufe. Bei der Mannheimer Versicherung[A] erhalten

- **Berufsmusikerinnen,** die Mitglied der IG Medien sind,
- **Tonmeister,** die Mitglied im Verband Deutscher Tonmeister[A] sind,

im Rahmen von Gruppenverträgen zudem Ermäßigungen von bis zu 40% auf die üblichen Tarife.

Der Umfang einer solchen Versicherung kann in der Regel frei gewählt werden. Versichern läßt sich eine Übergangsleistung, eine Zahlung im Todesfall, ein Krankenhaustagegeld mit Genesungsgeld, ein Tagegeld und/oder Kosten für kosmetische Operationen. Ein **Prämienbeispiel** findet sich auf Seite 304.

7.2.4.4. Unterstützung nach Autounfällen

Alle Gewerkschaftsmitglieder, die beruflich ein Kraftfahrzeug benutzen, können sich über die **Gewerkschaftliche Unterstützungseinrichtung für Verkehrsteilnehmer** (GUV/FAKULTA[(A)]) zusätzlich gegen die Folgen von Unfällen schützen. Interessant ist das für alle, die viel mit dem Auto unterwegs sind, seien es Musik- und Theatergruppen mit auswärtigen Engagements, Journalisten oder Lehrkräfte, die an mehreren Musikschulen in verschiedenen Orten arbeiten.

Gegen einen kaum nennenswerten Jahresbeitrag (siehe Seite 305) gewährt die GUV/FAKULTA ihren Mitgliedern

- Unterstützung bei **Schadenersatzforderungen,** wirtschaftlicher Notlage, Berufs- oder Erwerbsunfähigkeit und beim Krankenhausaufenthalt als Folge eines Schadensfalles;
- **Unterstützung der Familie** bei Haft nach Verkehrsvergehen oder nach tödlichem Verkehrsunfall des Mitglieds;
- **Rechtsschutz** zur Durchsetzung eigener Ansprüche auf Schadenersatz oder Schmerzensgeld;
- **Rechtshilfe für Hinterbliebene** nach tödlichem Verkehrsunfall.

Der Schutz bezieht sich auf alle beruflichen Fahrten einschließlich der Fahrten zwischen Wohnung und Arbeitsstätte und zu Gewerkschaftsveranstaltungen.

7.2.5. Versicherung gegen Berufsunfähigkeit

Bei Berufsunfähigkeit besteht zwar grundsätzlich Anspruch auf eine Rente aus der gesetzlichen Rentenversicherung; diese liegt im Normalfall jedoch in der Gegend von nur 50% des Rentenanspruchs nach einem vollen Erwerbsleben.

Automatische Zusatzleistungen gibt es bei den öffentlich-rechtlichen Rundfunkanstalten für Freie, die Mitglieder der Pensionskasse (Seite 222) sind. Für diesen Personenkreis haben die Anstalten „Richtlinien für die Gewährung von Invaliditätshilfe an freie Mitarbeiter der Rundfunkanstalten bei Berufsunfähigkeit“ erlassen. Freie müssen für diese Absicherung gar nichts tun; die Kosten tragen die Anstalten allein.

Im Beitrag enthalten ist eine Zusatzrente bei Berufsunfähigkeit für Versicherte der Versorgungsanstalt der deutschen Bühnen (Seite 223) und der Versorgungsanstalt der deutschen Kulturorchester (Seite 224).

Gegen eine zusätzliche Prämie können auch Lebensversicherungen beim Versorgungswerk der Presse (Seite 221) um eine Berufsunfähigkeitsrente erweitert werden.

Freiwillige Renten- und Lebensversicherung 7.3.

Für Freie, die ihre Rentenversicherung zu lange verschlampt haben, ist eine zusätzliche Altersvorsorge erwägenswert. Wie man das macht, ist Geschmackssache. Hier sollen nur fünf berufsspezifische Einrichtungen genannt werden, die „ohne Gewinnstreben nur zum Nutzen der Versicherten" arbeiten und deren Leistungen speziell auf die Erfordernisse der entsprechenden Berufe zugeschnitten sind.

Wer zudem die Möglichkeit hat, vom Auftraggeber oder einer anderen Einrichtung einen Zuschuß zu den Versicherungsbeiträgen zu bekommen, für den sind die berechtigten Vorbehalte gegen Kapital-Lebensversicherungen zwar immer noch nicht ausgeräumt, aber im konkreten Fall doch zumindest gegenstandslos.

Die im folgenden genannten Versicherungen haben in Testvergleichen immer gut abgeschnitten, sind aber nicht unbedingt die *aller*billigsten. Wer es ganz genau wissen will, muß sich von einem Versicherungsmakler, z.B. einem Fairsicherungsladen, einen individuellen Vergleich machen lassen. Aber Vorsicht: Vergleichen lassen sich immer nur die Ausschüttungen der Versicherungen *in der Vergangenheit.* Wie gut sie ihr Geld *in der Zukunft* anlegen, d.h. wie hoch die Auszahlung am Ende wirklich ist, weiß niemand im voraus!

Und nicht vergessen: Alle im folgenden genannten Versicherungen sind **freiwillige Zusatzversicherungen.** Sie ersetzen nicht die gesetzliche Rentenversicherung, sondern müssen zusätzlich abgeschlossen werden.

Versorgungswerk der Presse 7.3.0.1.

Das Versorgungswerk der Presse[A] bietet normale Lebensversicherungen für alle Freien und Angestellten in Kommunikationsberufen an. Dazu zählen alle Journalistinnen (Wort und Bild), Autoren, Übersetzerinnen, Regisseure und „eigenschöpferisch tätige" Kameraleute im aktuellen und Dokumentarbereich, Gebrauchsgrafikerinnen, Illustratorinnen und Werbetexter.

Das Versorgungswerk wird getragen von der IG Medien, dem DJV, der DAG sowie den Verlegerverbänden BDZV und VDZ und ist vertraglich verbunden mit den Versicherungskonzernen Allianz, Colonia und Gerling. Seine Versicherungen sind spürbar preiswerter als die normalen Versicherungen *dieser* Gesellschaften. Wer eine solche bei Allianz, Colonia oder Gerling schon abgeschlossen hat, kann sie ohne Verlust auf das Versorgungswerk mit seinen niedrigeren Prämien umschreiben lassen. Auch im Vergleich mit anderen Gesellschaften hat das Versorgungswerk immer gut abgeschnitten, auch wenn es vereinzelt noch preisgünstigere Versicherungen geben mag (siehe oben).

Dafür bietet das Versorgungswerk einige weitere Vorteile:

- Wer bei erheblichen Einkommensrückgängen die Prämien nicht mehr zahlen kann, braucht die Lebensversicherung nicht – wie bei vielen anderen Gesellschaften – zu kündigen oder mit erheblichem Verlust zurückzukaufen, sondern kann einfach seine Beiträge senken.

- Wer später eine feste Stelle bei einem Verlag antritt, der ihn laut Tarifvertrag beim Versorgungswerk versichern muß, kann eine bestehende Versicherung beim Versorgungswerk in den neuen Vertrag überführen. (Wer eine andere Lebensversicherung hat, müßte in diesem Fall eine *zusätzliche* Versicherung beim Versorgungswerk abschließen.)

Zu den Beiträgen an das Presseversorgungswerk können Selbständige unter Umständen Zuschüsse von Rundfunkanstalten (unter den gleichen Bedingungen und in gleicher Höhe wie für die Pensionskasse – siehe nächster Abschnitt) bekommen.

Die Versicherungsleistung kann wahlweise in eine Rente umgewandelt werden; gegen Aufpreis kann eine Berufsunfähigkeitsrente und eine Verdoppelung der Versicherungssumme bei Tod durch Unfall mitversichert werden.

Zu den Kosten ein **Beispiel für eine Rentenversicherung:** Eine Journalistin, die vom 35. Lebensjahr an monatlich 100 DM einzahlt, bekommt ab dem 65. Lebensjahr eine Rente, die pro Vierteljahr *garantiert* 905 DM, nach der bisherigen Gewinnentwicklung *voraussichtlich* 1.882 DM beträgt. Bei Auszahlung in einem Betrag sind es *garantiert* 58.191 DM, *voraussichtlich* 121.052 DM. Das entspricht einer Verzinsung von knapp 7%, die sich auf gut 10% erhöht, falls ihr eine Rundfunkanstalt die Hälfte des Beitrags zuschießt.

7.3.0.2. Pensionskasse für freie Mitarbeiter der deutschen Rundfunkanstalten

Die Pensionskasse[A] funktioniert nach einem anderen Muster. Hier können Freie bis zum Alter von 55 Jahren freiwillig Mitglied werden, wenn sie mindestens ein Jahr für Träger der Pensionskasse gearbeitet und in diesem Jahr mindestens 6.000 DM an Honoraren und Lizenzen bekommen haben. Träger sind alle öffentlich-rechtlichen Rundfunkanstalten und über 350 private Produktionsfirmen, bislang aber noch kein einziger Privatsender. Die Pensionskasse, in deren Mitgliederversammlung auch Freie die Geschäftspolitik mitbestimmen, hat einen Verwaltungsaufwand von nur 3% und erzielte in den letzten 25 Jahren eine Rendite von durchschnittlich 8%.

Als **Beitrag** werden 7% der bei Trägern der Pensionskasse erzielten Einnahmen erhoben; der jeweilige Auftraggeber zahlt dann noch einmal 7% dazu. Bei sozialversicherungspflichtigen Honoraren (für „nichtselbständige Freie") zahlt die Anstalt nur 4%, der Freie *kann* dann ebenfalls auf 4% heruntergehen.

Nach zehn Jahren Mitgliedschaft besteht Anspruch auf eine Altersrente, deren Höhe sich aus den eingezahlten Beiträgen errechnet. Sie wird normalerweise ab dem 65., auf Wunsch (mit entsprechenden Ab- bzw. Zuschlägen) auch ab einem beliebigen anderen Termin zwischen dem 60. und 70. Geburtstag gezahlt. Neuerdings ist auch die Auszahlung in einem einzigen Betrag wie bei einer Lebensversicherung möglich; diese Variante muß drei Jahre vor Erreichen der Altersgrenze beantragt werden.

Außerdem zahlt die Pensionskasse bereits nach fünf Jahren Mitgliedschaft eine Witwen- bzw. Witwerrente von 60% und eine Waisenrente von 15% (Vollwaisen 30%) der Rente, auf die das Mitglied Anspruch gehabt hätte.

Wer die freie Tätigkeit beim Rundfunk beendet, kann

- die Mitgliedschaft kündigen (spätestens am 30.9. zum Jahresende) und erhält dann die *selbst eingezahlten* Beiträge in voller Höhe und mit 4% verzinst zurück – die Zahlungen der Auftraggeber sind in diesem Fall verloren;
- freiwilliges Mitglied der Pensionskasse werden – der Mindestbeitrag beträgt in diesem Fall 1.200 Mark im Jahr;
- die Mitgliedschaft beitragsfrei einfrieren, sofern sie mindestens zehn Jahre bestanden hat.

Um die Zuschüsse der Auftraggeber vollständig zu erhalten, sollte man im Aufnahmeantrag für die Pensionskasse *alle* Anstalten nennen, für die man tätig ist, und allen in Frage kommenden Auftraggebern seine Mitgliedschaft in der Pensionskasse mitteilen. Eine Liste der angeschlossenen Anstalten ist bei der Pensionskasse erhältlich.

Die Zahlungen der Anstalt an die Pensionskasse müssen als Einkommen versteuert werden. Sie werden auf der Honorarabrechnung ausgewiesen. Sollten sie dort fehlen, muß man der Anstalt binnen einer Woche seine Mitgliedschaft mitteilen und hat dann Anspruch auf Nachzahlung.

Versorgungsanstalt der deutschen Bühnen 7.3.0.3.

Die Versorgungsanstalt der deutschen Bühnen (VddB[A]) wird von der Bayerischen Versorgungskammer verwaltet. Sie ist eine Pflichtversicherung, in der alle Theaterunternehmen ihre überwiegend künstlerisch tätigen Arbeitnehmer versichern müssen. Sie erhebt einen Beitrag von 9% auf das Bruttogehalt, der jeweils hälftig von Arbeitgeber und Arbeitnehmer zu zahlen ist. Werden keine Beiträge an die gesetzliche Rentenversicherung abgeführt, beträgt der Beitrag 16%.

Ihren Versicherten bietet die VddB eine **Zusatzrente** bei Berufsunfähigkeit, Erwerbsunfähigkeit und im Alter, **Zuschüsse zu den Kosten eines Heilverfahrens** (z.B. Kuren, Zahnersatz, Kontaktlinsen, kosmetische Operationen) sowie **Sterbegeld, Witwen- und Waisenrente.**

Die Zusatzrente kann unterschiedlich gestaltet werden. Als Altersruhegeld nach Vollendung des 65. Lebensjahres (und mindestens zehn Jahren Beitragszahlung) beträgt sie jährlich 16,1% der bis dahin von Arbeitgeber *und* Arbeitnehmer gezahlten Beiträge. Wer also 30 Jahre lang monatlich 50 DM an die VddB zahlt (plus 50 DM vom Arbeitgeber), bekommt mit 65 eine Zusatzrente von monatlich 483 DM.

Mitglieder von Tanzgruppen, die ihren Beruf vor Ende des 40. Lebensjahres aufgeben, können sich zu diesem Zeitpunkt anstelle des späteren Altersruhegeldes alle bisher eingezahlten Beiträge, verzinst mit 4%, als **Abfindung** auszahlen lassen. Bei weniger als 36 Beitragsmonaten werden allerdings nur die Arbeitnehmeranteile ausgezahlt.

In die VddB aufgenommen werden nur Arbeitnehmer von Theatern, die Mitglied der VddB sind. Wer aber einmal in der VddB drin ist, d.h. wer mindestens 12 Monate an einem Theater beschäftigt war, das für ihn Beiträge an die VddB abgeführt hat, kann sich anschließend **freiwillig weiterversichern** (oder sich die bisher gezahlten Beiträge auszahlen lassen, was erheblich ungünstiger ist).

Freie Theaterleute, die sich über die VddB versichern wollen, müssen also ein Theater finden, das bereit ist, sie für ein Jahr anzustellen und zwar als

- überwiegend künstlerisch tätige
- Arbeitnehmer.

Sind diese Kriterien erfüllt, spielt die Lohnhöhe keine Rolle mehr: In der VddB sind auch abhängig Beschäftigte mit einem Lohn unter der Geringfügigkeitsgrenze versicherungspflichtig.

Wer ein solches Arrangement gefunden hat, kann sich danach freiwillig mit einem Beitrag weiterversichern, der mindestens 25 DM im Monat betragen muß, wegen der beitragsabhängigen Rente aber deutlich höher gewählt werden sollte.

Wer vom Theater zu einem Kulturorchester oder in den öffentlichen Dienst wechselt, kann seine Versicherung bei der VddB auf die ebenfalls bei der Bayerischen Versorgungskammer angesiedelten Versorgungsanstalten der deutschen Kulturorchester (VddKO – siehe nächster Abschnitt), des Bundes und der Länder (VBL) oder auf eine kommunale Zusatzversorgungskasse (ZVK) überleiten.

7.3.0.4. Versorgungsanstalt der deutschen Kulturorchester

Die Versorgungsanstalt der deutschen Kulturorchester (VddKO[(A)]) wird ebenfalls von der Bayerischen Versorgungskammer verwaltet. Wie die VddB ist sie eine Pflichtversicherung, in der alle Träger von Kulturorchestern ihre Musiker und Musikerinnen versichern müssen. Für Beiträge, Leistungen und Versicherungsbedingungen gelten dieselben Zahlen und Bestimmungen wie für die VddB (siehe letzter Abschnitt).

Identisch sind auch die Möglichkeiten einer freiwilligen (Weiter-)Versicherung: Eine Aufnahme in die VddKO ist nur möglich für Musiker bei Mitgliedsorchestern; nach zwölf Monaten Beitragszahlung ist aber eine freiwillige Weiterversicherung auch für Selbständige möglich.

7.3.0.5. Noch mehr Rentenversicherungen

Für Freie, die in keine der bisher genannten Zusatzversicherungen passen, hat die IG Medien mit der **Mannheimer Versicherung**[(A)] einen Gruppenvertrag für eine private Rentenversicherung abgeschlossen, dessen Leistung knapp 6% über den normalen Leistungen der Mannheimer liegt.

Wer hauptsächlich von öffentlichen Geldern lebt und ein relativ hohes Berufsunfähigkeitsrisiko hat, sollte außerdem mal beim **Versorgungsverband bundes- und landesgeförderter Unternehmen** (VBLU[(A)]) nachfragen: Hier gibt es eine Zusatzrentenversicherung, in die eine Berufsunfähigkeitsversicherung bereits eingeschlossen ist. Während private Rentenversicherungen die volle Rente erst nach voller Beitragszahlung, also nach Vertragsablauf zahlen, gibt es hier schon nach fünf Jahren Beitragszahlung eine Berufsunfähigkeitsrente, die fast das Niveau der versicherten Altersrente hat.

Mitglied im VBLU, der in den sechziger Jahren von ÖTV und DAG gegründet wurde, können neben öffentlich geförderten Unternehmen und Vereinen auch einzelne Freie werden, deren Einnahmen überwiegend aus öffentlichen Händen kommen.

Sonstige Versicherungen 7.4.

Für alle restlichen Eventualitäten des Lebens bieten die Versicherungsgesellschaften Dutzende unterschiedlichster Versicherungen an. Für Mitglieder der IG Medien sind einige davon umsonst, andere stark verbilligt. Von *beruflichem* Interesse können noch sein:

Berufshaftpflichtversicherung 7.4.1.

Eine richtige Haftpflichtversicherung ist unverzichtbar für Freie Theater, die in eigenen Räumen spielen, weil es dort wegen des starken Publikumsverkehrs immer zu Schäden kommen kann. Als preisgünstige Möglichkeit bietet sich hier – falls das Theater als Verein organisiert ist – eine **Vereinshaftpflichtversicherung** an, wie sie z.B. von der Alten Leipziger angeboten wird.

Bei Gastspielauftritten oder Ausstellungen sollte eine generelle Haftung des Veranstalters vereinbart werden, wie sie zum Beispiel in den Allgemeinen Geschäftsbedingungen zum Gastspielvertrag (siehe Seite 299) festgeschrieben ist.

Für das zweite große Berufsrisiko von Kunst- und Medienschaffenden, nämlich für **Ruf- und Geschäftsschädigungen durch Veröffentlichungen,** haben nach Auffassung der IG Medien die Auftraggeber einzustehen. Seriöse Verleger und Sender tun das auch. Andere versuchen jedoch neuerdings, jedes Risiko abzuwälzen und „freie Subunternehmer" vertraglich zum Abschluß einer „Verleger-Haftpflicht" zu verpflichten. Ein solches Ansinnen sollten Freie generell ablehnen – auch deshalb, weil solche Versicherungen schlicht zu teuer sind. Zumindest für Leute, die beim Schreiben Sorgfalt walten lassen.

Neben diesen beiden großen Blöcken gibt es in der Regel nur noch wenige Haftpflichtrisiken, die das Risiko im Privatleben kaum übersteigen. Wer hier auf Nummer Sicher gehen will, sollte mal mit seinem Versicherungsagenten über eine „Paketlösung" reden: Beim Abschluß mehrerer Versicherungen sind manche bereit, eine private Haftpflichtversicherung mit einer beruflichen (aber nicht für die oben genannten Risiken!) zu kombinieren. Die kann man dann schon mal ab 100 Mark im Jahr bekommen. Die berufliche Geltung muß in diesem Fall ausdrücklich vertraglich vereinbart werden.

Berufshaftpflichtversicherungen für bestimmte Berufsgruppen bieten an:

- für **Musiker und Musiklehrerinnen** die Mannheimer Versicherung[A]. Für gut 200 DM sind hier alle beruflichen Risiken sowie private Haftpflichtschäden der ganzen Familie bis zu 2.000.000 DM für Personenschäden, 500.000 DM für Sachschäden und 50.000 DM für Vermögensschäden abgedeckt (siehe Seite 304).
- für **Berufsfotografen** der Versicherungsmakler Haber & Loeck[A]. Hier bekommen FreeLens-Mitglieder für rund 350 DM incl. Versicherungssteuer eine Berufs- und Familienhaftpflichtversicherung, die weltweit neben Personen- und Sachschäden bis zu 2.000.000 DM auch Vermögensschäden aus der Verletzung von Persönlichkeitsrechten bis zu 50.000 DM abdeckt. Wer nicht Mitglied bei FreeLens ist, zahlt etwa 25% mehr.

7.4.2. Sachversicherungen

Das Equipment von Freien ist teuer geworden. Ob es die Geige oder die Musikelektronik ist, die Kunstwerke im Atelier oder das in jahrelanger Arbeit aufgebaute Archiv, die Fernsehkamera oder der Schneidetisch, die Requisiten oder der Computer – bei einem Verlust erreicht der Schaden schnell fünf-, wenn nicht sechsstellige Summen.

Mit einer Hausrat- oder Reisegepäckversicherung ist da wenig geholfen. Wem unterwegs der Laptop oder die Kameraausrüstung geklaut wird, dem *darf* die **Reisegepäckversicherung** nach einem Urteil des Landgerichts Düsseldorf den Schaden je nach Vertrag nur zur Hälfte oder gar nicht ersetzen, sofern diese Gegenstände *„nicht ausschließlich privat genutzt werden"*.

Normale **Hausratversicherungen** wiederum gelten *nicht für gewerblich genutzte Räume*. Und wer seine Kunstwerke tatsächlich im Wohnzimmer stehen hat, muß dafür zumindest eine Zusatzprämie zahlen, da die üblichen Hausratversicherungen für Wertsachen (zu denen neben Kunstgegenständen auch Bargeld, Pelze und Schmuck zählen) nur maximal 20% der Versicherungssumme zahlen.

Relativ problemlos ist eine Versicherung von Büros und Ateliers samt Ausstattung und Archiv gegen Brand, Diebstahl usw. zu bekommen: **Geschäftsinhaltsversicherungen** werden von zahlreichen Gesellschaften angeboten und kosten bei 50.000 DM Versicherungssumme um die 100 Mark im Jahr. In allen anderen Fällen wird es schwieriger – und meist teurer.

7.4.2.1. Fotoapparate, Film- und Videokameras

Die Versicherung von Fotoapparaten, Film- und Videokameras haben zwar zahlreiche Gesellschaften im Angebot, um konkrete Abschlüsse aber drücken sie sich meist herum. Und wer mal eine Versicherung mit vernünftigen Konditionen gefunden hat, bekommt häufig schon nach der ersten Schadensmeldung die Kündigung. Weil zudem die Prämien sehr hoch sind, verzichten viele Freie inzwischen auf eine solche Versicherung.

Für FreeLens-Mitglieder gibt es eine vergleichsweise günstige Versicherung beim Gerling-Konzern. Hier werden die Geräte zum Neuwert weltweit versichert; Diebstahl (auch nachts aus dem Pkw) und Beschädigung (auch bei Demonstrationen) sind eingeschlossen. Die Prämie beträgt 2,15% (bei 500 DM Selbstbeteiligung je Schaden) oder 1,85% (bei 1.000 DM Selbstbeteiligung) einschließlich Versicherungsteuer. Die Unterlagen gibt's bei FreeLens[(A)].

Nicht-Mitgliedern empfiehlt FreeLens den Versicherungsmakler Haber & Loeck[(A)], der eine ähnliche Versicherung zu 2,9% (ohne Selbstbeteiligung) bzw. 2,3% (bei 500 DM Selbstbeteiligung) *zuzüglich* 15% Versicherungssteuer anbietet. Allerdings ist der Diebstahlschutz aus dem Pkw hier eingeschränkt; versichert werden nur Profi-Equipments ab 20.000 DM.

Musik- und Videoelektronik 7.4.2.2.

Ähnliches gilt für die elektronische Ausrüstung von Musikgruppen und Fernsehproduzenten: Mehr als den Bürocomputer nehmen die meisten Gesellschaften in ihre Elektronikversicherungen nur äußerst ungern hinein. Ein paar Auswege bieten sich hier aber an:

- Tonmeisterinnen, die Mitglied in Verband deutscher Tonmeister[(A)] sind, können für ihr gesamtes Equipment eine **Elektronikversicherung** abschließen, die der Verband vermittelt. Das ist erheblich billiger als bei vergleichbaren Einzelversicherungen, kostet bei einer Versicherungssumme von 100.000 DM bei 250 DM Selbstbeteiligung aber immer noch um die tausend Mark im Jahr.
- Musiker, die Mitglied der IG Medien sind, können ihre Verstärker eventuell im Zusammenhang mit den Instrumenten über die **Musikinstrumentenversicherung** der Mannheimer (siehe Seite 228) versichern.

Bühnentechnik und Requisiten 7.4.2.3.

Für Bühnentechnik und Theaterrequisiten gibt es teure Spezialversicherer. Auch hier lassen sich mit Hilfe eines Versicherungsvertreters, mit dem man schon andere Versicherungen abgeschlossen hat oder abschließen will, als Koppelgeschäft eventuell günstigere Möglichkeiten finden.

Als Anregung könnte man ihn fragen, ob sich die Bühnentechnik nicht über eine **Schwachstromversicherung** und die Kostüme und Requisiten nicht über eine **Hausratversicherung** versichern lassen. Wenn der Mensch eine Schwäche für das Theater hat, ist er – gegen eine Zusatzprämie für das erhöhte Außenversicherungsrisiko, sofern die Requisiten nicht in der Wohnung gelagert werden – dazu eventuell bereit.

Manch eine Theatergruppe hat ihren Versicherungsmakler auch schon überreden können, eine **Reisegepäck- oder Transportversicherung** so auszugestalten, daß bei Reisen Kostüme und Requisiten mitversichert sind. Normal ist das nicht, aber fragen kostet ja nichts. Und wenn der Vertreter ja sagt, laßt euch den erweiterten Geltungsbereich schriftlich geben!

7.4.2.4. Musikinstrumente

Mitglieder der IG Medien können ihre Musikinstrumente bei der Mannheimer Versicherung[A] zu einem um 20–60% reduzierten Tarif versichern.

Die (reduzierte) Jahresprämie beträgt bei einer Versicherungssumme (Zeitwert des Instrumentes) von

bis zu 10.000 DM 1,0%, mindestens aber 50 DM,
über 10.000 DM 0,7%, mindestens aber 100 DM.

Prämien für elektronische Instrumente und Zubehör, für Violinen und Bratschen sowie für Celli mit einem Zeitwert über 50.000 DM müssen einzeln vereinbart werden.

Versichert sind damit alle Schäden, auch selbstverursachte wie Verlust durch Liegenlassen oder Beschädigung durch Fallenlassen (aber nicht vorsätzlich oder grob fahrlässig herbeigeführte). Nicht versichert sind Schäden durch Witterungs- und Temperatureinflüsse, Leimlösungen, Schramm- und Lackschäden sowie normale Abnutzung und Wertminderung. Lediglich für Violinen, Bratschen und Celli mit einem Wert von über 20.000 DM kann eine Wertminderung durch einen (versicherten) Schadensfall prämienfrei mitversichert werden.

Konkrete Angebote sind über die Geschäftsstelle der Fachgruppe Musik zu bekommen. Bitte dazu folgende Angaben machen:

- Art und Baujahr des Instruments;
- Hersteller des Instruments (und gegebenenfalls des Bogens);
- Wert des Instruments, des Bogens und des Etuis oder der Hülle.

7.4.2.5. Kunstversicherungen

Wer Kunstwerke verleiht oder in einer Galerie ausstellt, sollte im Leih- bzw. Ausstellungsvertrag grundsätzlich regeln, daß der Vertragspartner die Werke für den Transport „von Nagel zu Nagel" und für die Dauer der Ausstellung versichert. Das ist branchenüblich.

Schwieriger wird es mit der Versicherung im Atelier oder in der Wohnung. Denn eine **Hausratversicherung** gilt für Kunstwerke nur beschränkt und nicht in gewerblich genutzten Räumen (siehe Seite 226).

Als Alternative zu den teuren **Kunstversicherungen,** die meist erst bei einer Versicherungssumme von 200.000–300.000 Mark anfangen, hat die IG Medien mit der Mannheimer Versicherung einen Gruppenvertrag für die **Atelierversicherung** Artima abgeschlossen. Sie versichert alle Risiken einschließlich der Transporte im eigenen Fahrzeug, bei einer Versicherungssumme von 100.000 DM für Bilder und Grafiken z.B. für 630 DM, ohne Transport für 472,50 DM im Jahr (Bildhauerateliers und Videostudios sind spürbar teurer). Gegen einen Aufschlag können auch Ausstellungen mitversichert werden.

Versicherungen speziell für kleinere Ausstellungen bietet das **Versicherungsbüro Grzybowski KG**(A) in Düsseldorf an. Für eine einmonatige Ausstellung im Versicherungswert von 20.000 DM verlangt es 60 DM zzgl. 15% Versicherungssteuer.

Autoschutzbrief 7.4.2.6.

Für den privaten Pkw lohnt sich ein Blick auf die Leistungen und Beiträge des **Auto Club Europa** (ACE(A)), der als gewerkschaftlicher Automobilclub gegründet wurde, inzwischen aber auch Nicht-Gewerkschaftsmitglieder aufnimmt. Sein deutlichster Preisvorteil liegt im europaweit gültigen Autoschutzbrief, der im Mitgliedsbeitrag bereits enthalten ist und alle Personen einschließt, die die Autos des Mitgliedes fahren – also auch die Familie. Bei anderen Autoclubs muß der Schutzbrief *zusätzlich* zum Mitgliedsbeitrag erworben werden.

Außerdem bietet der ACE eine ebenfalls preiswerte und umfassende **Verkehrsrechtsschutz- und Verkehrsunfallversicherung** an (siehe Seite 305).

Rabatte auf Versicherungen 7.4.2.7.

Neben den schon genannten Sondertarifen erhalten alle Mitglieder einer DGB-Gewerkschaft, also auch der IG Medien, auf alle Familienversicherungen (Unfall, Privathaftpflicht, Hausrat, Glasbruch) bei der **Volksfürsorge** bis zu 15% Rabatt: Bei einem Neuabschluß gibt es 5, bei zwei oder mehr Neuabschlüssen 10%, jeweils ein weiteres % kommt für jedes Versicherungsjahr hinzu. Wer solche Verträge vor seinem 30. Geburtstag abschließt, bekommt – befristet auf fünf Jahre – weitere 15% „Junge-Leute-Rabatt".

Rechtsschutz 7.4.3.

Rechtsschutzversicherungen umfassen in der Regel alle Anwalts- und Gerichtskosten für Rechtsstreitigkeiten. *Nicht versichert* sind Schadenersatzforderungen (dazu sind die Haftpflichtversicherungen da); *nicht versicherbar* sind Geldstrafen und -bußen. Gewerkschaftsmitglieder sind auch in diesem Bereich besonders günstig gestellt.

Berufsrechtsschutz 7.4.3.1.

Die IG Medien gewährt ihren Mitgliedern **kostenlosen Rechtsschutz** in allen Fragen, die mit der beruflichen Tätigkeit zusammenhängen. Dazu zählen Rechtsstreitigkeiten im

- **Arbeits- oder Auftragsverhältnis,** z.B. um Vergütung und Honorare, Kündigung, Urlaubsgeld, Gehaltsfortzahlung, Mutterschutz, Klagen auf Weiterbeschäftigung oder Festanstellung;
- **Steuerrecht,** soweit der Streit mit der Berufsausübung zu tun hat (z.B. um Absetzbarkeit von Arbeitsmitteln oder um den Status selbständig/ nichtselbständig) und für Mitglieder der IG Medien von grundsätzlicher Bedeutung ist;
- **Versicherungsrecht,** z.B. um Rentenzahlung, Aufnahme in die Künstlersozialkasse, Berechnung des Arbeitslosengeldes, Zahlungen von Unfall- und Krankenversicherungen;
- **Urheber- und Leistungsschutzrecht,** z.B. bei unerlaubter Verbreitung geschützter Werke, Verfälschungen am Werk, fehlender Urheberangabe, nicht ausgeübten Nutzungsrechten;
- **Miet- und sonstigen Recht,** soweit sich der Streit unmittelbar aus der Berufsausübung ergibt, zum Beispiel beim **Musizieren in Wohnräumen.**

Außerdem umfaßt der Rechtsschutz die Beratung beim **Abschluß von Verträgen,** insbesondere für Selbständige, sowie die Vertretung des Mitglieds gegenüber Arbeit- und Auftraggebern bei Meinungsverschiedenheiten, die noch nicht zu rechtlichen Schritten geführt haben.

Ausnahmsweise wird Rechtsschutz auch bei Verfahren gewährt, die sich aus **Veröffentlichungen** ergeben (Zivilklagen auf Widerruf oder Unterlassung, Strafverfahren wegen Beleidigung). Die IG Medien ist jedoch der Auffassung, daß der Schutz des freien Mitarbeiters in solchen Fällen Aufgabe des Auftraggebers ist, und übernimmt den Rechtsschutz nur dann, wenn dieser sich definitiv weigert oder dazu nicht in der Lage ist. Auf jeden Fall behält sie sich vor, den Auftraggeber hinsichtlich der Kosten in Regreß zu nehmen.

Aber der Rechtsschutz hat auch Grenzen. Für **Titelschutzverfahren** zum Beispiel oder für die Streitigkeiten, die sich aus **Unternehmertätigkeit** von Freien ergeben, stehen die Mitgliedsbeiträge der Gewerkschaft nicht zur Verfügung.

Der Rechtsschutz muß vor Einschaltung eines Anwaltes und vor Einleitung juristischer Schritte beim zuständigen Bezirk bzw. Landesbezirk der IG Medien beantragt werden. Er wird grundsätzlich nur erteilt, wenn ausreichende Erfolgsaussichten bestehen. Die Entscheidung darüber liegt bei den jeweils zuständigen Gremien der IG Medien.

7.4.3.2. Privatrechtsschutz

Wer meint, darüber hinaus unbedingt auch noch eine Privatrechtsschutzversicherung abschließen zu müssen, dem bietet die **Advocard Rechtsschutzversicherung**[(A)] einen Spezialtarif für IG-Medien-Mitglieder ohne Arbeits- und Sozialgerichtsrechtsschutz an, da dieser ja bereits zu den Leistungen der Gewerkschaft zählt. Auf diese Weise ergeben sich Tarife, die um 33 bis 55% unter dem Advocard- Normaltarif liegen.

Abgeschlossen werden kann eine solche Privatrechtsschutzversicherung mit oder ohne **Wohnungsrechtsschutz;** die Versicherung gilt jeweils für das Mitglied, seinen Partner bzw. seine Partnerin sowie Kinder bis zum 25. Lebensjahr bzw. bis zum Beginn ihrer beruflichen Tätigkeit (siehe Seite 304).

Freie Theater:
Es hätte auch eine schlechtere Kneipe sein können

von Dirk Grünich

Frisch von der Tanzhochschule – Abschluß ausgezeichnet – und hinein ins Arbeitsleben. Endlich auf eigenen Beinen stehen können – zeigen, was man kann. Das erste Angebot – Vorbereitung zum ersten Vorstellungsgespräch – endlich! „Die Klasse dazu habe ich", hört man sein Selbstbewußtsein sagen.

Die Augen fixieren das Theater. Einmal um 180 Grad gedreht, blickt man auch schon auf das Podium, auf welchem man für die nächsten Jahre den Lebensunterhalt erwirtschaften wird. Das Selbstbewußtsein stockt für einen Moment, doch dann fängt es sich wieder: „Ich schaff' das schon noch." Schließlich ist aller Anfang schwer, und ein wenig Menschenstudien tun einem jungen Künstler auch gut. Also, die Schürze umgebunden, es hätte ja auch eine schlechtere Kneipe sein können.

Ein Automobilkonzern, der über Jahrzehnte dasselbe Modell produziert, zu teuer im Unterhalt, zu gefräßig im Verbrauch, an der Nachfrage vorbei – er wäre längst pleite. Das hier beschriebene Modell kommt aus der Kunst-, Schauspiel-, Ballettschule. Die produziert und produziert und produziert und wirft ihre Produkte Jahr für Jahr in immer üppigerer Zahl auf einen Markt, der immer enger wird. Nicht nur die Zahl verblüfft, sondern auch die mangelnde Vorbildung in Sachen: Wie verkaufe ich meine Kunst? Wohin, wenn Stadt- und Staatstheater personell abbauen? Ein Produktionsentwicklungsfehler.

Was wird aus jenen, die dem Rotstift zum Opfer fallen und aus den warmen Tarifverträgen raus in der „freie" Lust gesetzt werden, was aus Ballettänzern, die nach ihrer Karriere nicht im Fitnessstudio ihre Zukunft sehen und keine Anstellung als Choreograph im staatlichen Betrieb erhalten?

„Ich mache mich jetzt selbständig." Ist ein schöner Satz und die Visitenkarte sieht auch gut aus. Aber dann kommen erstmal Gesetze, Abgaben, Versicherungen, Verkaufs- und Werbestrategien. Dann heißt es selber herumorganisieren, tagelang am Telefon sitzen, Kontakte aufbauen, am ersten Engagement arbeiten. Was heißt das eigentlich: „frei"?

Doch dann endlich wieder die *Bretter* unter den Füßen. Eben noch gekellnert oder Handlanger auf dem Bau, da ist ein Engagement für sechs Monate nicht schlecht für den Anfang. Gut, es ist kein Tarifvertrag, kein Theater nur hundertjähriger Tradition, nur eine freie Company. Alles Freie, man ist unter Gleichgesinnten. Die haben vor sechs Jahren angefangen, nicht auf staatlichen Kulturfinanzregen zu warten, haben sich nicht dort angestellt, wo es ohnehin schon ein Überangebot gibt, sind nicht in die Metropolen Berlin und Köln gezogen. Sie haben Geschäftsführung und Management von der Pike auf gelernt und haben sich selbst unter Vertrag genommen. Heute können sie anderen Verträge anbieten.

Wenn der Strahl der Gießkanne ihnen wohlgesonnen ist, können sie mal staatliche Gelder erhaschen, manchmal stehen sie auch vor dem Aus, wie vor zwei Jahren, als ein staatlicher Fördergeldgeber – wie sich später zeigte zu Unrecht – alle Gelder zurückverlangte. Sie entließen sich selber, arbeiteten ein dreiviertel Jahr ohne Geld, sozusagen ehrenamlich weiter. Ganz „frei". Was eingespielt wurde, erhielten die engagierten Gäste. Sie schafften es, im nächsten Jahr konnten sie sich wieder einstellen. Aus der Arbeitslosigkeit sind sie Arbeitgeber für sich und andere Freie geworden, von denen sie nicht mehr und nicht weniger verlangen als von sich selbst, abgesehen davon, daß jeder Gast sein Honorar bekommt.

Doch das Interesse ist dürftig. Vor der Tournee Hunderte erfolgloser Telefonate: Tänzer wollen tanzen, Schauspieler schauspielern, alle träumen von der großen Rolle an dem Haus mit dem wohlklingenden Namen. Und alle sind seit längerer Zeit arbeitslos. Die Freie Company hat keinen großen Namen. Und auch keinen Stab wie das Stadt- oder Staatstheater. Sie braucht Künstler, die sich mit um die Kostüme und die Requisite kümmern, die auf Tour handfest die Bühne mit auf- und abbauen. Wenige sagen zu, viele warten lieber weiter.

Die Freie Company erwirtschaftet Löhne, Miete, Versicherung, Kosten für Kostüme, Bühnenbild, Transport usw. selbst. Das ist schwer zu vermitteln, wenn in fast allen Köpfen ein typisches Arbeitgeber-Arbeitnehmer-Muster existiert. Die Alten werden in die Arbeitgeberposition gedrängt, die Neuen messen sie mit den Maßstäben von Stadt- und Staatshäusern.

„Ich bin Schauspieler, nicht Techniker", bekommen sie während der Tournee zu hören. Der Choreograph, der zugleich Tänzer ist, zwischen den Produktionen als Kinder- und Jugendpädagoge im Team arbeitet und gerade in diesem Moment zwei Gerüststangen trägt, antwortet: „Ich auch."

In vier Stunden stehen sie zusammen auf der Bühne. Und wenn sie die nicht gemeinsam aufbauen, dann haben sie keine. Aber dann gibt es ja immer noch die Kellnerei.

Die Tournee endete nach vier Monaten erfolgreich.

Steuern 8.

HUNDERT DEUTSCHE MARK
100
DL1536725Y3
DEUTSCHE BUNDESBANK
Deutsche Bundesbank
Frankfurt am Main
1. August 1991
HEUSSINGER

Steuern

8.

Steuererklärungen sind nervig. Aber keine Geheimwissenschaft. Und Steuerberater sind teuer. Wer ein wenig Spaß am Tüfteln und Herumrechnen hat, kann seine Steuererklärung ohne weiteres selbst machen. Das folgende Kapitel stellt dazu alle für selbständige wie abhängig beschäftigte Künstler und Publizistinnen bedeutsamen Regelungen dar. Allgemeine Probleme wie die Absetzbarkeit von Wohneigentum werden hier allerdings nicht behandelt – dazu muß man sich gegebenenfalls einen allgemeinen Einkommensteuer-rat-geber zulegen. (Die „1000 ganz legalen Steuertricks" von Onkel Konz helfen da wenig. Bei vielen Sparkassen gibt's jährlich einen hervorragenden „Ratgeber zur Einkommensteuer"[(B)] – manchmal als Werbegeschenk, manchmal gegen eine Kostenbeteiligung von fünf bis 15 Mark. Fragt einfach mal.)

Wer danach noch Probleme hat oder in bestimmten Fragen unsicher ist: Anruf beim Finanzamt genügt. Die Finanzämter sind zur Auskunft *verpflichtet.* In Grundsatzfragen besteht zudem Anspruch auf Rechtsschutz der IG Medien.

Wer den ganzen Kladderadatsch doch lieber einem Steuerberater übergeben will, sollte darauf achten, daß dieser Erfahrung mit selbständigen Künstlern und Publizistinnen hat. Normale Steuerberater kennen sich nach meiner Erfahrung mit den hier aufgeführten Sonderregelungen häufig nicht aus. Anzeigen von Büros, die sich auf Freie spezialisiert haben, finden sich hin und wieder im Serviceteil der IG-Medien-Zeitschriften „Kunst & Kultur" und „M – Menschen Machen Medien". Oder fragt mal bei anderen Freien oder im IG-Medien-Büro: Man kann sich Spezialistinnen auch heranziehen, wenn alle Freien am Ort zur selben Steuerberaterin gehen.

Einkommensteuer

8.1.

Die Einkommensteuer funktioniert bei Selbständigen und Nichtselbständigen nach demselben Prinzip; allerdings gibt es Unterschiede in der Abrechnungs- und Zahlungsweise.

- **Wer abhängig beschäftigt ist,** also auch der nur für einen Abend engagierte Artist oder die mit Tagesvertrag beschäftigte Technikerin, bekommt die Einkommensteuer vom Lohn, Honorar oder von der Gage abgezogen. Dabei zahlt man in der Regel zuviel Steuern. Den zuviel gezahlten Betrag kann man sich nach Ablauf des Jahres per Einkommensteuererklärung vom Finanzamt zurückholen.
- **Selbständige** bekommen ihre Honorare ohne Abzüge ausbezahlt. Sie müssen vierteljährlich Einkommensteuer-Vorauszahlungen leisten, deren Höhe das Finanzamt – in der Regel zu niedrig – festlegt. Die zu wenig bezahlten Steuern muß man im folgenden Jahr entsprechend der Einkommensteuererklärung nachzahlen, die für Selbständige *obligatorisch* ist.

Die zu entrichtende Steuer errechnet sich in zwei Stufen. Zunächst werden die **Einkünfte** festgestellt – aus selbständiger und nichtselbständiger Arbeit, aus Kapitalvermögen, Grundbesitz und ähnlichem. Unter Einkünften verstehen die Finanzämter den Teil der Einnahmen, der nach Abzug der erforderlichen Ausgaben von der Summe der Einnahmen übrigbleibt. Bei selbständiger Arbeit sind das alle Einnahmen (Umsatz) abzüglich Betriebsausgaben, bei nichtselbständiger Arbeit alle Lohn-, Gehalts- und Sonderzahlungen minus Werbungskosten.

Das zu **versteuernde Einkommen** ergibt sich, indem vom Gesamtbetrag dieser Einkünfte entsprechend den Eintragungen im Formular „Einkommensteuererklärung" die Sonderausgaben, die außergewöhnlichen Belastungen und eventuelle Freibeträge abgezogen werden.

8.1.1. Eine notwendige Vorbemerkung

Wer immer davon träumt, das Finanzamt auszutricksen und seine Steuererklärung ein wenig zu frisieren, sollte eines wissen: Das Finanzamt ist in der Lage, die in der Einkommensteuererklärung angegebenen **Betriebseinnahmen** zumindest stichprobenartig anhand von Kontrollmeldungen aus Betriebsprüfungen nachzuprüfen. Und es tut das auch ziemlich konsequent.

Liegt dem Finanzamt z.B. aus der Überprüfung einer Kneipe eine Aufzeichnung vor, daß diese einem Musiker 300 Mark für einen Live-Auftritt bezahlt hat, und finden sich diese 300 Mark nicht in dessen Steuererklärung, dann kann es gut sein, daß sich wenig später ein Finanzbeamter bei ihm zur Betriebsprüfung anmeldet. Stellt sich dann heraus, daß er dem Finanzamt Einnahmen verschwiegen hat, dann ist das ein Straftatbestand, der neben der Steuernachforderung eine empfindliche Geldstrafe nach sich ziehen kann.

Hat er dagegen **Betriebsausgaben** angegeben, die ihm das Finanzamt nicht anerkennen will, so wäre das allenfalls dann ein Straftatbestand, wenn es sich um die Ledergarnitur für das Wohnzimmer der Eltern handelte. Bloßes Unwissen oder Irrtum aber kann ihm das Finanzamt nicht zum Vorwurf machen.

Also: Versucht nie, bei den Betriebs*einnahmen* herumzutricksen. Und überprüft ruhig mal, was für ein „Stundenlohn" bei der ganzen Dreherei an der Steuererklärung eigentlich herauskommt. Er ist nicht selten noch niedriger als die ohnehin schon jämmerlichen legalen Honorare.

8.1.2. Einkünfte aus selbständiger Arbeit

Wer selbständig arbeitet, braucht weder eine Lohnsteuerkarte noch darf ihm irgendein Auftraggeber Lohnsteuer vom Honorar abziehen. Statt dessen hat er vierteljährlich **Einkommensteuer-Vorauszahlungen** zu leisten, deren Höhe und Fälligkeit das Finanzamt im jährlichen Einkommensteuerbescheid festsetzt. Mit diesem Bescheid wird auf Grundlage der Angaben in der Einkommensteuererklärung auch die Steuernachzahlung bzw. -rückerstattung für das abgelaufene Jahr festgesetzt.

Die **Einkommensteuererklärung** ist bis zum 31. Mai für das Vorjahr abzugeben, Fristverlängerungen können formlos beim Finanzamt beantragt werden. Die Einkommensteuererklärung besteht aus mindestens drei Teilen:

- der Gewinn- und Verlustrechnung – einer (formlosen) Aufstellung von Betriebseinnahmen und -ausgaben,
- dem Formular „Anlage GSE" zur Einkommensteuererklärung und
- dem Formular „Einkommensteuererklärung".

Auf dieser Grundlage erstellt das Finanzamt einen Steuerbescheid, der bei Selbständigen *vorläufig* ist und daher irgendwann im Verlauf der nächsten sechs Jahre einer **Betriebsprüfung** unterzogen werden kann.

Freie brauchen der Gewinn- und Verlustrechnung daher **keinerlei Belege** beizufügen; sie brauchen auch nicht jeden einzelnen Ausgabeposten, sondern nur die Summe der verschiedenen Ausgabearten für das Jahr zusammengefaßt aufzulisten. Allerdings müssen sie die Belege *sechs Jahre lang aufbewahren* (gerechnet ab Jahresende nach Belegdatum), um Einnahmen und Ausgaben im Falle einer Betriebsprüfung nachvollziehbar belegen zu können. Auch dazu ist eine förmliche **Buchführung** nicht nötig – eine einfache Auflistung von Einnahmen und Ausgaben mit einer Sammlung der dazugehörigen Belege reicht aus.

Belege für Sonderausgaben und außergewöhnlichen Belastungen (z.B. Spendenquittungen, Zahnarztrechnungen – siehe Seite 255) müssen jedoch beigefügt werden. Will das Finanzamt ausnahmsweise auch Belege der Gewinn- und Verlustrechnung sehen, was hin und wieder geschieht, dann meldet es sich.

Betriebseinnahmen 8.1.2.1.

Betriebseinnahmen sind sämtliche Honorare, Spesenzahlungen, Tantiemen der Verwertungsgesellschaften, Zuschüsse zur Altersversorgung (etwa von Rundfunkanstalten oder vom Autorenversorgungswerk der VG Wort), Verdienstausfallzahlungen (etwa der IG Medien) für ehrenamtliche Tätigkeit, Erlöse aus dem Verkauf von Arbeitsgerät und Preisgelder aus der Teilnahme an Wettbewerben, die im Rahmen der beruflichen Tätigkeit erfolgte. Auch die vereinnahmte Mehrwertsteuer ist eine Betriebseinnahme.

Keine Betriebseinnahmen und somit steuerfrei sind

- Preise, die für das *Gesamtschaffen* verliehen werden (unterhalb des Nobelpreises gibt's da wenig),
- Zahlungen der öffentlichen Hand oder der Sozialfonds der Verwertungsgesellschaften wegen Hilfsbedürftigkeit,
- Krankengeld und Zahlungen der gesetzlichen Unfallversicherung, Aufwandsentschädigungen für bestimmte *nebenberufliche* Tätigkeiten bis zur Höhe von 2.400 DM (siehe Seite 209),

- öffentliche Zuschüsse zur Förderung der Kunst, soweit sie zur Deckung des *materiellen Aufwandes* einer künstlerischen Produktion – aber nicht des Lebensunterhaltes – dienen (die entsprechenden Ausgaben dürfen dann natürlich *nicht* als Betriebsausgaben geltend gemacht werden),
- in ähnlich engen Grenzen Stipendien zur Förderung der künstlerischen Aus- und Weiterbildung.

Zu den letzten beiden Punkten gibt es eine umfangreiche, oft widersprüchliche Rechtsprechung. Ob ihre Zuschüsse steuerpflichtig sind, wissen meist die Geldgeber selbst am besten.

Werden die **Kosten für einen Pkw oder Telefon,** die auch privat genutzt werden, voll als Betriebsausgaben angesetzt, so ist der private Nutzungsanteil ebenfalls als Betriebseinnahme (inklusive 16% Mehrwertsteuer, beim Pkw abzüglich 20% für umsatzsteuerfreie Ausgaben wie Kfz-Steuer und -Versicherung) zu verbuchen.

Buchungsdatum für Einnahmen von Freien ist generell der Tag des Zahlungseingangs. Das Honorar für das Weihnachtsmärchen, das erst am 2. Januar auf dem Konto der freien Theatergruppe eingeht, taucht also erst in der Steuererklärung für das neue Jahr als Betriebseinnahme auf. Genauso werden Betriebsausgaben behandelt: Die Umsatzsteuer für das Jahr 1997, die am 15. Juni 1998 an das Finanzamt überwiesen wird, ist eine Betriebsausgabe des Jahres 1998.

8.1.2.2. Betriebsausgaben – Laufende Ausgaben

Betriebsausgaben sind sämtliche Kosten, die im Zusammenhang mit der selbständigen Tätigkeit entstehen. Abgesetzt werden generell die vollen Beträge (inklusive Mehrwertsteuer), **Buchungsdatum** ist der Tag der Zahlung.

An Kosten, die im Jahr der Zahlung vollständig als Betriebsausgabe geltend gemacht werden können, kommen für Künstlerinnen und Publizisten insbesondere in Frage:

Beruflich genutzte Räume:

Miete, Strom, Heizung, Neben-, Instandhaltungs- und Reinigungskosten für beruflich genutzte Räume sowie die Kosten der Einrichtung werden problemlos als Betriebsausgaben anerkannt, wenn das Büro, der Übungsraum oder das Atelier sich **außerhalb der eigenen Wohnung** befindet. Wer das Arbeitszimmer neu einrichtet und Möbel hineinstellt, die er schon vorher besaß, kann deren Zeitwert ebenso als Betriebsausgabe geltend machen wie die Renovierungskosten für das Zimmer.

Befindet sich jedoch der **Arbeitsraum in der eigenen Wohnung** (auch auf dem Speicher oder im Keller), so wird es seit dem 1.1.1996 ganz kompliziert (und ungerecht):

- Zunächst werden als **häusliches Arbeitszimmer** nur Räume anerkannt, die von der übrigen Wohnung abgetrennt sind (also keine Durchgangszimmer) und „nahezu ausschließlich" zu beruflichen Zwecken genutzt werden.

- Die Kosten für ein solches Zimmer (anteilig nach der Grundfläche der Wohnung berechnet) werden aber nur noch dann in voller Höhe als Betriebsausgaben anerkannt, wenn das Arbeitszimmer den **„Mittelpunkt der *gesamten* betrieblichen und beruflichen Betätigung"** bildet. Und das wird sehr eng ausgelegt: Der Fotojournalist hat seinen Mittelpunkt *nicht* im häuslichen Arbeitszimmer – weil er seine Fotos ja draußen macht. Ebensowenig die Reisejournalistin oder die freie Lehrkraft, die an verschiedenen Musikschulen unterrichtet.
- Wer **verschiedenen Tätigkeiten** nachgeht, ist ebenfalls angeschmiert: Der freie Maler darf sein häusliches Atelier voll absetzen. Fährt er aber eine Nacht pro Woche Taxi, weil er vom Malen noch nicht leben kann, so ist das Arbeitszimmer nicht mehr Mittelpunkt seiner *gesamten* beruflichen Tätigkeit und damit nicht mehr voll absetzbar. Erlaubt sind nur andere Tätigkeiten *„von ganz untergeordneter Bedeutung"*, z.B. mit nicht mehr als einer Stunde Arbeitszeit pro Tag.
- Wer diese Bedingung nicht erfüllt, darf von seinen (nachgewiesenen) Arbeitszimmerkosten immerhin bis zu 2.400 DM im Jahr absetzen, wenn er mindestens die **Hälfte der Zeit,** die er **für die „gesamte betriebliche und berufliche Betätigung"** aufwendet, im Arbeitszimmer verbringt. Oder wenn ihm **ein anderer Arbeitsplatz nicht zur Verfügung** steht. Danach darf der freie Fotograf von den Kosten seiner häuslichen Dunkelkammer wenigstens 2.400 DM im Jahr absetzen. (Wenn das Zimmer nur einige Monate des Jahres benutzt wurde, wird die Abzugsgrenze von 2.400 DM *nicht* gekürzt!)
- Wer auch diese Bedingung nicht erfüllt, kann das Arbeitszimmer noch so dringend brauchen. Als Betriebsausgabe absetzen darf er es nun nicht mehr.

Im Fall eines (angestellten) Lehrers, der ein häusliches Arbeitszimmer zur Unterrichtsvorbereitung voll absetzen wollte, hat der Bundesfinanzhof die Abzugsgrenze von 2.400 DM bereits als verfassungsgemäß bezeichnet (Aktenzeichen VI R 4/97).

Zumindest für Freie aber ist sie nach Auffassung der IG Medien unhaltbar: Zum einen handelt es sich hier um den ersten (nennenswerten) Fall, in dem *erforderliche* und *nachweislich getätigte* Betriebsausgaben nicht als solche anerkannt werden. Zum anderen führt diese Bestimmung bei Freien zu einer eklatanten Ungleichbehandlung – je nachdem ob sie ihr Büro in der eigenen oder in der Wohnung des Nachbarn einrichten.

Freie, die ein häusliches Arbeitszimmer haben, das den oben genannten Kriterien entspricht, sollten daher weiterhin alle entstandenen Kosten als Betriebsausgaben geltend machen und, wenn das Finanzamt das ablehnt, Widerspruch einlegen. Begründung: Die Kürzung kann an die berufliche Existenz gehen und verletzt den Vertrauensschutz für früher getätigte Investitionen. Wird der Widerspruch abgelehnt, sollten sie sich mit der IG Medien über eine Klage beraten. Aber vermutlich sind bis dahin sowieso schon jede Menge Musterklagen auf dem Weg.

Telefon, Telefax usw.:

Die Gebühren für einen *so gut wie ausschließlich beruflich genutzten* Anschluß sind in voller Höhe Betriebsausgaben. Kompliziert wird es bei Mischnutzungen:

- Wird das *beruflich genutzte* Telefon *auch privat* genutzt (z.B. wenn das Telefon im häuslichen Arbeitszimmer das einzige Telefon in der Wohnung ist), so ist für die private Nutzung ein Anteil von mindestens 20–25% abzuziehen.
- Wird dagegen das *private* Telefon *auch beruflich* genutzt (z.B. wenn ein freier Journalist sein Büro außerhalb der Wohnung hat), so erkennt das Finanzamt ohne Nachweis als Betriebskosten an: Von den Gesprächsgebühren
  - 20%, soweit sie monatlich unter 100 DM liegen,
  - 40% vom Rechnungsbetrag zwischen 100 und 200 DM,
  - 100% vom Restbetrag (über 200 DM);

  von den Anschluß- und Grundgebühren den Prozentsatz, der dem Anteil der beruflichen Gespräche entspricht.

Wer einen höheren Anteil für die berufliche Nutzung geltend machen will, muß dies durch Aufzeichnungen nachweisen. Dazu genügt es, drei „repräsentative" Monate aufzuzeichnen; anschließend kann deren Durchschnittswert abgesetzt werden.

Bücher, Zeitungen, Zeitschriften, Noten und Textbücher:

Sind Betriebsausgaben, sofern die berufliche Nutzung *nachgewiesen* wird. Auf der Quittung muß deshalb der Titel stehen – „Fachliteratur" reicht nicht. Außerdem sollte man auf der Quittung sicherheitshalber notieren, für welches Projekt man das Buch gekauft hat. „Allgemein informierende" Medien wie Tageszeitungen oder Wochenmagazine werden nur in Ausnahmefällen und auch nicht von allen Finanzämtern anerkannt. Da braucht man eine sehr gute Begründung.

Pkw-Kosten:

Im Grundsatz sind alle beruflich bedingten Pkw-Kosten Betriebsausgaben. Da unsereins aber meist nur *ein* Auto für berufliche *und* private Fahrten hat, muß man die Kosten trennen. Und da hat jüngst der Wahnsinn zugeschlagen. Seit 1996 gilt:

Wird das Fahrzeug zu mehr als 50% privat genutzt, so ist es ein Privatfahrzeug, das auch beruflich genutzt wird. In diesem Fall müssen die Dienstfahrten *einzeln* nachgewiesen werden und können dann entweder mit 52 Pfennig je Kilometer (für die Fahrten zwischen Wohnung und Arbeitsstätte nur mit 70 Pfennig je *Entfernungs*kilometer) oder mit dem festgestellten Anteil an den

Gesamtkosten des Fahrzeugs abgesetzt werden. Die früher erlaubte *Schätzung* des privaten Nutzungsanteils akzeptieren die Finanzämter nicht mehr.

Wird das Fahrzeug zu mehr als 50% freiberuflich genutzt (einschließlich der Fahrten zwischen Wohnung und Arbeitsstätte), so ist es *„in das Betriebsvermögen einzustellen"*. D.h., alle Ausgaben für das Auto (Abschreibung auf den Kaufpreis, Sprit, Versicherung, Reparaturen) sind zunächst Betriebsausgaben; die auf die private Nutzung entfallenden Kosten müssen aber als Betriebseinnahme verbucht werden.

Dabei ist die private Nutzung entweder

- **pauschal** mit monatlich einem Prozent vom Listenpreis des Autos (also von Neupreis – auch bei Gebrauchtwagen!) anzusetzen oder
- **per Fahrtenbuch** exakt zu ermitteln und dann mit dem entsprechenden Anteil an den Gesamtkosten (wie oben) anzusetzen. Im Fahrtenbuch muß jede einzelne Privatfahrt mit Kilometerangaben, jede Dienstfahrt mit Zeitangaben und Kilometerstand für Beginn und Ende, mit Ziel und Fahrtroute, Reisezweck und Gesprächspartner aufgeführt werden.

Die Anforderungen der Finanzämter an Fahrtenbücher sind jedoch so hoch, daß viele Steuerberater davon generell abraten. Beim Pauschalabzug aber kann es bei älteren und abgeschriebenen Autos leicht passieren, daß die vorgeschriebene Privatnutzungspauschale höher ist als die tatsächlichen Kosten des Autos. Für diesen Fall hat das Finanzministerium inzwischen großzügig bestimmt, daß für die Privatnutzung höchstens 100% der Gesamtkosten angesetzt zu werden brauchen.

Aber auch das würde noch bedeuten, daß man für ein zu mehr als 50% beruflich genutztes Auto unter dem Strich gar keine Betriebskosten geltend machen dürfte. Steuerberater empfehlen daher, **für die Privatnutzung höchstens 50% der Gesamtkosten** anzusetzen – und das dann notfalls durch die Instanzen zu klagen. Und ich schließe mich dieser Empfehlung an.

Zumal der Irrsinn damit noch nicht zu Ende ist. Das Gesetz schreibt nämlich vor, daß man für die Fahrten zwischen Wohnung und Arbeitsstätten keinen Pfennig mehr absetzen darf als die 70 Pfennig pro *Entfernungs*kilometer, die einem Arbeitnehmer erlaubt sind. Dazu soll man den Kostenanteil für diese Fahrten exakt per Fahrtenbuch ermitteln oder – beim pauschalem Ansatz der Privatnutzung – indem man pro Monat und Entfernungskilometer 0,03% vom Listenpreis ansetzt. Liegt das Ergebnis umgerechnet über 70 Pfennig je Entfernungskilometer und Arbeitstag, so muß die Differenz auch noch als „geldwerter Vorteil" unter Betriebseinnahmen verbucht werden.

Muß? „Dazu ist mir meine Zeit zu kostbar", sagt die Steuerberaterin meines Vertrauens. „Wenn das Finanzamt das will, soll es das bei der Betriebsprüfung selbst ausrechnen."

Andere Fahrzeugkosten:

Analog zu den Pkw-Regeln können auch berufliche Fahrten mit anderen Fahrzeugen als Betriebsausgaben angesetzt werden. Als Kilometerpauschalen werden akzeptiert:

Tabelle 6 **Kilometerpauschalen**

	Dienstfahrten pro *gefahrenen* Kilometer	Fahrten Wohnung-Arbeitsstätte pro *Entfernungs*kilometer
PKW	–.52 DM	–.70 DM
Motorrad, Motorroller	–.23 DM	–.33 DM
Mofa, Moped	–.14 DM	–.28 DM
Fahrrad	–.07 DM	–.14 DM

Wer den Nachweis schafft, daß es sich bei seinem Fahrrad um ein Dienstfahrrad handelt, das ausschließlich beruflich genutzt wird, kann die vollen Kosten absetzen und damit auf erheblich höhere Beträge kommen. Auch wer das nicht will, sollte alle Belege aufheben, falls sich im Laufe des Jahres die andere Berechnungsart als günstiger erweist.

Faustregel: Bei billigen Fahrzeugen, die viel gefahren werden, lohnt die Kilometerpauschale. Bei teuren, die wenig benutzt werden, ist die „Vollkostenabrechnung" günstiger.

Reisekosten:

Eine Dienstreise liegt immer vor, wenn man außerhalb der Wohnung und außerhalb der regelmäßigen Arbeitsstätte tätig wird. Das kann auch am eigenen Wohnort sein. Betriebsausgaben sind

- die *nachgewiesenen* **Fahrtkosten** mit Bundesbahn, Taxi usw.; auch die **Bahncard** ist voll absetzbar, sofern sie zur Minderung der Betriebsausgaben erworben wurde und regelmäßig zu beruflichen Fahrten benutzt wird;
- die *nachgewiesenen* **Übernachtungskosten.** Schließt der Hotelpreis das Frühstück ein, muß die Verpflegungspauschale um 9 DM (im Ausland um 20%) gekürzt werden;
- der zusätzliche **Verpflegungsaufwand,** für den das Finanzamt nur folgende *Pauschalen* pro Kalendertag akzeptiert – auch wenn höhere Beträge durch Belege nachgewiesen werden:
  - bei 24stündiger Abwesenheit 46 DM,
  - bei Abwesenheit zwischen 14 und 24 Stunden 20 DM,
  - bei Abwesenheit zwischen 8 und 14 Stunden 10 DM.

  Diese Pauschalsätze werden in der Regel auch von Auftraggebern anstandslos bezahlt, sofern ein „Honorar zuzüglich Spesen" vereinbart ist.
  Deutlich höher liegen die Sätze bei Auslandsdienstreisen; vor allem dürfen hier Übernachtungen auch pauschal (ohne Beleg) abgerechnet werden.
  Die amtlichen Sätze differieren von Land zu Land und sind bei Bedarf in jedem Einkommensteuerratgeber zu finden.
  Eine Dienstreise, die ohne Übernachtung von frühestens 14 Uhr bis längstens 10 Uhr am nächsten Tag dauert, wird komplett dem Tag mit der längeren Abwesenheit zugerechnet.

Zu den beruflich bedingten Reisen zählen auch Fahrten zu Wettbewerben, Fortbildungs- und Gewerkschaftsveranstaltungen. Daß es sich um eine Dienstreise handelte, muß bei einer Betriebsprüfung nachweisbar sein. Hebt also die entsprechende Korrespondenz, Tankstellenquittungen oder ähnliches auf. Wer auf eigene Faust auf Reisen geht, z.B. für eine Recherche, muß notfalls durch „tagebuchähnliche Aufzeichnungen" nachweisen, daß er während der Reise tatsächlich sieben bis acht Stunden am Tag gearbeitet hat!

Bewirtungen:

Wer z.B. potentielle Auftraggeber oder Informanten zum Essen einlädt, kann die Kosten einschließlich des eigenen Verzehrs zu 80% als Betriebsausgaben absetzen; die in der Rechnung enthaltene Umsatzsteuer kann *in voller Höhe* als Vorsteuer (siehe Seite 263) abgesetzt werden. Voraussetzung ist eine maschinell erstellte Quittung; die bewirteten Personen und der Anlaß der Bewirtung (Thema des Gesprächs) müssen konkret benannt werden.

Weitere Betriebsausgaben:

Betriebsausgaben sind außerdem

- Kosten für **Porto, Fotokopien, Büromaterial und sämtliche Arbeitsmaterialien;**
- **Kontoführungsgebühren** für das Geschäftskonto und **Zinsen** für *beruflich bedingte* Kredite;
- **Beiträge zu allen Berufsverbänden** einschließlich der Gewerkschaft (manchmal zweifeln Finanzämter das an – zu Unrecht. In diesem Fall die IG Medien einschalten);
- Kosten für **Fortbildung** (Teilnahmegebühren an Fortbildungsveranstaltungen plus Fahrtkosten, Spesen usw.) – aber nur im eigenen Beruf; zu den Ausbildungskosten in einem *noch nicht ausgeübten* Beruf siehe Seite 255;
- Kosten für **Bewerbungen,** wenn einer denn die Schnauze voll hat von der freien Arbeit, oder Akquisitionskosten (Fotokopien, Porti, Reisekosten usw.);
- alle Kosten, die im Zusammenhang mit der **ehrenamtlichen Tätigkeit für die IG Medien** entstehen, z.B. durch die Teilnahme an Gewerkschaftsseminaren oder Kommissionssitzungen. Aber Achtung: Erstattet die Gewerkschaft den Verdienstausfall für solche Termine, so sind diese Beträge als Betriebseinnahme zu verbuchen und zu versteuern;
- alle **Lohnkosten und Honorare** an Dritte;
- an das Finanzamt abgeführte **Mehrwertsteuer.**
- Bei beruflich bedingten **Umzügen und doppelter Haushaltsführung** (etwa bei einem befristeten Engagement in einer anderen Stadt) können recht hohe Betriebsausgaben anfallen. Entsprechend kompliziert sind auch die Regelungen, die sich bei Bedarf in jedem Einkommensteuerratgeber finden lassen.
- **Schmiergelder und Bestechungsgelder** (auch ohne Quittung, es muß allerdings der Empfänger angegeben werden) sind neuerdings „nur"

noch absetzbar, wenn wegen der Bestechung noch keine rechtskräftige Verurteilung erfolgt ist. Es gibt eben doch gesetzgeberischen Fortschritt!

- Kosten für **Berufskleidung** sind auch so ein Lieblingsthema der Finanzbehörden. Sie sind nur dann Betriebsausgaben, wenn eine private Nutzung des Kleidungsstückes *praktisch ausgeschlossen* ist. Das trifft mit Sicherheit für Theaterkostüme zu – aber schon die beiden schwarzen Hosen, die sich eine Cellistin eigens für ihre Orchesterauftritte zugelegt hatte, wurden nicht mehr anerkannt.

Anregungen für weitere Betriebsausgaben wie Blumen und Bilder fürs Büro, Rechts- und Steuerberatungskosten zur Gewinnermittlung (Beratungskosten bei der Steuererklärung sind Sonderausgaben) oder beruflich bedingte Schadenersatzleistungen sind den einschlägigen Ratgebern zu entnehmen. Nicht anerkannt werden Geldstrafen, Geldbußen und „unangemessene" Repräsentationsaufwendungen.

8.1.2.3. Betriebsausgaben – Abschreibung für Abnutzung

Technische Geräte, Musikinstrumente oder andere größere Anschaffungen können nur dann im Jahr der Anschaffung (genauer: der Bezahlung) *in voller Höhe* abgesetzt werden, wenn

- ihr Kaufpreis maximal 800 DM (zzgl. MwSt.) betrug,
- ihre Verwendung auf das Jahr der Anschaffung beschränkt ist (Bühneneinrichtungen, Requisiten) oder
- sie nach der Anschaffung nicht mehr selbständig veräußerbar sind (z.B. der *fest verklebte* Teppich im Übungsraum – ein bloß aufgelegter Teppich muß „abgeschrieben" werden).

Bei allen anderen größeren Anschaffungen muß der Kaufpreis als Abschreibung für Abnutzung (AfA) auf mehrere Jahre verteilt werden – abhängig von der Nutzungsdauer.

Für die **Nutzungsdauer** gelten folgende Richtwerte:

- **Bühnenscheinwerfer** zwei Jahre,
- **Kraftfahrzeuge** und Fahrräder in der Regel fünf Jahre (gebrauchte je nach Alter auch weniger),
- **Telefonanlagen** acht, Telefonendgeräte sechs, Handys und Autotelefone vier Jahre,
- **Computer** und Peripheriegeräte wie Drucker vier Jahre,
- andere **technische Geräte** wie Schreibmaschine, Recorder, Fotoausrüstung, Kopiergerät usw. fünf Jahre,
- **Büromöbel** zehn, Teppiche fünf Jahre.

Bei **Musikinstrumenten** lassen sich keine Standardwerte für die Nutzungsdauer nennen, die für die AfA maßgeblich ist. Hier muß eine realistische Frist – abhängig vom Wert des Instruments und seiner Art (ein Flügel hält länger als ein Schlagzeug) – angesetzt werden. Für einen Flügel hat ein Finanzgericht eine Nutzungsdauer von 30 Jahren als realistisch angesehen. Das gleiche gilt auch für alle anderen teuren Arbeitsgeräte wie **Druckpressen, Schneidetische** oder ähnliches.

Für die Abschreibung sind zwei Verfahren erlaubt:

- Bei der **linearen Abschreibung** wird jedes Jahr der gleiche Prozentsatz (je nach Nutzungsdauer) des *Kaufpreises* als AfA angesetzt, bei einem Schreibtisch mit zehn Jahren Nutzungsdauer also je 10% des Kaufpreises. Wird das Objekt erst in der zweiten Jahreshälfte gekauft, so darf für dieses Jahr nur der halbe Jahresbetrag (5%) angesetzt werden.
- Bei der **degressiven Abschreibung** wird jedes Jahr der gleiche Prozentsatz des *Restwertes* als AfA angesetzt. Hat der Tisch z.B. 1.000 DM gekostet, so kann man im ersten Jahr 30% von 1.000 = 300 DM absetzen. Der Restwert beträgt dann noch 700 DM, wovon man im zweiten Jahr wiederum 30%, also nur noch 210 DM absetzen kann. Und so weiter. Sinn macht das nur bei einer langen Nutzungsdauer: Der Prozentsatz für die degressive AfA darf zwar dreimal so hoch sein wie bei der linearen Abschreibung, aber nicht höher als 30%.

Wer mehrwertsteuerpflichtig ist, berücksichtigt für die AfA nur den Nettopreis; die im Kaufpreis enthaltene **Mehrwertsteuer** kann bei beiden Methoden im Anschaffungsjahr komplett als Betriebsausgabe geltend gemacht werden.

Voraussetzung dafür, daß die Kosten für solche Arbeitsmittel überhaupt als Betriebsausgaben anerkannt werden, ist, daß sie *ausschließlich oder ganz überwiegend beruflich genutzt* werden. Probleme macht das vor allem im Musikbereich, da die Finanzämter in der Regel davon ausgehen, daß Musikinstrumente auch privat genutzt werden. Der Konzertflügel etwa, den eine Musikschullehrerin zu Hause stehen hatte, wurde nicht als Arbeitsmittel anerkannt. Als „ganz überwiegend beruflich genutzt" wurden in verschiedenen Prozessen ohne besonderen Nachweis anerkannt

- ein **Tonbandgerät** bei einem hauptberuflichen Musiker oder Musiklehrer,
- ein **Flügel,** ein Klavier oder eine Orgel bei einer *Privat*musiklehrerin,
- eine **Stereoanlage** bei einem hauptberuflichen Musiker, sofern er noch eine zweite, privat genutzte besitzt.

Die Rechtsprechung ist hier nicht einheitlich. Im Streitfall kann eine Bescheinigung einer Musikschule oder eines Orchesterleiters helfen, die die berufliche Nutzung bestätigt.

In die Ausgabenpolitik darf das Finanzamt aber nicht hineinreden. Kann die Journalistin also nachweisen, daß sie drei Computer gekauft hat und alle drei – einen zu Hause, einen im Büro und den Laptop unterwegs – ganz überwiegend beruflich nutzt, dann *muß* das Finanzamt alle drei als Arbeitsmittel anerkennen. Das Argument „Zwei würden auch genügen" gilt nicht.

8.1.2.4. Betriebsausgaben – Ansparabschreibung

Neuerdings haben Freie die Möglichkeit, Geld für geplante Investitionen steuermindernd „anzusparen". Das funktioniert zum Beispiel so:

Für das Jahr 2000 plant ein freier Fotograf die Umstellung auf digitale Kameras. Erforderliche Investition: 60.000 DM. Da er keinen Kredit aufnehmen will, legt er für die Anschaffung in beiden Vorjahren je 15.000 DM zurück. Diese Rücklage ist nach § 7g EStG eine „Ansparabschreibung", die er 1998 und 1999 als Betriebs*ausgabe* verbuchen kann; im Jahr der Anschaffung muß er sie dann als Betriebs*einnahme* berücksichtigen.

Vorteil dieser Regelung: Einnahmen können um ein paar Jahre verschoben werden, bevor sie versteuert werden müssen; zudem lassen sich auf diese Weise Einnahmen aus besonders guten Jahren auf schlechtere Zeiten verschieben, wo sie dann gegebenenfalls einem geringeren Steuersatz unterliegen.

Möglich ist die Ansparabschreibung in folgenden Grenzen:

- Es muß sich um einen „kleineren oder mittleren Betrieb" handeln. Dazu zählen unter anderem alle Freien.
- Wer eine solche Rücklage abschreiben will, muß dem Finanzamt angeben, was er davon kaufen will. Dieses Objekt muß er spätestens zum Ende des zweiten (Existenzgründer: des fünften) Jahres nach Bildung der Rücklage anschaffen, im obigen Beispiel also zum 31. 12. 2000 bzw. 2003, und mindestens ein Jahr lang „fast ausschließlich" betrieblich nutzen.
- Die Rücklage darf höchstens die Hälfte des voraussichtlichen Kaufpreises und höchstens 300.000 DM (Existenzgründer: 600.000 DM) betragen.
- Bildung und Auflösung der Rücklage müssen für das Finanzamt nachvollziehbar sein.

Wer die Rücklage jedoch *nicht* zum Kauf des angegebenen Objektes benutzt, wird bestraft. Er muß dann zum oben genannten Termin nicht nur die Rücklage, sondern zusätzlich noch einen Gewinnzuschlag von 6% für jedes volle Jahr, in dem die Rücklage bestanden hat, als Betriebseinnahme verbuchen.

Existenzgründer sind von diesem Gewinnzuschlag jedoch befreit. Sie können die Ansparabschreibung also zur steuermindernden Gewinnverschiebung nutzen, auch wenn sie gar nicht vorhaben, das angesparte Geld für eine Investition zu verwenden. Als Existenzgründerinnen im Sinne dieser Regel gelten Freie, die zuvor fünf Jahre lang nicht selbständig tätig waren. Für sie gilt die Sonderregelung dann bis zum sechsten Jahr ihrer selbständigen Tätigkeit (§ 7g, Abs. 7 EStG).

8.1.2.5. Betriebskostenpauschale

In zwei Fällen dürfen die Betriebsausgaben laut BMF 21.1.1994 (BStBl. I, S. 112) zur Vereinfachung mit einem Pauschalbetrag angesetzt werden. Ohne Einzelnachweis erkennt das Finanzamt danach als Betriebsausgaben an

- 30% vom Umsatz, aber höchstens 4.800 DM im Jahr bei **hauptberuflich** selbständiger **schriftstellerischer oder journalistischer** Tätigkeit,
- 25% vom Umsatz, aber höchstens 1.200 DM im Jahr bei **nebenberuflicher künstlerischer, schriftstellerischer oder wissenschaftlicher** (auch Lehr-)Tätigkeit.

Günstiger als beim Einzelnachweis fährt mit diesen Pauschalen allerdings nur, wer sehr niedrige Betriebsausgaben hat (bei nebenberuflicher Tätigkeit siehe Seite 254).

Mit der Pauschale sind sämtliche Betriebsausgaben abgegolten – mit Ausnahme der Kosten für eine beruflich bedingte **doppelte Haushaltsführung.** Diese können *zusätzlich* zur Pauschale geltend gemacht werden. Da das offenbar selbst vielen Finanzämtern unbekannt ist: Es steht im Bundessteuerblatt 76 II S. 192 bzw. im Rundschreiben des Bundesfinanzministeriums IV B 6 – S 2355 – 24/89 vom 27.12.1989.

„Durchlaufende Posten" 8.1.2.6.

Betriebsausgaben, die vom Auftraggeber ausdrücklich zusätzlich zum Honorar erstattet werden – etwa für Materialaufwand oder Fahrkarten – lassen sich wahlweise auf zwei Arten verbuchen: Am besten, man verbucht die Kosten als Betriebsausgaben und die Kostenerstattung als Betriebseinnahme. Dann kann nichts schiefgehen. Man kann auch beides (als „durchlaufende Posten") aus der Steuererklärung herauslassen – sollte dann aber sicherheitshalber die entsprechenden Belege aufheben!

Für die Einkommensteuer macht das keinen Unterschied, eventuell aber für die Umsatzsteuer: Wer die Vorsteuer nach Durchschnittssätzen berechnet (siehe Seite 263), erhöht bei der ersten Variante seinen Umsatz und damit die (geldbringende) Vorsteuerpauschale. Die zweite Variante kann den Umsatz etwas drücken, wenn man z.B. die 32.500 DM-Grenze nicht überschreiten will, um die Umsatzsteuerbefreiung für Kleinunternehmer nicht zu gefährden, oder die 120.000 DM-Grenze, um das Recht zum Vorsteuerabzug nach Durchschnittssätzen nicht zu verlieren.

Negative Einkünfte? 8.1.2.7.

Besonders in den ersten Berufsjahren kann es Freien, die hohe Investitionen tätigen, durchaus passieren, daß die Betriebsausgaben höher sind als die Betriebseinnahmen, so daß sich für die Steuer negative Einkünfte ergeben. Das ist normal und von den Finanzämtern nicht zu beanstanden.

Treten solche negativen Einkünfte aus selbständiger Arbeit neben positiven Einkünften aus anderen Bereich auf, so führen sie zu einer Minderung der Steuerschuld, da sie zur Ermittlung des steuerpflichtigen Einkommens von den anderen Einkünften *abgezogen* werden, gegebenenfalls auch von denen der Ehepartnerin. Bleibt beim Zusammenrechnen all dieser Einkünfte auch der *Gesamt*betrag negativ, so kann das sogar zu einer Steuerrückerstattung führen. In diesem Fall darf der Negativbetrag nämlich als **Verlustrücktrag** von den Einkünften des Vorvorjahres oder – falls in dem Jahr keine ausreichenden Einkünfte vorlagen – des Vorjahres abgezogen werden. Sofern für das betreffende Jahr schon ein Einkommensteuerbescheid vorliegt, hat das Finanzamt einen neuen zu erstellen.

Kann der Verlust durch diesen *Rück*trag nicht vollständig ausgeglichen werden, so darf der verbleibende Minusbetrag als **Verlustvortrag** von den Einkünften des nächsten Jahres abgezogen werden.

Bei der Größenordnung der Einkünfte von Freien ist ein solches Verfahren allerdings nur für Jahre sinnvoll, in denen man z.B. wegen Arbeitslosigkeit tatsächlich keinerlei Einnahmen, wohl aber Ausgaben (z.B. Bewerbungskosten) hatte. In einfach nur mageren Jahren empfiehlt es sich dagegen, lieber die eine oder andere größere Ausgabe auf das nächste Jahr zu verschieben, um den Grundfreibetrag auszuschöpfen. Alleinstehende haben nämlich pro Jahr 12.365 DM steuerfrei (13.067 DM ab 1999, Ehepaare jeweils das Doppelte, gegebenenfalls zuzüglich Kinderfreibetrag). Wer darunter bleibt, zahlt zuviel Steuern, wie das folgende Beispiel zeigt:

Ein Alleinstehender, der zwei Jahre hintereinander jeweils 12.365 DM verdient, zahlt gar keine Einkommensteuer. Verdient er hingegen in einem Jahr 37.095 DM und macht im nächsten 12.365 DM Verlust, so hat er unter dem Strich brutto keinen Pfennig mehr. Trotzdem muß er 3.342 DM Steuern zahlen, da er für das erste Jahr die Einkünfte per Verlustvortrag nur auf 24.730 DM senken kann und den Freibetrag für das zweite Jahr verschenkt. (Das ist eine allgemeine Regel: Je gleichmäßiger die Einkünfte auf die Jahre verteilt sind, um so geringer fällt die Gesamtsteuerschuld aus.)

Zum anderen funktioniert dieses Verfahren natürlich nur, solange das Finanzamt die verlustbringende selbständige Tätigkeit nicht zur Liebhaberei (siehe Seite 59) erklärt.

8.1.2.8. Einnahmen für mehrjährige Tätigkeit

Um bei Freien, deren Einnahmen sich sehr ungleich über die Jahre verteilen, eine ungerechte Steuerbelastung zu verhindern, erlaubt § 34 Abs. 3 EStG eine günstigere Steuerberechnung für „außerordentliche Einkünfte".

Wer an einem Projekt, z.B. einem Roman, einer Oper, einer Skulptur, länger als ein Jahr gearbeitet hat, das Honorar dafür aber auf einen Schlag ausgezahlt bekommt, so daß sich in aufeinanderfolgenden Jahren sehr unterschiedliche Einkünfte ergeben, braucht das in der Steuererklärung nur mitzuteilen. Das Finanzamt wendet bei der Steuerberechnung dann die günstige Formel an.

Die ist ein bißchen kompliziert. Wer Komplikationen liebt – sie funktioniert so: Das Finanzamt berechnet erst die Steuer, die in dem betreffenden Jahr *ohne* die außerordentlichen Einkünfte fällig wäre. Als nächstes berechnet es die Steuer, die fällig wäre, wenn im betreffenden Jahr nur ein Drittel des außerordentlichen Betrages gezahlt worden wäre. Die Differenz zwischen beiden Steuerbeträgen wird dann verdreifacht und zum ersten Steuerbetrag addiert. Die Summe ist zu zahlen.

Das macht schon einen Unterschied. Für den theoretischen Fall, daß ein Bildhauer in einem Jahr nur ein einziges Riesenhonorar bekommt, das ein zu versteuerndes Einkommen von 150.000 ergibt, wären bei normaler Berechnung 56.635 DM Steuern fällig, bei der hier genannten Methode „nur" 33.120 DM.

Ausländische Einkünfte 8.1.2.9.

Eine Sängerin, die ihren Wohnsitz in Deutschland hat, aber häufiger im Ausland auftritt, muß die entsprechenden Honorare im Prinzip zweimal versteuern. Im jeweiligen Auftrittsland muß sie die dort gültige Einkommensteuer entrichten, der Rest unterliegt der deutschen Einkommensteuer.

Um allzu große Ungerechtigkeiten zu vermeiden, hat die Bundesrepublik mit den meisten Staaten **Abkommen zur Vermeidung der Doppelbesteuerung** abgeschlossen, die von Land zu Land verschieden sind. Je nach Lage kann das deutsche Finanzamt in solchen Fällen auf die Steuererhebung entweder verzichten, die im Ausland gezahlte Steuer zumindest zum Teil auf die im Inland entstehende Steuerschuld anrechnen oder die im Ausland gezahlten Steuern als Betriebsausgaben werten.

Was im konkreten Fall gilt, erfährt man beim Finanzamt oder in der Broschüre „Arbeiten in einem anderen Land der EU"[B]. Im Prinzip reicht es aber, die im Ausland gezahlten Steuern in der Steuererklärung zu belegen – das Finanzamt wird dann schon die richtige Abrechnungsart anwenden.

Gemeinsame Gewinnermittlung einer GbR 8.1.2.10.

Eine GbR (siehe Seite 81) macht selbst keine Einkommensteuererklärung. Wo immer aber mehrere Leute Kosten unter sich aufteilen oder gemeinsame Einkünfte erzielen, müssen sie dem Finanzamt *nachvollziehbar* erklären, wie diese Gelder verteilt worden sind.

Eine Musikgruppe macht dazu am Jahresende nach den hier geschilderten Regeln eine Aufstellung aller gemeinsamen Betriebseinnahmen und -ausgaben, errechnet daraus den gemeinsamen Gewinn und legt fest, wie dieser Gewinn auf die Mitglieder verteilt wird. Mit diesem persönlichen Gewinnanteil macht dann jedes Mitglied seine ganz normale Steuererklärung: Als „Gewinn aus selbständiger Tätigkeit" trägt er seinen Gewinnanteil ein (sowie eventuell weitere Einnahmen, die mit der GbR nichts zu tun haben); als Nachweis legt er der Steuererklärung die gemeinsame Aufstellung bei.

Wichtig ist, daß in der gemeinsamen Gewinnermittlung nur die Einnahmen und Ausgaben auftauchen, die nach dem GbR- Vertrag tatsächlich *ge-*

meinsame sind. Gilt ein Gruppenmitglied *allein* als Urheberin aller Kompositionen, so werden die entsprechenden GEMA-Tantiemen nicht in der gemeinsamen Aufstellung aufgeführt (wohl aber in der persönlichen Steuererklärung der Komponistin). Handelt es sich bei der GbR um eine reine „Kostenteilungsgemeinschaft", so besteht die Aufstellung nur aus den gemeinsamen Kosten.

GmbHs und Vereine müssen eigene Steuererklärungen abgeben, in denen die Löhne für die – in aller Regel angestellten – Mitarbeiter und Mitarbeiterinnen als Betriebsausgaben laufen; die Angestellten machen ihre Steuererklärungen nach den Eintragungen auf der Lohnsteuerkarte.

8.1.3. Einkünfte aus nichtselbständiger Arbeit

Wer in einem Arbeitsverhältnis beschäftigt ist, gibt dort zu Anfang des Jahres seine Lohnsteuerkarte ab. Der Arbeitgeber behält monatlich die fälligen Steuern ein und führt sie an das Finanzamt ab. Eventuell zuviel abgezogene Steuern kann man sich mit einer **Einkommensteuerveranlagung auf Antrag** (früher: Lohnsteuerjahresausgleich, gleiches Formular wie Einkommensteuererklärung) zurückholen.

Wer mehrere Arbeitsverhältnisse nebeneinander hat, z.B. an mehreren Musikschulen, muß weitere Lohnsteuerkarten beim Ordnungsamt seiner Gemeinde anfordern. Wer keine Lohnsteuerkarte vorlegt, bekommt die Lohnsteuer nach (der höchsten) Steuerklasse VI abgezogen; bei kurzfristigen und geringfügigen Beschäftigungen ist auch ein pauschaler Lohnsteuerabzug (25 oder 15%) ohne Lohnsteuerkarte möglich, aber nicht sinnvoll: Obwohl die Pauschale viel zu hoch ist, kriegt man das Geld auch per Lohnsteuerjahresausgleich nicht zurück!

Wer – z.B. als Selbständiger oder als Arbeitnehmerin in *mehreren* Beschäftigungsverhältnissen – zur Einkommensteuer *veranlagt* wird, *muß* eine Einkommensteuererklärung abgeben, und zwar bis zum 31. Mai des folgenden Jahres (für das Steuerjahr 1997 also zum 31.5.1998). Wer nur Arbeitslohn aus einem einzigen Beschäftigungsverhältnis bezogen hat, *kann* eine Einkommensteuererklärung abgeben, und zwar bis zum 31. Dezember des übernächsten Jahres (für das Steuerjahr 1997 also bis zum 31.12.1999). Es empfiehlt sich aber, das Formular schon zum früheren Termin abzugeben: Zum einen vermeidet man so unnötigen Ärger, falls das Finanzamt zu dem Schluß kommt, daß doch eine *Veranlagung* zur Einkommensteuer durchzuführen war; zum anderen liegt das zuviel gezahlte Geld sonst unnötig lange zinslos beim Finanzamt herum.

Mit dem Formular „Einkommensteuererklärung" sind mindestens einzureichen

- die Lohnsteuerkarte(n) bzw. Bescheinigungen für ohne Lohnsteuerkarte einbehaltene Lohnsteuer und
- das Formular „Anlage N".

Bruttoarbeitslohn 8.1.3.1.

In die „Anlage N" wird der Bruttoarbeitslohn entsprechend den Angaben auf der bzw. den Lohnsteuerkarte(n) eingetragen. Dazu zählen alle Zahlungen aus dem Arbeitsverhältnis einschließlich Sondervergütungen und Spesenerstattungen. Streikgeld ist einkommensteuerfrei.

Werbungskosten 8.1.3.2.

Hiervon werden die Werbungskosten abgezogen. Dazu zählen alle Kosten, die im Zusammenhang mit der beruflichen Tätigkeit entstehen. Im Prinzip gilt hier der gleiche Katalog wie für die Betriebsausgaben bei selbständiger Tätigkeit.

Entscheidend dafür, ob Ausgaben Werbungskosten sind, ist nicht, ob sie für die Berufsausübung *erforderlich* waren, sondern ob sie wirklich *getätigt* wurden (und zwar nicht für private Zwecke). Die Kosten für ein Bücherregal im Arbeitszimmer sind also immer Werbungskosten, wenn das Regal vorhanden ist und nicht privat genutzt wird. Ob die Lehrerin auch ohne das Regal auskommen könnte, geht das Finanzamt nichts an.

Einzige Ausnahme: das **häusliche Arbeitszimmer.** Hier gelten seit 1.1.1996 die auf Seite 240 genannten Regeln, aus denen sich ergibt: Angestellte dürfen die Kosten für ein häusliches Arbeitszimmer nur dann und nur bis zur Höhe von 2.400 DM im Jahr absetzen, wenn sie mindestens die Hälfte ihrer Arbeitszeit dort verbringen oder wenn ihnen für bestimmte Tätigkeiten ein anderer Arbeitsplatz nicht zur Verfügung steht. Als Beispiel nennt das Finanzministerium den Lehrer, der in der Schule keinen Schreibtisch zur Unterrichtsvorbereitung hat (Klassen- und Lehrerzimmer reichen nicht aus) oder den Orchestermusiker, der im Konzertsaal nicht üben kann.

Werbungskostenpauschalen 8.1.3.3.

Für die Werbungskosten zieht das Finanzamt von sich aus einen Pauschbetrag von 2.000 DM pro Jahr ab, ohne daß dafür irgendwelche Angaben gemacht zu werden brauchen. Nur wer höhere Werbungskosten geltend machen will, muß sie einzeln aufführen (und alle entsprechenden Belege beifügen).

Zusätzlich zur allgemeinen Werbungskostenpauschale von 2.000 DM können folgende Berufsgruppen ihre Kosten für berufsbedingte Umzugskosten, Fahrten zwischen Wohnung und Arbeitsstätte sowie Mehraufwendungen bei doppelter Haushaltsführung mit einer weiteren Pauschale geltend machen:

- **darstellende Künstler und Künstlerinnen,** die als Solisten auftreten (dazu zählen auch Regisseure, Choreographinnen, Ballettmeister und Schlagersängerinnen, nicht aber Masken- und Kostümbildner sowie Cutterinnen): 365 DM monatlich,

- **Artisten und Unterhaltungskünstlerinnen, Chor- und Ballettmitglieder, Inspizienten und Regieassistentinnen:** 265 DM monatlich,
- **Journalistinnen:** 115 DM monatlich (die höheren Pauschalen für Mitglieder der Bundes- und Landespressekonferenzen wurden 1994 ersatzlos gestrichen).

Das bedeutet: Die Schauspielerin kann an Werbungskosten pauschal geltend machen 2.000 DM Arbeitnehmer-Pauschbetrag + 12 x 365 DM = 6.380 DM im Jahr. Hat sie höhere Kosten für Umzüge usw., so muß sie diese einzeln nachweisen.

Auf die erhöhte Werbungskostenpauschale besteht allerdings *kein Rechtsanspruch* – deshalb hebt trotz Pauschale alle vorhandenen Belege auf! Sie kann zum Beispiel verweigert werden, wenn der Arbeitgeber Fahrtkosten steuerfrei ersetzt. Lange wird es sie ohnehin nicht mehr geben: Das Kölner Finanzgericht hat die Journalistenpauschale für verfassungswidrig erklärt, worauf das Finanzministerium Ende 1997 ankündigte, gleich alle drei Pauschalen abschaffen zu wollen.

8.1.4. Einkünfte aus selbständiger und nichtselbständiger Arbeit

Wer Einkünfte aus einem Arbeitsverhältnis *und* aus selbständiger Arbeit bezogen hat, muß sowohl die „Anlage N" (plus Lohnsteuerkarte[n]) als auch die „Anlage GSE" abgeben. Die Berechnung der maßgeblichen Einkünfte erfolgt dann jeweils wie in den obigen Abschnitten beschrieben: Von den Betriebseinnahmen werden die Betriebsausgaben abgezogen, vom Bruttoarbeitslohn die Werbungskosten, die Reste werden addiert.

Dabei muß nun jeder Ausgabenbeleg entweder der selbständigen Tätigkeit (als Betriebsausgabe) oder der nichtselbständigen (als Werbungskosten) zugeordnet werden. Da das im einzelnen kaum nachprüfbar ist, kann jeder selbst eine optimale Zuordnung vornehmen – sofern sie glaubhaft ist. Hilfreich sind dabei drei weitere Regelungen des Einkommensteuergesetzes:

- Arbeitnehmer brauchen **Nebeneinkünfte aus selbständiger Arbeit** nur zu versteuern, wenn sie – nach Abzug der Betriebsausgaben – 800 DM im Jahr übersteigen. Wer also nur geringe Einnahmen aus selbständiger Tätigkeit hat und ihnen so viele Kosten zuordnen kann, daß netto maximal 800 DM übrigbleiben, braucht sie gar nicht zu versteuern.
- Wer **nebenberuflich als Chorleiter, Orchesterdirigentin, Volkshochschuldozent oder als Kursleiterin** in anderen gemeinnützigen Einrichtungen tätig ist, braucht die dafür gezahlten Aufwandsentschädigungen bis zur Höhe von 2.400 DM im Jahr nicht zu versteuern. Maßgeblich ist hier der *Umsatz* – Betriebskosten dürfen nur abgezogen werden, soweit sie nachweislich 2.400 DM übersteigen.
- Wer **nebenberuflich künstlerisch, schriftstellerisch oder wissenschaftlich** (also nicht journalistisch!) tätig ist und damit mehr als 800

DM verdient, kann pauschal 25% der entsprechenden Einnahmen, maximal 1.200 DM im Jahr, als Betriebsausgaben geltend machen. *Nachgewiesene* Kosten können - sofern sie der nichtselbständigen Tätigkeit zuzuordnen sind - in diesem Fall zusätzlich als Werbungskosten abgesetzt werden.

Für die **hauptberufliche** Tätigkeit (das ist die, aus der mehr als die Hälfte der Einkünfte fließen, wobei nicht alle Finanzämter die 50-Prozent-Grenze stur anwenden) können *selbständige* Autorinnen und Journalisten die Betriebausgabenpauschale (siehe Seite 248) anwenden, *nichtselbständige* Artisten, Schauspielerinnen und Journalisten die erhöhte Werbungskosten-pauschale (siehe Seite 253).

In allen Fällen solcher „Mischtätigkeit" erzielt theoretisch das beste Ergebnis, wer für die überwiegende Einnahmeart (selbständig oder nichtselbständig) die jeweilige Pauschale (Betriebskosten- oder Werbungskostenpauschale) in Anspruch nimmt und *alle nachgewiesenen* Ausgaben *der anderen* Einnahmeart zuordnet. Die Zuordnung muß allerdings **glaubhaft** sein - sonst braucht das Finanzamt sie nicht anzuerkennen.

Zudem ist die Praxis der Finanzämter bei der Anerkennung der Betriebskosten- und/oder der Werbungskostenpauschale bei solchen Mischtätigkeiten sehr unterschiedlich. Wer sich benachteiligt fühlt, kann - form-, kosten- und risikolos - Beschwerde einlegen.

Sonderausgaben und Freibeträge 8.1.5.

Zu den so ermittelten Einkünften aus selbständiger und/oder nichtselbständiger Arbeit werden eventuelle weitere Einnahmen addiert, z.B. aus **Geldanlagezinsen** („Anlage KSO"). Von der Summe werden zur Ermittlung des zu versteuernden Einkommens abgezogen:

- der **Kinderfreibetrag** von 6.912 DM pro Kind, eventuell hälftig auf beide Elternteile verteilt,
- die **Sonderausgaben** und
- die **außergewöhnlichen Belastungen.**

Zu den Sonderausgaben zählen

- die **Kirchensteuer,**
- **Steuerberatungskosten** bei Abfassung der Steuererklärung,
- Aufwendungen für die **eigene Berufsausbildung** in einem *nicht ausgeübten* Beruf, z.B. für ein Studium (höchstens 1.800 DM, bei auswärtiger Unterbringung bis zu 2.400 DM im Jahr),
- **Spenden** an mildtätige, wissenschaftliche, kulturelle und gemeinnützige Zwecke,
- **Renten, Unterhaltsleistungen** an geschiedene Ehepartner,
- die **Vorsorgeaufwendungen** (Beiträge zu Bausparkassen und zu Kranken-, Unfall-, Haftpflicht-, Renten- und Lebensversicherungen). Hier gelten sehr kompliziert zu berechnende Höchstgrenzen, die aber niemand zu stören brauchen: Einfach alles angeben, das Finanzamt berechnet die Höchstgrenzen selbst.

Ein Sonderfall sind **Mitgliedsbeiträge und Spenden an politische Parteien:** Sie dürfen, solange sie 3.000 DM (Ehepaar: 6.000 DM) im Jahr nicht überschreiten, zur Hälfte direkt von der Steuer*schuld* abgezogen werden – also nicht, wie alle anderen Ausgaben, von den *Einkünften!* Spendenbeträge über dem Grenzbetrag gelten dann noch als Sonderausgaben.

Außergewöhnliche Belastungen sind private Ausgaben, die *außergewöhnlich sind, vom Steuerpflichtigen selbst* getragen werden *müssen* und *unzumutbar hoch* sind. Das sind zum Beispiel Kosten für einen Krankenhausaufenthalt, Scheidungskosten oder Wiederbeschaffungskosten nach einem Wohnungsbrand, die nicht von einer Versicherung bezahlt werden. Wer glaubt, in dieser Weise außergewöhnlich belastet zu sein, kann in jedem Einkommensteuerratgeber nachschlagen, ob und ab welcher Höhe er es tatsächlich ist.

8.2. Umsatzsteuer

„Sind Sie mehrwertsteuerpflichtig?", wollte die IG Medien in einer Umfrage wissen, und eine freie Journalistin antwortete: „??? – Ich zahle jedenfalls keine!" Die Kollegin irrte – wie so viele Freie, die immer noch glauben, besonders schlau zu sein, wenn sie sich der Mehrwertsteuerpflicht entziehen.

Meist ist das Gegenteil der Fall. Nicht wenige Freie verschenken mit diesem fatalen „Trick" jedes Jahr vierstellige Summen. Denn Mehrwertsteuer *zahlen* müssen wir so oder so, bei jedem Bleistift, bei jeder Gitarrensaite, die wir kaufen. Die Frage ist nur, ob wir uns dieses Geld vom Finanzamt *zurückholen.* Das geht, wenn man mehrwertsteuerpflichtig ist.

8.2.1. Das Prinzip

Die Prinzip der Mehrwertsteuer (oder Umsatzsteuer – das meint dasselbe) ist, daß jeder Unternehmer diese Steuer zwar auf seinen gesamten *Umsatz* erhebt, davon aber nur den Teil an das Finanzamt abführen muß, der auf den von ihm bzw. seinen Leuten geschaffenen *„Mehrwert"* entfällt. Konkret: Er schlägt die Umsatzsteuer auf den Preis aller seiner Lieferungen und Leistungen auf, zieht von diesen Umsatzsteuereinnahmen aber die Beträge ab, die er seinen Lieferanten auf derenLieferungen und Leistungen gezahlt hat (Vorsteuer) – und führt den Rest dann an das Finanzamt ab.

Also: Wer nicht umsatzsteuerpflichtig ist, für den ist das Geld verloren, das er im Laden als Mehrwertsteuer auf seine Ölfarben oder seinen Computer bezahlt hat. Wer umsatzsteuerpflichtig ist, kann sich dieses Geld vom Finanzamt zurückholen. Und oft noch erheblich mehr.

8.2.1.1. Der Pferdefuß

Im normalen Leben führt die Umsatzsteuerpflicht also *immer* zu zusätzlichen Einnahmen, da jedes kommerzielle Unternehmen bereit ist, Freien die

Mehrwertsteuer *zusätzlich* zum Honorar zu bezahlen. Ob ein Verlag für eine Romanübersetzung 10.000 Mark netto oder den gleichen Betrag zuzüglich Mehrwertsteuer, also 10.700 Mark bezahlt, das macht für ihn überhaupt keinen Unterschied. Denn die 700 Mark Mehrwertsteuer kann er sich komplett vom Finanzamt zurückholen, indem er sie als Vorsteuer von *seiner* Mehrwertsteuerschuld abzieht.

Das Problem ist, daß Kunst- und Medienschaffende es in sehr vielen Fällen nicht mit „normalen" Kunden zu tun haben: Sie verkaufen Bilder an Privatleute, schreiben für kirchliche Medien, lesen in öffentlichen Bibliotheken, spielen in kommunalen Einrichtungen, unterrichten an Musikschulen oder arbeiten für öffentlich-rechtliche Rundfunkanstalten, die alle von der Umsatzsteuerpflicht befreit sind. Für *sie* bedeuten die 700 Mark Mehrwertsteuer eine echte Mehrausgabe, da sie keine Umsatzsteuer an das Finanzamt abzuführen brauchen, von der sie diese 700 Mark als Vorsteuer abziehen könnten.

Die härteste Konsequenz hieraus haben die öffentlich-rechtlichen Rundfunkanstalten gezogen. Sie weigern sich mit dem Recht des Stärkeren strikt, Mehrwertsteuer *zusätzlich* zum Honorar zahlen, und behaupten einfach, diese sei in ihren festen Honorarsätzen bereits enthalten. Faktisch führt das zu einer Honorarminderung, denn von den umsatzsteuerpflichtigen Freien will das Finanzamt seinen Mehrwertsteueranteil trotzdem haben – ob der Sender ihn bezahlt hat oder nicht.

Im Ergebnis ähnlich stellt sich das Problem bei privaten Kunstsammlern: Wenn sie bereit sind, 3.000 Mark für ein Bild auszugeben, dann ist es ihnen wurscht, ob darin Mehrwertsteuer enthalten ist oder nicht. Der Maler, der nicht mehrwertsteuerpflichtig ist, kann also möglicherweise höhere (Netto)-Preise verlangen als seine mehrwertsteuerpflichtige Kollegin. Auch für eine Gemeindeverwaltung bedeutet die Mehrwertsteuer auf der Honorarrechnung eines Freien Theaters eine echte Zusatzausgabe.

Wann „lohnt" sich die Mehrwertsteuer? 8.2.1.2.

Im freien Kunst- und Medienbetrieb kann die Mehrwertsteuerpflicht also Geld bringen oder auch kosten – je nachdem, was für Kunden man hat.

- **Sie bringt Geld** bei Kunden, die die Mehrwertsteuer problemlos zusätzlich zum Honorar bezahlen, weil sie sie selbst als Vorsteuer geltend machen können. Dazu zählen alle kommerziellen Printmedien, Buch- und Plattenverlage, Privatsender, Film- und Fernsehproduktionsfirmen, Galerien, kommerzielle Veranstalter, Musikkneipen und sonstige Firmen.
- **Sie kostet Geld** bei Kunden, die feste Honorarsätze haben und sich weigern, die Mehrwertsteuer zusätzlich zu bezahlen. Dazu zählen alle öffentlich-rechtlichen Rundfunkanstalten und einige (nicht alle) kirchliche Medien.
- Dazwischen gibt es eine Grauzone von privaten Kunden, kommunalen Stellen und kulturellen Einrichtungen, von denen manche zwar die Mehrwertsteuer zusätzlich zum vereinbarten Honorar zahlen. Zu prüfen ist

aber, ob sie nicht ohne Mehrwertsteuer zu einer höheren Honorarvereinbarung bereit wären – etwa weil sie einen festen Etat haben. Da muß man, wenn es regelmäßige Kunden sind, einfach mal fragen.

Ob sich die Mehrwertsteuerpflicht *insgesamt* lohnt, läßt sich ziemlich genau ausrechnen, wenn man seine Honorare so in „korrekte" und „mehrwertsteuerfaule" Einnahmen aufteilt. Sie lohnt sich, wenn der Anteil der „korrekten" Honorare an meinen Gesamthonoraren höher ist als der Anteil meiner Mehrwertsteuereinnahmen, den ich an das Finanzamt abführen muß.

Ruhig bleiben – ich erklär das an einem Beispiel: Ein Maler berechnet auf alle Einnahmen 7% Mehrwertsteuer und darf bei der Umsatzsteuererklärung 5,2% vom Umsatz pauschal als Vorsteuer einbehalten (siehe Seite 263). An das Finanzamt führt er somit rund 25% seiner Mehrwertsteuereinnahmen ab (denn 1,8 sind etwa 25% von 7,0). Diese 25% sind die Grenze: Bekommt er bei mehr als 25% seiner Honorare die Mehrwertsteuer korrekt zusätzlich, dann bringt ihm die Mehrwertsteuerpflicht zusätzliches Geld ein. Sonst nicht.

Die entsprechenden Sätze für andere Berufsgruppen lassen sich mit den Durchschnittssätzen auf Seite 263 analog ausrechnen. Wer nicht nach Durchschnittssätzen abrechnet, kann das Verhältnis von eingenommener und abgeführter Mehrwertsteuer seiner letzten Umsatzsteuererklärung entnehmen.

8.2.2. Umsatzsteuerfreiheit

Leider kennt das Steuerrecht keine Wahlfreiheit, ob man sich der Umsatzsteuerpflicht unterwerfen will oder nicht. In einigen Fällen aber ist eine Befreiung möglich – oder es ist gar keine Umsatzsteuerpflicht gegeben.

Ein juristisches Kabinettstückchen haben Anwälte in Köln zustandegebracht: Sie haben in mehreren Verfahren mit Rechtsschutz der IG Medien das Finanzgericht Köln davon überzeugt, daß das Gewerbesteuerrecht einen anderen Unternehmerbegriff benutzt als das Umsatzsteuerrecht. Das Gericht erklärte eine freie, arbeitnehmerähnliche Journalistin bei der Deutschen Welle für nicht umsatzsteuerpflichtig, obwohl die Anstalt sie – zu Recht – als Selbständige führt. Begründung: In diesem konkreten Fall trage die Journalistin kein Unternehmerrisiko und erfülle damit nicht das Unternehmerkriterium des Umsatzsteuergesetzes. (Der Spruch ist nicht rechtskräftig.)

8.2.2.1. Befreiung von der Umsatzsteuerpflicht

Bei einigen Berufsgruppen und Einkommensklassen ist die Befreiung von der Umsatzsteuerpflicht im Gesetz ausdrücklich vorgesehen:

Steuerbefreiung für Kleinunternehmer:

Alle Kleinunternehmer, deren Umsatz im Vorjahr unter 32.500 DM lag und im laufenden Jahr 100.000 DM voraussichtlich nicht überschreiten wird, sind nach § 19 Abs. 1 Umsatzsteuergesetz (UStG) *automatisch* von der Umsatzsteuerpflicht befreit.

Steuerbefreiung für Lehrkräfte:

Freiberufliche Lehrkräfte können nach § 4, Nr. 21 UStG von der Umsatzsteuerpflicht befreit werden,

- wenn sie Unterricht *„regelmäßig und für eine gewisse Dauer"* erteilen (einzelne Vorträge werden nicht befreit) und
- wenn ihr Unterricht *„auf einen Beruf oder eine vor einer juristischen Person des öffentlichen Rechts abzulegende Prüfung ordnungsgemäß vorbereitet"*. Diese Bedingung erfüllt auch Nachhilfe- (Prüfungsvorbereitung), Musik- und Sprachunterricht (Berufsvorbereitung).

Ob dafür eine besondere Bescheinigung erforderlich ist, hängt von der Einrichtung ab, an der der Unterricht erteilt wird:

- Bei **öffentlichen Schulen, Hochschulen und privaten Schulen,** die als allgemein- oder berufsbildende Einrichtungen ihrerseits nach § 4, Nr. 21 von der Umsatzsteuerpflicht befreit sind (z.B. **Fernlehrinstitute, Nachhilfe- oder Sprachschulen**), gehen die Finanzämter ohne weiteren Nachweis davon aus, daß auch die dort tätigen Lehrkräfte die gesetzliche Voraussetzung erfüllen. Nach Umsatzsteuerrichtlinie 112a genügt hier der Hinweis an das Finanzamt, daß die Umsätze bei einem Auftraggeber erzielt wurden, *„der nach § 4, Nr. 21 UStG von der Umsatzsteuerpflicht befreit ist"*. Ob das tatsächlich der Fall ist, erfährt man im Sekretariat. (Achtung: Eine Befreiung nach § 4, *Nr. 22* reicht nicht!)
- Wer an einer anderen Einrichtung arbeitet, z.B. einer **Musikschule, Volkshochschule** oder beim **DGB-Bildungswerk,** benötigt für die Steuerbefreiung eine Bescheinigung, daß sein Unterricht die genannte Bedingung des 4, Nr. 21 erfüllt. Reine Hobbykurse sind nicht von der Steuer befreit!
- Wer **Privatunterricht** erteilt (z.B. Musik oder Nachhilfe), kann sich mit einer solchen Bescheinigung ebenfalls von der Umsatzsteuerpflicht befreien lassen.

Die Bescheinigungen stellt die Schulaufsichtsbehörde (das ist meist die Bezirksregierung oder das Regierungspräsidium) aus, und zwar in der Regel sehr großzügig. In Berlin genügt z.B. eine Bescheinigung der Musikschule, daß die betreffende Lehrkraft einen qualifizierten Abschluß hat, der zur berufsvorbereitenden Ausbildung *befähigt*.

Steuerbefreiung für Freie Theater:

Alle Freien Theater können auf Antrag von der Umsatzsteuerpflicht befreit werden, wenn ihnen das für Kunst zuständige Landesministerium (in einigen Ländern auch der Regierungspräsident bzw. die Bezirksregierung) bescheinigt, daß sie *„die gleichen kulturellen Aufgaben"* wie die Theater der Länder oder der Gemeinden erfüllen (§ 4 Nr. 20 a UStG).

Voraussetzung ist nach Umsatzsteuerrichtlinie 106, daß ein fester Kern von Schauspielern und die notwendigen technischen Voraussetzungen (zumindest ein geeigneter Probenraum – eine eigene Bühne wird nicht verlangt) dafür vorhanden sind, daß *„die Durchführung eines Spielplans aus eigenen Kräften möglich ist"*.

Welche weiteren Nachweise (z.B. Presserezensionen, Spielpläne, Gastspielverträge) für die Bescheinigung verlangt werden, erfährt man bei der zuständigen Behörde. Die stattet dem Theater in Zweifelsfällen auch schon mal einen Besuch ab oder läßt sich Videobänder vorlegen.

Ist die Bescheinigung einmal ausgestellt, ist das Finanzamt an sie gebunden. Wieder zurücknehmen kann sie nur die ausstellende Behörde. Die Befreiung bezieht sich auch auf die Garderobe sowie den Verkauf von Programmen und Getränken, sofern er nicht über eine „Nebenleistung" hinausgeht.

Die Befreiung ist auch möglich für literarische Kabaretts, Puppentheater, Pantomimetheater oder ähnliche, jedoch nicht für Varietés, Kleinkunst- und Zirkusdarbietungen.

Bei der Antragsformulierung sollte man ein wenig an die Künstlersozialkasse denken. Falls das Theater nicht künstlersozialabgabepflichtig ist (siehe Seite 206), darf die Selbstdarstellung nicht das Gegenteil vermuten lassen. Es könnte ja sein, daß die KSK einmal von dieser Umsatzsteuerbefreiung erfährt und Näheres wissen will.

Steuerbefreiung für Musikgruppen:

Nach demselben Paragraphen können auf Antrag auch *„alle Musiker- und Gesangsgruppen, die aus zwei oder mehr Mitwirkenden bestehen"*, von der Umsatzsteuerpflicht befreit werden. Auf die Art der Musik kommt es dabei nicht an – auch Unterhaltungsmusik fällt nach Umsatzsteuerrichtlinie 107 unter diese Vorschrift.

Für die Ausstellung der Bescheinigung gilt das oben zu den Freien Theatern Gesagte. Nachgewiesen werden muß unter anderem *„die Kontinuität des kulturellen Wirkens"*.

Bedingung ist jedoch, daß es sich um eine *Gruppe* handelt. Die Sängerin, die von der Mehrwertsteuerpflicht befreit werden will, muß sich also schon mit einem (nachweisbar ständigen) Begleiter zusammentun. So leistet auch das Finanzamt seinen Beitrag gegen die Vereinzelung in der Kulturszene.

Steuerbefreiung für Jazzclubs usw.:

Nach dem gleichen Paragraphen sind Umsatzsteuerbefreiungen auch für weitere kulturelle Einrichtungen und Aktivitäten denkbar. So können sich etwa Jazzclubs – allerdings nur was die Eintrittsgelder für Konzerte angeht – von der Umsatzsteuerpflicht befreien lassen.

Theoretisch müssen sie die Befreiung für jede Veranstaltung einzeln beantragen – in der Praxis reicht meist ein Sammelantrag für alle Veranstaltungen des abgelaufenen Jahres. Das sollte man mit der zuständigen Behörde aber *vorher* absprechen, um unliebsame Überraschungen zu vermeiden.

Verzicht auf die Umsatzsteuerbefreiung 8.2.2.2.

Ob eine solche Steuerbefreiung von Vorteil ist, muß jeder und jede im Einzelfall selbst prüfen (siehe Seite 257). Sie ist es keineswegs immer. Für die Theatergruppe, die von der Umsatzsteuerpflicht profitieren würde, ist der Fall einfach: Sie läßt sich einfach keine Bescheinigung nach § 4, Nr. 21 UStG ausstellen. (Aber Vorsicht: Auch das Finanzamt kann eine solche Bescheinigung beantragen!)

Ein wenig aufwendiger ist es für den Übersetzer, dem sein Verlag die Mehrwertsteuer zusätzlich zum Honorar bezahlen würde, der aber als Kleinunternehmer *automatisch* von der Umsatzsteuerpflicht befreit ist (siehe Seite 315). Für ihn gibt es zum Glück den § 19, Abs. 2 UStG, der den **Verzicht auf die Umsatzsteuerbefreiung nach § 19, Abs. 1** erlaubt. Dazu genügt eine formlose Mitteilung an das Finanzamt *(„Ich verzichte hiermit auf die Umsatzsteuerbefreiung für Kleinunternehmer“)*, die dann fünf Jahre lang bindend ist. Kompliziert? Kann aber ganz schön Geld bringen.

Das Umsatzsteuerverfahren 8.2.3.

Wer nach dem bisher Gesagten zu dem Schluß kommt, daß er mit einer Befreiung von der Umsatzsteuerpflicht besser fährt, und die Bedingung für eine solche Befreiung erfüllt, braucht jetzt nicht mehr weiterzulesen. Das Umsatzsteuerverfahren ist allerdings recht schnell erklärt.

Mehrwertsteuersatz 8.2.3.1.

Der normale Mehrwertsteuersatz für alle Lieferungen und Leistungen beträgt **16%.** Er reduziert sich auf **7%** für fast alle Leistungen von Freien im Bereich von Kunst und Medien, vor allem für

- **„die Einräumung, Übertragung und Wahrnehmung von Rechten, die sich aus dem Urheberrechtsgesetz ergeben“** (§ 12, Abs. 2, Nr. 7c UStG).

Da diese Bestimmung noch nicht den Verkauf von Originalgemälden (ohne daß dabei Nutzungsrechte überlassen werden) oder die bloße Aufführung eines Theater- oder Musikstücks (ohne daß es aufgezeichnet oder übertragen wird) erfaßt, gilt der ermäßigte Steuersatz nach § 12, Abs. 2, Nr. 7 UStG außerdem ausdrücklich für

- Theater-, literarische Kabarett- und Musik*gruppen* (sofern sie nicht von der Umsatzsteuerpflicht befreit sind),
- Theater- und Konzertvorführungen,
- die Überlassung von Filmen zur Auswertung und Vorführung,

sowie nach Nr. 53 der Anlage zu § 12, Abs. 2 UStG für

- Gemälde und Zeichnungen, Originalstiche, -schnitte und -steindrucke sowie „Originalerzeugnisse der Bildhauerkunst“ (vollständige Aufzählung).

Dennoch lassen diese gesetzlichen Festlegungen einige ärgerliche Lücken. Mit dem vollen Mehrwertsteuersatz abgerechnet werden müßten danach zum Beispiel

- Auftritte von Solomusikern (keine Musik*gruppe*),
- neuartige bildende Kunst (Computerkunst oder Installationen kommen im Gesetzestext nicht vor),
- Fachübersetzungen für Industrie und Privatleute, redaktionelle Tätigkeit von Journalisten, Lektorat, Dichterlesungen (kein Urheberrecht).

Häufig wird man für diese Fälle Hilfskonstruktionen finden können. So verlangt die Umsatzsteuerrichtlinie 168, Abs. 8 ausdrücklich 16% auf das Honorar für Dichterlesungen – bei ernsthaften Klageandrohungen geben sich die Finanzämter aber regelmäßig über die Hilfsvermutung, die Lesung sei auf Band mitgeschnitten worden (Erwerb eines Urheberrechts) mit 7% zufrieden.

Dennoch ist es keineswegs eine Ausnahme, daß ein und dieselbe Person Leistungen zu 7 und zu 16% erbringt – der künstlerisch tätige Grafikdesigner (7%) etwa, der auch Reinzeichnungen (16%) anfertigt. Oder die Literaturübersetzerin (7%), die ihr Honorar mit der Übersetzung von Gerichtsdokumenten (16%) aufbessert. Auch Werbeeinnahmen und der Getränkeverkauf im Freien Theater unterliegen den vollen 16%.

Eine klare Regelung besteht hier bislang nur für Journalistinnen und Journalisten (Wort und Bild). Für sie bestimmt die Umsatzsteuerrichtlinie 168, Abs. 10, daß sie zur Vereinfachung grundsätzlich den reduzierten Mehrwertsteuersatz anwenden können (es sei denn, ihre Tätigkeit besteht *ausschließlich* darin, Daten zu sammeln und *ohne redaktionelle Bearbeitung* weiterzugeben).

Ähnlich klare Regelungen würde die IG Medien über Musterprozesse gern auch für andere der oben genannten Zweifelsfälle erstreiten. Interessierte mögen sich bitte melden.

Von der Mehrwertsteuer befreit sind nach § 4, Nr. 26 UStG Aufwands- und „angemessene" Verdienstausfallentschädigungen bei ehrenamtlicher Tätigkeit, z.B. für die IG Medien.

8.2.3.2. Mehrwertsteuereinnahmen

Wer umsatzsteuerpflichtig ist, schlägt den jeweiligen Mehrwertsteuersatz bei jeder Rechnung auf das Nettohonorar auf. Als Nettohonorar verstehen sich zum Beispiel alle in diesen Ratgeber genannten Honorarempfehlungen und die im Tarifvertrag für arbeitnehmerähnliche Freie an Tageszeitungen fixierten Honorare. Um Mißverständnisse zu vermeiden, sollte man dennoch auf jedem Angebot und in jedem Vertrag das Honorar mit dem Zusatz *„zuzüglich ...% Mehrwertsteuer"* versehen.

Eine Ausnahme von diesen üblichen Geschäftsgepflogenheiten macht lediglich der öffentlich-rechtliche Rundfunk, in dessen Honorartarifverträgen immer Endhonorare genannt werden. Aus ihnen muß die Mehrwertsteuer „herausgerechnet" werden.

Mehrwertsteuerausgaben („Vorsteuer") 8.2.3.3.

Von der so vereinnahmten Mehrwertsteuer darf die freie Künstlerin die gesamte Mehrwertsteuer abziehen, die in ihren Betriebs*ausgaben* enthalten ist und auf den etwas irreführenden Namen „Vorsteuer" hört. Nur den Rest muß sie an das Finanzamt abführen – die Vorsteuern stellen also in vollem Umfang und ohne weitere Abzüge eine *zusätzliche Einnahme* dar.

Die Berechnung der Vorsteuer ist recht mühsam: Normale Unternehmen müssen am Jahresende die verausgabte Mehrwertsteuer aus jedem Ausgabenbeleg „herausrechnen". Der jeweilige Mehrwertsteuersatz ist auf dem Beleg angegeben (ist er das nicht, erkennt das Finanzamt den Beleg nicht an). Im Prinzip gilt:

- **Keine Mehrwertsteuer** ist enthalten in Mieten, Porti, Bankgebühren, Versicherungsprämien, Schadenersatzleistungen, Flugtickets, Gebühren für Fortbildungsveranstaltungen.
- **7% Mehrwertsteuer** sind enthalten im Kaufpreis von Büchern, Zeitungen, Zeitschriften und Noten sowie in den Fahrtkosten im Nahverkehr (unter 50 km).
- **8,7%** vom Kilometergeld für Fahrten im Pkw und
  13,1% von Übernachtungskosten und Tagesspesen bei Dienstreisen können pauschal als Vorsteuer abgezogen werden, wenn man sich die Herausrechnerei aus den einzelnen Belegen sparen will (oder wenn es günstiger ist).

Für alle anderen Waren und Leistungen beträgt die Mehrwertsteuer **16%.** Bei größeren Anschaffungen, die über mehrere Jahre abgeschrieben werden, wird die Mehrwertsteuer im Kaufjahr voll als Vorsteuer abgezogen; für die Abschreibung **(AfA)** wird dann jeweils nur der Nettopreis angesetzt.

Pauschale Berechnung der Vorsteuer 8.2.3.4.

Die mühsame Herausrechnerei der Vorsteuer kann man sich jedoch meist sparen: Die §§ 69 und 70 der Umsatzsteuer-Durchführungsverordnung erlauben nämlich fast allen hier betroffenen Freien, soweit sie im vorangegangenen Kalenderjahr **weniger als 120.000 DM Umsatz** hatten, ihre Vorsteuer *„nach Durchschnittssätzen"* zu berechnen.

In diesem Fall sieht die Umsatzsteuererklärung ganz einfach aus, für eine Malerin zum Beispiel so:

Steuerpflichtige Umsätze zu 7% 80.000 DM	
7% Umsatzsteuer	5.600 DM
Vorsteuerbeträge nach Durchschnittssatz (5,2%)	4.160 DM
An die Finanzkasse zu entrichten	1.440 DM

Die Vorsteuerpauschale wird in Prozent vom (Netto-)Umsatz berechnet und beträgt seit 1.4.1998 für

– Bildhauer	7,0%,
– Grafiker (nicht Gebrauchsgrafiker!)	5,2%,
– Kunstmalerinnen	5,2%,
– selbständige Mitarbeiter bei Bühne, Film, Funk, Fernsehen und Schallplattenproduzenten	3,6%,
– Journalistinnen (Wort und Bild)	4,8%,
– Hochschullehrer (für nebenberufliche Tätigkeit neben dem wissenschaftlichen Hauptberuf)	2,9%,
– Schriftstellerinnen	2,6%.

Für andere künstlerische und publizistische Berufe ist eine pauschale Abrechnung nicht möglich. Übersetzerinnen sollten daher gegenüber dem Finanzamt als Schriftstellerinnen, Musiker als selbständige Mitarbeiter bei Bühne, Funk oder Schallplattenproduzenten firmieren, damit es gar nicht erst Probleme mit der Pauschale gibt.

Die pauschale Berechnung der Vorsteuer empfiehlt sich nicht nur aus Vereinfachungsgründen, sondern auch, weil die Pauschale in vielen Fällen höher liegt als die tatsächlich verausgabte Vorsteuer.

Dieser Vorteil ist rechtens und darf nicht zur Verweigerung der Vorsteuerpauschale führen, wie manch schlauer Finanzbeamter das schon versucht hat. Zwar heißt es in § 23 UStG: *„Die Durchschnittssätze müssen zu einer Steuer führen, die nicht wesentlich von dem Betrag abweicht, der sich nach diesem Gesetz ohne Anwendung der Durchschnittssätze ergeben würde"* – aber dies ist nach einhelliger Auffassung lediglich eine Forderung *an den Gesetzgeber*, die Durchschnittssätze gerecht festzulegen. Sind sie – wie oben genannt – festgelegt, hat jeder das Recht, sie anzuwenden, selbst wenn bei ihm tatsächlich überhaupt keine Vorsteuer angefallen ist.

In einigen Fällen, wo sehr hohe Betriebsausgaben einer vergleichsweise niedrigen Pauschale gegenüberstehen (z.B. Pressefotografen), kann die pauschale Abrechnung ungünstiger sein als die Einzelabrechnung. Das läßt sich anhand der letzten Steuererklärung aber leicht feststellen. Auch für Berufsanfänger, die hohe Investitionen planen und zunächst niedrige Umsätze erwarten, kann die Einzelabrechnung in der Startphase günstiger sein.

Wer die Vorsteuer nach Durchschnittssätzen berechnen will, muß dies formlos beim Finanzamt beantragen *(„... beantrage hiermit, die Berechnung des Vorsteuerbetrages nach dem Durchschnittssatz für Bildhauerinnen von 7,0% vornehmen zu dürfen.")*. Dieser Antrag kann jederzeit widerrufen werden – eine erneute Besteuerung nach Durchschnittssätzen ist dann aber erst wieder nach fünf Jahren möglich.

8.2.3.5. Umsätze im Ausland

Umsätze im Ausland werden bei der Umsatzsteuererklärung nicht berücksichtigt, die entsprechenden Ausgaben dürfen allerdings auch nicht in die

Vorsteuer eingehen. (Ist – bei Vorsteuer-Einzelabrechnung – keine eindeutige Zuordnung möglich, so muß die nachgewiesene Vorsteuer um den Prozentsatz der ausländischen Einkünfte gekürzt werden.)

Das heißt: Es gibt keine Mehrwertsteuereinnahme, aber eine Kürzung der abziehbaren Vorsteuer – also einen Verlust. Im Verkehr mit großen Firmen, die eine Filiale in Deutschland haben wie z.B. der Scherz-Verlag, läßt sich dieser Nachteil verhindern, indem man sie bittet, das Honorar (zuzüglich Mehrwertsteuer) von der deutschen Filiale überweisen zu lassen. Dann ist es wieder ein ganz normaler Inlandsumsatz.

Umsatzsteuererklärung 8.2.3.6.

Die Umsatzsteuererklärung enthält meist nur wenige Zahlen:

- den (Netto-)Umsatz,
- die sich daraus errechnende Mehrwertsteuer,
- die abziehbare Vorsteuer (pauschal oder Einzelabrechnung),
- den an das Finanzamt zu entrichtenden Betrag.

Die Umsatzsteuererklärung muß bis zum 31.5. für das vorangegangene Jahr abgegeben werden. Die Steuerschuld muß im Gegensatz zur Einkommensteuer *ohne Aufforderung durch das Finanzamt* spätestens einen Monat nach Abgabe der Steuererklärung gezahlt werden. Einen Steuerbescheid gibt es hier nicht.

Umsatzsteuer-Voranmeldung 8.2.3.7.

Lag die Umsatzsteuerschuld im Vorjahr über 1.000 DM, so ist zusätzlich jedes Quartal eine Umsatzsteuer-Voranmeldung abzugeben. (Aufforderung durch das Finanzamt abwarten!) Die Voranmeldung ist jeweils bis zum 10.1., 10.4., 10.7. und 10.10. für das vorangegangene Quartal abzugeben und zum gleichen Termin *zu bezahlen.*

Auf Antrag verlängert das Finanzamt die Anmeldungs- und Zahlungsfrist bis auf Widerruf um jeweils einen Monat. Dieser **Antrag auf Dauerfristverlängerung** ist auf einem besonderen Formular zu stellen, das das Finanzamt auf Anforderung zuschickt.

Der Vollständigkeit halber sei erwähnt, daß bei einer Umsatzsteuerschuld von über 12.000 DM im vorausgegangenen Jahr die Umsatzsteuer-Voranmeldungen monatlich abzugeben und zu bezahlen sind.

Mehrwertsteuer rückwirkend erheben 8.2.3.8.

Kunden, die problemlos Mehrwertsteuer bezahlen (siehe Seite 257), sind in aller Regel bereit, Mehrwertsteuer auch *rückwirkend* für längst abgerechnete Honorare zu zahlen. Wer also bisher noch keine Umsatzsteuer erhoben hat, damit aber Geld verdienen könnte, und aus irgendwelchen Gründen die

Einkommensteuererklärung für das letzte oder gar das vorletzte Jahr noch nicht abgegeben hat, sollte auf der Stelle aktiv werden: Dem Finanzamt den Verzicht auf die Mehrwertsteuerbefreiung mitteilen, die entsprechenden Kunden um nachträgliche Überweisung der Mehrwertsteuer bitten und sich von dem unerwarteten warmen Regen ein paar schöne Tage machen.

8.2.3.9. Negative Umsatzsteuer?

Besonders bei Berufsanfängern kann sich am Jahresende schon mal eine „negative Steuerschuld" ergeben – selbst bei einem positiven Gesamtbetrag der Einkünfte: Die Umsätze (zum reduzierten Steuersatz von 7%) waren sehr niedrig, die Startinvestitionen (zum vollen Steuersatz von 16%) sehr hoch.

Das ist überhaupt kein Problem: Das Finanzamt zahlt die überschüssige Vorsteuer sogar *zurück!* Funktionieren kann das allerdings nur, wenn man die Vorsteuer per Einzelnachweis und *nicht nach Durchschnittssätzen* berechnet.

8.3. Weitere Steuern

Die weiteren Steuern sollen hier nur kurz und insoweit angesprochen werden, als es darum geht, sie zu vermeiden.

Wer immer damit liebäugelt, seiner Theatergruppe, seinem Streichquartett oder seinem Journalistenbüro eine andere Rechtsform als die der Gesellschaft bürgerlichen Rechts zu geben, sollte die finanziellen Risiken vorher genauestens mit einem Steuerberater abwägen.

8.3.0.1. Gewerbesteuer

Die Gewerbesteuer wird auf den Gewinn und das Kapital von Gewerbebetrieben erhoben. Als Gewerbebetrieb gilt *nicht* die selbständige wissenschaftliche, künstlerische, schriftstellerische und unterrichtende Tätigkeit sowie die selbständige Tätigkeit von Journalisten, Bildberichterstattern oder Übersetzerinnen, auch wenn sie Mitarbeiter beschäftigen oder zu mehreren gemeinsam als Gesellschaft bürgerlichen Rechts tätig sind (§ 18 Abs.1 Nr. 1 EStG).

Die Gewerbesteuer kann demnach nur in drei Fällen drohen: bei Einzelpersonen, wenn das Finanzamt ihre Tätigkeit nicht als *künstlerische* anerkennt (siehe Seite 56); bei Gruppen von Künstlerinnen oder Publizisten, wenn diese sich *als KG oder GmbH* konstituieren, sowie bei gemeinnützigen Vereinen, die einen „wirtschaftlichen Geschäftsbetrieb" unterhalten.

Allerdings gibt es für Einzelpersonen einen Freibetrag von 48.000 DM *Gewinn;* bei „wirtschaftlichem Geschäftsbetrieb" von Vereinen setzt die Steuerpflicht erst bei einem Umsatz von mehr als 60.000 DM ein.

Körperschaftssteuer

8.3.0.2.

Die Körperschaftssteuer ist so eine Art Einkommensteuer für juristische Personen und kann immer dann drohen, wenn Bands, Freie Theater oder Journalistenbüros sich einen solchen Status geben. Steuerpflichtig sind zum Beispiel GmbHs, Genossenschaften und Vereine. Die Steuerpflicht entfällt unter anderem für Vereine, die *ausschließlich* gemeinnützig tätig sind.

Personengesellschaften wie die Gesellschaft bürgerlichen Rechts sind nicht körperschaftssteuerpflichtig; für „wirtschaftliche Geschäftsbetriebe" gilt dieselbe Grenze wie bei der Gewerbesteuer.

Ausstellungshonorare:

„Das hat's bei mir noch nie gegeben"

Ein fiktives Gespräch von Klaus Geldmacher

Kunstvereinsdirektor: Dann sind wir uns also einig: Ihre Ausstellung wird am 1. Oktober eröffnet; wir drucken 200 Plakate, verschicken 1.500 Einladungen und publizieren einen Katalog mit Abbildungen aller ausgestellten Werke. Perfekt. Oder gibt es sonst noch etwas zu klären, lieber Maestro?

Künstler: Ja, über das Honorar würde ich gerne noch reden.

Direktor: Sie meinen für die Eröffnungsrede? Das übernehme selbstverständlich ich.

Künstler: Nein, ich meine das Ausstellungshonorar.

Direktor: Wie bitte? Ausstellungshonorar? Etwa für Sie?

Künstler: Ja, für mich.

Direktor: Aber sowas hat's noch nie bei mir gegeben.

Künstler: Deshalb möchte ich ja darüber reden.

Direktor: Aber sicher, mein Lieber, reden immer. Nur wer soll das bezahlen? Von welcher Summe sprechen Sie überhaupt?

Künstler: Ich schlage zehn Prozent des Versicherungswertes vor, das wären rund 6.000 Mark.

Direktor: Sechstausend? Davon könnte ich ja eine Arbeit von Ihnen kaufen!

Künstler: Da hätte ich nichts gegen. Aber mir geht es um etwas Grundsätzlicheres. Ich und andere Künstler ...

Direktor: Wie – andere fordern auch so ein Honorar?

Künstler: ... wir wollen, daß unsere monatelange Arbeit im Atelier auch honoriert wird. Jedenfalls dann, wenn die dort entstandenen Werke der Öffentlichkeit präsentiert werden.

Direktor: Verstehe ich Sie richtig? Sie wollen Geld dafür, daß man Ihre Werke anschauen darf? Das ist ja ganz was Neues.

Künstler: So neu finde ich das gar nicht. Sie nehmen doch auch Eintritt für die Ausstellungen im Kunstverein.

Direktor: Ja, aber damit finanziere ich die Ausstellung. Die ja im übrigen Werbung für Sie ist. Schließlich verkaufen Sie doch Ihre Bilder, oder? Da kommt doch Geld rein.

Künstler: Die Werbung ist sicher ein Nebeneffekt. Aber sie ist doch weder Anlaß noch Motiv Ihrer Ausstellung. Oder sehen Sie sich etwa als Werbeagentur der Galerien?

Direktor: Natürlich nicht. Aber der Kunstverein ist nun mal nicht dazu da, Ihren Lebensunterhalt zu finanzieren.

Künstler: Warum eigentlich nicht? Sie bezahlen doch auch alle anderen, die an der Ausstellung mitwirken. Nur ich, der ja immerhin das Wichtigste liefert, ich soll leer ausgehen?

Direktor: Für einen Menschen, dem es um die Kunst gehen sollte, argumentieren Sie ganz schön materialistisch. Soll ich Ihnen mal vorrechnen, was ich für Sie in diese Ausstellung investiere? Da sind wir ganz schnell bei 10.000 Mark – die laufenden Kosten meines Hauses gar nicht gerechnet.

Künstler: Das glaube ich Ihnen gerne. Aber wissen Sie auch, wieviel ich investiere? An Zeit und Kraft für die Konzeption und Produktion meiner Werke? An Materialkosten und Ateliermiete? Woher soll ich das Geld dafür bekommen, wenn nicht über meine Kunst, wenn sie veröffentlicht wird?

Direktor: Das ist ja nun wirklich Ihr Problem. Ich verstehe das nicht: Wir haben seit Jahren ein so gutes Verhältnis – und plötzlich kommen Sie mir mit so abstrusen Forderungen!

Künstler: Was ist daran abstrus? Bekommen Sie denn kein Gehalt dafür, daß Sie Ausstellungen veranstalten? Ohne uns Künstler wären Sie jedenfalls arbeitslos.

Direktor: Jetzt kommen Sie mir nicht mit Klassenkampfparolen. Niemand zwingt Sie, bei mir auszustellen. Andere Künstler stehen draußen Schlange und warten auf eine Chance. Aber selbst wenn ich wollte: Wo soll ich das Geld hernehmen? Im Etat ist das nicht vorgesehen, und die öffentlichen Zuschüsse darf ich nicht zweckentfremden, das wissen Sie selber.

Künstler: Was halten Sie davon, den Eintritt um zwei Mark zu erhöhen? Bei zweitausend Besuchern kämen da viertausend Mark zusammen – damit wäre ich zufrieden.

Direktor: Und mir blieben die Besucher weg. Also erklären Sie mir bitte nicht, wie ich mein Haus zu führen habe. Ich sage Ihnen ja auch nicht, wie Sie malen sollen.

Da dies ein fiktives, aber doch realitätsnahes Gespräch ist, lenkt der Künstler am Ende ein, um die Ausstellung nicht zu gefährden. Sie wird ein großer Erfolg: 600 Vernissage-Gäste, insgesamt 1.700 Besucher, drei ausführliche Presseberichte, ein kurzer Fernsehbericht, zwei potentielle Käufer.

Während der sechs Ausstellungswochen bekommt die Spedition 1.900 DM für Hin- und Rücktransport, die Versicherung 900 DM Prämie, die Druckerei 9.000 DM für Katalog, Plakat und Einladungskarte, die Post 900 DM für das Porto, der Hausbesitzer 2.500 Mark Miete, das Wachpersonal 5.000 DM Bruttogehalt, der Kassierer 1.800 DM, der Direktor 5.500 DM Gehalt, die Sekretärin 2.800 Gehalt, der Eröffnungsredner 600 DM Honorar, der Künstler: Nichts.

Interessen -vertretung 9.

Moderato
C
Dm
C
C
mf
KORG
HEUSSINGER

Interessenvertretung

9.

Die Möglichkeiten einer eigenen Interessenvertretung für Freie sind begrenzt – rechtlich, weil Honorarregelungen verbindlich nur für arbeitnehmerähnliche (siehe Seite 62) abgeschlossen werden dürfen, und faktisch, weil sich Freie viel schwerer als Betriebsbelegschaften organisieren und für gemeinsame Aktionen gewinnen lassen. Um so bedeutsamer ist für Freie die Möglichkeit, ihre Interessen im Rahmen der IG Medien zu vertreten und gemeinsam mit ihren festangestellten Kolleginnen und Kollegen Verbesserungen durchsetzen zu können.

Die IG Medien

9.1.

Die „Industriegewerkschaft Medien – Druck und Papier, Publizistik und Kunst" ist in Westdeutschland im Dezember 1985 aus dem Zusammenschluß der IG Druck und Papier und der Verbände der Gewerkschaft Kunst hervorgegangen. Im Oktober 1990 wurde sie um die Mitglieder der zuvor aufgelösten IG Druck und Papier und der Gewerkschaft Kunst, Kultur und Medien der DDR erweitert. Sie vereinigt rund 190.000 Mitglieder aus allen Kultur- und Medienberufen in den neun Fachgruppen

- Druckindustrie und Zeitungsverlage,
- Papier- und Kunststoffverarbeitung,
- Rundfunk / Film / Audiovisuelle Medien,
- Journalismus,
- Musik,
- Bildende Kunst,
- Literatur (VS),
- Darstellende Kunst,
- Verlage und Agenturen.

Freie in der IG Medien

9.1.1.

Die IG Medien hat ihre Aktivitäten für Freie in den letzten Jahren erheblich verstärkt. In den Fachgruppen sitzen Freie mittlerweile in fast allen Vorständen von der Orts- bis zur Bundesebene. Über die (fachgruppenübergreifende) **Bundeskommission Freie,** auf deren Initiative dieser Ratgeber entstanden ist, sind sie auch direkt im Hauptvorstand der IG Medien vertreten.

Ebenso wichtig sind die **Arbeitskreise von Freien,** die sich inzwischen vielerorts gebildet haben und – neben Erfahrungsaustausch und gegenseitiger Beratung – beginnen, ihre Forderungen gegenüber Auftraggebern gemeinsam zu vertreten. Zur Unterstützung führen die Fachgruppen auf Bundes- und Landesbezirksebene regelmäßig **Seminare für Freie durch,** die jeweils in den Zeitschriften der IG Medien angekündigt werden.

Der erste **Arbeitskampf von Freien** seit Bestehen der Bundesrepublik fand 1988 in Hessen statt. Freie Journalisten und Journalistinnen der damaligen dju legten tageweise die Arbeit nieder und „besuchten" mit öffentlichkeitswirksamen Aktionen verschiedene Tageszeitungsverleger, um sie zu zwingen, endlich auch in Hessen den „Tarifvertrag für freie arbeitnehmerähnliche Journalisten an Tageszeitungen" anzuerkennen. Natürlich gab's für die Freien Streikgeld von der damaligen IG Druck und Papier. (Der Erfolg blieb leider aus.)

In einigen Landesbezirken gibt es darüber hinaus spezielle **Informationsangebote für Freie,** z.B. die Zeitschriften „Freiexemplar" (Bayern, für Freie aller Fachgruppen) und „Freibrief" (NRW, für Freie in Journalismus, Funk und Fernsehen) und einen Ratgeber für Freie beim Bayerischen Rundfunk.

9.1.1.1. Beratung für Freie

Eine spezielle Beratung für Freie – telefonisch, persönlich oder per Internet – bietet die IG Medien inzwischen fast flächendeckend an. Feste Termine gibt es in

- **Bayern:** Für alle Freien telefonisch jeden Montag 14–15 Uhr (Tel. 089 / 54 46 40 – 0, Fax -51); für Freie im Filmverband Süd jeden Montag 10–12 Uhr (Tel. 089 / 54 46 40 – 30, Fax -52); weitere Termine beim Landesbezirk(A).
- **Berlin-Brandenburg:** Donnerstags 9–17 Uhr, Anmeldung unter Tel. 030 / 78 80 09 25.
- **Hessen:** Jeweils am letzten Mittwoch im Monat. Anmeldung und telefonische Vorklärung unter Tel. 069 / 24 29 12 - 15.
- **Nord** (Hamburg, Mecklenburg-Vorpommern, Schleswig-Holstein): Am ersten und dritten Donnerstag im Monat 16–17.30 Uhr telefonisch unter 040 / 28 58 - 504; für persönliche Beratung Anmeldung per Fax 040 / 28 58 - 511.
- **Nordrhein-Westfalen:** Jeden dritten Mittwoch 14–18 Uhr. Telefonische Anmeldung und weitere Termine: 0221 / 95 14 96 - 44. Unter derselben Nummer wird eine Technikberatung für Freie im Journalismus vermittelt.

In **Baden-Württemberg, Niedersachsen/Bremen, Rheinland-Pfalz-Saar** und **Südost** (Sachsen, Sachsen-Anhalt, Thüringen) sind die Beratungstermine beim Landesbezirk(A) zu erfragen.

Ein ganz neues Angebot bauen die Deutsche Postgewerkschaft, die Gewerkschaft Handel, Banken und Versicherungen und die IG Medien mit ihrem gemeinsamen **Online Forum Telearbeit (Onforte(A))** auf. Onforte ist ein

Projekt zur arbeitnehmerorientierten Telearbeitsberatung, richtet sich aber ausdrücklich auch an Freie, die sich in allen Fragen des Berufsalltags an das Callcenter oder eine spezielle E-Mail-Adresse wenden können. Hier kann man auch den „Ratgeber Freie" bestellen.

Eigentlich nur für Bayern gedacht, aber natürlich weltweit abrufbar ist die Freienberatung der IG Medien Bayern im **Internet** unter http://ourworld.compuserve.com/homepages/Freienberatung_IG_Medien_Bayern. Mit aktuellen Honorartabellen, Musterverträgen und vielen Informationen.

Fachgruppen in der IG Medien 9.1.2.

Die IG Medien versteht sich nicht nur als Tarifvertragspartei und Rechtsschutzversicherung. Interessenvertretung heißt für ihre Kunst- und Medienfachgruppen auch, sich im regionalen, nationalen und internationalen Rahmen überall einzuschalten, wo es um kulturelle und publizistische Belange im allgemeinen und um solche der Freien im besonderen geht. Dazu arbeiten sie in den verschiedensten nationalen und internationalen Organisationen, Institutionen und Stiftungen mit, vertreten die Interessen der Freien in den Gremien der Künstlersozialkasse und der Verwertungsgesellschaften und schalten sich mit eigenen Vorschlägen und Stellungnahmen in Gesetzgebungsverfahren ein. Außerdem mischen sie sich mit öffentlichen Veranstaltungen in die kultur- und medienpolitische Diskussion ein.

Die Kunst- und Medienberufe sind innerhalb der IG Medien in sechs Fachgruppen organisiert. Wer im Organisationsbereich mehrerer Fachgruppen tätig ist, z.B. als Schauspieler *und* Rundfunksprecher, kann in allen entsprechenden Fachgruppen mitarbeiten. Wahlmandate können jedoch jeweils nur in einer Fachgruppe wahrgenommen werden.

Fachgruppe Journalismus 9.1.2.1.

Die Fachgruppe Journalismus hat ihren Schwerpunkt bei den Printmedien, wo sie – anders als beim Rundfunk – jedoch nur Journalisten und Volontärinnen organisiert. Von ihren gut 19.000 Mitgliedern arbeitet inzwischen etwa die Hälfte frei. In den Betriebsräten ist sie unter den Vertretern der Redaktionen die eindeutig stärkste Gruppe.

Mitglied der Fachgruppe Journalismus können alle werden, die in Wort, Bild, Ton oder Layout, Dokumentation oder Archiv hauptberuflich journalistisch arbeiten oder sich in einer journalistischen Ausbildung befinden, also

- Redakteure und Volontärinnen bei Zeitungen, Zeitschriften und Anzeigenblättern, in Nachrichtenagenturen und Pressestellen,
- hauptberuflich freie Journalisten, Fotografinnen, Publizistinnen und Karikaturisten,
- Studierende der Fächer Journalistik, Publizistik, Kommunikationswissenschaften und Grafikdesign, deren Studium auf einen journalistischen Beruf zielt.

Redakteurinnen und Volontäre bei Rundfunk und Fernsehen können sowohl in der Fachgruppe RFAV als auch in der Fachgruppe Journalismus mitarbeiten.

9.1.2.2. Fachgruppe Rundfunk / Film / Audiovisuelle Medien

Die Fachgruppe Rundfunk/Film/Audiovisuelle Medien (RFAV) hat in den öffentlich-rechtlichen und privaten Rundfunkanstalten und Filmbetrieben knapp 28.000 Mitglieder, die in sämtlichen Bereichen arbeiten, von der Küchenhilfe über Werbekaufleute, Cutterinnen und Journalisten bis zur Regisseurin. Im öffentlich-rechtlichen Bereich hat die RFFU eine dreistellige Zahl von Tarifverträgen erstritten und dabei auch den Freien Arbeits- und Honorarbedingungen gesichert, wie sie so gut in keinem anderen Bereich erreicht werden konnten. Auch für den privaten Rundfunk wurden erste Tarifverträge abgeschlossen, allerdings noch nicht für arbeitnehmerähnliche Freie.

Mitglied der Fachgruppe RFAV werden können alle Beschäftigten einschließlich der Auszubildenden, Rentnerinnen und Pensionäre in

- privaten und öffentlich-rechtlichen Betrieben des Hörfunks, des Fernsehens und rundfunkähnlicher Dienste,
- Landesmedienanstalten,
- Filmbetrieben sowie
- allen weiteren Betrieben des audiovisuellen Bereichs.

9.1.2.3. Fachgruppe Literatur

Bei der Fachgruppe Literatur handelt es sich um den Verband deutscher Schriftsteller (VS) mit der Bundessparte Übersetzer, der inzwischen rund 3.500 Mitglieder zählt. Der VS war maßgeblich an der Durchsetzung der Bibliothekstantieme und der Kopierabgabe beteiligt, aus denen den Wahrnehmungsberechtigten der VG Wort heute etliche Millionen Mark im Jahr zufließen; er hat für die Abschaffung des „Schulbuchparagraphen" gesorgt, so daß Texte in Schulbüchern heute nicht mehr ohne Vergütung für die Autorinnen abgedruckt werden dürfen; er gehörte zu den treibenden Kräften bei der Verwirklichung der Künstlersozialversicherung und hat mit dem Börsenverein des Deutschen Buchhandels Normverträge für Autoren und Übersetzerinnen abgeschlossen.

Mitglied der Fachgruppe Literatur können alle haupt- und nebenberuflichen Autoren werden, die deutsch schreiben oder in der Bundesrepublik leben und ihr fachliches Können durch

- eine (nicht selbst finanzierte) Buchveröffentlichung,
- ein (gesendetes) Hör- oder Fernsehspiel oder

- eine entsprechende Autorentätigkeit in den Bereichen Übersetzung, Sachbuch, Wissenschaft, Theater, Film, Kritik usw.

nachgewiesen haben. Außerdem können Inhaber und Inhaberinnen von ererbten Urheberrechten Mitglied werden.

Für die Bundessparte Übersetzer mit ihren 750 Mitgliedern gelten diese Aufnahmebedingungen analog: Mitglied kann werden, wer eine publizierte Buchübersetzung nachweisen kann.

Fachgruppe Bildende Kunst 9.1.2.4.

Sie ist die kleinste der sechs Kunst- und Medienfachgruppen, hat aber nach einem stetigen Wachstum inzwischen 1.300 Mitglieder. In den letzten Jahren legte die Fachgruppe Bildende Kunst den Schwerpunkt ihrer Arbeit auf die Durchsetzung von Ausstellungshonoraren, die Gleichstellung der Künstlerinnen und die Professionalisierung ihrer Mitglieder, wozu sie regelmäßig „Professionalisierungsseminare" durchführt.

Mitglied der Fachgruppe Bildende Kunst kann werden, wer professionell (haupt- oder nebenberuflich) in der Bildenden Kunst tätig ist oder in einem Kunststudium mindestens das 6. Semester erreicht hat. Dazu zählen auch Grafikdesigner, Illustratorinnen und Museumspädagogen, nicht aber Hobbykünstler und -künstlerinnen.

Bei der Entscheidung über Aufnahmeanträge von Künstlerinnen und Künstlern wird die künstlerische Qualität nicht beurteilt; nachgewiesen werden muß jedoch

- das fachliche Können (Ausstellungen in Kunstinstitutionen oder Galerien, öffentliche Aufträge oder andere vergleichbare Formen der Veröffentlichung, zu belegen durch Einladungen, Plakate, Kataloge oder Berichte in Medien) oder
- ein künstlerisches Studium mit dem Ziel einer hauptberuflichen künstlerischen Tätigkeit, mindestens im 6. Semester (durch Bescheinigungen von Kunstakademien, Kunst- oder künstlerischen Fachhochschulen) oder
- die Mitgliedschaft als bildender Künstler in der KSK.

Fachgruppe Musik 9.1.2.5.

Die 6.400 Mitglieder starke Fachgruppe ist in Westdeutschland hervorgegangen aus dem Deutschen Musikerverband (DMV), der Gewerkschaft der Musikerzieher und Konzertierenden Künstler (GDMK) und der Berufsgruppe Jazz/Rock/Pop – Improvisierte Musik in der Gewerkschaft Kunst. Ihre stärkste Bastion hat sie nach wie vor in den Musikschulen, wo sie über ein Drittel der Lehrkräfte organisiert hat und auch ihre größten Erfolge erzielen konnte: den Abschluß eines Tarifvertrages für Musikschulen und die Durchsetzung des Benachteiligungsverbotes für Teilzeitkräfte.

Die Fachgruppe Musik ist Mitglied der Internationalen Musiker-Föderation (FIM) und kann Kontakte zu Musikerorganisationen im europäischen Ausland sowie in Japan vermitteln.

Mitglied der Fachgruppe Musik können alle Angehörigen von Musikberufen werden, gleichgültig, ob sie in einem Orchester, in der Musikpädagogik oder der Musikwissenschaft tätig sind, also

- Musikerzieher, die selbständig oder an Musikschulen tätig sind (Musikerzieher an allgemeinbildenden Schulen vertritt die Gewerkschaft Erziehung und Wissenschaft [GEW[(A)]]),
- Musikdozentinnen an Ausbildungsstätten für Musikberufe,
- Orchestermusikerinnen und Musiker in Kurkapellen,
- Instrumentalsolisten, Kammermusikerinnen und Sänger,
- Musiker und Musikerinnen aus den Bereichen Tanz und Unterhaltung sowie Jazz/Rock/Pop – Improvisierte Musik,
- Dirigenten und Komponistinnen,
- Musikwissenschaftler, soweit sie nicht an Universitäten oder in Forschungsinstituten tätig sind.

9.1.2.6. Fachgruppe Darstellende Kunst

Mit der Gründung der Fachgruppe Darstellende Kunst wurde zum ersten Mal in Deutschland eine Organisation geschaffen, die das gesamte Spektrum der Beschäftigten in Theaterberufen, Show und Unterhaltung vereint. Entsprechend dem Wildwuchs an Vertragsformen, der in kaum einem anderen Bereich so groß ist wie in der Darstellenden Kunst, engagiert sich die Fachgruppe vor allem für übergreifende Regelungen für ihre 3.300 Mitglieder, seien es Tarifverträge als Ersatz für das überholte „Bühnenrecht“ oder seien es Normverträge für Freie Theater.

Mitglied der Fachgruppe Darstellende Kunst in der IG Medien können werden

- alle künstlerischen und technischen Angestellten an Theatern und Bühnen jeglicher Trägerschaft sowie alle freiberuflich Tätigen in diesem Bereich,
- Unterhaltungskünstler und Artistinnen, Tänzerinnen und Puppenspieler, Models und Berufssportler,
- das technische und Verwaltungspersonal an Privattheatern sowie in Varieté, Zirkus, Show- und Unterhaltungsbetrieben,
- Anzulernende, Auszubildende, Arbeitslose, Studentinnen und Rentner in all diesen Bereichen.

9.1.3. Mitgliedschaft

Mit dem Zusammenschluß zur einheitlichen Kunst- und Mediengewerkschaft ist die IG Medien zu einem starken Faktor in der Kulturpolitik geworden, der durch die geplanten und schon begonnenen Kooperationen mit anderen Gewerkschaften noch weiter an Schlagkraft gewinnen wird. Dennoch bleibt ihre Durchsetzungskraft von der Zahl ihrer Mitglieder abhängig.

In der Tarifpolitik kann eine Mitgliedschaft in der IG Medien bares Geld bedeuten, denn auch die Tarifverträge für Arbeitnehmerähnliche gelten *automatisch* nur für Gewerkschaftsmitglieder. Wo Arbeitgeber auch Nichtorganisierte nach Tarif bezahlen, ist das eine freiwillige Leistung, die jederzeit rückgängig gemacht werden kann.

Daneben bietet die IG Medien auch ihren freiberuflichen Mitgliedern eine Vielzahl weiterer Vorteile, die den künstlerischen und publizistischen Alltag erleichtern.

Beitrag 9.1.3.1.

Der Monatsbeitrag beträgt für Arbeitnehmer 1,2% des tariflichen Monatseinkommens; für Freie werden diese 1,2% laut Satzung vom „Monatsdurchschnitt der steuerpflichtigen Einkünfte oder 75% der Bruttoeinnahmen im Jahr“ berechnet.

Maßgeblich für den Beitrag sind nur Einkünfte aus Tätigkeiten im beruflichen Organisationsbereich der IG Medien (also nicht die Einnahmen aus dem Kneipen- oder Taxifahrerjob). Läßt sich bei Freien das maßgebliche Einkommen nicht feststellen, so wird der Beitrag auf mindestens 25 DM festgesetzt; wer ein geringeres Einkommen nachweist, zahlt jedoch entsprechend weniger.

Leistungen 9.1.3.2.

Für ihren Mitgliedsbeitrag haben die Mitglieder der sechs Fachgruppen Anspruch auf

- kostenlosen **Rechtsschutz** in allen berufsbedingten Rechtsstreitigkeiten (Vertrags- und Honorarrecht, Steuer-, Sozialversicherungs-, Urheber- und Leistungsschutzrecht – siehe Seite 229);
- kostenlose **Rechtsberatung** bei Vertragsabschlüssen und allen urheberrechtlichen, Steuer- und Versicherungsproblemen;
- kostenlose **Beratung** bei beruflichen Problemen;
- die medienpolitische Monatszeitschrift **M – Menschen Machen Medien** oder die kulturpolitische Zeitschrift **Kunst & Kultur** sowie bei besonderem Interesse das **IG Medien Forum,** die „Zeitschrift für Aktive“ der IG Medien;
- finanzielle Unterstützung bei **Streiks;**
- eine kostenlose **Freizeitunfallversicherung;**
- preisgünstige **Rechtsschutz-, Auto-, Unfall- und Sachversicherungen;**
- die Möglichkeit zur **beruflichen Weiterbildung** in kostenlosen Seminaren (siehe Seite 19).

Darüber hinaus gibt es weitere berufsabhängige Leistungen, z.B. nationale und internationale **Presse- und Künstlerausweise,** das viermal jährlich erscheinende Fachblatt **Übersetzen** sowie regelmäßige Info-Rundbriefe der Übersetzer, Preisnachlässe beim Abschluß von **privaten Kranken- und Krankenzusatzversicherungen** (FG Journalismus), **Musiker-Unfall- und Musikinstrumentenversicherungen** sowie **Atelierversicherungen** und für VS-Mitglieder die Möglichkeit, für Auslandsrecherchen bei literarischen Projekten **Reisekostenzuschüsse** des Auswärtigen Amtes über das Kulturwerk des VS vermittelt zu bekommen. Mitglieder der ehemaligen IAL (heute FG Darstellende Kunst) können bei Bedürftigkeit Unterstützung aus dem **Solidaritätsfonds der IAL**[(A)] bekommen – bis dieser erschöpft ist und aufgelöst wird.

Weitere Angebote, aktuelle Informationen und Tarifübersichten stehen unter http://www.igmedien.de im Internet.

9.2. Freie und Betriebsräte

Innerhalb der Betriebe sind die Betriebs- und Personalräte in einigen Bundesländern ausdrücklich auch für die Belange der arbeitnehmerähnlichen Freien zuständig; in jedem Fall gehört es zu ihren Aufgaben, die Einhaltung der Tarifverträge für arbeitnehmerähnliche Freie zu überwachen. Nach einem Urteil des Arbeitsgerichtes Hamburg (7 BV 8/96) muß der Arbeitgeber sie über Beschäftigungsmodalitäten und -umfang der Freien unterrichten. Aber auch Freie sollten den Betriebsrat bei Schwierigkeiten auf jeden Fall informieren – notfalls grundlegend, denn diese Tarifverträge sind vor allem in Betriebsräten nicht überall bekannt.

Mehr noch: Da nicht alle Betriebs- und Personalräte sich dieser Aufgabe bewußt sind, sollten Freie ruhig mal im Betriebs-/Personalratsbüro vorbeigehen, sich dort bekanntmachen und ein bißchen über die Situation der Freien reden. Und darüber, daß die Probleme der Freien sehr schnell zum Problem der Festangestellten werden können. Je mehr Freie ein Betriebsratsmitglied persönlich kennt, um so eher wird es sich um deren Belange kümmern.

Bei **Betriebs- und Personalratswahlen,** etwa an Musikschulen, in Funkhäusern und Zeitungsredaktionen, können auch Freie wahlberechtigt sein, sofern sie vom Betrieb persönlich abhängig sind. Wer also nicht per Arbeitsvertrag beschäftigt wird, obwohl er in den Betriebsablauf eingebunden, weisungsgebunden oder in seiner Arbeit vom technischen Apparat des Auftraggebers abhängig ist, sollte mal mit dem Betriebs- oder Personalrat über die Eintragung ins Wählerverzeichnis reden. Die verbindliche Entscheidung, wer ins Wählerverzeichnis aufzunehmen und damit wahlberechtigt ist, trifft der Wahlvorstand. Und dem wird kaum ein Arbeitgeber widersprechen.

Weitere Berufsverbände

Es ist kein Geheimnis, daß die IG Medien nicht der einzige Berufsverband im Bereich von Kunst und Medien ist. Im folgenden sind einige dieser Verbände genannt, mit denen die IG Medien konstruktiv zusammenarbeitet und/oder die auch für IG-Medien-Mitglieder nützlich sein könnten.

- **Allianz Deutscher Designer(A):** Die AGD wurde 1976 gegründet als „Verband Arbeitnehmerähnlicher Grafik-Designer" (daher die Abkürzung) und schließt bis heute regelmäßig den Tarifvertrag für diese Personengruppe ab (Seite 271). Ihre 2.500 Mitglieder – unter ihnen auch Journalisten und Werbetexterinnen – unterstützt die AGD vor allem im berufswirtschaftlichen Bereich, durch Beratung, Weiterbildung, Arbeitshilfen und zahlreiche Publikationen. Jahresbeitrag 480 DM, Berufsanfänger zahlen im ersten Jahr die Hälfte.

- **B.A.Rock – Bundesarbeitsgemeinschaft der Musikinitiativen(A):** Selbsthilfeorganisation der Rockmusikszene, repräsentiert Musikinitiativen mit insgesamt 17.000 Mitgliedern. Kämpft um Übungsraumzentren, berät kostenlos im Zusammenhang mit Konzertauftritten, organisiert Konzerte, Seminare, Weiterbildungen und Rockfestivals, baut einen bundesweiten Informationspool für Musik- und Kulturinitiativen auf, betreibt bundesweite Bandaustauschprogramme. B.A.Rock und IG Medien arbeiten unter anderem bei der Weiterbildung zusammen. Keine Einzelmitgliedschaft.

- **Designerinnen Forum(A):** 1992 gegründet, versteht sich das Forum als europäisches Netzwerk, das Frauen im Designbereich unterstützt, sich aktiv dem Wettbewerb zu stellen und ihre Leistungsstärke der Öffentlichkeit bekanntzumachen. Es will Erfahrungsaustausch und professionelle Kontakte fördern, beim Berufsein- und -wiedereinstieg helfen, Design-Studentinnen beraten und die Arbeit von Designerinnen öffentlich bekanntmachen, unter anderem im „Fächerwerk", einem fächerübergreifenden Design-Nachschlagewerk, in dem sich die 240 Mitglieder präsentieren können. Jahresbeitrag 250 DM, Studentinnen und junge Mütter die Hälfte.

- **Deutscher Journalisten-Verband(A):** Mit dem DJV, der zweiten großen Journalisten-Gewerkschaft in Deutschland, arbeitet die IG Medien vor allem in der Tarifpolitik eng zusammen. Alle Tarifverträge im Bereich der Print-Medien werden gemeinsam abgeschlossen. Für Leute, die eine feste Stelle suchen, ist vor allem die DJV-Zeitschrift „journalist" attraktiv, die als Pflichtblatt für Stellenangebote in Redaktionen und Pressestellen gilt. Die Angebote für Freie sind weniger ausgebaut als bei der

IG Medien. Mitgliederzahl 28.500, Jahresbeitrag je nach Landesverband ca. 600 DM.

- **Forum Illustratorum(A) und Filu, das Archiv der Zeichner(A):** Der „Verein der Illustratoren auf der Frankfurter Buchmesse" veranstaltet jedes Jahr in Frankfurt einen „Illustratoren-Treffpunkt", auf dem 1997 fast 400 Künstlerinnen und Künstler ihre Arbeiten ausstellten – weltweit der einzige organisierte Treff von Illustratoren und Verlagsleuten auf einer Messe. 1997 kostete das 40 DM pro Kopf, eine Mitgliedschaft ist nicht erforderlich. Während des Jahres wird das Archiv der Dauermitglieder auch auf anderen Messen und speziellen Veranstaltungen präsentiert und ist ansonsten beim Verlag Inkognito in Berlin einzusehen.

- **FreeLens. Verein der Fotojournalistinnen und Fotojournalisten(A):** Der erst 1995 gegründete Verein konnte schon im Januar 1998 sein 1000. Mitglied aufnehmen und fällt auf durch eine ideenreiche Interessenvertretungspolitik. Die reicht vom Musterprozeß gegen den SPIEGEL um CD-Nutzungsrechte über konkrete Warnhinweise vor bestimmten Verlagspraktiken in der Mitgliederzeitschrift „FreeLens" und eine Meldestelle für gestohlenes Fotogerät bis zum hervorragenden Internetangebot, das neben Musterverträgen, Honorarübersichten und aktuellen Informationen auch die Möglichkeit bietet, Seiten für eine eigene Foto-Präsentation zu mieten. Jahresbeitrag ab 240, Studierende 60 DM.

- **Journalistinnenbund(A):** Wurde 1987 gegründet, um ein Netzwerk für Frauen in diesem angeblichen Männerberuf aufzubauen. Seine 350 Mitglieder wollen Einfluß sowohl auf die Stellung von Frauen in den Medien (mehr Frauen in leitende Positionen) als auch auf das Frauenbild nehmen, das die Medien verbreiten. Der Journalistinnenbund will gegen die Isolation freier Journalistinnen angehen und den Zusammenhalt von Journalistinnen aus den alten und neuen Bundesländern fördern. Jahresbeitrag je nach Einkommen 80–380 DM.

- **Pro Actors(A)** ist eine projektbezogene Aktion von DAG, IDS und IG Medien, die die Arbeits- und Ausbildungsbedingungen für den Schauspielberuf in Europa verbessern will. Ziel ist unter anderem Markttransparenz durch Aufstellung eines Gagenspiegels, die Einführung einer „European Actors Card", die Verbesserung der Leistungsschutzrechte und die Schaffung von Mindeststandards für die Schauspielausbildung. Aktuell bietet Pro Actors für alle Mitglieder der drei Verbände vor allem Weiterbildungsmaßnahmen an, z.B. Übungen im Casting, Kamera-Live-Training und Karrieremarketing. Keine Einzelmitgliedschaft.

- **Union Deutscher Jazzmusiker(A):** 1973 als kulturelle Lobby für den Jazz in der Bundesrepublik gegründet, versteht sich die UDJ inzwischen auch als Dachverband für alle Gruppen und Verbände im Jazz. Sie arbeitet in der GEMA, der KSK und dem Deutschen Musikrat mit, vergibt den Albert Mangelsdorff Jazzpreis der GEMA Stiftung und veranstaltet das Deutsche Jazzforum. Für die Mitglieder gibt es halbjährliche Mitgliederrundbriefe, Musterverträge und -bühnenanweisungen.

Fotojournalismus:

Die Bildmaschine

von Veronika Mirschel

„Manchmal fühle ich mich wie eine Bildmaschine: Rein in den Termin und draufhalten." Die Maschine ist 34 Jahre alt, läuft an diesem Tag 14 Stunden wie geschmiert zwanzig Stationen an, begnügt sich mit einem Kuchenstück als Brennstoff, leistet just-in-time-Produktion, legt 217 Autokilometer zurück, schleppt bis zu 15 Kilogramm Gewicht und drückt etwa 300 Mal auf den Auslöser. Angemeldet ist sie unter dem Patent: Peter Hinz-Rosin, freier Fotograf und Pauschalist für eine Landkreisausgabe der Süddeutschen Zeitung.

Vor vier Jahren hat der gelernte Maschinenschlosser seine Leidenschaft zum Beruf gemacht. Jetzt lebt er mit seiner unbezahlt mitarbeitenden Frau, drei Kindern, seinem Büro, Labor und Arbeitsraum in einem 120-Quadratmeter-Mietshaus. Das kostet. Für seine Pauschale muß Hinz-Rosin monatlich 200 Fotos ins Blatt bringen, ist an seinen Arbeitstagen rund um die Uhr beschäftigt – mit schlechtem Gewissen den Kindern gegenüber. Im Durchschnitt bringt ein Foto 48 Mark für anderthalb Stunden Arbeit. In der Pauschale ist alles inbegriffen: Unterhalt des Autos, Equipment, Material, Spesen.

Um Geld geht es heute auch auf dem Schulsportfest:

„Tut Ihr die Sparkassen-Plakate mit drauf?" fragt eine Veranstalterin. „Die sind als Sponsoren recht großzügig." Hinz-Rosin hört's gelassen. Anderthalb Stunden flitzt er durch die Turnhalle. Acht bis neun Fotos wird er unterkriegen.

Eine Zigarette, rein ins Auto, Handymailbox abhören, los zur Einweihung des neuen Hohenlindener Rathauses. Hinz-Rosin kommt spät, macht Bilder – „ich brauche Köpfe" – und greift dabei noch Aufträge ab: Wahlkampffotos für SPD und CSU.

Ein Redakteur hat ihm auf dem Handy einen Auftrag hinterlassen: Er braucht das Motiv zweispaltig/hoch. „Dieses Vorspiegeln nervt", schimpft Hinz. Ich lasse oft auf dem Negativ die Option zum Zusammenschneiden – aber dann beschneiden die garantiert nicht. Wenn ich aber keine Luft lasse, denn tun sie's mit Sicherheit."

Hinz-Rosin läßt sich telefonisch von einem Redakteur zu einem Haus dirigieren. Raus aus dem Auto, Objektiv wechseln, draufhalten. Zehn Minuten später lichtet er eine Reklameuhr ab – Objekt eines absurden Parteien-Streits.

Es ist Mittag, Zeit für einen Sprung in die Redaktion. Ein paar Festangestellte arbeiten dort und viele Freie. Fast alle wollen etwas von Hinz-Rosin: aktuelle Planungen, längerfristige Aufträge, Tips für Bildunterschriften.

In vierzig Minuten Mittagspause erfaßt Hinz-Rosin seine Veröffentlichungen in der heutigen Ausgabe, gibt Termine in den PC ein. „Das mußt du organisatorisch absolut im Griff haben. Sonst schaffst du den Job nicht." 54 Prozent seiner Zeit, hat er errechnet, verbringt er im Auto und auf Terminen, 30 Prozent in der Dunkelkammer. Der Rest ist Organisation. Und weil „ich irgendwo sparen muß, spare ich an der Zeit." Das heißt: „Für einen einzelnen Abzug gehe ich nicht ins Labor." Das macht ein Schnelllabor. Was einen Tag Zeit hat, bearbeitet er nachts selber.

Nachmittags eine Scheckübergabe. Der Bildhintergrund ist nichtssagend. Lächeln – fertig. Nebenan besucht ein Staatssekretär die Junge Union. Fünf Minuten später sitzt Hinz-Rosin wieder im Auto. Das Bild soll am nächsten Tag erscheinen. Ein typischer Fall fürs Schnelllabor. Bevor er die Bilder abliefert, nimmt er noch schnell die SPD im Kindergarten mit.

Zum zweiten Mal an diesem Tag zuhause – „eine Seltenheit": Hinz-Rosin schiebt sich ein Stück Kuchen ein, verschwindet im Labor. Als er eine Stunde später wieder aufbricht, dämmert es. Es ist saukalt bei der SPD-Führung ums historische Rathaus. Die Schreiberin ist gar nicht erst erschienen.

Auf dem Weg zum nächsten Termin: ein Krankenwagen am Straßenrand. Automatisch bremst Hinz-Rosin runter. Manchmal sind das Situationen, deren Anblick nicht einfach wegzustecken ist. Hier ist nichts passiert, Hinz-Rosin gibt Gas.

Ein CSU-Ortsverein stellt Kandidaten vor. Halb acht. Ein anderer Termin läuft seit sieben Uhr: Als Hinz-Rosin um kurz vor acht dort einläuft, geht es erst richtig los. Ehrungen am Fließband. Die Lichtverhältnisse sind miserabel. Als das Buffet aufgefahren wird, muß er weiter.

Ein Sprung ins „Alte Kino", um eine Jazzband abzulichten. Pech gehabt: Sie macht gerade Pause, Hinz-Rosin muß später wiederkommen. Um zehn Uhr kreuzt er bei einem Anglerverein auf.

27 Jubilare sind auf ein einziges Bild zu bekommen, ihre Namen für die Bildunterschrift zu notieren.

Der zweite Anlauf im „Alten Kino". Der letzte Termin heute. Um halb zwölf ist er zuhause. Alles schläft. Hinz-Rosin verzieht sich ins Labor. Danach schaltet er den Fernseher ein und selber eine Energiestufe runter. Die Maschine kommt zum Stillstand. In acht Stunden wird sie wieder hochgefahren.

Noch Fragen? 10.

BTX
FAHRPLAN
SOMMER'9
PERSONENVER
KLEINGUTVER
DATEN UND F
SCHENKEN+SP
NEU IM PROG
BEDIENHILFE
HEUSSINGER
http://www.
igmedien.de

Noch Fragen? 10.

Dieser Ratgeber versucht, Antworten auf die Fragen zu geben, die im Alltag freier Künstlerinnen und Publizisten am häufigsten auftreten. Einige Problemfelder sind so komplex oder erfordern – wie die Themen Kunstpreise und Weiterbildung – so viele Detailinformationen, daß sie hier nur allgemein dargestellt werden konnten. Andere Fragestellungen wie die nur noch in ganz wenigen Einzelfällen bestehenden Sonderregelungen für die neuen Bundesländer sind so speziell, daß sie bei Bedarf mit den zuständigen Behörden oder den Bundesgeschäftsstellen der IG-Medien-Fachgruppen geklärt werden müssen. Ansprechpartner und Adressen finden sich im Anhang.

Zwei Sonderprobleme – Europa und der „Lärmschutz" im Mietrecht – sollen hier jedoch noch kurz angerissen werden.

Kunst und Europa 10.1.

Die Entwicklung der Europäischen Union hat nicht nur die Schranken für den Warenverkehr aufgehoben. Sie sichert auch allen EU-Bürgern – und damit auch Künstlerinnen und Publizisten – das Recht zu, sich in jedem Land der EU niederzulassen, dort zu arbeiten und Geld zu verdienen.

Theoretisch jedenfalls. In der Praxis gibt es noch erheblichen Probleme, da nicht alle Beschlüsse der EU flächendeckend in nationales Recht umgesetzt worden sind. Insbesondere das Urheberrecht ist längst nicht vereinheitlicht.

Für grenzüberschreitendes Arbeiten gilt im Prinzip:

- Wer seinen *ständigen* Aufenthalt in einem anderen Land nimmt, ist nur dem dort geltenden **Steuer-, Sozialversicherungs- und Arbeitsrecht** unterworfen.
- Wer nur *vorübergehend* im Ausland arbeitet und Geld verdient, ist ebenfalls dem ausländischen, aber zugleich auch dem deutschen Recht unterworfen. Für die Honorare einer Musik- oder Theatergruppe, die nur hin und wieder mal in anderen EU-Ländern auftritt, halten also im Prinzip die ausländischen und die deutschen Finanzbehörden die Hand auf (siehe Seite 251).
- Wer *in Deutschland* für ausländische Auftraggeber arbeitet, hat mit dem ausländischen Steuerrecht nichts zu tun. Allerdings können sich solche Einkünfte eventuell nachteilig auf die Umsatzsteuererklärung auswirken (siehe Seite 264).
- Wer **Kunstwerke** in einem anderen Land ausstellen oder verkaufen möchte und sie selbst über die Grenze bringt, sollte sich auf jeden Fall vorher bei einem darin erfahrenen Spediteur über die gerade gültigen Modalitäten für die „Mitnahme" von Kunstgegenständen erkundigen. Und sich gegebenenfalls Bescheinigungen besorgen: Zollbeamte wissen in der Regel wenig über die Exportmodalitäten für Kunstgegenstände und machen im Zweifel lieber erstmal Schwierigkeiten.

- Von **Stipendien, Kulturpreisen, Wettbewerben** und der **Kulturförderung** darf in der EU niemand wegen seiner *Nationalität* ausgeschlossen werden. Erlaubt sind lediglich Beschränkungen nach dem *Wohnort*, etwa für „alle in Bayern lebenden Künstlerinnen und Künstler". Der in München lebende Preuße wäre in diesem Fall aber ebenso teilnahmeberechtigt wie seine Hausnachbarin mit dem französischen Paß.

Wer umfangreiche Projekte im Ausland plant, sollte sich auf jeden Fall vorher eingehend nach den gerade gültigen Regelungen erkundigen – und zwar sowohl bei der Botschaft des jeweiligen Landes als auch bei deutschen Stellen, zum Beispiel bei der KSK.

Die wichtigsten Informationen für alle möglichen Länderkombinationen findet man in der Broschüre **„Arbeiten in einem anderen Land der EU"**(B). Eine umfassende Sammlung von Adressen zur Kunst- und Kulturförderung, die weit über die EU hinausgeht, liefert die „Europa-Information Band III"(B) der IGBK; eine Übersicht über Urheberrechte in Europa bietet das Handbuch „Authors' Rights"(B) des European Writers' Congress.

Nicht versäumen sollte man eine Anfrage bei der IG Medien. Deren Fachgruppen arbeiten alle in europäischen Dachorganisationen mit und können Kontakte zu befreundeten **Gewerkschaften** und Berufsverbänden in anderen Ländern vermitteln.

10.2. Mietrecht und Musik

Mit einem rechtlichen Sonderproblem sind fast alle Musikerinnen und Musiker konfrontiert, die auch zu Hause mal üben, zum Spaß musizieren oder Musikunterricht erteilen wollen. Zu den daraus häufig entstehenden Auseinandersetzungen mit Nachbarn, Miteigentümern oder Vermietern sind zahlreiche Urteile ergangen, die jedoch keine allzu klaren Antworten erlauben: Entscheidend sind immer die besonderen Umstände des Einzelfalles.

10.2.0.1. Musizieren darf nicht verboten werden

Als Teil der Entfaltung der Persönlichkeit steht das Musizieren unter dem Schutz des Grundgesetzes und darf somit nicht grundsätzlich verboten werden. Unzulässig sind damit alle Beschlüsse von Eigentümerversammlungen, die das Musizieren in Eigentumswohnungen verbieten, oder entsprechende Bestimmungen in der Hausordnung für Mietwohnungen. Musizierverbote in Mietverträgen werden von den Gerichten nur dann als zulässig angesehen, wenn die Vereinbarung *„zwischen einander gleichgestellten Personen ungezwungen und bewußt getroffen"*, das heißt nicht vom Vermieter erzwungen wurde.

Unzulässig ist weiter ein generelles Verbot von Musikunterricht in der Wohnung, da es sich dabei um kein Gewerbe im Sinne der Gewerbeordnung und folglich auch nicht um eine gewerbliche Nutzung der Wohnung handelt.

Unzulässig ist ein generelles Musizierverbot an Sonn- und Feiertagen, und unzulässig sind schließlich alle Bestimmungen, die praktisch einem Verbot des ordentlichen Musizierens gleichkommen – z.B. die Forderung, ein Instrument nur in Zimmerlautstärke zu spielen.

Musizieren darf eingeschränkt werden 10.2.0.2.

Da aber auch die Ausübung eines Grundrechtes andere nicht mehr als zumutbar stören darf, darf in der Regel zwischen 13 und 15 Uhr sowie zwischen 22 und 8 Uhr nicht musiziert werden. Darüber hinaus kann das Üben und Erteilen von **Musikunterricht** (nicht aber das eigentliche Musizieren) an Sonn- und Feiertagen, an Werktagen nach 19 Uhr und an Samstagen nach 17 Uhr durch die Hausordnung oder Beschlüsse der Eigentümerversammlung ganz untersagt werden.

In Fällen, in denen sich Nachbarn gestört fühlen, empfiehlt sich zur Vermeidung gerichtlicher Auseinandersetzungen eine eindeutige Regelung im Mietvertrag oder in der Hausordnung. Dabei braucht nicht jede Einschränkung hingenommen zu werden:

In Mietwohnungen gilt die Faustregel, daß innerhalb der oben genannten Zeiten an Werktagen bis zu vier Stunden täglich und an Sonn- und Feiertagen bis zu zwei Stunden musiziert werden darf. Diese Zeit darf auch nicht überschritten werden, wenn mehrere Familienmitglieder getrennt voneinander musizieren. Für Eigentumswohnungen haben Gerichte sogar die Beschränkung des Musizierens auf täglich drei, zwei oder unter besonderen Umständen sogar auf anderthalb Stunden als „rechtlich noch hinnehmbar" bezeichnet.

Musizieren soll nicht stören 10.2.0.3.

Wer durch Musizieren einen anderen wesentlich stört oder die öffentliche Sicherheit und Ordnung beeinträchtigt, begeht darüber hinaus möglicherweise eine Ordnungswidrigkeit. Um das zu vermeiden, müssen „zumutbare" **schalldämpfende Maßnahmen** ergriffen werden. Für ein Klavier sind dies: Der Einsatz eines Schalldämpfers (Moderators), Gummiklötze an den Klavierfüßen, das Einbringen von Filzbelägen, das Abdecken des Instrumentendeckels oder das Abrücken von der Nachbarwand. In Eigentumswohnungen kann darüber hinaus eine spezielle Isolierung des Musikzimmers gefordert werden. Nicht verlangt werden darf dagegen, daß ein Instrument ausnahmslos nur mit Schalldämpfer gespielt wird.

Bei gerichtlichen Auseinandersetzungen in solchen Fällen, die durch berufliches Musizieren ausgelöst sind, gewährt die IG Medien ihren Mitgliedern Rechtsschutz.

Musik:

Freiheit und Freiheit sind zwei Paar Stiefel

von Holger Maack

Wie viele Musiker und Musikerinnen in Deutschland sind Freie? Wie viele Angestellte? Wie viele sind Profis, Semi-Profis, Amateure? Niemand kennt die Zahlen genau. Aber jeder weiß, daß es insgesamt Hunderttausende sind.

Fast so groß wie die Zahl der Beteiligten ist auch die Zahl von individuellen Problemen, für die es Pauschallösungen nicht gibt. Neue Techniken und neue Medien verändern den Musikbereich permanent. Und trotzdem gibt es Standardantworten auf die am häufigsten gestellten Fragen: Lohnt es sich für mich, in die GEMA einzutreten? Wie kann ich meine Band managen? Was muß ich bei einem Schallplattenvertrag beachten?

Die Chancen, an die Erfahrungen anderer heranzukommen, die sich mit meinem aktuellen Problem schon herumgeschlagen haben, sind in den letzten Jahren gestiegen. Es hat sich einiges getan, was Musikerinnen und Musikern das Leben und den Beruf etwas leichter machen kann.

Die Möglichkeiten der Beratung sind vielfältiger geworden. Die IG Medien selbst hat ihren Service ausgeweitet, Musikervereinigungen, wie die B.A.Rock mit ihren Landesvereinigungen und örtlichen Initiativen sind hinzugekommen, neue Stiftungen treten auf den Plan wie die bundesweite Rockmusik Stiftung in Hannover oder die in Baden-Württemberg tätige Rockstiftung. Der Volkswagen-Konzern hat sein Popsponsoring ausgeweitet und will mit seiner VW Sound Foundation allen deutschen Künstlern unter die Arme greifen – vom Tourneebus über Info-Hotlines bis hin zu Zuschüssen für Initiativen. Also alles klar?

Mitnichten. Denn zugleich wird das Geschäft mit der Musik immer schwieriger. Denn alle träumen davon, mit ihrer selbstkomponierten Musik ihren Lebensunterhalt zu verdienen. Also frei zu sein im wahrsten Sinne des Wortes, frei zu tun, was einem gefällt, und trotzdem nicht am Hungertuch zu nagen. Aber selbst wenn der Berufswunsch nicht gleich „Popstar, ganz reich und berühmt" heißt: Ist das der Weg zur Freiheit?

Wird nicht gerade andersherum ein Schuh daraus? Eine Musikerin, die ihre persönliche Freiheit behalten will – muß die nicht eher tagsüber einen gut bezahlten Job haben, um dann in der Freizeit ihrem Hobby nachgehen zu können, ohne Rücksicht auf Vermarktungsstrategien und Hörerwünsche? Unbedrängt von nicht akzeptablen Angeboten von Verlagen und Plattenfirmen, die sie sonst aus Mangel an Alternativen annehmen müßte?

Tatsächlich gibt es in der Musik nicht „die" Freiheit. Es gibt zwei Freiheiten, zwei ganz unterschiedliche. Die „Freiheit" des freien Unternehmers, der auf dem Musikmarkt sein Geld verdienen muß. Und die Freiheit, zu tun und zu lassen, was ihm künstlerisch und stilistisch gefällt.

Daß sich diese beiden Freiheiten decken, dürfte nicht einmal bei den reichsten der reichen Stars der Fall sein. Ihre Zwänge mögen andere sein – aber Zwängen sind auch sie unterworfen: Jede neue Platte muß noch besser, noch erfolgreicher sein, muß noch mehr Geld einspielen. Nicht daß da Mitleid angebracht wäre – sie lassen sich die Kröten, die sie schlucken müssen, immerhin gut bezahlen. Aber musikalische Freiheit ist was anderes.

Wer seine Freiheit als musikalischer Unternehmer – ob in einer Band, einem Orchester oder allein – mit weniger Geld organisieren muß, muß vor allem flexibel und vielseitig sein. Das Berufsbild eines typischen Vollblutmusikers sieht vielleicht so aus: Die sozialversicherungstechnische Grundversorgung gewährleistet ein Job an einer städtischen oder privaten Musikschule, einem Orchester oder in einem ganz anderen Beruf; seine Kreativität entfaltet er in zwei bis drei Bands; nebenbei versucht er, möglichst viele Studiojobs abzugreifen, und am Samstag jobt er für 15 Mark die Stunde beim ortsansässigen Musikalienhändler.

Für die meisten aktiven Musiker und Musikerinnen wird das nie anders werden. Für seine ganz speziellen Dienstleistungen muß auch jeder musikalische Unternehmer sich seinen eigenen Markt erschließen. Und er muß Ahnung haben, muß wirklich eine gehörige Portion Unternehmergeist besitzen, um sich in so vielen unterschiedlichen Bereichen zurechtzufinden, ohne dauernd über den Tisch gezogen zu werden – und ohne dabei den Spaß an der Musik zu verlieren.

Denn da ist er eben doch kein „ganz normaler" freiberuflicher Dienstleister. Beim Thema Musik geht es immer noch darum, Kultur zu schaffen und auszuüben. Es geht um Träume, Gefühle, Hoffnungen.

Wie sie ihr künstlerisches und ihr wirtschaftliches Leben nicht nur geregelt, sondern auch noch möglichst weitgehend zur Deckung kriegen, das muß letztlich jeder und jede für sich selbst herausfinden. Aber daß die Umstände unserer Arbeit so sind, daß möglichst viele ihre Träume verwirklichen können – daran sollten wir alle zusammen arbeiten.

Anhang 11.

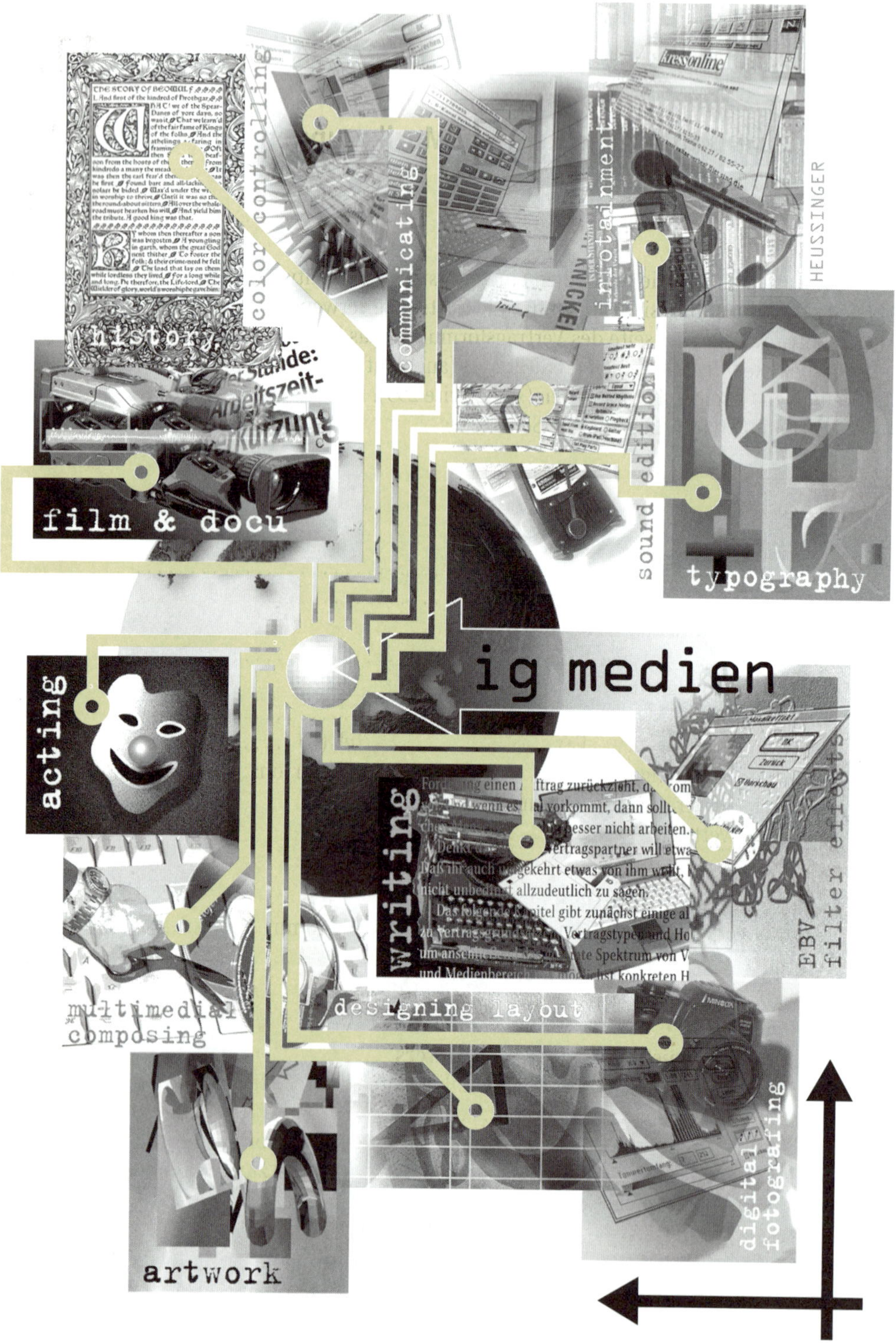
history
color controlling
communicating
infotainment
HEUSSINGER
sound edition
typography
film & docu
ig medien
acting
writing
EBV
filter effects
multimedial
composing
designing layout
artwork
digital
fotografing

Anhang

11.

Gastspielvertrag für Theater- und Musikgruppen

11.1.

Mustervertrag

11.1.1.

Für Gastspiele hat die IG Medien einen Mustervertrag entwickelt, der von freien Theater- und Musikgruppen für alle Gastspiele verwendet werden kann und sollte. Auf die Rückseite des Vertragsformulars, das bei den Landesbezirken der IG Medien erhältlich ist (auch auf Diskette), gehören die Allgemeinen Geschäftsbedingungen (siehe Seite 299). Der Vertrag hat folgenden Wortlaut (Erläuterungen siehe Seite 173):

Vertrag

Zwischen ....
– vertreten durch ....
(nachstehend Künstler genannt)
und ....
– vertreten durch den/die Bevollmächtigte(n),
Herrn/Frau ...., Anschrift ....
Tel. (d) ...., Fax ...., Tel. (p) ....
– zuständige Abteilung: ...., Kontaktperson: ....
(nachstehend Veranstalter genannt)
wird folgender Vertrag geschlossen:

§ 1 – Leistungen des Künstlers
Der Künstler verpflichtet sich, beim Veranstalter das Programm ....
.... am ....
19.... um .... Uhr zur Durchführung zu bringen.

§ 2 – Technische Leistungen des Veranstalters
a) Die Aufführung findet statt in den Räumlichkeiten (Anschrift, Telefonnummer, Ansprechpartner): ....
b) Die Räumlichkeiten stehen dem Künstler für erforderliche Vorbereitungsarbeiten ab dem .... 19...., um .... Uhr zur Verfügung.

§ 3 – Bestandteile des Vertrages
Der Gastspielvertrag kommt unter Einbeziehung des beigefügten Technischen Beiblattes/Bühnenanweisung zur o.g. Veranstaltung und der umseitig abgedruckten Allgemeinen Geschäftsbedingungen zustande.

§ 4 – Hotelunterkunft

a) Für die ausreichende Übernachtung von .... Personen trägt der Veranstalter für den Zeitraum vom .... 19.... (1. Übernachtung) bis zum .... 19.... (letzte Übernachtung) auf seine Kosten Sorge.
b) Eine Vorauszahlung auf Reisekosten in Höhe von .... DM ist am .... 19.... zu überweisen.

§ 5 – Werbung

Der Künstler stellt dem Veranstalter folgendes Informations- und Werbematerial für die Öffentlichkeitsarbeit zur Verfügung: ....

§ 6 – Honorarregelung

(Variante A):

a) Für die Durchführung(en) nach § 1 erhält der Künstler vom Veranstalter ein Gesamthonorar in Höhe von .... DM
(in Worten: .... DM)
zuzüglich .... % Mehrwertsteuer.

(Variante B):

a) Der Künstler erhält .... % der um die Tantiemen und die Mehrwertsteuer verminderten Eintrittseinnahmen. Die Tantiemen werden dem Künstler übergeben, der sie dem Rechteinhaber überweist. Der entsprechende MwSt.-Satz wird ggf. auf den Anteil des Künstlers hinzugerechnet.
b) Als Mindestsumme erhält der Künstler für die Durchführung(en) nach § 1 vom Veranstalter .... DM
(in Worten: ....DM)
zuzüglich .... % Mehrwertsteuer und Tantiemen.
c) Es sind folgende Eintrittspreise vereinbart: ....

(beide Varianten):

b/d) Als Zahlungsmittel wird vereinbart:
Überweisung auf Konto Nr. .... /Barzahlung/Verrechnungsscheck

§ 7 – Erklärung zur Rechtsform des Künstlers

(Variante A):

Der/die Künstler sind im Sinne des KSVG keine eigene Rechtspersönlichkeit. Sie sind eine Gesellschaft bürgerlichen Rechts und somit selbständige Künstler im Sinne des Gesetzes. Der Veranstalter ist somit KSK-abgabepflichtig.

(Variante B):

Der als „Künstler" bezeichnete Vertragspartner ist als eingetragener oder nicht eingetragener Verein/GmbH im Sinne des KSVG eine eigene Rechtspersönlichkeit. Der Veranstalter ist nicht KSK-abgabepflichtig.

§ 8 – Wirksamkeit

Der Vertrag gilt nur dann als zustandegekommen, wenn das Duplikat dem Absender bis zum .... gegengezeichnet vorliegt.

§ 9 – Gratiskarten
(nur in Verbindung mit § 6, Variante B, sinnvoll):
Der Veranstalter kann nach Abstimmung mit dem Künstler Frei- oder Ehrenkarten ausgeben. Die Vergabe von Pressekarten richtet sich nach den örtlichen Gegebenheiten. Bei mehr als 12 Pressekarten muß der Künstler vorher zustimmen.

§ 10 – Sonstiges

für den Künstler	in Vollmacht für den Veranstalter
(Ort, Datum, Unterschrift)	(Ort, Datum, Unterschrift, Stempel)
....	....

Allgemeine Geschäftsbedingungen zum Gastspielvertrag

11.1.2.

Der Gastspielvertrag (Seite 297) macht Sinn erst in Verbindung mit den Allgemeinen Geschäftsbedingungen (AGB), die von der IG Medien entwickelt wurden und ebenfalls bei den Landesbezirken (auch auf Diskette) erhältlich sind.

Der folgende Text gehört also zu jedem Gastspielvertrag und wird am besten auf der Rückseite des Vertragsformulars abgedruckt. Zusätzlich erforderliche Bestimmungen werden *im Technischen Beiblatt* aufgeführt; der Text der AGB selbst sollte in keinem Fall verändert werden.

Allgemeine Geschäftsbedingungen (AGB)
(Anlage zum Gastspielvertrag)

1. Inhalt
Gegenstand des Gastspielvertrages sowie der AGB sind die Vorbereitung und Durchführung der/des Auftritte/s des Künstlers.

2. Honorar / Gage
2.1 Der Gastspielvertrag gilt als Rechnung.
2.2 Die Gage und die Nebenkosten regelt der Vertrag.
2.3 Die Gage und die Nebenkosten sind mit der Beendigung der Darbietung fällig.
2.4 Die Gage und die Nebenkosten sind gesondert auszuweisen.
2.5 Anfallende GEMA-Gebühren trägt der Veranstalter. Der Künstler stellt eine GEMA-Liste zur Verfügung.
2.6 Abschläge am Honorar (gleich welcher Art) sind nicht zulässig.

2.7 Bei Zahlungsverzug werden Zinsen in Höhe von 4% über dem jeweiligen Diskontsatz der Deutschen Bundesbank berechnet.

3. Schadenersatz / Haftung

3.1 Erfüllt der Veranstalter seine Pflichten aus diesem Vertrag nicht oder nicht rechtzeitig, darf der Künstler vom Vertrag zurücktreten oder einen Ersatzauftritt verlangen. Der Künstler behält seinen vollen Anspruch auf Zahlung des Honorars und der entstandenen Nebenkosten bei Vorliegen der gesetzlichen oder vertraglichen Voraussetzungen, wenn der Veranstalter seine Pflichtverletzung zu vertreten hat oder es zu keiner Vereinbarung über einen Ersatztermin kommt. Der Veranstalter hat in diesem Fall die Vertragserfüllung zu beweisen.

3.2 Führt höhere Gewalt zum Ausfall der Veranstaltung, werden beide Vertragspartner von ihrer Leistungspflicht befreit. Als höhere Gewalt gelten z.B. Erkrankungen eines Künstlers, Streiks im Transportwesen, kriegerische Ereignisse, Naturkatastrophen u.ä.

3.3 Ist der Künstler aus wichtigem Grund (Unfall, Krankheit) nicht in der Lage, den Auftritt durchzuführen, ist der Veranstalter unverzüglich davon in Kenntnis zu setzen.

3.4 Erfüllt der Künstler ohne wichtigen Grund seine Verpflichtungen aus diesem Vertrag nicht, wird er schadenersatzpflichtig.

3.5 Vertragliche und gesetzliche Ersatzansprüche des Veranstalters gegenüber dem Künstler bei Schäden, die durch leichte Fahrlässigkeit des Künstlers bedingt sind, werden auf die Höhe des vereinbarten Honorars beschränkt.

3.6 Der Veranstalter haftet für Diebstahl und Beschädigung von Eigentum des Künstlers während der Lagerung in der/den Spielstätte/n während der Auftritte.

3.7 Kommt es zu Vorfällen, die eine Durchführung der Veranstaltung für den Künstler unzumutbar machen (z.B. nachhaltige Störungen durch Besucher, technische Störungen), ist der Künstler zum Abbruch der Veranstaltung berechtigt, behält jedoch den vollen Honorar- und Kostenerstattungsanspruch nach Ziffer 3, Punkt 1.

4. Urheber- und Leistungsschutzrechte

4.1 Video- und Tonaufzeichnungen auf Datenträger (gleich welcher Art) sind nur mit vorheriger schriftlicher Zustimmung gestattet. Bei Zuwiderhandlung ist der Künstler berechtigt, die Darbietung seines Programms nicht vorzunehmen bzw. abzubrechen. Der Künstler behält in diesem Fall seinen vollen Honorar- und Kostenerstattungsanspruch nach Ziffer 3, Punkt 1.

4.2 Kurze Aufzeichnungen bzw. Liveübertragungen durch Rundfunk und Fernsehen, die der üblichen aktuellen Information der Öffentlichkeit dienen (weniger als 3 Minuten), sind nach vorheriger Absprache gestattet.

4.3 Der Künstler gewährleistet, über die entsprechenden Rechte am Stück zu verfügen.

4.4 Der Künstler unterliegt weder in der Programmgestaltung noch in der künstlerischen Darbietung Weisungen des Veranstalters. Zusätzliche Programmpunkte oder Auftritte Dritter während der gleichen Veranstaltung bedürfen der vorherigen Zustimmung des Künstlers.

5. Randbedingungen, die vom Veranstalter zu gewährleisten sind

5.1 Der Veranstalter hat die branchenüblichen Vorbereitungen zu treffen und insbesondere die technischen, organisatorischen und räumlichen Voraussetzungen für die Veranstaltungsfähigkeit zu schaffen. Er veranlaßt die sorgfältige Erfüllung des Technisches Beiblattes (Bühnenanweisung) des Programms.

5.2 Der Veranstalter hat alle erforderlichen Sicherheitsvorkehrungen zu treffen und schließt adäquate Versicherungen ab.

5.3 Falls diese Bedingungen nicht eingehalten werden, gilt Ziffer 3, Punkt 1 AGB.

6. Werbung

Der Veranstalter verpflichtet sich, die Darbietung mit den ihm zur Verfügung stehenden (üblichen) Werbeträgern, wie z.B. Presse, Rundfunk, Fernsehen oder sonstigen Publikationen anzukündigen.

7. Teilnichtigkeit

Sollten einzelne Bedingungen ganz oder teilweise unwirksam sein, so bleiben die übrigen davon unberührt. Unwirksame Bedingungen werden durch solche ersetzt, die dem Zweck des Vertrages unter angemessener Wahrung der beiderseitigen Interessen am nächsten kommen.

8. Änderungen und Nebenabreden zum Vertrag

Änderungen und Ergänzungen sowie mündliche Nebenabreden zum Vertrag werden erst durch schriftliche Bestätigung verbindlich.

9. Datenschutz

Der Vertragspartner wird darauf hingewiesen, daß die im Zusammenhang mit der Durchführung des Programms erhobenen Daten gespeichert werden (§ 26 BDSchG).

10. Gerichtsstand

Für alle Rechtsstreitigkeiten aus diesem Vertrag gilt, sofern nichts anderes vereinbart wurde, der gesetzliche Gerichtsstand. Es gilt das Recht der Bundesrepublik Deutschland.

Stand: Mai 1997

11.2. Versicherungen – aktuelle Zahlen

11.2.1. Gesetzliche Sozialversicherung

Etliche Zahlen im Steuer-, Arbeits- und Sozialversicherungsrecht werden jedes Jahr – manchmal sogar noch häufiger – neu festgelegt. Die sich häufig ändernden Zahlen, die im Text des Ratgebers mit einem Sternchen (*) gekennzeichnet sind, werden hier für den Stand 1.1.1998 zusammengefaßt.

Damit dieser Ratgeber auch in den kommenden Jahren benutzbar bleibt, wird diese Liste zu Anfang jedes neuen Jahres in den IG-Medien-Zeitschriften „M – Menschen Machen Medien“ und „Kunst & Kultur“ mit den dann aktuellen Zahlen neu veröffentlicht. Außerdem findet man die jeweils aktuellen Zahlen unter http://home.t-online.de/home/Goetz.B im Internet.

Tabelle 7 Bemessungsgrenzen und Beiträge in der gesetzlichen Sozialversicherung

			Rentenversicherung	Arbeitslosenversicherung	Krankenversicherung (Durchschnitt)	Pflegeversicherung	Sozialversicherung gesamt (Durchschnitt): Selbständige	Sozialversicherung gesamt (Durchschnitt): Arbeitnehmer
Grenze für Mindestbeitrag	West	Jahr	7 440.00		8 680.00			
		Monat	620.00		723.33			
	Ost [1]	Jahr	6 240.00		7 280.00			
		Monat	520.00		606.67			
Bemessungsgrenze (Grenze für Höchsbeitrag)	West	Jahr	100 800.00		75 600.00			
		Monat	8 400.00		6 300.00			
	Ost [1]	Jahr	84 000.00		63 000.00			
		Monat	7 000.00		5 250.00			
Beitragssatz	West		20.3%	6.5%	13.3% [2]	1.7%	35.3%	41.8%
	Ost				13.7% [2]		35.7%	42.2%
Monatsbeitrag („Arbeitnehmeranteil“)	West	Min.	62.93	20.15	48.10	6.15	117.18	137.33
		Max	852.60	273.00	418.95	53.55	1 325.10	1598.10
	Ost [1]	Min.	52.78	16.90	41.56	5.16	99.50	116.40
		Max	710.50	227.50	359.63	44.63	1 114.75	1 342.25

[1] In Ostberlin gelten in der Kranken- und Pflegeversicherung dieselben Werte wie in den alten Bundesländern! In der Renten- und Arbeitslosenversicherung bleibt es bei den Ost-Werten. [2] Durchschnittlicher Beitragssatz aller Kassen ab 1.1.1998

	West	Ost
Beitragssätze einzelner Krankenversicherungen		
(Seite 210)		
– billigste offene BKK	11,2%	11,4%
– Techniker-Krankenkasse	13,6%	13,6%
ab 1.7.1998	13,2%	13,2%
– Barmer Ersatzkasse	13,9%	13,9%
– DAK	14,0%	14,0%
– teuerste AOK	14,1%	14,5%

Erhöhter Beitrag für vorgezogenes Krankengeld
(Seite 213)

– Techniker-Krankenkasse	15,4%	15,4%
ab 1.7.1998	14,9%	14,9%
– Barmer Ersatzkasse	15,1%	15,1%
– DAK	15,3%	15,3%

Geringfügigkeits- und Geringverdienergrenze
Höchsteinkommen für geringfügige Beschäftigung, Mindesteinkommen für Aufnahme in die KSK und die VddB (Seite 63); Höchstentgelt für Zahlung der gesamten Sozialversicherungsbeiträge durch den Arbeitgeber (Seite 61)

– im Monat (DM)	620	520
– im Jahr (DM)	7.440	6.240

Höchsteinkommen aus Arbeitnehmertätigkeit für Rentenversicherung über die KSK (Seite 200)

– im Monat (DM)	4.200	3.500
– im Jahr (DM)	50.400	42.000

Bemessungsgrenze Krankenversicherung
Mindesteinkommen für Befreiung von der Krankenversicherungspflicht (Seite 207)

– im Monat (DM)	6.300	5.250
– im Jahr (DM)	75.600	63.000
– in drei Jahren – für KSK (DM)	216.000	182.700

Private Versicherungen 11.2.2.

Für die im Text genannten privaten Versicherungen, die den DGB-Gewerkschaften verbunden sind oder für IG-Medien-Mitglieder Sondertarife anbieten, sind im folgenden einige Prämienbeispiele zusammengestellt. Um den Ratgeber auch in den folgenden Jahren benutzbar zu halten, wird diese Liste bei Bedarf mit aktuellen Zahlen in den Zeitschriften „M – Menschen Machen Medien“ und „Kunst & Kultur“ neu veröffentlicht. Die jeweils aktuellen Werte findet man außerdem unter http://home.t-online.de/home/Goetz.B im Internet.

Am 1.1.1998 galten folgende Prämien und Beiträge:

Autoschutzbrief
Anbieter: ACE
(Seite 229)

- Jahresbeitrag ACE incl. Autoschutzbrief 87,— DM.

Berufshaftpflichtversicherung für Musiker und Musiklehrerinnen
Anbieter: Mannheimer Versicherung
(Seite 225)
Prämienbeispiel:

- 2.000.000 DM für Personenschäden,
- 500.000 DM für Sachschäden,
- 50.000 DM für Vermögensschäden
- Jahresprämie incl. 15% Versicherungssteuer:
  Hauptberuf: Musiklehrer/in 212,50 DM,
  Hauptberuf: Konzertierende/r Musiker/in 229,40 DM.

Bei einer Laufzeit von fünf Jahren gibt es weitere 5% Rabatt.

Berufsmusiker-Unfallversicherung
Anbieter: Mannheimer Versicherung
(ermäßigter Tarif für IG-Medien-Mitglieder – Seite 219)
Prämienbeispiel:

- 100.000 DM Invaliditätszahlung (= Versicherungssumme),
- 10.000 DM Übergangsleistung,
- 20.000 DM im Todesfall,
- 30 DM Krankenhaustage- und Genesungsgeld
- Monatsprämie incl. 15% Versicherungssteuer:
  Klasse I (Streicher und Gitarristinnen) 21,30 DM,
  Klassen II und III (alle anderen) 23,50 DM.

Bei einer Laufzeit von fünf Jahren gibt es weitere 5% Rabatt.

Musikinstrumentenversicherung
Anbieter: Mannheimer Versicherung
(ermäßigter Tarif für IG-Medien-Mitglieder – Seite 228)
Jahresprämien abhängig vom Zeitwert des Instrumentes:

- Zeitwert des Instrumentes bis zu 10.000 DM 1,0%,
  mindestens aber 50 DM;
- Zeitwert des Instrumentes über 10.000 DM 0,7%,
  mindestens aber 100 DM,

jeweils zzgl. 15% Versicherungssteuer.

Privatrechtsschutzversicherung
Anbieter: Advocard
(ermäßigter Tarif für IG-Medien-Mitglieder – Seite 230)

- Privat- und Wohnungsrechtsschutz pro Jahr 214,30 DM;
- Privatrechtsschutz ohne Wohnungsrechtsschutz 138,90 DM.

Unterstützung bei Autounfällen
Anbieter: GUV/FAKULTA
(nur für Gewerkschaftsmitglieder – Seite 220)
- Jahresbeitrag 30,— DM.

Verkehrsrechtsschutz- und Verkehrsunfallversicherung
Anbieter: ACE
(Seite 229)
- Jahresprämie 91,— DM.

Literatur

11.3.

Die folgende Liste enthält alle im Text erwähnten Bücher und Broschüren. Die vollständigen Bezugsadressen stehen in der Adressenliste (Seite 310).

Europäische Union:
Arbeiten in einem anderen Land der EU
Broschüre und Merkblätter für sämtliche Länderkombinationen.
Kostenlos beim Abrufdienst Tel. 01 30 / 85 04 00 oder unter
http://citizens.eu.int im Internet.
(Seite 290)

Jugendministerium Österreich (Hrsg.)
Auf die Plätze, fertig, los!
Übersicht über alle EU-Förderprogramme mit Jugendbezug,
Stand Oktober 1997
256 Seiten, für 25 DM zzgl. 4 DM Versand
zu bestellen bei Eurodesk(A)
(Seite 44)

The European Writer:
Authors' Rights
Handbook of the European Writers' Congress
München: EWC 1995, erscheint im August 1998 in Deutsch
104 Seiten, kostenlos beim EWC(A)
(Seite 290)

Belser Kunstquartal
Internationale Vorschau auf Ausstellungen und Auktionen
Erscheint vierteljährlich. Wer es nicht beim Belser-Verlag(A)
beziehen will: Es liegt in jedem Kunstverein aus.
(Seite 12)

Bundesverband der Pressebild-Agenturen
und Bildarchive:
Der Bildermarkt
Handbuch der Bildagenturen
Berlin: BVPA, erscheint jährlich
ca. 300 Seiten, zusammen mit „Bildhonorare" für 48 DM zu bestellen beim BVPA(A); für IG-Medien-Mitglieder einzeln 20 DM, jeweils zzgl. 6 DM Versandkosten
(Seite 142)

Mittelstandsgemeinschaft Foto-Marketing:
Bildhonorare
Übersicht über marktübliche Vergütungen für Bildnutzungsrechte
Berlin: BVPA, erscheint jährlich
ca. 100 Seiten, zusammen mit „Der Bildermarkt" für 48 DM
zu bestellen beim BVPA(A);
für IG-Medien-Mitglieder einzeln 20 DM,
jeweils zzgl. 6 DM Versandkosten
(Seite 149)

Ina Bielenberg, Brigitte Prautzsch:
Durchblick im Föderalismus
Kinder- und Jugendkulturarbeit im Spiegel der Förderpolitik der Länder
Remscheid: Bundesvereinigung Kulturelle Jugendbildung 1996
ISBN 3-924407-47-9
479 Seiten, für 30 DM Schutzgebühr zu bestellen bei der Bundesvereinigung(A), Dokumentationsstelle
(Seite 44)

Internationale Gesellschaft der Bildenden Künste:
Europa-Information Band III – Adressen
Bonn: IGBK 1997
186 Seiten, für 30 DM (incl. Versand) zu bestellen bei der IGBK(A).
Die Bände I (Europa allgemein)
und II (Zollbestimmungen, Steuern, Urheberrechte,
Verwertungsgesellschaften, Sozialversicherung)
sollen Ende 1998 neu erscheinen, eventuell auch als Datenbank im Internet.
(Seite 290)

Fundraising Magazin
Bietigheim: NonProfit Verlag, erscheint zweimal monatlich
ISSN 1432-265X
Jahresabonnement 50 DM, Probeheft beim Verlag(A)
(Seite 46)

Gewerkschaft Erziehung und Wissenschaft:
GEW-Ratgeber Freie Mitarbeiter
Essen: GEW 1996
44 Seiten, kostenlos bei den Landesverbänden der GEW[(A)]
(Seite 204)

Wiesand, Andreas J. (Hrsg.):
Handbuch der Kulturpreise 1986–94
Preise, Stipendien, individuelle Projektförderung für Künstler, Autoren und Kulturvermittler
Bonn: ARCult 1964
ISBN 3-930395-02-9
1062 Seiten, 89 DM
(Seite 41)

Bundesministerium des Innern:
Individuelle Künstlerförderung des Bundes
Institutionen und Programme
Stuttgart, Berlin, Köln: Kohlhammer 1996
ISBN 3-17-014461-8
64 Seiten, kostenlos beim Ministerium[(A)]
(Seite 43)

Bundesversicherungsanstalt für Angestellte:
Die Künstler und ihre Rente
mit Text des Künstlersozialversicherungsgesetzes
Broschüre, für 5 DM Schutzgebühr zu bestellen bei der BfA[(A)], Öffentlichkeitsarbeit
(Seite 199)

Junges Forum Recklinghausen:
Kulturinfo 9
Bundesweites Verzeichnis der freien Musik- und Theaterszene
1.300 Adreßeinträge und Gruppenbeschreibungen
Für 35 (CD) bzw. 25 DM (Disketten ohne Fotos und Ton) plus 6 DM Porto und Verpackung zu bestellen beim Jungen Forum[(A)]
(Seite 15)

Institut der Deutschen Wirtschaft:
KURS DIREKT
Datenbank mit Weiterbildungsangeboten
Einzusehen bei allen Arbeitsämtern. Im Internet bekommt man einen einmaligen Probezugang oder einen kostenlosen Gastzugang für zehn Tage auf der Homepage http://www.kursdirekt.de.
(Seite 19)

Angela Birmes, Peter Vermeulen:
Kursbuch Kulturförderung
Finanzierungsleitfaden
zur Jugend- und Kulturarbeit
Unna: LKD Verlag(A), Neuauflage für 1998 vorgesehen
(Seite 41)

Evangelische Medienakademie (Hrsg.):
Marketing für Freie
Journalisten und ihre Kunden
Frankfurt 1997
48 Seiten, für 15 DM Vorkasse incl. Versand zu bestellen bei der Evangelischen Medienakademie(A)
(Seite 9)

Martina Kempter, Ilse Layer:
Den Normvertrag kennen und durchsetzen –
Tips für Übersetzer
Stuttgart: IG Medien 1998
Broschüre, für IG-Medien-Mitglieder kostenlos bei der Bundesgeschäftsstelle der Fachgruppe Literatur/VS(A)
(Seite 161)

Goetz Buchholz:
Ratgeber für Lehrkräfte an Musikschulen
Stuttgart: IG Medien 1994
100 Seiten, für Mitglieder kostenlos bei den Landesbezirken der IG Medien(A)
(Seite 185)

Bernhard Klörgmann:
Ratgeber zur Einkommensteuer 1997
Stuttgart: Deutscher Sparkassenverlag,
erscheint jährlich neu, knapp 1.000 Seiten,
wird von vielen Sparkassen umsonst oder
gegen eine kleine Kostenbeteiligung abgegeben
(Seite 237)

Bernd Hubatschek u.a.:
Selbstvermarktung freier journalistischer Arbeit
Berlin: IG Medien 1997
48 Seiten, erhältlich in den Büros der IG Medien.
Nichtmitglieder erhalten die Broschüre für 10 DM incl. Versandkosten bei der IG Medien Berlin/Branden-burg(A)
(Seite 9)

Stefan Kuntz:
Survivalkit. Freie Theater
Tips zu ökonomischen und sozialversicherungsrechtlichen Fragen der ach so Freien Theater in der immer Freieren Marktwirtschaft
Köln: Bundesverband Freier Theater 1997 (3. Auflage)
364 Seiten, 50 DM, mit Mustervertragsdiskette 70 DM (Mitglieder 40/50 DM), gegen Verrechnungsscheck zu bestellen beim BUFT(A)
(Seite 85)

Allianz deutscher Designer (AGD) und
Verein Selbständige Design-Studios (SDSt):
Tarifvertrag Design-Leistungen
Braunschweig: AGD 1997
ISBN 3-925812-01-6
94 Seiten, für 50 DM zu bestellen bei der AGD(A)
(Mitglieder erhalten ein Exemplar umsonst, weitere zu 25 DM)
(Seite 171)

Bundessparte Übersetzer im VS:
ÜBERSETZERINNEN 1997/1998
Verzeichnis der Übersetzer und Übersetzerinnen im Verband deutscher Schriftsteller/IG Medien, enthält neben Angaben zu rund 500 Übersetzern und Übersetzerinnen auch Informationen zu Preisen und Stipendien, die Adressen der europäischen Übersetzerzentren sowie weitere nützliche Informationen.
Zu bestellen für 38 DM (IG-Medien-Mitglieder 20 DM) incl. Porto bei Regine Elsässer(A) oder auf Diskette zum selben Preis beim Textsoftware-Service Dr. Josef Winiger(A)
(Seite 12)

Gustav Kneip:
Urheber-ABC für Komponisten, Musikbearbeiter, Textdichter
Herausgegeben vom Interessenverband Deutscher Komponisten
Glinde: Verlag Hans-Jürgen Böckel 1990
ISBN 3-923793-10-3
210 Seiten, 28 DM, direkt beim Verlag(A) gegen Verrechnungsscheck zzgl. 2,80 DM Porto- und Versandkosten
(Seite 116)

Werner Nied:
Urheberrecht, GEMA, GVL
Hinweise und Erläuterungen für Musiker und Komponisten
Volkrodt-Verlag 1994
ISBN 3-9803956-9-3
72 Seiten, 19 DM
(Seite 116)

Verein & Management
Zeitschrift für Führungskräfte in Non-Profit-Organisationen
Bietigheim: NonProfit Verlag, erscheint zweimal monatlich
ISSN 0943-285X
Jahresabonnement 40 DM, Probeheft beim Verlag(A)
(Seite 85)

Verband Deutscher Schriftsteller (Hrsg.):
VS-Ratgeber. Ein Handbuch für Autorinnen und Autoren, Übersetzerinnen und Übersetzer
Göttingen: Steidl-Verlag, erscheint Mitte 1998
(Seite 12)

Deutscher Kulturrat:
Das „Wer ist Wer" bundesweiter Kulturverbände 1998/99
Bonn 1998
ISBN 3-9805150-3-6
230 Seiten, für 19,80 DM zzgl. 5 DM Versand zu bestellen beim Deutschen Kulturrat(A)
(Seite 310)

Bundesministerium für Wirtschaft:
Wirtschaftspolitik für Kunst und Kultur
Tips zur Existenzgründung für Künstler und Publizisten
mit Adressen, Hinweisen zu Förderanträgen und Förderkriterien
Bonn 1996
128 Seiten, kostenlos beim Ministerium(A),
Referat Öffentlichkeitsarbeit/Versand
(Seite 40)

11.4. Adressen

11.4.1. Firmen, Institutionen und Verbände

Die folgende Adressenliste ist kein systematisches Nachschlagewerk. Sie umfaßt *allein* die im Text erwähnten Firmen, Institutionen und Verbände.

Umfassendere Adressenverzeichnisse findet man in vielen der ab Seite 305 genannten Bücher und Broschüren. Eine komplette Übersicht über die bundesweiten Kulturverbände mit Kurzdarstellung, Personen und Adressen bietet „Das ‚Wer ist Wer' bundesweiter Kulturverbände"(B) des Deutschen Kulturrates.

In der folgenden Liste bedeuten:
T: Telefon F: Telefax E: E-Mail-Adresse H: Homepage im Internet

ACE Auto Club Europa
Schmidener Straße 233
70374 Stuttgart
T: 0 18 05 / 33 66 77
F: 0 18 05 / 33 66 78
Geschäftsstellen in
verschiedenen Städten

Advocard Rechtsschutz-versicherung AG
Heidenkampsweg 81
20097 Hamburg
T: 0 40 / 2 37 31 – 4 14
F: 0 40 / 2 37 31 – 4 14
E: nachricht@advocard.de
H: http://www.advocard.de

Allianz deutscher Designer (AGD)
Steinstraße 3
38100 Braunschweig
T: 05 31 / 1 67 57
F: 05 31 / 1 69 89
E: info@agd.de
H: http://www.agd.de

Autorenversorgungswerk der VG Wort
c/o Verwertungsgesellschaft Wort

B.A.Rock
Bundesarbeitsgemeinschaft
der Musikinitiativen
Hansastraße 39
81373 München
T: 0 89 / 7 43 70 03 – 0
F: 0 89 / 7 43 70 03 – 1 18
E: barock@allmusic.de
H: http://db.allmusic.de
/orga/barock

Barmenia Versicherungen
Kronprinzallee 12–18
42119 Wuppertal
T: 02 02/4 38 22 43
F: 02 02/4 38 26 66
E: barmenia.werbung@t-online.de
H: http://www.versicherungen.de/
barmenia

Bayerische Versorgungskammer
Bereich Bühnen- und Orchester-versorgung (VddB, VddKO)
Arabellastraße 29
T: 0 89 / 92 45-82 60
F: 0 89 / 92 45-88 50

Beihilfefonds der VG Wort
c/o Verwertungsgesellschaft Wort

Belser Kunstquartal
Internationale Vorschau auf
Ausstellungen und Auktionen
Pfizerstraße 5–7
70184 Stuttgart
T: 07 11 / 21 91-4 11
F: 07 11 / 21 91-4 13

Berufsgenossenschaft der Feinmechanik und Elektrotechnik
Gustav-Heinemann-Ufer 130
50968 Köln
T: 02 21/37 78-0
F: 02 21/34 25 03
E: bgfue@t-online.de
H: http://www.bgfue.de

Berufsgenossenschaft Druck und Papierverarbeitung
Rheinstraße 6–8
65185 Wiesbaden
T: 06 11 / 1 31-0
F: 06 11 / 1 31-1 00

Bildungs- und Sozialwerk
für Journalisten in der IG Medien
c/o Fachgruppe Journalismus in
der IG Medien

Bildungswerk Springen
Am Geisberg
65319 Heidenrod-Springen
T: 0 61 24 / 51 91-84
F: 0 61 24 / 51 91-84

Bundesakademie für musikalische Jugendbildung
Hugo-Hermann-Straße 22
78647 Trossingen
T: 0 74 25 / 94 93-0
F: 0 74 25 / 94 93-21
E: bak.trossingen@t-online.de
H: http://home.t-online.de/home/bak.trossingen

Bundesamt für Wirtschaft
Frankfurter Straße 29–31
65760 Eschborn
T: 0 61 96 / 4 04-4 93
F: 0 61 96 / 4 04-2 12
E: bawi@rhein-main.net
H: http://www.bawi.de

Bundesministerium des Innern
Postfach 17 02 90
53108 Bonn
T: 02 28 / 6 81-0
F: 02 28 / 6 81-46 65
H: http://www.bundesregierung.de

Bundesministerium für Wirtschaft
Villemombler Straße 76
53123 Bonn
T: 02 28 / 6 15-0
F: 02 28 / 6 15-44 36
H: http://www.bmwi.de

Bundesverband der Betriebskrankenkassen
Kronprinzenstraße 6
45128 Essen
T: 02 01 / 1 79-01
F: 02 01 / 1 79-10 10
H: http://www.bkk.de

Bundesverband der Phonographischen Wirtschaft
Grelckstraße 36
22529 Hamburg
T: 0 40 / 58 02 58
F: 0 40 / 58 28 42

Bundesverband der Pressebild-Agenturen und Bildarchive
Mommsenstraße 21
10629 Berlin
T: 0 30 / 3 24 99 17
F: 0 30 / 3 24 70 01
E: BVPAeV@aol.com
H: http://members.aol.com/BVPAeV/index.html

Bundesverband Freier Theater
Güntherstraße 65
44143 Dortmund
T: 02 31 / 5 86 01 09
F: 02 31 / 52 73 53
E: buft@t-online.de
H: http://www.th-net.de/buft
Bestellungen für „Survivalkit"
c/o Theaterdilldopp
Luxemburger Straße 70
50674 Köln

Bundesvereinigung kulturelle Jugendbildung
Küppelstein 34
42857 Remscheid
T: 0 21 91 / 7 94-3 90
F: 0 21 91 / 7 94-3 89
E: info@bkj.de
H: http://www.bkj.de

Dokumentationsstelle
T: 0 21 91 / 7 94-3 80
F: 0 21 91 / 7 94-3 82

Bundesversicherungsanstalt für Angestellte
Ruhrstraße 2
10709 Berlin
T: 0 30 / 8 65-0
F: 0 30 / 8 65-2 72 40
H: http://www.bfa-berlin.de

Cultural Contact Point Germany
c/o Deutscher Kulturrat
T: 02 28 / 2 01 35-27

Designerinnen Forum
Stresemannstraße 375
22761 Hamburg
T: 0 40 / 8 90 11 68
F: 0 40 / 8 90 11 93

Deutsche Ausgleichsbank
Ludwig-Erhard-Platz 1–3
53170 Bonn
T: 02 28 / 8 31-0
F: 02 28 / 8 31-24 00
E: dtabonn@t-online.de
H: http://www.dta.de

Deutsche Public Relations-Gesellschaft
Königswinterer Straße 552
53227 Bonn
T: 02 28 / 44 45 03
F: 02 28 / 44 45 03
E: dprg@newsaktuell.de
H: http://www.dprg.de
http://www.denkraeume.de/dprg

Deutscher Journalisten-Verband
Bennauerstraße 60
53115 Bonn
T: 02 28 / 22 29 76
F: 02 28 / 21 49 17
E: djv@djv.de
H: http://www.djv.de

Deutscher Kulturrat
Fördergesellschaft für Kulturelle Bildung
Weberstraße 59a
53113 Bonn
T: 02 28 / 2 01 35-0
F: 02 28 / 2 01 35-21
E: post@kulturrat.de
H: http://www.kulturrat.de

Deutscher Literaturfonds
Alexandraweg 23
64287 Darmstadt
T: 0 61 51 / 40 93-0
F: 0 61 51 / 40 93-33

Deutscher Musikrat
Weberstraße 59
53113 Bonn
T: 02 28 / 20 91-0
F: 02 28 / 20 91-2 00
E: deutscher-musikrat.bonn@t-online.de
H: http://www.deutscher-musikrat.de

Deutscher Übersetzerfonds
c/o Literarisches Colloquium Berlin
Am Sandwerder 5
14109 Berlin
T: 0 30 / 81 69 96 10
F: 0 30 / 81 69 96 19
E: jjbecker@lcb.de
H: http://www.lcb.de

Elsässer, Regine
Freie Luft 2a
68305 Mannheim
T: 06 21 / 75 25 98
F: 06 21 / 75 25 98

Eurodesk
Hochkreuzallee 20
53175 Bonn
T: 02 28 / 95 06-2 08
F: 02 28 / 95 06-1 99
E: eurodesk@ijab.de
H: http://www.eurodesk.org
http://www.ijab.de

Europäische Kommission
Vertretung in der
Bundesrepublik Deutschland
Zitelmannstraße 22
53113 Bonn
T: 02 28 / 5 30 09-50
F: 02 28 / 5 30 09-50
E: europa@dg10.cec.be
H: http://europa.eu.int/en/comm.html

Europäisches Übersetzer-Kollegium
Kuhstraße 15–19
47628 Straelen
T: 0 28 34 / 10 68
F: 0 28 34 / 75 44
E: euk@euk-straelen.de
H: http://www.euk-straelen.de

European Writers' Congress
Generalsekretariat
Lore Schultz-Wild
Konradstraße 16
80801 München
T: 0 89 / 34 55 81
F: 0 89 / 39 20 94
E: EWCLSW@aol.com

Evangelische Medienakademie/cpa
Emil-von-Behring-Straße 3
60439 Frankfurt am Main
T: 069 / 5 80 98-0
F: 069 / 5 80 98-2 54
E: info@gep.de
H: http://www.gep.de/
medien/medien.html

Expertinnen-Beratungsnetz
Brucknerstraße 1
22083 Hamburg
T: 0 40 / 29 10 26
F: 0 40 / 29 24 89

Fachgruppen der IG Medien
siehe Seite 319

FILU.
Das Archiv der Zeichner
c/o Inkognito
Michael Etter
Erkelenzdamm 11–13
10999 Berlin
T: 0 30 / 6 14 10 44
F: 0 30 / 6 15 20 11

Fonds Darstellende Künste
Am Handelshof 9
45127 Essen
T: 02 01 / 22 22 53
F: 02 01 / 22 22 63

Fonds Soziokultur
Weberstraße 59a
53113 Bonn
T: 02 28 / 2 01 67-36
F: 02 28 / 2 01 67-36

Forum Illustratorum
c/o Rotraut Susanne Berner
Ziegelhäuser Landstraße 31
69120 Heidelberg
T: 0 62 21 / 47 52 47
F: 0 62 21 / 47 52 47

FreeLens
Verein der Fotojournalistinnen und
Fotojournalisten
Markusstraße 9
20355 Hamburg
T: 0 40 / 34 00 22
F: 0 40 / 34 40 22
E: FreeLens@aol.com
H: http://www.freelens.com

Friedrich-Bödeker-Kreis
Fischtorplatz 23
55116 Mainz
T: 0 61 31 / 2 88 90 23
F: 0 61 31 / 23 03 33

GEMA
Gesellschaft für
musikalische Aufführungs-
und mechanische
Vervielfältigungsrechte
Bayreuther Straße 37
10787 Berlin
T: 0 30 / 2 12 45-00
F: 0 30 / 2 12 45-9 50
E: gema@gema.de
H: http://www.gema.de

und:
Rosenheimer Straße 11
81667 München
T: 0 89 / 4 80 03-00
F: 0 89 / 4 80 03-9 69
sowie zahlreiche
Bezirksdirektionen

GEMA-Sozialkasse
c/o GEMA

GEMA-Stiftung
c/o GEMA

Gewerkschaft Erziehung und Wissenschaft
Hauptvorstand
Reifenberger Straße 21
60489 Frankfurt am Main
T: 0 69 / 7 89 73-0
F: 0 69 / 7 89 73-2 01
E: info@gew.de
H: http://www.gew.de

GUV/FAKULTA
Gewerkschaftliche
Unterstützungseinrichtung
für Verkehrsteilnehmer
Schmidener Straße 233
70374 Stuttgart
T: 07 11 / 53 07 70-0
F: 07 11 / 53 07 70-70

GVL
Gesellschaft zur
Verwertung von
Leistungsschutzrechten
Heimhuder Straße 5
20148 Hamburg
T: 040 / 41 17 07-0
F: 0 40 / 4 10 38 66

Haber & Loeck
Rothenbaumchaussee 43
20148 Hamburg
T: 040 / 44 80 94 80
F: 040 / 450 41 29

IG Medien
siehe Seite 319

IGBK
Internationale Gesellschaft
der Bildenden Künste
Weberstraße 61
53113 Bonn
T: 02 28 / 21 61 41
F: 02 28 / 21 61 05
E: bbkigbk@aol.com

Institut für Arbeitnehmerbildung
c/o Institut für Medien
und Kunst

Institut für Medien und Kunst
Teutoburger-Wald-Straße 105
32772 Lage-Hörste
T: 0 52 32 / 983-0
F: 0 52 32 / 983-4 62
E: IMK@link-do.soli.de
H: http://www.igmedien.de

Institut für Technik und Gesellschaft
c/o Institut für Medien
und Kunst

Journalistinnenbund
In der Maar 10
53175 Bonn
T: 02 28 / 31 27 47
F: 02 28 / 31 27 47
E: journalistinnenbund@ada.woman.de
H: http://www.woman.de/jb

Junges Forum
Ruhrfestspielhaus
Otto-Burmeister-Allee 1
45657 Recklinghausen
T: 023 61 / 91 84 80
F: 023 61 / 91 84 85
E: jungesforum@compuserve.com

Kultursekretariat Nordrhein-Westfalen
(„Gruppenkarussell“)
Friedrich-Engels-Allee 85
42285 Wuppertal
T: 02 02 / 563-68 03
F: 02 02 / 89 91 19

Kunstfonds
Weberstraße 61
53113 Bonn
T: 02 28 / 9 15 34-11
F: 02 28 / 9 15 34-41

Künstlersozialkasse
Langeoogstraße 12
26384 Wilhelmshaven
T: 0 44 21 / 3 08-0
F: 0 44 21 / 3 08-2 06

LKD-Verlag
Luisenstraße 22
59425 Unna
T: 023 03 / 6 56 18
F: 023 03 / 6 50 57

Mannheimer Versicherung AG
Subdirektion J. Niedzella
(zuständig für alle IG-Medien-Gruppenverträge)
Osterfeldstraße 21
30900 Wedemark
T: 0 51 30 / 34 08
F: 0 51 30 / 47 93
E: service@mannheimer.de
H: http://www.mannheimer.de

Michel-Moldenhauer, Eva
Kettenhofweg 111
60325 Frankfurt am Main

Mittelstandsgemeinschaft deutschsprachiger Schriftsteller
c/o IG Medien Hauptvorstand

Mittelstandsgemeinschaft Foto-Marketing
c/o Bundesverband der Pressebild-Agenturen

Mittelstandsgemeinschaft Freie Journalisten
c/o Deutscher Journalisten-Verband

Mittelstandsgemeinschaft Journalismus
c/o IG Medien Hauptvorstand

Mittelstandsgemeinschaft Literarische Übersetzerinnen und Übersetzer
c/o IG Medien Hauptvorstand

Neue Zentralstelle der Bühnenautoren und Bühnenverleger
Babelsberger Straße 43
10715 Berlin
T: 030 / 8 53 90 01
F: 030 / 8 53 90 04

NonProfit Verlag & Service
Flösserstraße 9
74321 Bietigheim-Bissingen
T: 0 71 42 / 92 00 44
F: 0 71 42 / 92 00 49
E: verlag@nonprofit.de
H: http://www.nonprofit.de

Online Forum Telearbeit
Rhonestraße 2
60528 Frankfurt am Main
T: 01 80 / 5 24 56 78
(Callcenter, 48 Pfg./Min.)
F: 0 69 / 6 66 69 42
E: info@onforte.de
selbständige@onforte.de (für Freie)
H: http://www.onforte.de

Pensionskasse für freie Mitarbeiter der deutschen Rundfunkanstalten
Bertramstraße 8
60320 Frankfurt am Main
T: 0 69 / 1 55-31 26
F: 0 69 / 1 55-28 53

Pro Actors
Prinzregentenstraße 52
80538 München
T: 0 89 / 22 35 95
F: 0 89 / 22 68 23
H: http://www.pro-actors.de

Solidaritätsfonds der IAL
c/o IG Medien Hauptvorstand

Sozialfonds der VG Wort
c/o Verwertungsgesellschaft Wort

Sozialwerk der VG Bild-Kunst
c/o Verwertungsgesellschaft Bild-Kunst

SPD Parteivorstand
(„Kulturbörse“)
Ollenhauerstraße 1
53113 Bonn
T: 02 28 / 5 32-1
F: 02 28 / 5 32-4 10
E: parteivorstand@spd.de
H: http://www.spd.de

Stiftung Kulturfonds
Chausseestraße 128/129
10115 Berlin-Mitte
T: 030 / 30 88 74-0
F: 030 / 280 70 42

Stiftung Warentest
Finanztest Leserservice
Faxabruf Beitragssätze
Krankenkassen
10773 Berlin
F: 0 30 / 2 30 83 92 13

Textsoftware-Service Dr. Josef Winiger
Ortsstraße 48
87662 Kaltental-Blonhofen
T: 0 83 44 / 12 12
F: 0 83 44 / 83 74

Union Deutscher Jazz-Musiker
Weberstraße 59
53113 Bonn
T: 02 28 / 26 12 99
F: 02 28 / 2 09 12 20
E: post@udj.de
H: http://www.udj.de

Verband Deutscher Tonmeister
Am Kiefernhang 26
14089 Berlin
T: 030 / 3 65 51 11
F: 030 / 3 65 60 88
E: jungen@tonmeister.de
H: http://www.tonmeister.de

Verlag Hans-Jürgen Böckel GmbH
Beim Zeugamt 4
21509 Glinde
T: 0 40 / 71 09 08-0
F: 0 40 / 71 09 08-88

Versicherungsbüro Grzybowski KG
Liebigstraße 25
40479 Düsseldorf
T: 02 11 / 44 44 45
F: 02 11 / 46 24 20

Versorgungsanstalt der deutschen Bühnen (VddB)
c/o Bayerische Versorgungskammer

Versorgungsanstalt der deutschen Kulturorchester (VddKO)
c/o Bayerische Versorgungskammer

Versorgungsverband bundes- und landesgeförderter Unternehmen (VBLU)
Mainzer Straße 47
53179 Bonn
T: 02 28 / 943 91-0
F: 02 28 / 943 91-43

Versorgungswerk der Presse
Postfach 10 50 62
70044 Stuttgart
T: 07 11 / 20 56-0
F: 07 11 / 20 56-1 21
E: presse-versorgung@t-online.de
H: http://www.presse-versorgung.de

Verwaltungs-Berufsgenossenschaft
Deelbögenkamp 4
22281 Hamburg
T: 0 40 / 51 46-27 71
F: 0 40 / 51 46 -27 71
H: http://www.vbg.de

Verwertungsgesellschaft Bild-Kunst
Weberstraße 61
53113 Bonn
T: 02 28 / 9 15 34-39
F: 02 28 / 9 15 34-39
E: info@bildkunst.de
H: http://www.bildkunst.de
und:
Köthener Straße 44
10963 Berlin
T: 0 30 / 2 61 27 51
F: 0 30 / 2 61 38 79

Verwertungsgesellschaft WORT
Goethestraße 49
80336 München
T: 0 89 / 5 14 12-0
F: 0 89 / 5 14 12-58
Büro Berlin wie VG Bild-Kunst

Volksfürsorge Sachversicherungen AG
Besenbinderhof 43
20097 Hamburg
T: 0 40 / 28 65-0
F: 0 40 / 28 65-33 69
H: http://www.volksfuersorge.de

Zentrale Bühnen-, Fernseh- und Filmvermittlung der Bundesanstalt für Arbeit
Feuerbachstraße 42–46
60325 Frankfurt am Main
T: 0 69 / 71 11-0
F: 0 69 / 71 11-5 92

IG Medien 11.4.2.

Hauptvorstand 11.4.2.1.

Industriegewerkschaft Medien
– Druck und Papier, Publizistik und Kunst
Hauptvorstand
Postfach 10 24 51
70020 Stuttgart
T: 07 11 / 20 18-0
F: 07 11 / 20 18-1 99 (allgemein)
F: 07 11 / 20 18-3 00 (Kunst und Medien)
H: http://www.igmedien.de

Referat Freie in den Medien Bundeskommission Freie
Nicole Weber
T: 07 11 / 20 18 – 113

Fachgruppen / Bundesgeschäftsstellen 11.4.2.2.

Unter der Adresse des IG-Medien-Hauptvorstandes sind – soweit nicht anders angegeben – zu erreichen:

Fachgruppe Rundfunk/Film/ Audiovisuelle Medien
Bundesgeschäftsstelle: Peter Völker
T: 07 11 / 20 18 – 114
E: igmedien-HV-RFAV@link-do.soli.de

Fachgruppe Journalismus
Bundesgeschäftsstelle: Rudi Munz
T: 07 11 / 20 18 – 270
E: igmedien-HV-Munz@link-do.soli.de

Fachgruppe Musik
Bundesgeschäftsstelle:
Heinrich Bleicher-Nagelsmann
T: 07 11 / 20 18 – 107
E: igmedien-HV-Musik@link-do.soli.de

Fachgruppe Bildende Kunst
Bundesgeschäftsstelle:
Annette Showell-Moosbrugger
T: 07 11 / 20 18 – 210
E: kunst@igmedien.de

Fachgruppe Literatur/VS
mit Bundessparte Übersetzer
Bundesgeschäftsstelle:
Sabine Herholz
T: 07 11 / 20 18-2 37
E: (nur Übersetzer) hpfetsch@t-online.de

Fachgruppe Darstellende Kunst
Bundesgeschäftsstelle:
Wolfgang Paul
T: 07 11 / 20 18-1 03
E: igmedien-HV-Paul@link-do.soli.de

11.4.2.3. Landesbezirke der IG Medien

Landesbezirk Baden-Württemberg
Theodor-Heuss-Straße 16
70174 Stuttgart
T: 07 11 / 29 24 41
F: 07 11 / 2 26 19 56
E: igmedien-LBZ-BW@link-do.soli.de

Landesbezirk Bayern
Schwanthalerstraße 64
80336 München
T: 0 89 / 54 46 40-20
F: 0 89 / 54 46 40-51

Landesbezirk Berlin-Brandenburg
Dudenstraße 10
10965 Berlin
T: 0 30 / 78 80 09-0
F: 0 30 / 78 80 09-20
E: igmedien-LBZ-B-B@link-do.soli.de
H: http://www.idpraxis.de/igmedien

Landesbezirk Hessen
Wilhelm-Leuschner-Straße 69–77
60329 Frankfurt am Main
T: 069 / 24 29 12-0
F: 069 / 25 20 94

Landesbezirk Niedersachsen-Bremen
Goseriede 10–12
30159 Hannover
T: 05 11 / 7 00 81-0
F: 05 11 / 1 78 29
E: igmedien-LBZ-NDS-HB@link-do.soli.de

Landesbezirk Nord
(Hamburg, Mecklenburg-Vorpommern, Schleswig-Holstein)
Besenbinderhof 60
20097 Hamburg
T: 0 40 / 28 58 – 5 05
F: 0 40 / 28 58 – 5 11
E: igmedien-LBZ-Nord@link-do.soli.de

Landesbezirk Nordrhein-Westfalen
Hohenzollernring 85–87
50672 Köln
T: 02 21 / 95 14 96-0
F: 02 21 / 52 81 95
E: igmedienNRW@t-online.de
H: http://www.soli.de/igmedienNRW

Landesbezirk Rheinland-Pfalz-Saar
Binger Straße 20
55122 Mainz
T: 0 61 31 / 38 30 04
F: 0 61 31 / 38 58 09

Landesbezirk Südost
(Sachsen, Sachsen-Anhalt, Thüringen)
Täubchenweg 8
04317 Leipzig
T: 03 41 / 6 88 98–17
F: 03 41 / 6 88 98–22
E: igmedien-LBZ-Suedost@link-do.soli.de

Weitere IG-Medien-Internetseiten:

Ortsverein Einbeck:
http://home.t-online.de/home/IG-Medien-Einbeck/medien.htm

Ortsverein München:
http://www.igmedien.de/ov/muenchen

Ortsverein Ulm:
http://www.telebus.de/dgb/igmedien/index.htm

dju Hamburg:
http://195.35.20.157

dju Köln:
http://ourworld.compuserve.com/homepages/dju_koeln

Freienberatung IG Medien Bayern:
http://ourworld.compuserve.com/homepages/Freienberatung_IG_Medien_Bayern

VS Köln:
http://www.cologneweb.com/vs.htm

Betriebs- und Filmverbände der Fachgruppe RFAV 11.4.2.4.

Freie an öffentlichen-rechtlichen Rundfunkanstalten und beim Film finden kompetente Ansprechpartner neben den Landesbezirken der IG Medien auch unter folgenden Adressen:

Betriebsverband Bayern
Schwanthaler Straße 64
80336 München
T: 0 89 / 54 46 40-30
F: 0 89 / 54 46 40-52

Betriebsverband Deutsche Welle
50588 Köln
T: 02 21 / 389-49 94
F: 02 21 / 38 65 25

Betriebsverband DLR Berlin
Hans-Rosenthal-Platz
10825 Berlin
T: 0 30 / 85 03-69 35
F: 0 30 / 85 03-54 39

Betriebsverband DLR Köln
Raderberggürtel 40
50968 Köln
T: 02 21 / 3 45-35 60
F: 02 21 / 38 65 25

Betriebsverband Hessen
Bertramstraße 8
60320 Frankfurt am Main
T: 0 69 / 1 55-31 59
F: 0 69 / 5 96 37 80

Betriebsverband NDL
Besenbinderhof 60
20097 Hamburg
T: 040 / 28 58 – 517
F: 040 / 28 58 – 499

Betriebsverband Nordrhein-Westfalen
Appellhofplatz 1 a
50667 Köln
T: 02 21 / 2 20-60 08
F: 02 21 / 2 57 73 38

Betriebsverband Radio Bremen
Heinrich-Hertz-Straße 13
28211 Bremen
T: 04 21 / 23 36 07
F: 04 21 / 23 35 29

Betriebsverband Saar
Kaiserstraße 3
66121 Saarbrücken
T: 06 81 / 81 44 48
F: 06 81 / 81 44 40

Betriebsverband SFB
Masurenallee 8–14
14057 Berlin
T: 0 30 / 30 31-46 91
F: 0 30 / 3 01 54 58

Betriebsverband SWR
Standort Baden-Baden
Poststelle
76530 Baden-Baden
T: 0 72 21 / 92-41 06
F: 0 72 21 / 92-63 38

Standort Stuttgart
Postfach 10 60 40
70049 Stuttgart
T: 07 11 / 9 29-29 48
F: 07 11 / 9 29-39 18

Betriebsverband ZDF
Postfach 40 40
55100 Mainz
T: 0 61 31 / 70-46 85
F: 0 61 31 / 7 38 75

MDR
c/o IG Medien,
Landesbezirk Südost

ORB
c/o IG Medien,
Landesbezirk Berlin-Brandenburg

Verband Film Nord
Olla Höf
Lutterothstraße 77
20255 Hamburg
T: 0 40 / 49 51 62
F: 0 40 / 49 51 62

Verband Film Berlin
Jan-Peter Schmarje
Herthastraße 10
14482 Potsdam
T: 03 31 / 7 21 20 63

Verband Film Süd
BR Bavaria Film
Herbert Tisler
Bavariafilmplatz 7
82031 Grünwald
T: 0 89 / 64 99-23 70

Stichwortverzeichnis

11.5.

A

B

C

D

E

F

H

O

P

R

S

T

U

V

Inserenten-Verzeichnis

unplugged?

... eine Mitgliedschaft hat viele Vorteile, oder haben Sie Ihren „Ratgeber Freie" noch nicht gelesen?

(ein Beitrittsformular der Industriegewerkschaft Medien – Druck und Papier, Publizistik und Kunst finden Sie auf der nächsten Seite)

11.7. Beitrittserklärung zur IG Medien

Zuname Vorname

Straße PLZ/Ort

Telefon Fax

Geschlecht (bitte ankreuzen) ☐ männlich ☐ weiblich Geburtsdatum

Nationalität Eintritt ab

Früherer Eintritt in eine DGB-Gewerkschaft

Ich bin Mitglied in der DGB-Gewerkschaft

und möchte Anschlußmitglied der IG Medien werden (ggfs. ankreuzen) ☐

Ich bin mit dem Bankeinzug des satzungsgemäßen Beitrages (1,2 % meines Einkommens aus künstlerischer Tätigkeit bzw. des tariflichen Bruttomonatseinkommens) einverstanden. Der Beitrag soll eingezogen werden

(bitte ankreuzen) ☐ monatlich ☐ vierteljährlich ☐ halbjährlich ☐ jährlich.

Name des Geldinstitutes

Falls andere(r) Kontoinhaber(in): Unterschrift

Konto-Nr. BLZ

nur für Freie

Ich bin tätig als

Tätigkeitsbereich (z.B. Malerei, Sachbuch, Jazz)

Jahreseinkommen aus künstlerischer Tätigkeit ca. DM

nur für Angestellte

Ich bin beschäftigt als bei

Straße PLZ/Ort

Telefon Tarifvertrag

Tarif, Lohn- bzw. Gehaltsgruppe In dieser Gruppe/in Ausbildung seit 19 . .

Bei Teilzeit: durchschnittliches Bruttomonatsgehalt DM

Mit meiner Unterschrift erkenne ich die Satzung der IG Medien an.

Ort, Datum Unterschrift

Erklärung nach § 33,1 Bundesdatenschutzgesetz: Die von Ihnen angegebenen persönlichen Daten werden zur Erfüllung unserer satzungsgemäßen Aufgaben auf Datenträger gespeichert. Die Einhaltung der Bestimmungen des Bundesdatenschutzgesetzes (BDGS) wird zugesichert.

die 4 von uns
... für IG-Medien-Mitglieder der jeweiligen Fachgruppen kostenlos!
Bestellschein für Abo's? Siehe nächste Seite.
M MEDIEN
MENSCHEN MACHEN MEDIEN
Arbeit & Zeit
Film & Future
Förderung · Produktion · Projektion
HEUSSINGER
KUNST & KULTUR
KÜNSTLER-INNEN STREIK
WIR STREIKEN FÜR AUSSTELLUNGSHONORARE!
Druck + Papier
ZEITUNG DER IG MEDIEN
Berufsbild „Drucker“: Neuordnung überfällig?
Bündnis für Arbeit
FORUM
WAS MÜSSEN DIE BESCHÄFTIGTEN LERNEN?
LAUSCH-ANGRIFF UND DEMOKRATIE
Wanzen
Herausgeber: Industriegewerkschaft Medien – Druck und Papier, Publizistik und Kunst

11.8. Bestellschein für IG-Medien-Zeitschriften

Im Mitgliedsbeitrag der IG Medien ist – je nach Fachgruppe – der Bezug der Zeitschrift **M – Menschen Machen Medien, Kunst & Kultur** oder **Druck und Papier** sowie auf Wunsch der „Zeitschrift für Aktive" **IG Medien Forum** enthalten.
Alle Zeitschriften können auch von Nicht-Mitgliedern oder von Mitgliedern zusätzlich zu ihrer „satzungsgemäßen" Zeitschrift abonniert werden bei:

Verlagsanstalt W. E.Weinmann, Postfach 41 60, 70779 Filderstadt

Hiermit abonniere ich beginnend mit Monat ______________ 19. .
☐ Exemplar(e) der Zeitschrift **M – Menschen Machen Medien**
zum Jahresbezugspreis von 70 DM (Mitglieder 35 DM).

Hiermit abonniere ich beginnend mit Monat ______________ 19. .
☐ Exemplar(e) der Zeitschrift **Kunst & Kultur**
zum Jahresbezugspreis von 50 DM (Mitglieder 25 DM).

Hiermit abonniere ich beginnend mit Monat ______________ 19. .
☐ Exemplar(e) der Zeitschrift **Druck und Papier**
zum Jahresbezugspreis von 30 DM (Mitglieder 15 DM).

Hiermit abonniere ich beginnend mit Monat ______________ 19. .
☐ Exemplar(e) der Zeitschrift **IG Medien Forum**
zum Jahresbezugspreis von 70 DM (Mitglieder 25 DM).

☐ Ich bin Mitglied der IG Medien, Mitglieds-Nr. ______________

☐ Ich bin nicht Mitglied der IG Medien

Name ______________ Vorname ______________

Straße ______________ PLZ/Ort ______________

Datum ______________ Unterschrift ______________

Rechtlicher Hinweis: Ich kann diese Bestellung binnen einer Woche widerrufen.
Der Lauf der Frist beginnt mit der Bestellung.
Zur Wahrung der Frist genügt die rechtzeitige Absendung (Poststempel) an:
Verlagsanstalt W. E. Weinmann, Postfach 41 60, 70779 Filderstadt.

Datum ______________ Unterschrift ______________

(Bitte beachten Sie, daß ohne die zweite Unterschrift die Bestellung nicht bearbeitet werden kann.)

Notizen

Notizen

Notizen

Notizen